La vie… avant, pendant et après

Les soins palliatifs pédiatriques

collection INTERVENIR

La vie… avant, pendant et après

Les soins palliatifs pédiatriques

Sous la direction de
Nago Humbert

Éditions du
CHU Sainte-Justine

Pour l'amour des enfants

Catalogage avant publication de Bibliothèque et Archives nationales du Québec et Bibliothèque et Archives Canada

Vedette principale au titre:

La vie… avant, pendant et après: les soins palliatifs pédiatriques

(Collection Intervenir)

Comprend des réf. bibliogr.

ISBN 978-2-89619-619-7

1. Enfants malades en phase terminale - Soins. 2. Enfants - Mort - Aspect psychologique. 3. Enfants malades en phase terminale - Relations familiales. I. Humbert, Nago. II. Collection: Collection Intervenir.

RJ249.V53 2012 618.92'0029 C2012-941058-6

Illustration de la couverture: Marion Arbona
Conception graphique: Nicole Tétreault

Diffusion-Distribution:
au Québec: Prologue inc.
en France: CEDIF (diffusion) – Daudin (distribution)
en Belgique et au Luxembourg: SDL Caravelle
en Suisse: Servidis S.A.

Éditions du CHU Sainte-Justine
3175, chemin de la Côte-Sainte-Catherine
Montréal (Québec) H3T 1C5
Téléphone: 514 345-4671
Télécopieur: 514 345-4631
www.editions-chu-sainte-justine.org

ISBN 978-2-89619-619-7 (imprimé)
ISBN 978-2-89619-620-3 (pdf)
ISBN 978-2-89619-621-0 (ePub)

Dépôt légal:
Bibliothèque et Archives nationales du Québec, 2012
Bibliothèque et Archives Canada, 2012

Ce livre est imprimé sur un papier Silva Enviro entièrement recyclé.

Membre de l'Association nationale des éditeurs de livres

ASSOCIATION NATIONALE DES ÉDITEURS DE LIVRES

Préface

No human interaction is neutral,
it is either healing or wounding.

Balfour Mount

Les soins palliatifs pédiatriques comptent parmi les spécialités médicales les plus difficiles. Les programmes cliniques et universitaires sont aussi peu nombreux que les recherches sont limitées. L'accès à la littérature en soins palliatifs pédiatriques est très difficile, car elle est éparpillée dans des revues et des livres traitant de physiologie, de pathologie, d'évaluation ou de thérapeutique clinique, de détresse émotionnelle, spirituelle et financière, ainsi que de la souffrance des familles et du deuil.

Le Dr Nago Humbert a réalisé une contribution extraordinaire au champ des soins palliatifs pédiatriques en rassemblant un groupe d'experts pour discuter les aspects les plus importants de la complexité des soins palliatifs pédiatriques.

Ce livre conjugue avec succès des problèmes médicaux très traditionnels comme la douleur et la nutrition à l'approche de la fin de vie avec les principales questions psychosociales pour le patient, la famille, les professionnels de santé et même les grands-parents.

Les chapitres, en plus d'être écrits avec un mélange d'érudition et de compassion, sont en mesure d'instruire et d'inspirer des professionnels de santé qui envisagent une carrière dans les soins palliatifs pédiatriques. Ce livre devrait faire partie des lectures obligatoires pour les étudiants en médecine, les médecins en début de carrière et d'autres professionnels de santé impliqués dans le soin quotidien des enfants et des adultes.

Ce livre aidera des milliers d'enfants et leurs familles et pour ça, je remercie le Dr Humbert et son groupe de travail.

Eduardo Bruera, MD
Professeur et chef de service
Département de soins palliatifs
et de médecine de réadaptation
Université du Texas,
Centre de Cancérologie du MD Anderson

Table des matières

CHAPITRE 1

La vie… avant, pendant et après

Nago Humbert

Dans de multiples essais, plusieurs auteurs ont tenté de définir les soins palliatifs pédiatriques. Nous avons retenu, lors de la rédaction des *Normes en matière de soins palliatifs pédiatriques du Québec*, la définition de l'Association for Children with Life-Threatenings or Terminal Conditions and their Families and the Royal College of Paediatrics and Child Health :

> « Les soins palliatifs pédiatriques sont des soins actifs et complets, englobant les dimensions physique, psychologique, sociale et spirituelle. Le but des soins palliatifs est d'aider à maintenir la meilleure qualité de vie possible à l'enfant et d'offrir du soutien à sa famille ; cela inclut le soulagement des symptômes de l'enfant, des services de répit pour la famille et des soins jusqu'au moment du décès et durant la période de deuil. Le suivi de deuil fait partie des soins palliatifs, quelle que soit la cause du décès, ce qui inclut les traumatismes et les pertes dans la période périnatale[1]. »

Les mots choisis et, par conséquent, leur sens ne sont pas anodins dans notre approche de cette discipline quelque peu spécifique, notamment lorsque nous devons la présenter aux patients et à leurs parents.

Même si la mort plane toujours sur la représentation que se font de nous les parents, notre action pour notre patient, mais également pour son entourage, est de *maintenir la meilleure qualité de vie possible.* Le mot « décès » n'est cité que comme un événement de passage dans notre travail puisqu'il ouvre sur le suivi de deuil, une autre phase de la vie pour ceux qui restent.

Le champ d'intérêt des soins palliatifs pédiatriques est donc avant tout la vie, car ne pas pouvoir guérir ne signifie pas mourir dans l'immédiat. Les deux grandes interrogations à propos de l'intervention clinique des soins palliatifs pédiatriques tournent autour de la temporalité et de la sémiologie diagnostique. Pour cette dernière, nous avons essayé d'énumérer, dans les *Normes en matière de soins palliatifs pédiatriques* du ministère de la Santé et des Services sociaux du Québec[2], les populations qui devraient bénéficier d'une approche palliative durant leur maladie, selon six groupes distincts :

- Groupe 1. Les enfants présentant des conditions pour lesquelles un traitement curatif est possible. Les soins palliatifs peuvent être nécessaires pendant des périodes d'incertitude ou quand les traitements curatifs sont inefficaces.
  - Exemples : cancer, atteinte cardiaque, rénale ou hépatique importante.
- Groupe 2. Les enfants présentant des conditions où une mort prématurée est inévitable. Ces enfants peuvent avoir besoin de longues périodes de traitements intensifs destinés à prolonger leur vie et à leur permettre de participer à des activités normales pour des enfants de leur âge.
  - Exemples : fibrose kystique, dystrophie musculaire.
- Groupe 3. Les enfants présentant des conditions progressives sans espoir de guérison. Les traitements offerts à ces enfants sont uniquement palliatifs et peuvent s'étendre sur des années.
  - Exemples : maladie de Batten, mucopolysaccharidose.
- Groupe 4. Les enfants présentant des problèmes neurologiques graves accentuant leur vulnérabilité et accroissant les risques de complications pouvant amener une détérioration non prévisible, mais considérée comme non progressive, de leur état.
  - Exemples : accidents avec atteintes neurologiques, paralysie cérébrale grave.
- Groupe 5. Nouveau-nés dont l'espérance de vie est très limitée.

- Groupe 6. Membres d'une famille ayant perdu un enfant de façon imprévue à la suite d'une maladie, d'une situation engendrée par une cause externe ou d'une perte dans la période périnatale.
  - Exemple: traumatisme, mortinaissance, avortement.

Du curatif au palliatif

Quant à la temporalité, la difficulté réside dans le choix du moment adéquat qui marque le passage de la phase curative à la phase palliative de la maladie. Cette décision médicale est complexe, et le fait qu'on doit en considérer chacun des aspects est primordial concernant le choix du type de prise en charge du patient et, notamment, de l'évaluation du niveau de soins le plus approprié dans l'intérêt de ce dernier.

Il n'est pas superflu de rappeler que dans l'histoire d'une maladie potentiellement mortelle, les parents, et évidemment l'enfant en âge de comprendre le sens des mots, nous décrivent les moments forts de ce scénario catastrophe en quatre phases:

1. La première, l'annonce du diagnostic, perçue comme un coup de tonnerre dans un ciel apparemment sans nuages, qui se conclut après un instant de sidération et d'anéantissement par une force nouvelle de lutte et de confiance en la médecine et en leur destin.
2. La deuxième, ressentie plus durement, est l'annonce de la récidive dans le cas d'une maladie oncologique ou de l'évolution drastique d'une maladie neurologique ou génétique. La réponse est ensuite proportionnelle à leur déception. Pour utiliser un langage militaire, on a perdu une bataille, mais on n'a pas perdu la guerre.
3. La troisième, décrite d'abord par une réaction de déni, est suivie d'une tristesse incommensurable accompagnée d'une colère projetée tous azimuts contre eux, contre la médecine, contre un dieu à qui ils avaient fait confiance. C'est l'annonce du début de la phase palliative et, par conséquent, la signification que non seulement la médecine ne guérira pas leur enfant, mais que l'histoire va avoir une fin.
4. Enfin, la dernière, le décès, qui paradoxalement n'est pas l'événement du scénario le plus difficile, car le deuil de leur enfant comme un être en évolution sur le chemin de l'âge

adulte est déjà intégré. Au contraire, malgré la douleur universelle de perdre son enfant, ce dernier acte peut être parfois source de libération et d'apaisement pour ceux qui restent et celui qui part. En effet, selon l'évolution des symptômes pendant la période palliative, les parents oscillent entre deux sentiments contradictoires et sources de culpabilité. Le premier peut être résumé par cette phrase : « Je ne suis pas prêt à le voir mourir demain » puis, plus tard : « Je ne peux plus le voir souffrir et se détériorer, il faut que cela finisse. »

Dans ces quatre phases, il n'y a plus de temporalité ordinaire : les choses de la vie sont suspendues et l'attente de la fin de l'histoire est insupportable sur le plan émotionnel. La troisième phase correspond à l'entrée en scène de l'équipe de soins palliatifs et, par conséquent, à une représentation physique et non pas phantasmée de cette période de traitement qui commence pour les parents comme pour le patient. Cette représentation physique peut parfois être ressentie par ces derniers comme une agression venant contredire l'espoir d'une guérison à laquelle tous les parents et la plupart des patients continuent de croire envers et contre tout.

La difficulté pour les médecins traitants tient justement à la rupture de la chaîne curative du traitement médical. La démarche de la demande de consultation en soins palliatifs marque temporellement, dans la réalité thérapeutique, le début de la fin de l'histoire de la maladie même si cette dernière phase peut durer des mois, et parfois, des années. Combien de fois avons-nous entendu cette phrase : « Les parents ne sont pas prêts » ? Et nous de répondre : « Ils ne seront jamais prêts. » Une collègue hémato-oncologue a contourné ce problème en disant aux parents : « Je demande une consultation en soins palliatifs parce que c'est moi qui ai besoin de leurs conseils. Je suis capable de soigner des infections, mais parfois, je demande une consultation en infectiologie parce que je pense que ce sera mieux pour votre enfant. Pour les soins palliatifs, c'est la même chose. » L'Institut de médecine des États-Unis écrit d'ailleurs : « L'intégration des soins palliatifs dès le moment où une maladie compromettant les chances de survie de l'enfant est diagnostiquée, améliorera les soins que reçoit l'enfant qui survit aussi bien que celui qui meurt et aidera les familles de tous ces enfants[3]. »

Le débat sur le moment opportun reste ouvert et doit se distinguer selon les pathologies. Par exemple, lorsqu'un diagnostic de Wernig Hoffmann (amyotrophie spinale de type I) est posé (l'espérance de vie est environ de 12 à 14 mois), les neurologues font systématiquement une demande de consultation en soins palliatifs. Par contre, pour des patients atteints de maladies neurodégénératives ou pour certaines encéphalopathies, il faudra assister à quelques épisodes douloureux pour le patient comme pour les parents (intubations répétées à la suite de pneumonies d'aspiration ou à des *status epilepticus*) pour aborder le sujet des soins palliatifs et le niveau de soins.

Notre expérience clinique nous porte à croire que les familles sont généralement beaucoup plus prêtes à aborder ces questions que les médecins. Souvent, après le choc de la première rencontre avec les membres de la consultation en soins palliatifs, les parents nous avouent que, certes, ils n'auraient jamais voulu nous rencontrer, mais qu'ils ressentent un certain soulagement à avoir évoqué des sujets difficiles et très émotifs comme la non-réanimation qui les renvoient toujours à la perte de leur enfant dans un avenir plus ou moins proche.

Au CHU Sainte-Justine, nous avons essayé d'en connaître un peu plus sur le vécu des parents lors de l'introduction des soins palliatifs adaptés à leur enfant grâce à une étude dirigée par Domitille Serraz[4]. Les participants de cette recherche étaient des parents ayant perdu un enfant suivi par l'équipe des soins palliatifs. Les résultats sont assez encourageants puisque près de 80 % d'entre eux pensent que la première rencontre a eu lieu au bon moment et 20 % aurait même préféré qu'elle se passe plus tôt. À la question : Compte tenu de votre expérience, pensez-vous que l'équipe des soins palliatifs aurait été utile si vous l'aviez rencontrée plus tôt ?, environ 60 % pensent qu'elle aurait pu être utile contre 30 %, qui croit le contraire.

Par souci d'honnêteté, il faut introduire une légère nuance à ce constat optimiste puisque le principal biais de cette étude est la méthode qualitative *a posteriori*. Au moment de répondre au questionnaire, les parents avaient pu apprécier les soins de notre unité, et surtout, avaient pu constater que notre intervention n'avait pas abrégé la vie de leur enfant et avait amélioré, dans la plupart des cas, sa qualité de vie. Par exemple, la majorité des parents disent que la douleur et les autres symptômes ont été améliorés. Mais c'est surtout le tableau 1, ci-dessous, qui éclaire leurs réponses sur la vision et la projection de leur ressenti sémantique concernant les mots « soins palliatifs », d'où notre conclusion qu'ils n'auraient certainement pas apprécié de nous rencontrer plus tôt.

Tableau 1

Thèmes évoqués par les mots « soins palliatifs » avant la première rencontre avec l'équipe de soins palliatifs et au moment de répondre au questionnaire

Thèmes	Occurrences avant	Occurrences maintenant	Variation
Mort	24	3	-21
Fin	16	4	-12
Douleur	4	0	-4
Peur	4	1	-3
Inconnu	3	0	-3
Personnes âgées	3	0	-3
Drogue	4	2	-2
Tristesse	2	1	-1
Pas le choix	0	3	+3
Humanité	1	4	+3
Soins	0	5	+5
Confort	8	20	+12
Soutien	13	26	+13

Certains collègues nous disent : « J'ai dit aux parents et à l'enfant que je vous avais demandé en consultation, mais je n'ai pas prononcé les mots "soins palliatifs" ». Or, notre étude démontre que 70 % des répondants disent qu'il ne faut pas changer le nom de notre unité.

Les conclusions de l'étude menée par Domitille Serraz nous démontrent que les parents jugent utile d'avoir des discussions plus précoces à propos des soins palliatifs. La peur de nuire ne devrait pas être un obstacle à une communication franche et hâtive sur les risques de décès ni la possibilité de recours à l'équipe de soins palliatifs. La question que l'on doit se poser ne devrait pas être : « Les parents sont-ils prêts ? » mais plutôt « La rencontre avec l'équipe de soins palliatifs sera-t-elle bénéfique pour l'enfant et sa famille ? ». Et nous ajouterions également : « Sera-t-elle bénéfique pour l'équipe soignante ? ».

Dès le moment où le médecin traitant, avec son équipe et parfois ses collègues, décide qu'il ne pourra plus guérir la maladie (ce qui est particulièrement le cas en hémato-oncologie par rapport à une maladie neurodégénérative dont on connaît les étapes), nous pensons qu'il devrait aborder la question du niveau de soins et de la non-réanimation. Cette discussion devrait être considérée comme une occasion pour les parents et l'enfant ou l'adolescent de pouvoir exprimer toutes leurs angoisses, leurs attentes et leurs projections mentales à propos de cette période qui commence et qu'ils ont tant redoutée. L'équipe traitante, associée à l'équipe de soins palliatifs, pourra alors les rassurer relativement aux traitements et aux objectifs de soins dorénavant basés sur la qualité de vie et le meilleur intérêt du jeune patient.

Le niveau de soins

La planification préalable des soins est une recommandation de la Société canadienne de pédiatrie[5]. Pour nous aider et pour protéger l'enfant de gestes thérapeutiques inappropriés à sa situation médicale (dans notre institution hospitalière, dans un service d'urgence d'un autre hôpital ou, par exemple, pour des raisons d'ordre légal si l'enfant décède subitement à domicile), nous avons rédigé une lettre de niveau de soins (voir l'annexe 1). Ce document explique d'une part ce qu'il serait raisonnable de pratiquer si l'état de l'enfant se dégradait (oxygénothérapie, antibiothérapie, analgésie, anxiolytiques, transfusion, anticonvulsivants, etc.) et, d'autre part, ce qui serait inadéquat de faire (intubation, réanimation cardio-respiratoire, transfert aux soins intensifs, utilisation d'amines, etc.).

Il n'est pas innocent que nous ayons mis dans la première partie les traitements à appliquer et dans la deuxième, ceux à éviter. Par cet alignement successif, nous donnons du sens à une thérapeutique palliative active qui contredit l'idée d'une thérapeutique palliative passive.

Même si la discussion est souvent vécue par les parents comme un moment très douloureux, puisque régulièrement associée à un verdict de non-guérison, ils nous diront plus tard que cela a été un soulagement parce qu'ils ont compris que même s'ils refusaient à cet instant l'échéance fatale, alors qu'ils ne cessaient d'y penser, ils ont été rassurés par le fait que leur enfant ne serait pas abandonné et que si l'inéluctable devait se produire, ils pourraient compter sur nous pour atténuer ses souffrances et ses douleurs. C'est pourquoi cette lettre de niveau de soins ne devrait pas être utilisée comme une simple ordonnance, mais comme un outil médiatique entre l'équipe médicale, les parents et l'enfant de plus de 14 ans pour faire passer des messages dans les deux sens.

Nous nous souvenons d'un grand adolescent de 17 ans qui, lors de notre première rencontre, nous avait simplement demandé: « À quoi vas-tu me servir ? » pour ensuite nous poser deux questions: « Peux-tu me fournir du pot (cannabis) ? » et « Comment va finir cette histoire ? » À la première, la réponse fut négative, et à la deuxième, nous lui avons dit que nous n'en savions rien, mais que nous serions là. L'année qui a suivi a été jalonnée de plusieurs appels intempestifs, mais toujours à distance physique et psychologique, dont voici deux exemples:

- Il est deux heures du matin et il nous téléphone pour nous dire qu'il vomit du sang, qu'il a fait de la plongée sous-marine, mais surtout qu'il est à Hawaï.
- Un soir, vers minuit, nous recevons un appel d'un sergent de la police de Montréal qui nous dit qu'ils ont arrêté un jeune homme quelque peu imbibé qui a fait un léger tapage nocturne et qui lui affirme qu'il est en phase terminale d'un cancer.

Le dernier soir de sa vie, nous avons dû négocier avec lui, sous les yeux implorants de ses parents, qu'il daigne rester à l'hôpital tellement sa dyspnée était impressionnante. Le lendemain, c'est lui qui nous a donné l'autorisation de le soulager avec de la morphine et du midazolam, en respectant son *timing* des derniers adieux à ses potes. Quelques minutes après son décès, son père nous a dit: « Il vous a contrôlé et vous avez respecté votre promesse. Vous étiez là quand il a eu besoin de vous et vous n'avez jamais parlé de sa mort parce que tous les deux, vous saviez qu'elle arrivait, et tous les deux, vous vouliez être dans la vie jusqu'au bout. »

L'alimentation artificielle

Comme nous pouvons le constater dans la liste de niveau de soins, il n'est pas fait mention de la nutrition et de l'hydratation artificielles (tube de gavage, gastrostomie, HAIV). Nous sommes bien conscients que cette problématique justifierait à elle seule au minimum un chapitre, si ce n'est un ouvrage complet, tant elle est complexe par ses aspects culturels, physiologiques, philosophiques et même religieux. Elle réveille en nous un inconfort éthique parce que la nourriture, c'est la vie et qu'elle nous renvoie à des images de famine en Afrique, un des grands scandales du siècle toléré par nos sociétés occidentales. Paradoxalement, nous ne ressentons pas le même dilemme moral quand nous proposons aux parents de ne pas procéder à une intubation endotrachéale au cas où l'état de leur enfant se détériorerait sur le plan respiratoire. Et pourtant, l'air, c'est aussi la vie. C'est même son premier signe avant la nourriture et son dernier, après. En évoquant la mort, on dit d'ailleurs : « rendre son dernier souffle ».

Parfois, une attitude thérapeutique quelque peu contradictoire vient troubler nos interrogations éthiques et notre pensée logique. En effet, il n'est pas rare, à la suite d'une extubation décidée par l'équipe traitante dans le meilleur intérêt du patient, et dont l'objectif est d'abréger son existence, de lui poser presque par réflexe un tube nasogastrique pour l'alimenter artificiellement, si, contre toute attente, ce dernier se met à respirer spontanément. Nous pensons que l'alimentation fournie par des moyens artificiels doit être considérée comme un traitement médical et, par conséquent, doit être prodiguée dans le meilleur intérêt du patient. D'ailleurs, l'American Academy of Pediatrics, le Royal College of Paediatrics and Child Health et la Société canadienne de pédiatrie[6] classent l'alimentation artificielle dans les traitements que l'on peut ne pas initier ou interrompre dans certaines circonstances.

Mais, malgré ces recommandations – et parce qu'il est souvent lié aux dimensions éthiques, parfois juridiques et quelquefois religieuses –, l'inconfort des soignants persiste. C'est pourquoi nous avons demandé un avis au comité de bioéthique du CHU Sainte-Justine. Après un travail de réflexion, de recherche et de consultation, ses membres ont émis huit recommandations (voir l'annexe 2)[7]. En résumé, elles décrivent le processus idéal d'une prise de décision ainsi que le suivi de la prise en charge médicale dans l'optique constante du meilleur intérêt de l'enfant, de sa qualité de vie et du soulagement de ses souffrances. En fait, il s'agit un condensé de notre vision palliative du soin dictée uniquement par la recherche permanente du confort global du patient, dont la non-initiation ou le retrait des moyens médicaux d'assistance à la nutrition et à l'hydratation fait partie. Le comité insiste également sur la continuité des soins, sous-tendant notamment un médecin pivot, la prise en compte des avis de tous les acteurs concernés et une demande de consultation systématique à l'unité de soins palliatifs pour assurer la prise en charge du patient sur le plan de la gestion des symptômes, de l'accompagnement des parents et des soignants de même que sur celui du suivi de deuil. Évidemment, lorsqu'une équipe traitante se heurte à ce type de décision, il lui est fortement suggéré de consulter l'unité d'éthique clinique.

La non-réanimation

Dans le cadre de nos réflexions sur la discussion de la non-réanimation d'un patient en phase palliative, nous avons initié dans notre CHU une recherche dirigée par Marie-Anne Archambault portant sur les conflits générés autour de cette problématique. Le but était d'appréhender les sentiments et le vécu des différents acteurs concernés durant les étapes successives, qui vont des prémices de la discussion à la prise de décision elle-même, pour finir par son application. Nous voulions, par cette étude, connaître les conflits, les désaccords, les tensions, les malaises, et surtout, qu'elles en étaient les causes. Le questionnaire a été envoyé à tous les soignants de notre hôpital, soit à plus de 2 300 personnes. Près de 1 000 personnes ont répondu dans une proportion de 46 % pour les soins infirmiers, 22 % pour le corps médical et 32 % pour les autres professionnels de la santé.

Les résultats cette étude intitulée « Mourir dans le conflit » (voir l'annexe 3) nous démontrent que les conflits se situent d'abord entre les soignants. Les causes sont avant tout la discontinuité des soins et, par la suite seulement, les divergences des attentes entre parents et soignants. Ce qui ressort également est que si la majorité des soignants disent avoir pu donner leur opinion, il reste que c'est presque toujours l'avis du médecin qui prime. La frustration de ceux qui doivent appliquer la décision de non-réanimation sans avoir été impliqués dans le processus est un autre sentiment que nous avons pu constater en lisant les remarques ajoutées dans les commentaires accompagnant le questionnaire. Il s'agit très souvent d'infirmières qui travaillent la nuit. La frustration est d'autant plus grande quand ces soignants n'adhèrent pas complètement à la décision (souvent par manque d'information) et qui, de plus, se heurtent directement aux demandes de certains parents qui, voyant leur enfant s'éteindre, interprètent cette passivité clinique comme un abandon. Il est donc tentant pour eux de lancer l'alerte à l'équipe de réanimation même si leur intention inconsciente n'est pas de « réanimer » (*resuscitate*) l'enfant, mais bien de trouver de l'aide dans le but de gérer les angoisses de cette situation stressante et émotionnelle. Cependant, le rôle d'une équipe de réanimation est de réanimer et non pas d'analyser l'adéquation de leurs gestes techniques selon la situation médicale du patient. Dans cette situation, les parents vont vivre une souffrance supplémentaire dans la contradiction d'une décision médicale qui change selon les acteurs en présence, et surtout, selon le temps de la journée (ou davantage de la nuit). C'est pourquoi, afin de mieux gérer les conflits et les frustrations autour de cette problématique, la recherche a fait ressortir une demande forte de formation afin d'assurer une meilleure continuité dans les soins et la rotation du personnel de même qu'une implication plus importante des membres de l'équipe de notre unité de consultation en soins palliatifs.

Pour information générale, et notamment pour les lecteurs européens, la lettre de non-initiation d'une réanimation cardiorespiratoire (voir l'annexe 4) discutée avec les parents et signée par ces derniers et le médecin traitant ne concerne que les patients qui sont à domicile. Elle a pour objectif de les protéger des procédures judiciaires, car sans ce document, les ambulanciers sont obligés de procéder à des manœuvres de réanimation quelle que soit la condition médicale du patient. À l'hôpital, la décision d'une non-réanimation est un ordre médical prescrit comme tel dans le dossier sans la signature des parents.

Chronique d'une mort annoncée

Dans l'enchaînement de ce sujet, nous désirons aborder l'arrêt des traitements de maintien artificiel de la vie, que nous nommons, pour reprendre le titre d'un grand roman de Gabriel Garcia Marquez, « Chronique d'une mort annoncée ». Il s'agit de situations vécues le plus souvent dans le cadre des soins intensifs néonatals et pédiatriques. Notre réflexion ne porte pas sur le protocole médical, mais sur le désarroi thérapeutique lorsque le scénario ne correspond pas au synopsis ou, plus simplement, quand la réalité d'un processus imaginé à partir de données scientifiques, même probantes, se heurte aux mystères de la biologie de la vie.

Il s'agit, en général, de situations relativement limpides concernant la décision prise après de nombreuses consultations auprès de multiples spécialistes qui ont tous conclu que pour le meilleur intérêt de l'enfant, en regard de son état neurologique, il était préférable de cesser l'assistance respiratoire dans une vision létale. Pour les parents, c'est évidemment un choc supplémentaire après les doutes permanents et l'espoir constant d'une amélioration de l'état de santé de leur enfant. Cette annonce s'inscrit dans la succession des deuils qu'ils vivent depuis l'entrée de celui-ci aux soins intensifs. Le premier était d'accepter qu'au vu des lésions cérébrales, il ne serait plus jamais comme avant: l'enfant qu'ils ont connu est mort. Mais maintenant, ils viennent de comprendre que ce qu'ils appréhendaient le plus – la séparation définitive avec leur enfant – va se produire dans quelques heures. Pendant cette période, leurs émotions vont passer de la rationalité froide et consolante – « C'est mieux pour lui, il n'aurait jamais accepté d'être handicapé » – à la détresse et à la révolte la plus violente – « C'est injuste ! Pourquoi nous, pourquoi lui ? Ce n'est pas possible, il ne peut pas mourir si jeune. » Puis, après la manœuvre d'extubation, ils seront suspendus à son dernier souffle. Le deuil de leur enfant est commencé. Mais parfois, contre toute attente, le patient respire spontanément et alors commence, après l'étonnement et l'incrédulité, un nouveau deuil, paradoxal celui-ci : le deuil du deuil de la mort de leur enfant et la confrontation soudaine avec une autre vie. « Qu'est qu'on va faire de lui ? Où va-t-il vivre, que va devenir notre vie de famille ? Pourra-t-on le reprendre à la maison ? » Aux confins de la vie et de la mort, c'est un moment singulier, intensément douloureux, pendant lequel l'équipe des soins palliatifs est particulièrement importante, non seulement dans une attitude de partage de l'incrédulité de l'événement, mais surtout, d'une présence qui représente symboliquement pour les parents le fait que l'institution ne va pas les abandonner après cet « échec » thérapeutique. Notre action sera d'autant plus signifiante que nous aurons été impliqués dans le processus de décision et dans la préparation à l'acte d'arrêt de traitement lui-même. Sinon, pour une équipe qui clame constamment qu'elle s'occupe de la vie, nous risquons de subir une situation absurde, plusieurs fois vécue ; à la demande du motif de la consultation, nous nous faisons répondre : « Le malade n'est pas mort. On pense que c'est le moment d'introduire les soins palliatifs. »

C'est pourquoi, lorsque nous rencontrons les parents, la fratrie et parfois les grands-parents, nous expliquons que nous allons faire un essai thérapeutique de cessation de l'assistance respiratoire pour savoir si l'enfant peut vivre sans elle. Nous mentionnons que, si ce n'est pas le cas, au vu de la situation, nous ne le réintuberons pas et lui prodiguerons tous les traitements pour qu'il ne souffre pas. Notre expérience nous a appris une chose fondamentale : c'est à nous de décider du moment propice de la procédure. Nous ne devons pas laisser le choix de la temporalité de cette chronique d'une mort annoncée aux parents. Cette responsabilité est en effet trop lourde à porter et la culpabilité engendrée par cette décision aura de lourdes et lointaines conséquences sur la survie des parents à ce drame. Les parents trouvent toujours une bonne raison pour retarder l'échéance, parce qu'on ne peut pas leur demander de fixer la date de la mort de leur enfant. À nous, donc, d'aménager cette épreuve en choisissant les meilleures conditions de lieu, de temps et d'environnement en ne perdant jamais de vue l'importance de la pensée imaginaire et de l'irrationalité de cet événement, et en essayant de ne pas sombrer dans la toute-puissance de celui qui se croit capable de gérer la vie et la mort d'un être humain. Le mystère doit rester un des éléments de cette période.

Dans cette préparation d'une mort probable et annoncée, faut-il impliquer la fratrie ? Nous pensons que l'absence physique lors d'un événement dramatique est un handicap certain pour le travail de deuil, et ce, quel que soit notre âge. Ainsi, nous encourageons les parents à accompagner leurs autres enfants auprès du patient aux soins intensifs dans le but de signifier la gravité de la situation. Même si la vision d'un frère ou d'une sœur intubé, entouré de multiples machines et le corps perforé de tuyaux, est parfois difficile à supporter, l'expérience nous prouve que dans ce cas, l'imaginaire est souvent plus psychiquement destructeur que la réalité.

> « Papa et maman m'ont dit que mon frère avait de gros bobos, qu'il était à l'hôpital. Et puis un jour, ils m'ont dit qu'il ne reviendrait plus à la maison. Alors, j'ai longtemps espéré qu'il revienne. Je l'ai attendu jusqu'au jour où j'ai compris qu'il était mort. Maintenant, chaque fois que je dois aller à l'hôpital Sainte-Justine, j'ai peur de ne plus revenir à la maison. »

Les enfants ont une capacité d'adaptation extraordinaire – dans toute l'acception du terme – aux circonstances de la vie. Après que nous ayons expliqué à une petite fille de 4 ans que sa grande sœur, qu'elle avait toujours connue malade, (elle souffrait d'une maladie neurodégénérative) était en train de s'éteindre doucement comme une petite bougie, elle alterna les visites dans la chambre et devant l'écran d'un jeu vidéo de la salle de jeu sans aucune labilité émotionnelle apparente. Quelquefois, elle entrebâillait la porte et demandait : « Alors, elle n'est pas encore morte ? » Mais cette légèreté de propos ne signifie pas que l'événement que la petite fille est en train de vivre est anodin pour son développement futur. Bien au contraire, sa présence physique va lui permettre plus tard de l'intégrer dans le roman familial, de comprendre, par exemple, pourquoi ses parents sont tristes. Cela lui permettra ensuite de vivre avec l'absence de cette sœur dont elle comprend la disparition puisqu'elle y a assisté.

Lors des manœuvres d'extubation, on laisse le choix à l'enfant d'être présent en s'assurant qu'une personne de la famille, souvent les grands-parents, puisse s'occuper de lui dans une chambre adjacente.

Le non-événement

Nous avons coutume de dire qu'on ne peut pas faire le deuil de quelque chose qui n'a pas existé. Guyotat[8] parle, au sujet des enfants mort-nés, d'un non-événement[9]. En effet, c'est un événement annoncé, daté, déjà visible et qui ne se produit pas. Pour les frères et sœurs, particulièrement, il ne s'est rien passé. « Maman est partie enceinte et est revenue seule. Mais alors, où est passé notre petit frère ou notre petite sœur ? Et moi qui ne le voulais pas, suis-je responsable de sa disparition ? » Nous nous souvenons d'une situation qui est restée imprimée dans notre mémoire. Une maman qui avait accouché quelques semaines auparavant d'un bébé mort nous a demandé de le revoir une dernière fois avant de le porter en terre. Mais au moment d'entrer dans la chambre où reposait le petit corps, elle a demandé que sa fille de 6 ans l'accompagne. Un peu surpris, nous avons essayé de justifier notre réponse négative par le traumatisme que cela pourrait lui causer. La maman a insisté en disant que c'était très important. Nous nous sommes exécutés en accompagnant la fillette au bord du berceau de sa petite sœur. Elle est restée quelques minutes, puis est partie sans dire un mot. Quelques jours plus tard, la maman est revenue nous voir avec une boîte de chocolat pour nous remercier, car sa fille avait paradoxalement retrouvé le goût de vivre en touchant la mort. En effet, depuis qu'elle était rentrée de la maternité, sa fille ne mangeait quasiment plus et ne dormait pas beaucoup. Pendant toute la grossesse, elle avait nié que sa maman avait un enfant dans son ventre, en répétant régulièrement que ce n'était pas vrai. Elle refusait ostensiblement de toucher le ventre de sa mère ou de sentir bouger ce futur être humain fraternel, déjà bien encombrant avant même sa naissance. On comprend mieux maintenant quelle a pu être la réaction de cette petite fille lorsque sa maman est revenue seule de l'hôpital Sainte-Justine. Avait-elle réalisé finalement le fantasme de cette grande sœur indigne ? Avait-elle donné le bébé pour lui faire plaisir ? Était-elle responsable de la disparition de sa petite sœur ? Assez de questions insupportables à assumer pour une fille de 6 ans qui justifient amplement que la culpabilité qu'elles sécrètent lui coupe l'appétit et lui pourrisse le sommeil. Une simple présentation de la réalité, même morbide, a rendu son innocence à cette petite fille qui n'a été coupable de rien, si ce n'est de se sentir menacée par cette « chose » qui poussait dans le ventre de sa mère.

Une étude effectuée par J. Fanos au Darmouth Medical school[10] analysant les conséquences du décès d'un enfant dans un service de néonatologie sur la fratrie ne fait que confirmer nos hypothèses sur l'importance de la présence des frères et des sœurs dans les processus psychiques et physiques de la mort d'un proche. Les résultats démontrent que même plusieurs années après le décès, parfois des dizaines, les effets sur la vie émotionnelle des frères et des sœurs sont manifestes, surtout si la mort reste un secret de famille et si leur absence dans le service de néonatologie a été occultée. Plus de la moitié des adultes interrogés présente un deuil non résolu, les trois quarts d'entre eux vivant un haut degré d'anxiété, notamment lié à une future grossesse ou à la santé de leur mère. C'est pourquoi leur présence dans l'unité serait plus que souhaitable afin qu'ils puissent vivre l'événement en direct avec leur propre capacité d'interprétation, et non pas que celui-ci leur soit relaté par d'autres avec leur grille d'interprétation. Les conclusions de la recherche démontrent que les divers rituels – comme les photos, les empreintes de pied ou une mèche de cheveux – s'avèrent très aidants dans le processus de deuil. Encore une fois, cela nous prouve que nous ne pouvons pas faire le deuil de quelque chose qui n'a pas existé et que l'angoisse est alimentée d'abord par l'inconnu ou la simulation de la vérité existentielle. Les grands-parents, souvent tenus à l'écart des services des soins intensifs par des règlements inadaptés aux besoins des patients et des familles, ne nous disent pas autre chose quand ils déclarent: «Si, au moins, on avait pu le prendre dans nos bras, si ce n'est qu'une minute ou au minimum le voir, ce serait plus facile pour nous de faire le deuil de notre petit-fils.»

Le suivi de deuil

Ces dernières réflexions nous amènent à nous interroger sur le suivi de deuil, cette auberge espagnole dans laquelle nous peinons à trouver le sens de nos démarches thérapeutiques. Entre les groupes de soutien, le suivi individuel, les rappels téléphoniques, les cérémonies commémoratives et le choix des intervenants, nous avouons notre impuissance, et surtout, nos interrogations perplexes. Pourtant, dans les normes québécoises, il est spécifié que le suivi de deuil fait partie intégrante des soins palliatifs pédiatriques. Tout d'abord parce que le vécu de la mort de son enfant est l'événement coté le plus haut dans les échelles de stress[11] et doit, par conséquent, être considéré comme l'un des traumatismes les plus dangereux pour l'équilibre émotionnel et somatopsychique[12]. Par contre, si l'événement est similaire, le scénario de ce séisme existentiel est toujours différent et individuel, même s'il peut parfois paraître identique et répétitif pour nous. En effet, cela reste une de nos grandes interrogations, à laquelle personne ne peut répondre si ce n'est en se projetant dans une situation et en interprétant un état psychique dans lequel nous n'espérons jamais nous trouver.

Est-ce plus difficile de vivre un décès brutal sans prémices, à la suite d'un accident ou d'une hémorragie cérébrale par exemple, ou de vivre pendant des mois avec la perspective de perdre son enfant? Nous posons la question pour ne pas y répondre, car notre expérience nous fait penser que les parents, à cause de leur vécu trop souffrant, choisiront toujours le scénario de l'autre en imaginant qu'il ne peut être que moins douloureux. À leurs yeux, il ne peut pas exister une plus grande douleur et ils ont tous raison. Il serait donc intellectuellement malhonnête d'essayer de classifier un drame intime en fonction d'un événement traumatique semblable – le décès d'un enfant – pour rédiger un catalogue de processus de deuil, alors que celui-ci dépend de multiples facteurs sociaux, culturels, spirituels et affectifs. Par conséquent, les réponses doivent aussi être adaptées aux besoins des parents et être les plus individualisées possible puisqu'au sein du couple, le rythme de la souffrance et le vécu ne sont pas les mêmes. Il en va de même pour la fratrie. Toute la difficulté de la démarche du suivi de deuil se tient dans cette constatation : il faut être présents sans être intrusifs, à l'écoute des besoins sans médicaliser un chagrin qui est normal et sans minimiser ses aspects pathologiques afin de prévenir des dérapages fatals.

Quant à qui doit prendre en charge cette partie des soins palliatifs et quand doit commencer ledit suivi, la question reste ouverte. Est-ce des membres de l'unité, d'autres professionnels de l'institution ou des personnes étrangères à l'histoire et au lieu de la tragédie ? Certains parents ne peuvent même plus imaginer revenir sur les lieux du drame. D'autres, par contre, en sont quasi devenus dépendants, conséquence des nombreuses années de cohabitation avec l'équipe soignante, et souvent, aussi, des relations nouées avec d'autres parents. Quelques minutes après le décès de sa grande fille de 17 ans, après des années de combat contre une maladie oncologique dont tout son univers était accaparé, un père me répétait sur un ton désespéré : « Qu'est-ce que je vais faire demain ? Non seulement j'ai perdu ma princesse, mais le sens de la vie que je menais depuis plus de cinq ans... Qu'est-ce que je vais faire demain ? Pourrais-je vous revoir, au moins ? ». Dans ce cas, il est évident que nous nous devons de prendre de ses nouvelles rapidement et de l'inviter à venir nous voir. Inversement, un père dont le fils était décédé subitement dans notre hôpital un an auparavant d'une malformation artérioveineuse et qui cherchait si ce n'est un sens, au moins des explications à cet événement dramatique, a mis quelques mois à pouvoir franchir les portes de Sainte-Justine après avoir reçu mon offre de le rencontrer. La dernière fois qu'il avait poussé ces portes, c'était sans son fils, avec lequel il déjeunait encore le matin même. Cet homme n'avait passé que quelques heures dans notre établissement, entre l'urgence, la salle d'attente du bloc opératoire et le bureau du neurochirurgien, pour se retrouver enfin sur le trottoir avec son épouse dans une sidération et un désarroi que personne n'a le droit d'imaginer. Puis avait suivi le silence, l'incompréhension des proches, les phrases malheureuses, l'évitement des voisins et des « amis », l'impression qu'on va s'en sortir tout seul, puis finalement, le constat qu'on n'y arrivera pas. Et pendant ce temps, à l'hôpital qui a soigné leur fils durant quelques heures, personne n'a songé à faire un suivi. Pour utiliser un langage judiciaire, nous dirions, avec un brin de cynisme, que le dossier a été classé sans suite. Si cet homme n'avait pas été le voisin du vice-doyen de la Faculté de médecine, à qui il a pu confier sa détresse, il attendrait encore un coup de téléphone de notre hôpital. C'est pourquoi, à la suite de notre rencontre avec ce père dont la vie et celle de son épouse se sont arrêtées le jour de la mort de leur fils, nous avons décidé qu'il était indispensable qu'un membre de notre unité soit responsable du suivi de deuil pour que personne comme ce papa et cette maman ne passe entre les mailles du filet. Il ne s'agit pas que ce responsable fasse lui-même tous les suivis de deuil, mais il devra s'assurer que personne ne se trouve sans soutien après avoir subi un événement traumatique dont la violence peut engendrer un nombre important de blessures collatérales. La peur de déranger des parents dans leur processus de deuil ne peut en aucun cas être évoquée comme excuse pour ne pas entrer en contact avec eux. Notre expérience nous prouve le contraire et, si par hasard c'était le cas, les parents restent des adultes capables de nous le dire et nous, de l'entendre.

Avant de clore ce sujet, nous aimerions attirer l'attention sur un personnage souvent occulté du scénario et qui peut apparaître à des moments très inattendus de l'histoire : le petit amoureux ou la petite amoureuse du patient adolescent en phase palliative. Nous sommes attentifs aux frères et sœurs, aux grands-parents, mais qu'en est-il du « *chum* » ou de la « blonde » – souvent le premier amour – de cette existence qui s'achève ? Comment est-ce possible de comprendre que cet amour puisse mourir à jamais par la perte même de l'objet aimé ? Et quelle place lui est attribuée dans cette histoire d'horreur ? Est-il trop présent, trop envahissant parce que d'après lui, finalement, c'est de lui dont l'autre amoureux a le plus besoin en regard des sentiments passionnés qui les unissent ? Nous nous souvenons d'un adolescent qui ne comprenait pas pourquoi il avait été exclu du dernier week-end passé en famille dans un hôtel confortable d'un village québécois, une semaine avant le décès de son amoureuse, même si cette dernière lui avait expliqué que son souhait était de se retrouver une dernière fois avec ses parents et son frère. À l'inverse de cette histoire, nous avons vu apparaître, à quelques heures du décès d'une patiente, un jeune homme qui avait été – pour le « protéger » –, tenu à l'écart de son amoureuse dès le début de la phase palliative, tant par la famille de cette dernière que par la sienne. Nous nous sommes rapidement aperçus, pendant l'entretien qui a précédé sa rencontre physique avec la réalité morbide, que ce jeune homme avait, par sa mise à l'écart, raté un nombre important de chapitres du livre de la vie de son amoureuse et que le choc émotionnel et visuel allait être immense. En effet, il ne savait pas que sa « blonde » achevait l'œuvre de son existence, que son corps n'avait plus l'apparence de celui qu'il avait caressé et qu'elle ne pourrait pas répondre à ses douces paroles de réconfort et d'affection. Nous sommes allés ensemble dans la chambre, puis il nous a demandé de rester seul avec elle. Ce dernier tête-à-tête a duré deux heures. Un mois après le décès de la jeune fille, la maman du jeune garçon nous a téléphoné pour nous exprimer ses angoisses devant la tristesse de ce dernier, ses difficultés scolaires, ses troubles du sommeil et de l'appétit. Lorsque nous l'avons revu, nous avons compris combien étaient grandes les difficultés de se situer par rapport à son amoureuse et sa famille afin de trouver une identité reconnue d'acteur de cette tragédie pour ne pas être oublié dans toute cette souffrance collective.

Le lieu de l'agonie

Nous avons coutume de dire que la mort d'un enfant est toujours atroce, mais que parfois cet événement ontologiquement douloureux peut devenir encore plus traumatisant pour ceux qui devront survivre à ce drame. En effet, tous les parents, et quelquefois la fratrie, nous ont confié que dans la difficile traversée de la phase palliative, la période de l'agonie était, par sa représentation même du corps souffrant, un temps très fort qui pouvait laisser des traces indélébiles dans la mémoire des survivants. Les dernières images peuvent être apaisantes – quand l'enfant donne l'impression de s'endormir pour un monde sans souffrance –, mais par contre, elles peuvent être cauchemardesques si le film de la vie de l'enfant se termine sur des images de douleur, de dyspnée, de convulsions ou d'hémorragie. C'est pourquoi notre travail est aussi de tenter de faire le maximum en utilisant tous les moyens thérapeutiques à notre disposition pour rendre la phase terminale la plus « confortable » possible pour le patient, mais aussi pour ceux qui vont lui survivre. C'est une sorte de prévention du deuil pathologique.

Dans cet objectif, nous rendons les parents assez précocement attentifs à l'endroit où ils imaginent vivre cette dernière période, non seulement pour l'organiser, mais pour évaluer avec eux les possibilités matérielles et surtout émotionnelles de sa faisabilité. Dans la phase palliative, l'enfant peut parfois adopter des comportements irrationnels liés à son état somatopsychique, mais aussi à la perspective de sa finitude proche. Ses attentes vis-à-vis des autres et ses demandes « péremptoires » – parce qu'on ne peut rien refuser à un mourant – sont souvent démesurées par rapport à sa réalité et à celle de ses parents. Combien de fois avons-nous dû nous opposer à un rêve d'enfant pour que celui-ci ne se transforme pas en cauchemar pour lui et ses proches ! Par contre, nous avons toujours adapté les demandes à l'état physique du patient. Le voyage en Chine pour aller découvrir ses racines s'est d'abord transformé en voyage à Vancouver pour visiter son importante communauté chinoise, puis, cette ville étant devenue une destination trop lointaine de Sainte-Justine, c'est finalement sur le fleuve Saint-Laurent que notre patiente a fait son dernier voyage entourée de ses parents et de sa sœur. Nous étions quotidiennement en contact avec elle, tout au long du cours d'eau ; elle avait en sa possession des protocoles de détresse, suffisamment de bonbonnes d'oxygène pour la dizaine de jours de croisière et l'assurance de pouvoir revenir dans la journée en avion à Montréal. Nous avons eu peur plusieurs fois qu'elle n'atteigne pas le port, mais elle a pu réaliser son rêve sans trop se mettre en danger, et surtout, sans que ce périple familial soit trop anxiogène pour ses parents et sa sœur. Elle a accosté un matin, elle est venue directement à Sainte-Justine et elle a achevé définitivement de voguer sur le fleuve de son existence quelques heures plus tard.

Nous devons évaluer les risques d'une prise en charge à domicile de la même façon. Comme nous le déclarons souvent aux parents, nous nous devons de toujours prévoir le pire pour qu'il ne se produise pas. La base indispensable de la réussite du suivi d'un patient en phase palliative à la maison sans trop créer de souffrances supplémentaires est la compétence et l'acceptation d'une équipe soignante – souvent composée d'infirmières et, parfois, d'un médecin – pratiquant à domicile. Notre unité appuie cette entité en prodiguant ses conseils et en permettant de faire un lien avec l'hôpital, mais elle ne pourra jamais évaluer les risques d'épuisement des parents ou des limites antalgiques. Seuls des praticiens présents – parfois quotidiennement – auprès de la famille et du patient peuvent déceler les limites des soins palliatifs à domicile. Tout d'abord, il faut considérer l'environnement architectural qui, au vu de l'évolution de symptômes comme la mobilité, n'est quelquefois plus adéquat. La charge de travail et la présence auprès du petit patient restent également une source d'épuisement physique et psychologique. Enfin, il y a aussi la charge émotive pour tout l'entourage et spécialement pour la fratrie. Si nous pouvons comprendre que des parents désirent réaliser les derniers souhaits de leur enfant, c'est aussi, pour eux, une façon d'être actifs devant leur impuissance de ne pouvoir le guérir. Nous ne devons jamais oublier de leur rappeler, même s'ils ne peuvent le concevoir, qu'ils devront survivre à cet événement et que s'épuiser à mourir avec leur enfant n'est pas une solution pour lui, ni pour eux ni pour leurs autres enfants.

C'est pourquoi, dès le passage à la phase palliative et assez rapidement après la discussion sur le niveau de soins, nous évoquons avec les parents le lieu imaginé ou inimaginable de la fin du parcours de leur enfant, même si, pour eux, cette pensée est intolérable. C'est à nous, ensuite, de la rendre la plus tolérable possible pour tout le monde, que ce soit à Sainte-Justine ou à domicile. Et pour réussir cette acrobatie de l'esprit et du cœur, l'aspect le plus fondamental se situe dans une approche non dogmatique qui se traduit par une évaluation constante de la situation, avec des allers et retours entre le domicile et l'hôpital. Notre expérience nous a appris à être très humbles dans la planification de la fin de la vie, car souvent, ce qui était projeté comme idéal par les parents et par les soignants s'est avéré impossible à réaliser et, à l'inverse, l'impossible phantasmé est devenu la réalité vécue. Combien de fois avons-nous entendu les parents nous dire : « Jamais à domicile » ou « Jamais à l'hôpital » alors que, finalement, le lieu honni est devenu l'endroit le plus sécuritaire et le plus apaisant pour le petit patient comme pour son entourage. Encore une fois, la pratique des soins palliatifs nous enseigne la modestie devant des choix qui paraissent évidents selon les fameuses données probantes et le doute permanent devant l'idéal qui doit rester un objectif, mais qui, confronté à la réalité clinique, ne peut malheureusement qu'engendrer souvent la déception et l'impuissance, tant pour les parents que les soignants. Les soins palliatifs pédiatriques à domicile en sont la magistrale démonstration.

La pratique des protocoles

La réflexion sur les soins de cette phase spécifique de la période palliative nous a amenés à nous interroger sur les outils thérapeutiques à mettre à la disposition des soignants, et parfois, des parents. En effet, si on peut quelquefois prévenir des symptômes traumatisants comme les hémorragies en transfusant des plaquettes, dans d'autres circonstances, ils sont souvent aléatoires. Nous pensons ici particulièrement à la détresse respiratoire, aux convulsions ou à la douleur totale. Notre unité a décidé de rédiger divers protocoles (voir les annexes 5 et 6) dans le but de soulager rapidement les patients, à l'hôpital comme à domicile, sans devoir attendre la présence d'un médecin ou sa prescription. En effet, il n'existe rien de plus frustrant pour une infirmière que de regarder souffrir, s'étouffer ou convulser un enfant en sachant qu'il existe des moyens pour le soulager. Le sentiment d'impuissance des parents est incommensurable, à la mesure de leur douleur.

Après quelques années de pratique globalement très positive d'administration de ces protocoles, nous nous devons de décrire les quelques limites observées et leurs effets pervers. Tout d'abord, l'utilisation, à certaines occasions, des protocoles de détresse (opiacé + midazolam) à la place du plan antalgique déjà mis à disposition. Nous devons régulièrement répéter que le protocole doit être administré après que l'antalgie prescrite pour le patient ait échoué. Mais notre plus grande interrogation est la représentation, pour beaucoup de soignants, du geste fait et souvent ressenti comme l'étape thérapeutique finale. Comme si l'injection sous-cutanée était assimilée à un geste technique de non-retour. Or, nous savons tous que beaucoup de patients ayant été soulagés grâce au protocole – notamment celui de détresse respiratoire – ont vécu de beaux mois, si ce n'est des années, avec celui-ci encore en poche.

Un autre questionnement concerne l'administration du protocole de détresse par les parents eux-mêmes, à domicile, et ses conséquences sur leur culpabilité si leur enfant décède quelque temps après les injections. La majorité des parents sont soulagés d'avoir en leur possession les seringues préparées, au cas où, mais espèrent dans leur for intérieur ne jamais devoir les utiliser. Nous évitons le plus possible de déléguer des soins – qui peuvent parfois être douloureux – aux parents pour qu'ils ne se transforment pas en soignants, mais gardent leur rôle de papa et de maman aimants et réconfortants, même si ces derniers sont des professionnels de la santé. Il est évident qu'à domicile, il est plus difficile de garder les frontières bien limitées et d'éviter les passages entre le geste thérapeutique et la caresse affectueuse.

Concernant le protocole de détresse à domicile, nous favorisons toujours son administration par une infirmière. Mais si elle ne peut être présente, il est de loin préférable pour l'enfant de laisser les parents le soulager que d'attendre l'arrivée de la professionnelle. Dans ce cas, il est primordial que les deux membres du couple soient sur la même longueur d'onde quant à l'indication et aux conséquences aléatoires du geste effectué. Nous gardons dans nos souvenirs l'exemple de ce père qui ne voulait pas que son épouse administre le protocole de détresse malgré les suffocations de leur enfant. La maman était passée outre son refus de soulager leur bébé qui, malheureusement, était décédé quelques minutes après l'injection. Le père l'accuse encore d'avoir tué leur enfant malgré nos dénégations et nos explications.

En conclusion

Depuis plus de 10 ans, le développement constant des soins palliatifs pédiatriques contredit notre questionnement initial sur leur pertinence en tant qu'entité propre. En effet, l'enfant n'étant pas un adulte en miniature, la spécificité de la prise en charge des enfants et des adolescents n'est plus à démontrer et le tabou de l'éventualité de leur mort, même dans nos sociétés occidentales, n'est plus un obstacle à l'introduction des soins palliatifs dans le scénario d'une maladie potentiellement mortelle.

Nous restons, par ailleurs, persuadés que ces soins ne doivent pas devenir une spécialité de la médecine, mais qu'ils doivent être prodigués par tous les soignants qui, un jour, font face à un petit patient dont ils ne peuvent plus guérir la maladie, mais dont ils doivent soigner tous les symptômes, y compris ceux de l'âme.

Nous le répétons souvent, la pédagogie doit être au centre de la démarche en soins palliatifs pédiatriques en commençant dès les premières années des études de médecine. Mais un long chemin reste à parcourir. En effet, nous avons interrogé des étudiants de la Faculté de médecine de l'Université de Montréal à propos du nombre de cas cliniques de patients décédés présentés dans toutes les spécialités enseignées. Résultat : un seul cas a été mentionné. Comment peut-on passer à travers la néphrologie, la cardiologie, l'hématologie, l'oncologie et la neurologie sans imaginer une fois que le patient pourrait décéder de sa maladie ? Nous suspectons même que le seul décès a dû être évoqué lors du cours de gériatrie. Cette approche quasi psychotique de l'enseignement n'est pas étrangère aux difficultés qu'éprouvent les praticiens lorsqu'ils sont face à un malade qu'ils ne peuvent plus guérir.

La transmission de ce savoir particulier doit se poursuivre lors de nos interventions cliniques dans nos institutions ou à domicile. C'est pourquoi le choix de ne pas ouvrir d'unité géographique de lits de soins palliatifs participe à cette pédagogie. En effet, en travaillant en appui des équipes traitantes, nous évitons non seulement l'écueil de l'effet d'abandon du malade qu'on ne peut pas guérir, mais aussi celui de la non-transmission des connaissances. Sans parler de l'aberration de priver le patient et son entourage d'une équipe traitante souvent interdisciplinaire qu'ils connaissent parfois depuis des années, comme en hémato-oncologie ou en neurologie.

La preuve de cette évolution des soins palliatifs pédiatriques se manifeste également aujourd'hui par l'importance de la recherche dans ce domaine, qui était encore un grand désert il y a seulement quelques années. Un autre développement significatif a jalonné cette dernière décennie. En parallèle à la création d'équipes de consultation intra et extra hospitalières, la définition même des bénéficiaires de soins palliatifs pédiatriques a évolué. Principalement identifiée à l'hémato-oncologie au départ, elle a tranquillement englobé la neurologie, la néonatologie, les services de réanimation, la cardiologie, la pneumologie, la néphrologie, l'obstétrique (mortinaissances et avortements), la génétique et même la dermatologie (épidermolyse bulleuse). Notre unité est représentative de cette évolution puisque les consultations en hémato-oncologie représentent aujourd'hui seulement la moitié de notre activité contre 85 % au début de son existence. Pour résumer cette classification quelque peu austère, nous pourrions simplifier la liste en stipulant que chaque enfant – y compris ceux à naître – atteint d'une maladie potentiellement mortelle devrait pouvoir bénéficier de soins palliatifs, qu'il survive ou non à sa maladie.

L'autre défi majeur des soins palliatifs pédiatriques qui nous tiendra particulièrement à cœur ces prochaines années sera leur intégration dans les soins de santé des pays défavorisés. Actuellement, ils sont encore perçus dans les milieux médicaux et par leur gouvernement comme faisant partie d'une approche pour pays privilégiés. Cela ne doit toutefois pas nous servir d'excuse pour ne pas redoubler d'effort pour favoriser leur accessibilité à la population pédiatrique de notre terre qui a en le plus besoin, même si le véritable scandale réside surtout dans le fait que la plupart des 7,6 millions d'enfants de moins de 5 ans qui décèdent annuellement – les trois quarts en Afrique et en Asie du Sud-Est – ne devraient pas mourir s'ils recevaient des soins appropriés.

Notes

1. Association for children with life-threatening or terminal conditions and their families and the Royal College of Paediatrics and Child Health. *A guide to the development of children's palliative care services*. Second Edition, 2003.

2. Gouvernement du Québec. *Normes en matière de soins palliatifs pédiatriques*. Québec, 2006.

3. Institute of medicine. *When children die*. Washington, National Academy Press, 2002.

4. Serraz, D., S. Fortin, T. St-Laurent-Gagnon, N. Humbert et M. Duval. *Parental perspectives on the transition to pediatric palliative care. To explore parental perspectives about the timing and impact of the transition to palliative care in a tertiary care, university pediatric hospital.* (Publication à venir).

5. Tsai, E. « La planification préalable des soins en pédiatrie ». *Paediatr Child Health*, vol 13, novembre 2008, 799-805.

6. Tsai, E. Société Canadienne de Pédiatrie, Comité de bioéthique. « L'abstention et la suppression de l'alimentation et de l'hydratation artificielle », *Paediatr Child Health*, 16/4, 2011, 242-243.

7. Comité de bioéthique du CHU Sainte-Justine, *Non-initiation et retrait des moyens médicaux d'assistance à la nutrition et à l'hydratation en pédiatrie*. Montréal, Éditions du CHU Sainte-Justine, 2012.

8. Guyotat, J. *Mort/naissance et filiation*. Paris, Masson, 1980.

9. Guyotat, J. et P. Fedida. *Événement et psychopathologie*. Lyon, SIMEP, 1985.

10. Fanos, H., Joanna et coll. « Candles in the Snow : Ritual and Memory for Siblings of Infants Who Died in the Intensive Care Nursery ». *Journal of Pediatrics*, June 2009, 849-853.

11. Amiel-Lebigre, F. « Événements de vie et risque psychopathologique », *Événement et psychopathologie*, Lyon, SIMEP,1985.

12. Holmes T. et R.H. Rahe. « The Social Readjustment Rating Scale », *J. Psychosomatic Research*, 1967.

Annexes

Annexe 1

CHU Sainte-Justine
Le centre hospitalier universitaire mère-enfant

Pour l'amour des enfants

Université de Montréal

HSJ-0289
HSJ-0289

SOINS PALLIATIFS / PLANIFICATION PRÉALABLE DES SOINS

A l'attention du personnel médical et infirmier

____(prénom et nom)____ est suivi(e) au CHU Sainte-Justine pour la maladie suivante : (spécifier diagnostic(s) et principales complications) ________________

____

Étant donné la condition médicale de ___(prénom et nom)___, une discussion au sujet du niveau de ses soins a eu lieu avec (lui / elle et/ou) sa famille. Il a été convenu, avec (son/leur) consentement, d'orienter les traitements vers des soins de confort. Ainsi, en cas de détérioration de son état de santé, il est recommandé de procéder aux soins suivants, selon les symptômes : ***(enlever, ajouter ou modifier les items selon le patient)***

- Dégager les voies aériennes, aspirer les sécrétions et administrer de l'oxygène au besoin pour le confort
- Soulager la douleur et/ou la dyspnée à l'aide d'analgésiques (opiacés) et d'anxiolytiques (benzodiazépines) (protocole de détresse au besoin)
- Procéder à des traitements de physiothérapie et d'inhalothérapie de confort
- Traiter une infection à l'aide d'antibiotiques (PO ou IV ou via gastrostomie)
- Traiter les convulsions à l'aide d'anticonvulsivants (IV, IR, IM ou via gastrostomie)
- Autres traitements spécifiques (ex : transfusions)

SI L'ÉTAT DE SANTÉ S'AGGRAVE MALGRÉ LES INTERVENTIONS MISES EN PLACE, IL EST CONVENU DE NE PAS PROCÉDER À : ***(enlever, ajouter ou modifier les items selon le patient)***

- Tentative de réanimation cardio-respiratoire
- Utilisation d'inotropes ou vasoconstricteurs (amines)
- Intubation endotrachéale et ventilation invasive
- Ventilation non-invasive (BIPAP ou CPAP) aux soins intensifs
- transfert aux soins intensifs
- autres (ex : dialyse, alimentation parentérale ou entérale)

Pour de plus amples renseignements, veuillez communiquer avec :
Dr. ________________ (tel : ____________)
ou avec l'équipe de garde de ___(spécialité)___ au CHU Sainte-Justine (tel : 514-345-4788)
ou avec l'unité de consultation en soins palliatifs du CHU Sainte-Justine (tel : 514-345-4931 # 5065)

____________________ ____________________
Nom du médecin (lettres moulées) No. Pratique

____________________ ____________________
Signature du médecin Date

Annexe 2

Recommandations

- **Recommandation 1**

  Nourrir un enfant est au cœur même du prendre soin. La décision d'initier ou non, de poursuivre ou de retirer les moyens médicaux d'assistance à la nutrition et à l'hydratation ne peut être prise que dans le souci de promouvoir les meilleurs intérêts de l'enfant concerné. En raison des multiples facettes de ces intérêts parfois difficiles à clairement cerner, s'impose une discussion approfondie à l'intérieur de l'équipe de soins qui devrait inclure les professionnels impliqués dans l'activité d'alimentation de même qu'avec les parents afin d'assurer la décision la meilleure qui soit.

- **Recommandation 2**

  Différents acteurs peuvent initier une discussion préalable. Les parents peuvent demander de ne pas nourrir l'enfant. Des professionnels peuvent juger que la condition de l'enfant soulève des interrogations sur la pertinence ou non d'utiliser des moyens médicaux d'assistance à la nutrition et à l'hydratation. La discussion qui s'ensuit doit s'inspirer des principes de la médecine palliative qui «sont le soulagement de la souffrance et une orientation vers la qualité de la vie et de la mort plutôt que seulement vers les soins de fin de vie[1].»

- **Recommandation 3**

  Lors de la délibération à propos de la décision, les motifs de la décision doivent être clairement précisés. La décision doit être fondée sur l'absence de bénéfice de la nutrition pour l'enfant lui-même et non la volonté d'accélérer la fin de vie de l'enfant en raison de sa maladie.

- **Recommandation 4**

  Si une décision est prise de ne pas initier ou d'interrompre les moyens médicaux d'assistance à la nutrition et à l'hydratation, il est essentiel qu'un médecin principal[2] prenne la responsabilité du patient, qu'il soit l'interlocuteur principal

1. Comité de bioéthique, Société canadienne de pédiatrie. «La planification préalable des soins pour les enfants en pédiatrie», *Paediatr Child Health*, 13/9, 2008. www.cps.ca/francais/enonces/B/B08-02.htm [Consulté le 18 octobre 2011]
2. Comité de bioéthique du CHU Sainte-Justine. *La continuité des soins : une responsabilité collective*, Montréal, Éditions du CHU Sainte-Justine, 2009, p. 52.

auprès des parents et favorise la cohésion de l'équipe de soins et assure le suivi de l'enfant et de sa famille à travers tout le processus.

- **Recommandation 5**

  Dans l'optique de la non initiation ou du retrait des moyens médicaux d'assistance à la nutrition et à l'hydratation, il est nécessaire de consulter de manière systématique l'Unité de consultation en soins palliatifs en ce qui concerne l'accompagnement tant de l'enfant et des parents que des soignants. Suite au décès de l'enfant, cette unité pourra assurer le suivi auprès de la famille et de l'équipe soignante.

- **Recommandation 6**

  Que suite à la décision prise, les motifs de la décision, le type de délibération, la liste des participants à la décision et le plan précis de traitement dont le suivi minutieux des symptômes soient clairement consignés au dossier du patient. De plus, les différents éléments de la décision, pertinents à la lettre de planification préalable des soins, devraient y être inclus.

- **Recommandation 7**

  Qu'en raison des enjeux liés à la question de la non initiation ou de l'arrêt des moyens médicaux d'assistance à la nutrition et à l'hydratation, les responsables des équipes de soins portent une attention particulière à la communication entre les équipes d'horaires différents, aux malaises que peuvent ressentir certains soignants devant la décision et au soutien à apporter à la personne qui, malgré son malaise, serait dans l'impossibilité de se retirer.

- **Recommandation 8**

  Lorsqu'un service est confronté à la question de la non initiation ou de l'interruption des moyens médicaux d'assistance à la nutrition et à l'hydratation, il lui est recommandé de consulter l'Unité d'éthique clinique. Cette consultation vise à s'assurer que les différents acteurs ont discuté et intégré les multiples facettes de la demande.

Annexe 3

Mourir dans le conflit

PERCEPTION DE CONFLITS LORS DE DISCUSSIONS OU DÉCISIONS DE NON RÉANIMATION, NON INITIATION OU RETRAIT DES SOINS MAINTENANT LA VIE : VISION DES SOIGNANTS

Archambault-Grenier M-A[1,2]., Doucet, H.,[1,2], Gauvin, F.,[1,2] Humbert, N.,[1,2] Payot, A.,[1,2] Roy-Gagnon, M-H.,[2] Stojanovic, S.,[1,2] & Duval, M.[1,2]
[1]Université de Montréal, [2]CHU Sainte-Justine
Université de Montréal

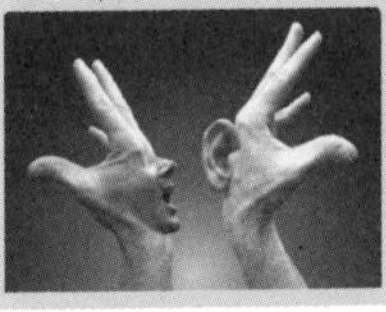

Contexte

Une étude canadienne réalisée auprès de bioéthiciens montre que dans le top 10 des défis éthiques auxquels la médecine doit faire face, au premier rang se trouve les **Conflits entre patients, familles et professionnels de la santé à propos des décisions de traitement**
(Breslin 2005)

Et ce, AVANT les listes d'attente, l'accès aux ressources médicales, les erreurs médicales et le manque d'effectif médical

Les décisions éthiques à haute charge émotive que sont les décisions et discussions de soins de fin de vie et de non réanimation sont propices au déclenchement de conflits.

Objectifs

- L'objectif principal de cette étude est de déterminer si, selon les soignants impliqués ou témoins, le conflit, le désaccord, la tension, le malaise, la divergence d'opinion sont ressentis ou perçus.
- Les objectifs secondaires de l'étude visent à déterminer les causes des conflits, les personnes impliquées et les stratégies de résolution et l'issue de ces conflits.

Méthode

- Devis de type exploratoire. Un questionnaire, élaboré à l'aide des données de la littérature et pré-validé auprès d'un échantillon de la population visée a été distribué à tous les soignants du CHU Sainte-Justine, soit à plus de 2 300 personnes.

Résultats

- 946 répondants (taux de réponse de 42%) dont 46% du corps infirmiers, 22% de médecins et 32% d'autres membres du personnel soignant.

Au cours des 5 dernières années...

70% des répondants ont pris soins d'au moins un enfant avant son décès et 70% de ce groupe a été témoin ou impliqué dans des décisions de fin de vie.

Or 72% des témoins ou impliqués ont perçu un conflit

Estiment avoir participé à ces discussions/décisions

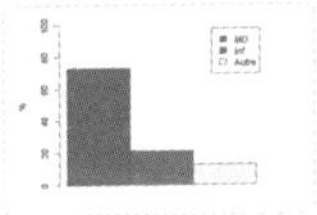

Estiment avoir été témoins de ces discussions/décisions

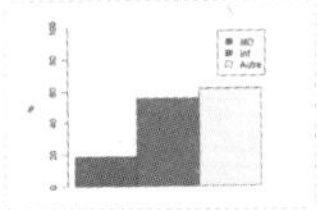

Personnes impliquées dans le conflit

- Pour la majorité des répondants(56%), les conflits avaient lieu la plupart du temps entre différents membres du personnel soignant
- Pour 32%, les conflits avaient lieu la plupart du temps entre parents et soignants
- Moins souvent, le conflit avait lieu entre parents (12%)

Où se situait ce conflit perçu ?

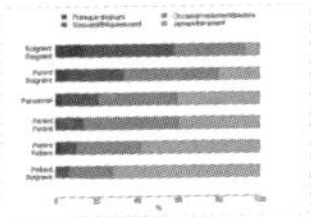

- 43% estiment avoir souvent ou presque toujours émis leur opinion
- Mais 60% estiment que cette même opinion a été parfois, rarement ou jamais prise en compte
- Différences statistiquement significatives selon la profession

Émettre fréquemment ou presque toujours son opinion ou commentaire sur la situation

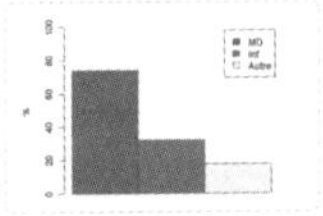

Votre avis a été pris en compte ?
Souvent/fréquemment ou presque toujours

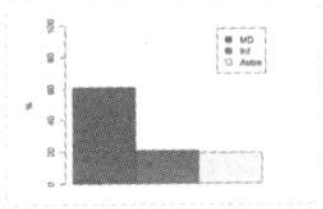

Facteurs expliquant l'émergence, la gravité des conflits

Facteur numéro 1:
Prise en charge fragmentée

Souvent ou presque toujours pour 58% des répondants

Autres Facteurs explicatifs
souvent ou presque toujours

- Attentes irréalistes des parents: 55%
- Problèmes de communication: 53%
- Parents non prêts: 53%
- Charge émotionnelle: 53%
- Différences de croyances/valeurs: 45%
- Incertitude pronostique: 37%

Alors que seulement 10% pour barrières de langue et peur de poursuites

Et 3% pour coûts des traitements

Stratégies de résolution du conflit
Souvent ou presque toujours

- Négociation avec les parents: 65%
- Demander l'avis des pairs: 60%
- Recours à l'équipe des soins palliatifs: 51%
- Tenter de convaincre: 38%
- Enseigner et informer le parent: 35%

Alors que

- Éviter la discussion:12%
- Décisions unilatérales: 4%
- Recours aux médiateurs: 2%
- Recours aux avocats: 1%

Résolution du conflit au moment du décès

- Pour 62% des répondants, la situation conflictuelle était résolue au moment du décès
- En l'absence de résolution du conflit, la décision finale était (souvent ou presque toujours)
  - Celle du médecin: 53%
  - Celle des parents: 39%
  - Celle du comité d'éthique: 8%

Pourcentage de répondants se disant prêts à aborder une telle situation de conflit

- 59% se disent très insuffisamment ou insuffisamment formés pour aborder une telle situation
- 14% s'avouent aucunement formés pour faire face à une telle situation
- Moins de 27% des répondants disent se sentir assez formés pour faire face à de pareilles situations dans le futur
- Différence statistiquement significative selon la profession exercée

Vous sentiez-vous suffisamment formés pour aborder une telle situation de conflit ?

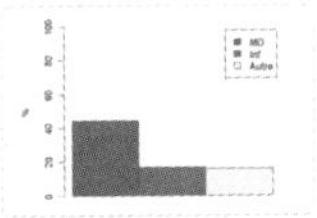

Outils proposés
La plupart des solutions ou outils proposés dans le questionnaires ont reçu la mention utile ou très utile Ainsi, pour plus de 75% des répondants,

- La formation en soins palliatifs pédiatriques : 88%
- La formation en éthique: 86%
- La formation en résolution de conflits:82%
- La formation en communication: 81%

- Le suivi de deuil aux familles: 92%
- Des rencontres interdisciplinaires en étapes, intégrant les parents: 88%
- L'identification d'un intervenant principal: 84%
- Lignes directrices institutionnelles claires: 72%

Semblent des outils utiles ou très utiles à implanter

- L'importance que revêt la question des conflits 54% des répondants considèrent ce défi éthique comme un de plan majeur, sinon le plus important à adresser.
- 45% considèrent que ce défi en est un d'égale valeur aux autres défis de l'éthique médicale
- Moins de 1% considèrent ce défi comme de moindre importante par rapport à d'autres défis éthiques

Conclusion

Les conflits en fin de vie chez l'enfant se produisent majoritairement entre les soignants. Les causes principales sont la discontinuité des soins et les attentes différentes entre parents et soignants. Un quart seulement des professionnels se sentent suffisamment formés. Cette étude soulève les besoins de formation et de changements organisationnels afin mieux gérer ces conflits. Les changements organisationnels doivent assurer une meilleure continuité des soins et moins de rotation du personnel. La formation doit s'appuyer sur les forces actuelles: recours massif à la négociation avec les parents et à l'avis des pairs, particulièrement celui de l'équipe des soins palliatifs

Annexe 4

CHU Sainte-Justine
Le centre hospitalier universitaire mère-enfant

Pour l'amour des enfants

Université de Montréal

HSJ-0288

SOINS PALLIATIFS

ORDONNANCE DE NE PAS TENTER DE RÉANIMATION
POUR LES AMBULANCIERS ET SERVICES D'URGENCE

En tant que médecin impliqué dans la prise en charge du patient identifié et, en accord avec celui-ci et/ou sa famille, je recommande **de ne pas tenter de manœuvres de réanimation cardio-respiratoire** en cas de détérioration de son état de santé.

MÉDECIN (LETTRES MOULÉES) ______ MÉDECIN (SIGNATURE) ______

NO DE PRATIQUE ______ DATE (JJ/MM/AA) ______

Je suis d'accord avec la recommandation du médecin énoncée ci-haut.

PARENT OU TUTEUR LÉGAL (LETTRES MOULÉES) ______ PARENT OU TUTEUR LÉGAL (SIGNATURE) ______ DATE (JJ/MM/AA) ______

PARENT OU TUTEUR LÉGAL (LETTRES MOULÉES) ______ PARENT OU TUTEUR LÉGAL (SIGNATURE) ______ DATE (JJ/MM/AA) ______

PATIENT (LETTRES MOULÉES) SI 14 ANS ET PLUS ET APTE À CONSENTIR ______ PATIENT (SIGNATURE) ______ DATE (JJ/MM/AA) ______

Le patient et/ou le parent peut décider de ne pas présenter cette lettre et peut changer d'avis sur sa décision de ne pas tenter de réanimation en tout temps. Une copie de cette lettre est laissée au dossier pour information seulement; l'accord du patient et/ou parent est nécessaire pour rendre cette lettre valide.

Cette lettre n'est pas nécessaire pour les patients hospitalisés car elle s'adresse aux ambulanciers et services d'urgence. Pour les patients hospitalisés, une prescription de non-réanimation doit toujours être apposée par le médecin en charge dans le dossier d'hospitalisation du patient.

F-227 GRM : 30005405 (rév. 12-2011)

Soins palliatifs
Ordonnance de ne pas tenter de réanimation

Annexe 5

CHU SAINTE-JUSTINE

3175, Côte-Ste-Catherine, Montréal, Qué. H3T 1C5
Tél. : 514-345-4931

ORDONNANCES MÉDICALES

Aucune allergie connue (*à cocher obligatoirement si applicable* : [ ]

Allergies : ______________________

Intolérances : ______________________

Poids (kg): ________ Taille (cm): ________ Surf. corp. (m^2): ________

Âge gestationnel (sem) : ________ Poids à la naissance (kg): ________

Feuille d'ordonnance pré-rédigée (FOPR)

FOPRI – 0141 – Soins palliatifs – Protocole de détresse pour patients à domicile (1 de 1)

Espace infirmier/ Pharmacie

DÉTRESSE : dyspnée, douleur, hémorragie, anxiété intense et aiguë

Le niveau de soins est clairement statué avec le patient et/ou sa famille et l'objectif de traitement est le confort, sans tentative de réanimation cardiorespiratoire ni intubation/ventilation mécanique.

Le médecin traitant ou l'équipe de garde doit être contacté dès que le protocole est débuté afin d'ajuster les doses de médicaments au besoin et de discuter des bénéfices ou non de transférer le patient à l'hôpital.

Le traitement de la détresse se fait à l'aide d'un opiacé (morphine), qui est un bon analgésique et qui enlève la sensation de dyspnée et d'étouffement, associé à une benzodiazépine (midazolam), qui est un bon anxiolytique et agit sur l'état de conscience. Un anticholinergique (scopolamine ou glycopyrrolate) est administré lorsque les sécrétions respiratoires sont abondantes et fluides.

f141a **Midazolam** ________ mg **sous-cutané** aux 20 minutes PRN pour 2 doses, puis réévaluer
Patient qui ne reçoit pas de benzodiazépines : **0,1 mg/kg/dose (max 5 mg/dose)**
Patient qui reçoit des benzodiazépines de façon régulière : **0,15 mg/kg/dose (max 10 mg/dose)**
Servir : 2 seringues de midazolam 5 mg/mL avec aiguille

ET

f141b ❒ **Morphine** ________ mg **sous-cutané** aux 20 minutes PRN pour 2 doses, puis réévaluer
Patient qui ne reçoit pas d'opiacés : **0,1 mg/kg/dose (max 5 mg/dose)**
Patient qui reçoit de la morphine de façon régulière, **donner 10% à 20% de la dose journalière**.
Si cette dose est orale, convertir en dose SC en donnant 50% de la dose orale. **(min 0,1 mg/kg/dose SC, max 50 mg/dose)**
Servir : 2 seringues de morphine 10 mg/mL avec aiguille

OU

f141c ❒ **Hydromorphone** ________ mg **sous-cutané** aux 20 minutes PRN pour 2 doses, puis réévaluer
Patient qui ne reçoit pas d'opiacés : **0,02 mg/kg/dose (max 1 mg/dose)**
Patient qui reçoit de l'hydromorphone de façon régulière, **donner 10% à 20% de la dose journalière**.
Si cette dose est orale, convertir en dose SC en donnant 50% de la dose orale. **(min 0,02 mg/kg/dose SC, max 10 mg/dose)**
Servir : 2 seringues d'hydromorphone 10 mg/mL avec aiguille

INSUFLON : Installer Insuflon(s) après administration des premières doses de midazolam et de morphine si des doses répétées de médicaments sous-cutanés sont prévues, afin d'optimiser le confort du patient.
Volume maximal de 2 mL par site d'injection. **Servir : 3 insuflons**

SI SÉCRÉTIONS RESPIRATOIRES abondantes et fluides :

f141d ❒ **Glycopyrrolate** ________ mg **(0,004 mg/kg/dose, max 0,3 mg/dose) sous-cutané** aux 20 minutes PRN pour 2 doses, puis réévaluer **Servir : 2 seringues de glycopyrrolate 0,2 mg/mL avec aiguille**

Servir 2 sacs : 1 sac pour la 1re dose : 1 seringue midazolam + 1 seringue opiacé ± 1 seringue glycopyrrolate
1 sac pour la 2e dose : 1 seringue midazolam + 1 seringue opiacé ± 1 seringue glycopyrrolate

Relevé et télécopié à la pharmacie par : Date : Heure :	Signature du médecin/professionnel autorisé à prescrire et no de permis	Date et heure

Ces ordonnances ne peuvent être exécutées qu'au département de pharmacie du CHU Ste-Justine.
La présence de carrés (❒) indique un choix à cocher obligatoirement lorsqu'applicable

FOPRI-0141 (Disponible sur INTRANET pharmacie)
Médecin responsable : France Gauvin
Pharmacien responsable : Roxane Therrien

Date/heure : 20120313-1100
Programme clientèle : Pédiatrie spécialisée

Annexe 6

CHU SAINTE-JUSTINE
3175, Côte-Ste-Catherine, Montréal, Qué. H3T 1C5
Tél. : 514-345-4931
ORDONNANCES MÉDICALES

Aucune allergie connue (*à cocher obligatoirement si applicable* : [ ]

Allergies : ______

Intolérances : ______

Poids (kg): ______ Taille (cm): ______ Surf. corp. (m^2): ______

Âge gestationnel (sem) : ______ Poids à la naissance (kg): ______

Feuille d'ordonnance pré-rédigée (FOPR)

FOPRI – 0140 – Soins palliatifs – Protocole de détresse pour patients hospitalisés (1 de 2)

Espace infirmier/ pharmacie

DÉTRESSE : dyspnée, douleur, hémorragie, anxiété intense et aiguë

Le niveau de soins est clairement statué avec le patient et/ou sa famille et l'objectif de traitement est le confort, sans tentative de réanimation cardiorespiratoire ni intubation/ventilation mécanique.

Le protocole doit être débuté en urgence selon l'état clinique du patient. Le médecin traitant doit être avisé immédiatement dès que le protocole est débuté afin d'ajuster les doses de médicaments au besoin et d'évaluer les avantages d'utiliser une perfusion IV continue de morphine et midazolam (voir protocole spécifique). Le protocole peut être répété au besoin si un nouvel épisode de détresse survient. Les doses de midazolam et d'opiacés doivent être augmentées si le patient est mal soulagé selon le médecin traitant, les modifications de doses doivent être prescrites sur une nouvelle FOPR du protocole de détresse.

Le traitement de la détresse se fait à l'aide d'un opiacé, qui est un bon analgésique et qui enlève la sensation de dyspnée et d'étouffement, associé à une benzodiazépine (midazolam), qui est un bon anxiolytique et agit sur l'état de conscience. Un anticholinergique (scopolamine ou glycopyrrolate) est administré lorsque les sécrétions respiratoires sont abondantes et fluides.

L'INFIRMIÈRE DOIT FAIRE UNE ÉVALUATION SYSTÉMATIQUE DE LA DÉTRESSE (COTATION DE 1 À 10 SELON L'INFIRMIÈRE) AVANT L'ADMINISTRATION DU PROTOCOLE ET 10 MINUTES POST-ADMINISTRATION DU PROTOCOLE, À CHAQUE FOIS QU'UN PROTOCOLE DE DÉTRESSE EST ADMINISTRÉ; INSCRIRE LES ÉVALUATIONS DANS LES NOTES DE L'INFIRMIÈRE.

❐ Patient avec voie D'ACCÈS INTRAVEINEUSE

f140a **Midazolam** ______ mg **IV** aux 15 minutes PRN pour 3 doses, puis réévaluer
Patient qui ne reçoit pas de benzodiazépines : **0,1 mg/kg/dose (max 5 mg/dose)**
Patient qui reçoit des benzodiazépines de façon régulière : **0,15 mg/kg/dose (max 10 mg/dose)**

ET

f140b ❐ **Morphine** ______ mg **IV** aux 15 minutes PRN pour 3 doses, puis réévaluer
Patient qui ne reçoit pas d'opiacés : **0,1 mg/kg/dose (max 5 mg/dose)**
Patient qui reçoit de la morphine de façon régulière, **donner 10% à 20% de la dose journalière**. Si cette dose est orale, convertir en dose IV en donnant 50% de la dose orale. **(min 0,1 mg/kg/dose IV, max 50 mg/dose)**

OU

f140c ❐ **Hydromorphone** ______ mg **IV** aux 15 minutes PRN pour 3 doses, puis réévaluer
Patient qui ne reçoit pas d'opiacés : **0,02 mg/kg/dose (max 1 mg/dose)**
Patient qui reçoit de l'hydromorphone de façon régulière, **donner 10% à 20% de la dose journalière**. Si cette dose est orale, convertir en dose IV en donnant 50% de la dose orale. **(min 0,02 mg/kg/dose IV, max 10 mg/dose)**

SI SÉCRÉTIONS RESPIRATOIRES abondantes et fluides :

f140d ❐ **Scopolamine** ______ mg **(0,006 mg/kg/dose, max 0,3 mg/dose) IV** aux 15 minutes PRN pour 3 doses, puis réévaluer (A favoriser si effet sédatif souhaité; contre-indiqué si patient à risque de convulsion ou connu épileptique)

OU

f140e ❐ **Glycopyrrolate** ______ mg **(0,004 mg/kg/dose, max 0,3 mg/dose) IV** aux 15 minutes PRN pour 3 doses, puis réévaluer

Relevé et télécopié à la pharmacie par : Date : Heure :	Signature du médecin/professionnel autorisé à prescrire et no de permis	Date et heure

Ces ordonnances ne peuvent être exécutées qu'au département de pharmacie du CHU Ste-Justine.
La présence de carrés (❐) indique un choix à cocher obligatoirement lorsqu'applicable

FOPRI-0140 (Disponible sur INTRANET pharmacie)
Médecin responsable : France Gauvin
Pharmacien responsable : Roxane Therrien

Date/heure : 20120313-1040
Programme clientèle : Pédiatrie spécialisée

CHAPITRE 2

Faut-il parler de la mort aux enfants ? Comment leur en parler ?

Daniel Oppenheim

Faut-il parler de la mort aux enfants ? Comment leur en parler ? Les deux questions sont liées. Mais il importe d'abord de se demander ce qu'est la mort pour les enfants. Pas seulement ce qu'ils en savent ou ce qu'ils en imaginent, mais aussi la place de cette question dans leur développement et dans leur histoire, personnelle et familiale, ainsi que ses effets sur leur fonctionnement psychique. Comme dans tout dialogue sérieux, nous devons être engagés d'égale façon avec l'enfant, ne pas faire figure de donneurs de conseils ou de savoirs, ne pas se mettre en position d'extériorité ou de supériorité. Sur la mort, nous n'en savons pas plus que l'enfant, mais nous avons pu réfléchir depuis plus longtemps que lui sur les questions que nous lui attribuons et qui sont, en fait, les mêmes que les nôtres, bien que ses formulations soient différentes.

Qu'est-ce que la mort pour un enfant ?

Le questionnement sur la mort fait partie du développement de tout enfant[1]. Il n'est pas un signe dépressif, mais il est particulièrement insistant chez l'enfant gravement malade[2]. Les questions de ce dernier portent sur les modalités de la mort[3] (est-ce que ça fait mal ? etc.), sur ce que pense celui qui meurt (a-t-il peur ?, regrette-t-il sa vie ?, en veut-il aux vivants ?), sur ce qu'il devient dans leur vie (est-il oublié ? etc.), sur ce que deviennent ceux qui comptent pour lui et qui continuent de vivre. La mort représente la solitude, le temps qui ne passe plus, l'impossibilité de faire ce qu'on faisait avant, ne plus être avec les autres, être ailleurs, nulle part. Ce questionnement, s'il n'est pas excessif, ne témoigne pas de curiosité morbide ni de tendances dépressives. Les parents sont pour lui les interlocuteurs privilégiés, mais pas les seuls ; ils ont parfois besoin d'être aidés, mais pas remplacés. L'enfant n'attend pas d'eux qu'ils aient réponse à tout, mais qu'ils lui montrent leurs propres façons de penser la mort, et lui donnent des repères en fonction de leur histoire familiale et de leurs références culturelles, spirituelles ou religieuses. L'enfant est influencé par les façons de penser de sa famille ou par ce qu'il voit des attitudes de ses parents (un deuil persistant, par exemple). Il s'interroge sur le sens et la valeur de la vie, sur sa famille et son histoire, sur la place qu'il y occupe, sur ses repères identitaires et ses valeurs, sur la société. La discussion à propos de la mort aborde en fait des questions essentielles : l'amour, le respect de l'autre et de soi-même, la générosité, le « vivre » ensemble, la perte, le temps, son histoire familiale, l'équilibre entre rupture et continuité, la succession des générations, ce qui est transmis, etc.

Le développement des idées de l'enfant sur la mort

Le petit enfant pense qu'elle ne se passe pas vraiment, que ses parents sont tout-puissants, et il attend d'eux qu'ils le protègent de tout. Il cherche à lui donner un sens, une explication (une punition, l'effet de vœux de mort), une justification (laisser la place aux autres, ne plus leur poser de problème) ou encore, l'attribue à la vieillesse (un temps si lointain qu'il pense ne jamais atteindre). À l'adolescence, il découvre que ses parents ne sont pas parfaits ni tout-puissants, qu'ils sont mortels et qu'il l'est aussi. Les conceptions de l'enfant subsistent toutefois dans l'adulte sous des formes diverses, telles les vocations médicales (vouloir combattre la mort) ou artistiques (représenter l'irreprésentable, opposer le beau à l'horreur).

La mort est l'inconnu, l'impensable. L'enfant qui aura, grâce à l'aide de ses parents, apprivoisé l'inhabituel et l'inconnu, accepté l'étranger, sera mieux préparé à l'affronter. Elle évoque aussi l'expérience de la perte, qu'il a déjà connue quand il était bébé (celle du sein, par exemple) ou adolescent (celle des parents tout-puissants). Si ses parents l'ont encouragé à traverser ces étapes, il pourra mieux faire face à la mort, qui est la perte majeure. La mort est aussi présente chez tous les enfants, dans les pulsions agressives et les « vœux de mort » si fréquents. Il faut les aider à en faire bon usage, à en voir les aspects positifs (le désir légitime de gagner, par exemple) et négatifs (supprimer l'autre pour résoudre le problème).

Comment discuter avec l'enfant

Nous devons d'abord nous interroger sur nous-mêmes : Qui est-il pour moi ? Qui suis-je pour lui ? Qu'est-ce qui m'autorise à dialoguer avec lui, à pénétrer dans son espace psychique ? Jusqu'où serais-je capable de l'accompagner pour ne pas le laisser seul au milieu du parcours risqué où je l'aurai engagé ? Quels sont mes objectifs (qu'il supporte cette épreuve, accepte le traitement et la mort possible, reste lui-même, etc.) et les siens ? Qu'attend-il de moi, et moi de lui ? Pourquoi fais-je ce métier (les raisons de ma vocation, mon rapport à la mort, à l'enfance, à la médecine, à la psychanalyse) ? Qu'est-ce qu'être un enfant, un parent, un frère ou une sœur, et un psychanalyste dans cette situation exceptionnelle ?

Il ne faut pas se satisfaire des évidences, des images et des idées toutes faites sur ces enfants malades, sur leur situation. Ce n'est pas parce que l'un d'entre eux risque de mourir que sa mort est sa préoccupation principale ou la cause de son trouble : il peut craindre celle de ses parents. Les enfants, même très jeunes, montrent l'intuition ou le savoir qu'ils ont de leur mort prochaine.

Plutôt que d'apporter des « vérités », il importe d'aider l'enfant à développer sa réflexion, et donc à être conscient de notre propre rapport à la mort, afin de ne pas lui transmettre nos deuils et nos fantasmes. Il faut être attentifs au moment où l'enfant demande à discuter, donc au contexte, au cadre d'ensemble (la maladie grave, l'impuissance du traitement) et aux circonstances immédiates (la douleur insupportable, la mort d'un autre enfant du service, etc.). Il faut également savoir porter attention au sens caché derrière ses questions, directes ou allusives (l'expression de sa révolte, la vérification des réactions de ses parents) ; à ses signes d'appel (l'évocation d'un film dans lequel la mort est présente, celle d'un proche décédé, le fait de jouer à un jeu qui finit systématiquement par la mort) ou de mal-être (un changement apparent de caractère ou de comportement sans véritable motif: évitement, retrait, demande excessive de tendresse).

Comment chercher à le comprendre sans violence – ma parole le renvoie inévitablement à celle de sa mort possible – ni intrusion dans son monde personnel? Je suis attentif à percevoir ses ressources insoupçonnées et son identité authentique, sans l'idéaliser ni m'identifier à lui, ou trouver une complicité artificielle pour réduire l'écart qui nous sépare. Il est proche de la mort, mais cette proximité ne le définit pas totalement. Il est aussi l'enfant qu'il a toujours été. Son corps et son visage, son inquiétude et ses joies, ses émotions et ses préoccupations ont rapport à la maladie et à la mort, mais aussi à tout ce qui constitue l'univers d'un enfant ou d'un adolescent. Je m'efforce de l'aider à préserver sa liberté pour qu'il ne soit le soutien d'aucune cause, pas plus celle des soignants que celle des parents, qui eux seuls prétendent savoir ce qui est bien pour lui et dont ils refusent d'être dépossédés par les médecins ou par la mort.

La discussion ne se fait pas une fois pour toutes. Il ne faut pas craindre de faire une faute psychologique: on peut revenir sur ce qu'on a dit. Mais il faut se préoccuper des signes de désarroi (irritabilité, évitement, repli sur soi, mauvaise foi, etc.) qui découlent de la discussion ou de la situation. Le silence de l'enfant signifie souvent qu'il a besoin de réfléchir. Ce qui apparaît dramatique aux adultes peut lui sembler dérisoire, et réciproquement. L'émotion ne fait pas mal, à la différence de l'absence de dialogue, et ne doit pas l'arrêter, sauf quand elle est excessive.

Il faut se demander ce qu'il sait, ce qu'il veut savoir, et jusqu'où il cherche à aller. Ses questions ou ses affirmations «stupides» ou naïves sont souvent une façon de tester l'interlocuteur. Elles cachent beaucoup de pertinence et de subtilité. Il doit rester fier de son intelligence. Donc, il vaut mieux éviter les métaphores et les paroles ambiguës («partir», «aller au ciel»...), car l'enfant nous reprochera de n'avoir pas fait confiance à son intelligence et à son courage. De plus, le jeune enfant a tendance à prendre ces expressions au pied de la lettre.

Il faut apprendre à voir l'enfant, dans son visage, son corps, son allure et son style, ce qui nécessite à la fois de se défaire des analogies englobant d'autres images d'enfants, parfois terribles, notamment montrées par les médias, et de distinguer derrière son apparence, la permanence de ses traits identitaires uniques.

L'enfant se cherche dans le regard porté sur lui, et d'abord dans celui de ses parents, autant que dans les paroles qu'il entend. Il y voit la tendresse et la confiance dans ses qualités et sa valeur, la détresse et l'impuissance à l'aider et à le reconnaître dans sa permanence, le lien préservé ou la mort – la sienne – déjà présente en eux. Aller au-delà de l'apparence demande du temps. L'horrible peut fasciner, troubler ou figer le regard, induire des expressions toutes faites qui font écran entre lui et nous. Il en est de même de la tentation de se rassurer (« qu'il est beau ») ou de s'appuyer sur des images de tableaux ou de films qui aident autant à s'approcher de lui qu'à le recouvrir d'un voile esthétique ou familier.

Son corps est une réalité physique, une image objective et subjective, un objet du travail des médecins et des infirmières, mais aussi un élément essentiel de son identité – à ses yeux et à ceux des autres – un lien de reconnaissance entre ses parents et lui. Il attire son questionnement : comment la maladie a-t-elle pu pénétrer en lui ou se développer à partir de lui ? Est-elle née de sa chair ou lui reste-t-elle irréductiblement étrangère ? La peau est-elle toujours une frontière solide entre l'extérieur et l'intérieur ? Les piqûres ne pourraient-elles pas finir par la trouer durablement ? La peau porte les signes de la beauté ou de l'horreur, enveloppe des organes bien différenciés ou un magma de matières. La douleur excessive rend le corps incompréhensible, étranger, dangereux et incite l'enfant à s'en extraire pour le lui abandonner. L'enfant excessivement constipé ou diarrhéique ou la bouche attaquée par la mucite, ne peut plus faire confiance à ses orifices. Ce corps peut rester reconnaissable ou devenir informe, rester « compréhensible » ou acquérir une indépendance hostile, montrer sa ressemblance effrayante à celui d'autres enfants, émouvante à celui qu'il était avant, ou l'étrangeté radicale qui sépare et exclut. Tels sont quelques-uns des éléments avec lesquels nous devons – l'enfant, le psychanalyste, les parents, les soignants – travailler – par l'information réaliste, l'imaginaire, la relaxation, etc. – pour que le jeune garde ou reprenne confiance en son corps et en la capacité des adultes, et d'abord de ses parents, à l'accompagner et à lui venir en aide. Il se sent abandonné quand il voit que ses parents ne portent plus attention qu'aux seuls signes de la maladie et de sa progression. Il faut guider ces derniers afin qu'ils portent à nouveau un regard parental sur lui. Quand il ne comprend plus son corps, devenu étranger, effrayant, il faut l'aider à se le réapproprier, dans la connaissance de son anatomie et de sa physiologie, mais aussi dans l'image qu'il en a et dans celle que nous avons de lui.

Il faut travailler avec le temps, aussi court qu'il risque d'être. Si le dialogue se soumet à la possibilité de la mort proche – dans sa prudence, dans ce qu'il aborde ou évite –, il ne joue pas son rôle. S'il l'ignore, il laisse l'enfant désarmé face à elle. Cette difficulté nécessite un questionnement clinique et éthique[4]. Il n'est pas facile de distinguer l'intérêt à court et à plus long terme – même limité – de l'enfant et celui de ses proches. Ainsi, il m'est arrivé de conseiller à des parents de disputer leur enfant qui injuriait les infirmières. Ils en ont d'abord été choqués, puis ont accepté. Cela a rassuré l'enfant : il ne s'est pas senti « en roues libres » ni seul face à son angoisse, et il a vu ses parents reprendre leur position parentale. Son frère en a aussi été rassuré. Les infirmières étaient plus à l'aise pour administrer les soins. La famille a gardé de lui le souvenir d'un enfant gentil et bien élevé, comme il l'avait toujours été, et non pas débordé par sa peur. Porter un jugement négatif sur des parents n'aide personne : l'enfant et ses parents ont besoin de se comprendre et de se réconcilier. Les parents jugés « égoïstes » ont peut-être du mal à affronter la fin de la vie de leur enfant, ils hésitent à perdre l'emploi qu'ils viennent de trouver, ils doivent s'occuper de leurs propres parents malades, etc. Il importe de les aider, d'aider l'enfant à les comprendre (sans les excuser ni sacrifier ses besoins aux leurs), afin qu'ils se comprennent et trouvent les compromis acceptables pour cheminer.

La peur de mourir comprend beaucoup d'éléments : il ne faut pas se contenter de la première cause visible. La mort a rapport à l'expérience de la perte, celle des limites, des signes identitaires, de l'identité, de la consistance du corps, du sentiment d'être humain, de sa présence au monde, de sa capacité d'imaginer et de penser. Elle est solitude radicale, dispersion, impuissance, hors temps – ou temps immobile – hors lieu (hors société, hors famille, nulle part). L'enfant, dans sa relation à la mort, s'appuie sur des expériences vécues pendant le traitement ou avant, y compris très précocement : la grande douleur, l'absence excessive des parents ressentie, le désarroi temporel, le sentiment d'être perdu dans l'espace, de ne plus contrôler telle fonction de son corps, d'être devenu étranger, incompréhensible, méconnaissable pour les autres.

Le sens et la place de la mort

L'enfant se demande si elle est une punition, un effet de vœux de mort, une réalité, s'il y a un coupable. Quand il accuse ses parents d'en être responsables, il pense qu'ils peuvent tout empêcher ou tout réparer. Mais si, à sa naissance, ils ont espéré pour lui une vie longue et heureuse, ils ne lui ont rien garanti. Savoir qu'ils ne lui en veulent pas de les abandonner, de les faire souffrir, de ne pas répondre aux espoirs mis en lui le rassure. De même que savoir quelle est pour eux la valeur d'une vie, la sienne, la leur. Leurs critères ne sont pas forcément les siens. Il est bon qu'ils répondent à ses questions sur leurs repères religieux ou moraux, la tristesse inévitable du deuil, leur confiance dans l'avenir, l'histoire de la famille et des deuils qu'ils ont vécus. L'enfant les a parfois vus se comporter avec leurs parents vieillissants ou en fin de vie. Il a pu craindre qu'ils se comportent de même avec lui. La durée d'une vie importe autant que le sentiment qu'elle a été bien remplie, pour celui qui meurt et pour ceux qui ont partagé sa vie. Toute vie a valu la peine d'être vécue. L'enfant n'attend pas sur ces questions une réponse précise, mais le dialogue. Chaque mort s'inscrit dans l'histoire de la famille, qui existait avant sa naissance, qui continuera après lui. Cette discussion est particulièrement importante dans les familles marquées par la rupture (guerres, migrations, etc.) Si l'enfant meurt, il n'entraînera pas ses parents avec lui.

La mort est devenue inacceptable alors que la science et la médecine ont aujourd'hui fait tant de progrès. Mais les médecins n'ont pas garanti la guérison ni fait d'erreurs, et les parents de l'enfant malade ont eu raison de leur faire confiance, mais pas aveuglément. L'enfant est-il responsable de sa maladie ? Elle n'est pas une punition, et il n'a pas été imprudent. Et est-il responsable de sa situation grave ? Non plus, et ses moments de déprime ou de révolte ne lui ont pas fait perdre des chances de guérir.

L'enfant peut craindre d'être dépassé par son petit frère, de mourir non réconcilié avec ses parents – et surtout, qu'ils regrettent sa naissance et sa vie – d'être responsable de leur malheur, de leur crise conjugale, de leur mort peut-être (quand il les entend dire qu'ils ne pourront lui survivre), de laisser de lui une mauvaise image, d'être oublié, remplacé par un nouvel enfant.

Affronter la mort est particulièrement difficile à l'adolescence, qui est une rupture dramatique par rapport à son enfance, à son corps, à ses façons de penser, à ses centres d'intérêt, à ses désirs, à sa relation avec ses parents, au sentiment de sa sécurité et de sa valeur, tous des éléments que la maladie grave bouleverse, elle aussi. Pour devenir adulte, il doit « tuer » ses parents, c'est-à-dire les reconnaître mortels – et lui aussi, par la même occasion – et non plus tout-puissants. Mais dans le contexte de la maladie grave, la mort n'est plus symbolique, elle peut être réelle. Et pourtant, les parents doivent continuer à jouer leur rôle, à chercher le difficile équilibre entre laxisme et autoritarisme, à lui faire face comme lui doit continuer de se révolter, de façon discrète ou démonstrative, pertinente ou stupide. Faute de quoi la maladie, ses contraintes et ses risques – la révolte peut devenir une non-conformité dangereuse[5] et il faut alors trouver les compromis raisonnables à faire – font en sorte que la traversée de l'adolescence n'a pas lieu. S'il guérit, le jeune risque de devenir un adulte immature ou coincé dans sa révolte adolescente.

Les parents, premiers interlocuteurs de l'enfant

Même quand il dialogue avec le psychanalyste, ou tout autre interlocuteur, c'est avec ses parents que l'enfant dialogue. Il « utilise » l'interlocuteur, consciemment ou pas, comme substitut des parents, interprète pour eux, véritable moyen pour lui de mettre ses pensées et ses émotions au clair, tester leurs réactions et les siennes, etc. C'est une illusion dangereuse, pour soi-même et pour l'enfant, de se croire – même quand il nous y incite – son seul et unique interlocuteur, remplaçant ses parents supposés insuffisants ou négatifs[6]. L'enfant peut leur reprocher de n'avoir pu empêcher sa maladie ou de la lui avoir transmise ou, au contraire, les protéger de toute attaque, qu'elles viennent de lui ou des autres, car il sait qu'il aura besoin d'eux si sa situation s'aggrave. Il peut être tenté de leur préférer les soignants, plus « gentils », mais surtout plus efficaces contre la maladie, ou les agresser pour tester leur capacité de résistance et leur attachement à lui. Peut-il compter sur eux? Jusqu'où tiendront-ils? Il peut aussi leur en vouloir de ne pas souffrir comme lui, de penser d'abord se protéger de toute souffrance, de toute détresse, de n'être pas malades comme lui ou craindre, au contraire, qu'ils le soient.

Je n'hésite pas à intervenir quand un parent dit devant son enfant des paroles terribles (« Il a tellement changé que je ne le reconnais plus ») afin de limiter la détresse qu'il lui transmet.

Être parent face à la mort proche de son enfant nécessite d'avoir suffisamment dépassé son conflit avec ses propres parents, mais aussi avec l'enfant, coupable de n'avoir pas correspondu à ses attentes et à l'image idéale qu'il en avait.

La fratrie peut, elle aussi, se demander : « Pourquoi lui et pas moi ? Pourquoi notre famille est-elle dans le malheur ? » L'accompagner dans cette réflexion et dans la préservation de la relation de fraternité entre eux[7], qui n'exclut ni la jalousie ni la rivalité, mais pas, non plus, la solidarité, l'estime et l'affection, rassure l'enfant malade par rapport à l'avenir (celui de son frère et le sien dans la mémoire de celui-ci), évite la solitude de l'un et de l'autre, ainsi que la culpabilité du survivant. La fratrie est, comme l'enfant malade, consciente de la mort possible, proche. Ainsi, Justin dessine un gâteau d'anniversaire posé sur une table. Il y ajoute, avec une grande attention, dix bougies. Sa sœur, traitée dans le service de cancérologie pédiatrique, aura bientôt dix ans. Le motif lui permet, certes, de dire les dates des anniversaires des trois enfants et des deux parents qui composent sa famille, d'opposer à la temporalité de la maladie et des traitements, celle des événements joyeux de la vie de la famille. Mais il a aussi dessiné une guirlande au-dessus du gâteau, où se lit « Joyeux aniversaire » (sic). Une lettre manque. Il me dit qu'il connaît bien l'orthographe du mot, m'indiquant ainsi qu'il n'y a ni erreur ni lapsus. La lettre manquante représente l'absence, la disparition possible de sa sœur.

L'enfant dispose de nombreux moyens pour exprimer ses émotions et ses pensées

Parmi ceux-ci, on trouve les rêves et cauchemars, les comportements, les questions directes ou allusives, les fantaisies, et bien sûr, les dessins. Mais ce n'est pas parce que la mort est possible ou proche que c'est d'elle dont parle son dessin. Ce peut être celle, crainte ou souhaitée, de son père ou de son frère, ou celle, advenue, de son grand-père. Dans les dessins, les enfants peuvent tout exprimer, même les pensées et les émotions les plus dures et les plus complexes, à condition que l'interlocuteur trouve le juste regard – ni expert décryptant des signes ni voyeur ou admirateur béat – et la juste relation – ni extérieure ni intrusive, mais engagée dans le dialogue – et soit capable d'accompagner et de soutenir l'enfant aussi loin que nécessaire.

Julien s'est dessiné, la bouche grande ouverte, vide – un cri inaudible – et les oreilles bouchées; le cou étroit ne laisse rien passer, sépare la tête du reste du corps. Le corps est un grand sac où la mort est représentée sous son double aspect: des boules (sa tumeur et ses métastases) et des croix. La mort est souvent représentée aussi par des squelettes, des monstres, des oiseaux noirs, le noir, etc. Elle est évoquée par une histoire qui se termine mal ou par l'absence d'un personnage qui devrait être dans le dessin et qui n'y est pas, ou encore par la disparition d'un élément entre deux dessins. Elle l'est aussi dans l'impression de solitude extrême ou de grande tristesse que donne le dessin, dans des traits qui deviennent mous, perdent leur direction, n'arrivent plus à se rejoindre, à garder leur cohérence, dans la liquéfaction des formes, celles des corps ou des objets ou alors, dans l'absence d'unité de l'ensemble, qui part dans tous les sens. Elle l'est également par l'exclusion, celle d'un personnage hors de la maison ou du groupe, ou par l'apparition d'un extra-terrestre.

La perte de la temporalité s'exprime par l'aspect figé du dessin ou du personnage, évoquant le temps qui ne passe plus, l'éternité monotone, la vie arrêtée; la perte du sentiment d'identité par un personnage ou un objet devenu méconnaissable, monstrueux, informe; celle de la capacité de penser par la feuille de papier restée blanche. Celle-ci représente la destruction et la perte de toute valeur quand l'enfant la déchire, la jette à la poubelle. Il faut être attentifs à ses réactions quand nous le quittons, car chaque séparation peut réveiller en lui la souffrance de plus anciennes ou éveiller la peur de la dernière.

La mort fait perdre à l'homme ses caractéristiques humaines: l'enfant se dessine sous forme de caricature stéréotypée, de robot, d'animal, voire de traits qui finissent par perdre tout dynamisme, tout sens. Un cercle noir sur la poitrine du personnage ou sur le tronc de l'arbre évoque l'impensable, l'inimaginable de la mort, le trou noir dans la pensée.

La préoccupation du temps qui reste à vivre, les repères temporels et l'histoire de la famille à travers les générations apparaissent également dans les dessins. Ainsi, Jason s'est dessiné comme un joueur de rugby, mais la pelouse est parsemée de brins d'herbe disposés comme les traits que les prisonniers tracent sur les murs de leur cellule: quatre verticaux, rayés par un oblique.

Les enfants ne sont pas dupes des paroles trop optimistes

Leur inquiétude est légitime, mais peut être rationnelle ou fantasmatique, parfois due au manque d'information. L'interlocuteur doit les aider à faire le tri entre réalité, ignorance, méconnaissance et fantasme. Il donne l'information juste, sans l'asséner. Il accompagne le fantasme – nécessaire pour apprivoiser sa situation – sans le critiquer et aide l'enfant à en comprendre le sens.

Mon travail de psychanalyste n'est pas de faire accepter à l'enfant et à ses parents la dure réalité. De quel droit puis-je leur demander le calme et l'apaisement ? Si la mort doit venir, que l'enfant y entre tel qu'il a été dans sa vie, lui-même, et que les autres l'y reconnaissent, même dans sa colère. Et cette dernière image, authentique, gardée de lui, sera le point de départ du processus de deuil qui ne le trahira pas. J'essaie de les aider à rester eux-mêmes, à garder confiance en eux-mêmes, en leurs proches, en l'humain, en la société. Notre relation n'est pas à sens unique. Ce qui importe est d'aller l'un vers l'autre, de cheminer ensemble, de montrer à l'enfant qu'il n'est ni fou ni le seul à penser et à éprouver cet « exceptionnel ». Sa solitude, faite de l'inconnu de la mort possible, est effrayante, aussi proches et attentifs que soient ses parents et ses soignants. L'attention à cet inconnu et à cette solitude guide notre dialogue bien plus que l'effort de traduire en clair ses comportements et ses paroles. Nous sommes l'un ou l'autre celui qui sait et celui qui ne sait pas, celui qui attend beaucoup de l'autre et celui qui n'en attend rien.

J'ai parfois du mal à entrer dans le dialogue. Certains enfants exacerbent leurs signes de souffrance, de fermeture. Je ne dois pas m'y arrêter, mais les laisser se décanter, attentif aux associations de pensées et d'émotions qu'ils provoquent en moi. L'enfant qui ne dit rien, ou que des phrases stéréotypées, peut mettre à l'épreuve ma sagacité ou ma curiosité jugée excessive, défendre son opacité quand il considère s'être déjà beaucoup exposé.

L'enfant sait qui il est et ce qu'il pense et éprouve, mais ce savoir ne lui est pas forcément accessible. Mon travail vise à lui montrer qu'il est partageable, pas enfermé en lui. Ainsi, je l'accompagne dans ce parcours entre « je suis ce que les autres voient et pensent de moi », induit par mon apparence et le mot *mort*, et

« je ne sais pas qui je suis » pour arriver à « savoir qui je suis m'importe peu : je le suis et l'important est que je m'y reconnaisse. » Il arrive que l'enfant refuse le dialogue. La raison en est parfois que je ne parviens plus à y être, je retombe dans l'observation, j'ai le sentiment de ne plus appartenir à son monde, je ne le comprends plus. Je suis attentif aux éléments conscients et inconscients, à ceux de premier plan et aux discrets, je les prends tous au sérieux, mais pas au pied de la lettre. Dans ce dialogue, tout est important, y compris son effet sur moi. Mais si tout a rapport à la maladie et à la mort proche, ce n'est pas pour autant qu'il faut tout leur attribuer.

La parole de l'analyste aide l'enfant à formuler une pensée difficile, par sa complexité, son intensité ou sa violence, à lui éviter d'y rester enfermé. Elle l'accompagne dans son cheminement afin qu'il habite mieux en lui-même, se reconnaisse mieux dans son corps, ses actes, son histoire, et qu'il continue, quels que soient son apparence, ses comportements, ses paroles et son devenir, d'avoir sa place dans notre monde. La pire mort serait de mourir non réconcilié avec ceux pour qui il pensait compter, qui comptent pour lui, avec lui-même en vérité. Il se dirait : « Ma vie n'a pas valu la peine d'être vécue. Le désir qui fut à son origine n'existe plus. »

Le but du dialogue avec le psychanalyste n'est pas de faire disparaître la peur de la mort, mais d'aider l'enfant à l'accueillir dans son psychique, décantée des images, fantasmatiques ou réalistes, et des fantasmes qu'elle suscite, afin qu'il meure avec son regard sur le monde préservé et dans son identité et sa place uniques.

Notes

1. HOUZEL, D., M. EMMANUELLI et F. MOGGIO. « Concept de mort chez l'enfant » in HOUZEL, D., EMMANUELLI, M., MOGGIO, F. (Eds) *Dictionnaire de psychopathologie de l'enfant et de l'adolescent*. Paris, PUF, 2000, 425-7.

2. MASERA, G., JJ. SPINETTA, M. JANKOVIC et coll. « Guidelines for assistance to terminaly ill children with cancer : a report of the SIOP Working Committee on Psychosocial Issues in Pediatric Oncology ». *Med Pediatr Oncol*, 1999 32 : 44-48.

3. WOLFE, J., Hg. GRIER, N. KLAR et coll. « Symptoms and suffering at the end of life in children with cancer ». *N Engl J Med*, 2000 342 : 326-333.

4. FOURNIER, V. « The balance between beneficence and respect for patient autonomy in clinical ethics in France ». *Camb Q Health Ethics*, 2005 14 : 3281-3286.

5. Alvin, P. et D. Marcelli. « La question de l'observance à l'adolescence » in Alvin P. et D. Marcelli (Eds) *Médecine de l'adolescent.* Paris, Masson, 2005 : 395-404. Spinetta, J.J., G. Masera, T. Eden et coll. « Refusal, non-compliance, and abandonment of treatment in children and adolescents with cancer : prevention and resolution ». *Med Ped Oncol,* 2002 38 : 114-117.

6. Oppenheim, D., L. Brugières, N. Corradini et coll. « An ethics dilemma : when parents and doctors disagree on the best treatment for a child ». *Bull Cancer* 2004 91 : 735-738. Oppenheim, D., B. Sourkes, A. Ablin et O. Hartmann. «A Child And Parent Illustrating Non - Compliance With Treatment ». *Bull Cancer,* 2002, 89, 643-647. Wolfe, J., N. Klar, H.E. Grier, J. Duncan, S. Salem-Schatz, E.J. Emanuel et J.C. Weeks « Understanding of prognosis among parents of children who died of cancer : impact on treatment goals and integration of palliative care. » *JAMA,* 2000 15, 2469-2475.

7. Spinetta, J.J., M. Jankovic, T. Eden et coll. « Guidelines for assistance to siblings of children with cancer : report of the SIOP Working Committee on Psycho-social Issues in Pediatric Oncology ». *Med Pediatr Oncol.,* 1999 33 : 395-398.

Ce texte reprend également des thèmes développés dans plusieurs de mes livres, en particulier :

L'enfant très malade, approché dans ses dessins. Paris : Éditions de l'Olivier, 2011.

Là-bas la vie. Des enfants face à la maladie. Paris : Seuil, 2010.

Cancer : comment aider l'enfant et sa famille. Bruxelles : De Boeck, 2010.

Dialogues avec les enfants sur la vie et la mort. Paris : Seuil, 2009 (première édition 2000).

Parents : comment parler de la mort avec votre enfant. Bruxelles : De Boeck, 2007.

Grandir avec un cancer. L'expérience vécue par l'enfant et l'adolescent. Bruxelles : De Boeck, 2003.

Ne jette pas mes dessins à la poubelle. Dialogues avec Daniel, traité pour une tumeur cérébrale, entre 6 et 9 ans. Paris : Seuil, 1999.

Chapitre 3

Prise en charge de la famille et des soignants lors du décès d'un enfant à l'urgence

Nathalie Gaucher, Catherine Hogue, Arielle Levy et Paul Morin

La participation et l'accompagnement de la famille dans les soins prodigués aux enfants sont des objectifs importants pour les soignants et les institutions de soins pédiatriques. En effet, les professionnels de la santé se doivent d'offrir, quel que soit leur milieu de pratique, des soins individualisés respectueux des valeurs et des croyances, du cheminement et du rythme de la personne et de sa famille. En 1992, deux infirmières du Michigan ont été les premières à rapporter une expérience favorable de la présence de membres de la famille pendant la réanimation cardio-respiratoire d'adultes en salle d'urgence. Depuis, cette présence familiale pendant la réanimation de patients en salle d'urgence a suscité beaucoup d'attention. Le Emergency Nurses Association (ENA) a été la première organisation à promouvoir cette pratique. Dernièrement, des recommandations formulées aux États-Unis et en Europe en matière de réanimation pédiatrique encourageaient la présence des parents pendant la réanimation d'un enfant. Toutefois, une étude récente concluait que seulement 9 % des cliniciens qui travaillaient dans un centre hospitalier avaient établi des lignes directrices formelles régissant la présence parentale. Ainsi, malgré les efforts des associations désireuses de promouvoir cette pratique, les résistances dans les milieux de santé persistent, et la présence parentale demeure un sujet de controverse.

Perspective des soignants

Malgré les réticences des milieux, la majorité des soignants sont en faveur de la participation des parents pendant les procédures invasives ou la réanimation en pédiatrie. Le facteur influençant le plus cette pratique est d'avoir fait soi-même l'expérience de la présence parentale. Selon les soignants, celle-ci permettrait aux parents de calmer l'enfant s'il est conscient, de mieux comprendre sa situation ou d'amorcer un processus de deuil en cas de décès. La présence parentale améliorerait aussi certains comportements des soignants envers les patients, notamment en ce qui a trait à la dignité et au soulagement de la douleur. Parmi les effets indésirables perçus par les soignants figurent le stress supplémentaire vécu par les parents, l'interruption des soins au patient, une augmentation de l'anxiété liée à la performance des soignants et l'émergence de litiges médico-légaux. Ces craintes n'ont toutefois jamais été confirmées dans les études portant sur ce sujet, et très peu d'interruptions des soins ont été rapportées.

Perspective des parents

La plupart des parents préféreraient être présents lorsque leur enfant subit une procédure invasive (ponction veineuse, ponction lombaire, intubation, par exemple) ou lorsqu'il est réanimé. En fait, ils souhaiteraient avoir la possibilité de participer à la décision d'une présence parentale ou non. Les perspectives de parents ayant été présents lors de la réanimation de leur enfant ont fait l'objet de deux études dans un centre hospitalier qui avait bien établi une procédure encadrant la présence parentale. Ainsi, les parents expliquent que d'être au chevet de leur enfant est perçu comme étant leur droit et leur obligation en tant que parents. Selon eux, cela leur permet de rassurer leurs autres enfants et de leur offrir du soutien tout en facilitant le partage d'information, leur permettant ainsi de mieux comprendre l'état de santé de leur enfant. De plus, en cas de décès, cette pratique permet aux parents d'être présents pendant les derniers moments de la vie de leur enfant et d'amorcer un processus de deuil, le cas échéant. Ils croient aussi que leur présence ne devrait jamais déranger les soins et qu'une évaluation initiale devrait avoir lieu avant qu'ils soient invités au chevet de leur enfant. Les études démontrent que les parents ne se sentent pas plus anxieux à la suite de leur participation à une réanimation.

Perspective des patients

La perspective des patients semble encore peu documentée dans la littérature actuelle. Une seule étude a été consacrée à l'opinion des patients ayant pu compter sur une présence familiale lors de leur réanimation. Cette étude qualitative, effectuée deux mois après l'événement, portait sur l'opinion de neuf survivants âgés de 15 à 63 ans et ayant subi une réanimation cardio-respiratoire. Les participants ont rapporté qu'ils se sont sentis rassurés par la présence d'un membre de leur famille et qu'ils avaient l'impression d'avoir reçu des soins plus humains. De plus, ils étaient d'avis que c'était leur droit de bénéficier de la présence de proches au cours de telles manœuvres. Toutefois, les personnes interrogées reconnaissaient que cette procédure pouvait parfois être difficile à accomplir en salle d'urgence et qu'elle pouvait être traumatique pour certains membres de leur famille. Selon ces participants, la pratique devait être offerte dans la mesure où elle était réalisable et le rôle des proches présents au cours de la procédure devait leur être expliqué.

Approche

Une approche relative à la présence parentale lors de la réanimation en salle d'urgence a été développée par une équipe interdisciplinaire, et est adaptée au contexte de soins prodigués à l'urgence du CHU Sainte-Justine. Inspirée du modèle de SPIKES, une méthode pratique employée pour faire part d'une mauvaise nouvelle, l'approche se voulait surtout utile et facile à mettre en pratique. Les éléments principaux du cadre d'intervention sont :

1) le *setting* ou contexte ;
2) la perception (croyances) ;
3) le *readiness* ou l'invitation ;
4) le *knowledge* ou les connaissances ;
5) les émotions ;
6) le *summmary* ou résumé.

Une équipe interdisciplinaire permet une prise en charge optimale de la famille et du patient, et chaque intervenant détient un rôle précieux. Cette approche est résumée dans le tableau 1, à la page 73.

Rôles des soignants

Aspects sociaux

La personne-ressource désignée pour effectuer la prise en charge de la famille détient les compétences pour évaluer les membres de celle-ci, leur offrir du soutien et les accompagner lorsqu'ils sont présents durant les procédures. Elle a la responsabilité unique des soins à la famille et sera donc souvent issue du domaine du travail social. Elle permet d'établir un lien entre la famille et l'équipe soignante qui prodigue les soins en salle de réanimation. Dès leur arrivée, les membres de la famille rencontrent la personne-ressource afin que celle-ci puisse leur transmettre ce qu'elle sait de la situation médicale du patient. Souvent, les parents demandent à être conduits au chevet de leur enfant. Avant d'accepter une telle demande, l'intervenant doit évaluer les comportements des parents dans le but d'identifier quelles situations pourraient être problématiques en salle de réanimation. Par exemple, bien qu'anxieux ou agités, les parents devront être capables de demeurer coopératifs dans la salle de réanimation, afin de ne pas nuire à l'équipe soignante.

L'ensemble des données sociales recueillies sera partagé avec l'infirmière et la famille. Ensuite, une entente verbale sur la présence de la famille dans la salle sera conclue. La personne-ressource restera présente auprès des parents afin de leur offrir un soutien continu.

L'accompagnement se poursuivra au-delà de la période de soins prodigués au patient. Une attention sera portée aux valeurs spirituelles de la famille, qui pourra rencontrer un intervenant spirituel si elle le désire. En effet, les pratiques religieuses jouent un rôle important au cœur des mécanismes de « *coping* » (adaptation) et semblent constituer une défense importante contre la détresse émotionnelle et la souffrance. L'intervention se concentrera aussi sur les risques suicidaires potentiels et les conditions de retour à la maison pour la famille, particulièrement si le décès de l'enfant survient. Lors du retour à la maison, la famille doit effectivement réorganiser sa vie quotidienne en plus de s'occuper des tâches liées au décès de l'enfant. Elle a souvent besoin d'être guidée pour annoncer le décès à la famille élargie, organiser les funérailles ou récupérer le corps après une autopsie. La personne-ressource s'informera des services et des ressources disponibles pour la famille, afin d'aider à combler les besoins organisationnels, sociaux et psychologiques de celle-ci.

Enfin, cette personne conviendra avec la famille d'une relance téléphonique à la suite des funérailles. Cette relance offrira à la fois une communication ouverte sur le décès de l'enfant et un espace favorable à l'expression de la souffrance de la famille auprès de l'équipe de soins. En effet, une fois la phase initiale du choc passée, la réalité de la perte s'installe. Ce suivi de deuil permet d'identifier les besoins de la famille qui doit affronter le décès de l'enfant et de formaliser une demande d'aide professionnelle, au besoin.

Infirmière affectée à la famille

L'infirmière affectée à la famille sera une des infirmières présentes dans la salle d'urgence pendant l'épisode de soins. En collaboration avec le médecin traitant et la personne-ressource, elle fournira certaines informations médicales aux membres de la famille pour préparer et permettre la présence parentale en salle de réanimation. Dans un premier temps, l'infirmière recueillera des informations sur l'état de santé actuel de l'enfant et sur les plans de traitement possibles. Elle évaluera, avec le médecin traitant et l'équipe soignante, la possibilité que la famille soit présente dans le but de choisir un moment opportun pour intégrer les parents en salle de réanimation. Si les parents souhaitent être présents, leur participation devra être planifiée.

L'information est très importante pour les familles et elle doit être judicieusement fournie par les différents intervenants, tout au long du séjour du patient en salle d'urgence. Ainsi, certains thèmes seront abordés avant que les parents se présentent, tels le portrait global de l'état de l'enfant, les appareils employés dans les soins au patient, les effets visibles ou non des traitements en cours et le rôle de chacun des intervenants auprès de l'enfant. Une fois en salle de réanimation, les informations seront mises à jour selon les besoins des parents et après chaque intervention. Lorsque les parents pourront avoir un contact physique avec leur enfant, l'infirmière affectée à la famille devra les informer de ce qu'ils peuvent faire pour leur enfant malade (le rassurer, lui fredonner une chanson, le toucher, le caresser) et leur offrir une place à son côté, si possible.

La légitimation de la souffrance et l'accompagnement authentique de la famille lors de l'annonce d'une mauvaise nouvelle, tel un décès, sont essentiels. Alors que les parents et la famille sont encore sous le choc, l'équipe de soins offre une présence et un soutien: elle doit être disponible, à l'écoute, permettre le silence, être empathique, honnête et empreinte de respect pour tenter de les ramener doucement au moment présent, restaurer la parole et calmer la douleur.

Un retour sur l'information donnée lors de l'annonce de la mauvaise nouvelle, dernière étape dans la présence parentale, peut alors débuter. Il convient d'analyser l'expérience de la famille dans le contexte de la salle de réanimation et de revenir sur l'ensemble des événements survenus.

Médecin

Le médecin aura trois principaux rôles à jouer lors de la prise en charge d'un patient nécessitant des soins critiques à l'urgence. Son premier rôle, fondamental, est de prodiguer les soins au patient pour assurer une réanimation pédiatrique selon les règles de l'art des lignes directrices en réanimation pédiatrique. Lorsque la situation médicale de l'enfant se stabilise, le médecin peut remplir son second rôle en établissant un premier contact avec la famille et en recueillant des éléments essentiels relatifs à l'accident ou à l'événement qui est survenu. Cette rencontre permet aussi d'informer les parents quant à l'état de leur enfant, de l'évolution anticipée de la suite des choses et des soins qui lui seront apportés à court et à moyen terme. Idéalement, cette première rencontre se fera en présence de la personne-ressource et de l'infirmière affectées à la famille. Celles-ci auront déjà établi un lien avec les parents. Cette rencontre interdisciplinaire auprès des parents permettra à tous les intervenants de partager les mêmes informations et de tenir un discours cohérent. En effet, à la suite du retour du médecin au chevet du patient requérant des soins critiques, la personne-ressource et l'infirmière affectées à la famille sauront répondre aux questions des parents et clarifier certaines données. Finalement, une fois les soins au patient terminés, le médecin sera responsable de revoir les parents pour leur expliquer l'état de santé de l'enfant et conclure sur les soins nécessaires. En cas de décès imminent, l'arrêt des manœuvres de réanimation pourra être expliqué et décrit aux parents.

Selon l'évaluation de la famille et l'évolution de l'état de santé de l'enfant, le médecin chef d'équipe, en accord avec l'équipe des soignants, pourra accorder la présence parentale pendant la réanimation en cours. Un moment opportun sera déterminé par l'infirmière affectée à la famille et le médecin traitant. Cette occasion se présentera surtout à la toute fin, pendant l'arrêt des manœuvres de réanimation, mais aussi au cours des soins actifs prodigués au patient. Il est important que les parents respectent l'entente initiale de conduite dans la salle de réanimation, car les soins à l'enfant demeurent prioritaires. Aussi, bien que la présence des parents soit généralement encouragée pendant la réanimation, quelques procédures devraient être faites en l'absence des parents, par respect pour la dignité du patient (par exemple, lors de la pose d'une sonde urinaire chez une adolescente). Ainsi, selon l'évolution de l'état de santé de l'enfant, les actes relatifs aux soins ou à la demande du médecin traitant, les parents pourraient être appelés à quitter la salle de réanimation de façon temporaire ou permanente.

Procédure à suivre lorsqu'un enfant décède à l'urgence

Les décès ne sont pas fréquents dans les salles d'urgence pédiatriques, et dans ce contexte, ces moments inattendus demeurent très difficiles tant pour les familles que pour les soignants. Il peut être utile d'établir une marche à suivre en cas de décès, afin de faciliter la tâche de chaque intervenant qui participe aux soins du patient et accompagne la famille. Certains des éléments à considérer sont présentés ici. L'annonce du décès devrait se faire en petite équipe, par les intervenants ayant été les plus près des parents lors du séjour à l'urgence (par exemple, le médecin traitant, l'infirmière affectée à la famille et la personne-ressource). Dans un premier temps, les parents devraient être rencontrés seuls, et, dans un deuxième temps, des explications pourraient être données à la famille élargie, dont la fratrie, selon le vœu des parents et avec le soutien de l'équipe les ayant accompagnés.

L'accompagnement de la famille est essentiel dans la prise en charge d'un patient décédé à l'urgence. Il faut tenter de créer un climat d'intimité et faire en sorte que la famille puisse passer du temps avec l'enfant. Les rituels permettent un contact physique avec l'enfant et peuvent être importants dans certaines religions. Un intervenant spirituel ou un représentant de la communauté religieuse peut venir en aide à la famille endeuillée.

De plus, le médecin responsable de l'enfant à l'urgence doit déterminer si le cas implique une investigation par le coroner, selon les règles et les lois locales. Les décès subits et inattendus à l'urgence nécessitent souvent une enquête du coroner ; celui-ci déterminera, entre autres, si une autopsie doit être pratiquée. Les patients pour qui une enquête n'est pas nécessaire peuvent aussi faire l'objet d'une autopsie. Au Québec, celle-ci doit être offerte à tous les représentants légaux des enfants décédés à l'urgence, quelle que soit la cause du décès. Le matériel médical et de réanimation (sonde endotrachéale, cathéters, etc.) peut être retiré dans la majorité des cas de décès à l'urgence, afin de permettre un contact plus humain entre l'enfant et la famille. Dans les cas impliquant une enquête, le médecin traitant doit contacter le coroner afin d'établir quels instruments peuvent être retirés.

Le suivi de la famille après le décès d'un enfant devrait être assuré, d'une part, par l'équipe ayant soigné l'enfant en fin de vie et, d'autre part, par le médecin principal du patient. Une boîte à souvenirs peut être préparée avec la famille, dans laquelle sont mises une mèche de cheveux et une empreinte de main. Une carte de condoléances, incluant les coordonnées d'une personne à contacter en cas de besoin, devrait être signée par l'équipe de soins. Enfin, des informations écrites sur les procédures qui suivront (funérailles, disposition du corps dans les cas où le coroner doit intervenir ou encore si une autopsie est demandée, etc.) devraient être remises aux parents. Un contact téléphonique devra se faire dans les semaines suivant le décès afin d'organiser un suivi de deuil, si les parents le désirent. Enfin, ces derniers devraient être informés à propos des ressources d'aide psychologique disponibles. Le médecin traitant ou principal, avec l'équipe interdisciplinaire assignée à la famille, devrait rencontrer les parents une fois que le rapport du coroner ou le rapport d'autopsie est disponible, afin d'en revoir le contenu avec eux. Cette rencontre peut avoir lieu plusieurs mois après le décès.

Tableau 1

Approche pour la présence familiale en salle de réanimation à l'urgence pédiatrique

• Arrivée de l'enfant • Installation des parents dans une salle à proximité
• Évaluation de la famille par la personne-ressource affectée à la famille (PRF) - Compréhension/perception - Comportements - Spiritualité • Évaluation de la situation en salle de réanimation par l'infirmière affectée à la famille (IF) - État de l'enfant - Interventions faites ou à venir - Analyse de la possibilité de la présence familiale - Choix du moment opportun pour la présence familiale • Évaluation commune de la situation globale (IF et PRF)
• Établissement du contrat verbal de conduite dans la salle de réanimation - Parents/famille - Médecin chef d'équipe - Infirmière affectée à la famille - Ressource familiale
• Préparation de la famille à entrer dans la salle et présence familiale - Ce qui sera vu, entendu et senti - Rôles des intervenants - Rôles des parents - Explications et soutien continus
• Désamorçage auprès de la famille (IF, PRF et médecin chef d'équipe) - Analyse des besoins d'information - Analyse de l'expérience des parents (agir sur le stress et l'angoisse) - Identification du soutien pertinent pour les autres membres de la famille - Référence à une ressource d'aide psychologique ou spirituelle
• En cas de décès - Réponse aux normes médico-légales (coroner) - Avis à la famille des procédures du coroner - Préparation d'une boîte à souvenirs - Offre aux parents (et à la famille) de voir l'enfant décédé - Proposition de tâches aux parents (laver le visage, bercer, toucher, parler à l'enfant) - Visites cycliques : demeurer disponible en laissant la place à la famille - Information au médecin principal du patient
• Compte rendu auprès de la famille et suivi de deuil - Une semaine après le décès, appel téléphonique par PRF - Deux semaines plus tard, rendez-vous avec PRF, IF et médecin chef d'équipe - Analyse des réactions émotionnelles - Analyse des pensées - Interventions : légitimer la souffrance et souligner les forces

Pour les soignants : le désamorçage et le compte rendu

Le désamorçage auprès de l'équipe traitante

À la suite d'une expérience de soins critiques et difficiles, l'équipe de soins doit bénéficier d'un désamorçage pour éviter les représentations erronées de la réalité et pour commencer à donner un sens à l'expérience vécue. L'équipe de soins comprend les médecins, les résidents et les étudiants en médecine, le personnel infirmier, les inhalothérapeutes, les préposés aux bénéficiaires, les commis et le personnel paramédical, bref, tous ceux ayant participé aux soins de l'enfant. Le désamorçage devrait durer environ 15 à 30 minutes et avoir lieu dans l'heure qui suit l'événement marquant. Idéalement, il devrait être effectué par un modérateur neutre extérieur à la situation, mais dans un contexte de ressources limitées, il pourrait être organisé par la personne-ressource, l'infirmière affectée à la famille ou le médecin (chef d'équipe). Tous les membres de l'équipe de soins devraient avoir la possibilité de partager leur expérience et leurs émotions quant à l'événement venant de se produire, et ce, dans un climat de respect et sans jugement. Le désamorçage de l'équipe de soins devrait être effectué dans un endroit neutre et calme, selon une approche assez formelle, en deux étapes :

1) Résumer les faits relatifs à l'événement, les bons coups perçus par l'équipe et les défis auxquels elle a dû faire face ;

2) Analyser la réponse émotionnelle par rapport à l'événement avant, pendant et après celui-ci.

Les modérateurs désignés devraient demeurer attentifs aux signes de détresse émotionnelle plus importants chez certains membres de l'équipe. Il est impératif de référer les personnes qui en ressentent le besoin à des professionnels de la santé qualifiés, par exemple, ceux qui travaillent au sein du programme d'aide aux employés du centre hospitalier. Par ailleurs, le désamorçage permettra de planifier les sujets à aborder et de mieux définir la marche à suivre lors de la prochaine étape.

Le retour sur l'événement ou compte rendu auprès de l'équipe de soins

Le compte rendu permet un retour sur la situation critique vécue après une période de réflexion de quelques jours. La détresse morale survient souvent dans des contextes de soins, ajoutant ainsi un stress important aux enjeux capitaux. La littérature suggère que les infirmières qui vivent une détresse émotionnelle au cœur de leur travail et qui ne reçoivent pas de soutien affrontent plus de défis lors du processus de résolution entourant l'expérience qu'elles ont vécue. Certains estiment même que les infirmières qui réussissent à surmonter cette détresse émotionnelle sans aide professionnelle le font sur une période pouvant s'étendre sur plus d'un an.

C'est dans ce contexte que le compte rendu devient important, voire essentiel, pour la santé de l'équipe de soins faisant face à une situation stressante et à des enjeux importants comme le décès d'un enfant. L'attitude générale des membres des équipes de soins est souvent le meilleur indicateur du besoin de faire un compte rendu.

L'équipe de soins présente lors de l'incident critique est généralement contactée afin que la rencontre puisse se tenir, idéalement, dans les 72 heures suivant l'incident. Le modérateur peut être une personne possédant les habiletés et les connaissances nécessaires à la direction d'une réunion (par exemple le ou la cadre-conseil en sciences infirmières du département). Au début de la rencontre, il est impératif pour le modérateur d'en établir les objectifs et de rappeler que la confidentialité demeure au cœur de cette démarche. Chaque membre de l'équipe peut faire part de son expérience et des faits recueillis. Il est cependant important d'encourager l'équipe à construire le récit de son expérience plutôt que de raconter les faits d'un point de vue médical. Cela favorise le partage, encourage les membres de l'équipe à parler de l'incident et des défis, et les amène aussi à évoquer leur courage et leurs forces. La phase de réaction permet l'analyse des sentiments et des pensées face à l'incident critique, ce qui permet de déceler des réactions atypiques pouvant être des symptômes de détresse émotionnelle. Cet exercice permet également de cerner l'impact des réactions émotionnelles et cognitives sur la vie du soignant, tant sur le plan professionnel que personnel. L'identification des aspects positifs de l'incident par l'équipe de soins est une étape cruciale et essentielle permettant de souligner les forces de celle-ci. Finalement, certains membres de l'équipe peuvent avoir besoin d'une aide psychologique plus appropriée.

Bibliographie

BIARENT, D., R. BINGHAM, S. RICHMOND, I. MACONOCHIE, J. WYLLIE, S. SIMPSON et coll. « European Resuscitation Council Guidelines for Resuscitation ». Section 6. Paediatric life support. *Resuscitation*. 2005 ; 67 : S97.

BOUDREAUX, E,D., J.L. FRANCIS, T. LOYACANO « Family presence during invasive procedures and resuscitations in the emergency department : a critical review and suggestions for future research ». *Ann Emerg Med*. 2002 ; 40 :193.

DINGEMAN, R.S., E.A. MITCHELL, E.C. MEYER, M.A. CURLEY. « Parental Presence During Complex Invasive Procedures and Cardiopulmonary Resuscitation : A Systematic Review of the Literature ». *Pediatrics*. 2007 ; 120 :842.

EICHHORN, D,. T. MEYERS, C. GUZZETTA, A. CLARK, J. KLEIN, E. TALIAFERO, et coll. « Family Presence During Invasive Procedures and Resuscitation : Hearing the Voice of the Patient ». *Am J Nurs*. 2001 ; 101 :48.

FARAH, M.M., C.A. THOMAS, K.N. SHAW. « Evidence-based guidelines for family presence in the resuscitation room : a step-by-step approach. ». *Pediatr Emerg Care*. 2007 ; 23 : 587.

HANNA, D.R., M. ROMANA « Debriefing after a crisis ». *Nurs Manage*. 2007 ; 38 :38.

KLEINMAN, M.E., L. CHAMEIDES, S. SCHEXNAYDER, R. SAMSON, M. FRAN HAZINSKI, D. ATKINS et coll. « Part 14 : Pediatric Advanced Life Support ». *Circulation*. 2010 ; 122 :S876.

KNAPP, J., D. MULLIGAN-SMITH and the COMMITTEE ON PEDIATRIC EMERGENCY MEDICINE. « Death of a Child in the Emergency Department ». *Pediatrics*. 2005 ; 115 :1432.

MANGURTEN, J., S. SCOTT, C. GUZZETTA, A. CLARK, L. VINSON, J. SPERRY et coll. « Effects of Family Presence During Resuscitation and Invasive Procedures in a Pediatric Emergency Department ». *J Emerg Nurs*. 2006 ; 32 :225.

CHAPITRE 4
Le pédiatre et les soins palliatifs

Claude Cyr

Le pédiatre est l'un des professionnels de la santé le mieux outillé pour accompagner un enfant lors de soins palliatifs. Il se préoccupe de la santé globale des nourrissons, des enfants et des adolescents. Il tente de maximiser leur croissance et leur développement – physique, psychologique et émotionnel – et vise à leur permettre d'atteindre leur plein potentiel en prévision de l'âge adulte. Le pédiatre doit ainsi être préoccupé par les influences familiales, sociales et environnementales qui ont un impact majeur sur la santé et le bien-être des enfants et de leur famille. Il est conscient que ces derniers sont souvent parmi les plus vulnérables ou défavorisés dans la société, et donc que leurs besoins requièrent une attention spéciale.

Les soins palliatifs pédiatriques sont une extension naturelle de la pédiatrie. Comme pour cette spécialité médicale, ils impliquent une collaboration interdisciplinaire dont le but est d'améliorer la qualité de vie de tous les enfants souffrant de maladies potentiellement mortelles ainsi que celle de leur famille. Ils se concentrent sur l'identification, la prévention et le soulagement de la **souffrance**, quel que soit le stade de la maladie. Ils traitent de manière exhaustive les besoins physiques, psychosociaux ou spirituels des enfants et de leur entourage le plus proche.

L'objectif global des soins palliatifs est d'améliorer la qualité de vie d'un enfant dont l'existence est en danger. Ce but doit tenir compte des particularités de la pédiatrie, soit:

- La nécessité d'une approche sensible aux habiletés cognitives et à la maturité émotionnelle propre aux enfants et aux adolescents;
- La diversité et la complexité des causes de maladie mettant leur vie en danger;
- Les difficultés émotionnelles et psychologiques associées avec la mort d'un enfant;
- La nécessité d'inclure les besoins de l'enfant, des parents et de la fratrie;
- La nécessité de comprendre le rôle complexe des parents dans la prise de décision juridique et éthique concernant leur enfant malade[1].

Dans ce chapitre, nous allons discuter du rôle du pédiatre auprès des enfants et des familles, d'un point de vue général et au sein d'équipes multidisciplinaires.

Les buts des soins palliatifs

Les soins palliatifs pédiatriques sont des soins actifs et complets. Ils englobent le soulagement des symptômes de l'enfant, les soins prodigués – du diagnostic jusqu'au moment du décès et même durant la période de deuil – ainsi que les services de répit pour la famille. Comme les soins palliatifs pédiatriques sont planifiés avec l'enfant et sa famille, ils nécessitent une équipe interdisciplinaire. Il s'agit d'une approche souple pouvant s'adapter aux ressources et aux besoins. L'administration de ce type de soins appuie donc la primauté de la vie et fait de la mort une expérience profondément personnelle pour l'enfant et sa famille.

Le pédiatre chargé des soins palliatifs doit prendre en considération le fait que l'enfant ou l'adolescent est un être en plein développement au point de vue physique, psychologique, social, cognitif et spirituel. Il vise donc la participation de celui-ci à des activités communautaires et scolaires, comme tous les autres enfants. Il accorde également à l'unité familiale une place prépondérante. Comme les maladies graves évoluent souvent de façon imprévisible, qu'elles peuvent comporter des symptômes persistants et que leur pronostic est incertain, il est important de prévoir le recours aux soins palliatifs pédiatriques dès le diagnostic. Pour les enfants qui survivent jusqu'à l'âge adulte, il sera essentiel de s'assurer que la transition vers des équipes de soins pour adultes se fasse sans heurt[2].

Qui a besoin de soins palliatifs pédiatriques[3] ?

Il existe plusieurs descriptions de la population visée par les soins palliatifs pédiatriques. Ces descriptions demeurent toutefois générales. Spontanément, les pédiatres envisagent des soins palliatifs pour les enfants présentant des maladies pour lesquelles un traitement curatif est possible, mais inefficace. Pour ces enfants, les soins palliatifs peuvent être nécessaires pendant les périodes d'incertitude ou quand les traitements curatifs sont arrêtés (par exemple, dans les cas de cancer, d'atteinte cardiaque sévère, d'insuffisance rénale hépatique chronique, etc.).

D'autres enfants présentent des conditions médicales où une mort prématurée est inévitable. Ils peuvent avoir besoin de longues périodes de traitements intensifs destinés à prolonger leur vie ou à leur permettre de participer à des activités normales pour des enfants de leur âge (par exemple, dans les cas de fibrose kystique sévère ou de dystrophie musculaire). Certains enfants présentent, quant à eux, des maladies qui progressent sans espoir de guérison. Les traitements qui leur sont offerts sont uniquement de nature palliative et peuvent s'étendre sur des années (par exemple, dans le cas d'une maladie dégénérative du système nerveux central). D'autres enfants, encore, présentent des problèmes neurologiques graves qui viennent accentuer leur vulnérabilité et accroître les risques de complication pouvant amener une détérioration de leur état, à la fois non prévisible et considérée comme non progressive (par exemple, dans le cas d'une paralysie cérébrale grave). Des nouveau-nés ayant reçu un diagnostic de trisomie 13 ou 18 sévère ou de cardiopathie cyanogène non opérable connaissent également des conditions médicales associées à une espérance de vie très limitée. Finalement, les pédiatres peuvent être appelés à rencontrer les membres d'une famille ayant perdu un enfant d'une façon imprévue à la suite d'une maladie, d'un suicide ou d'un décès durant la période périnatale (ce qui englobe notamment les cas de traumatisme, de mortinaissance et d'avortement). Les soins palliatifs sont donc appropriés pour une grande variété d'enfants aux prises avec diverses maladies, même lorsque la guérison demeure une possibilité.

La consultation en soins palliatifs

La première étape est donc d'identifier les enfants pour qui une philosophie de soins palliatifs est nécessaire. Le pédiatre est souvent bien placé pour déterminer les besoins de l'enfant et de sa famille, planifier les soins, évaluer et soulager les douleurs et les symptômes de l'enfant, et reconnaître les indications de référence à un spécialiste.

Tableau 1

Approche pratique des soins palliatifs par le pédiatre

Aspects à évaluer	Éléments à planifier
Évaluer la douleur et les autres symptômes.	• Créer et partager un plan de traitement pharmacologique et non pharmacologique des principaux symptômes. • S'assurer de la compréhension des parents quant au plan de traitement et de la disponibilité des médicaments en tout temps. • Référer l'enfant à des spécialistes du traitement de la douleur au besoin.
Identifier les inquiétudes et les peurs de l'enfant et de sa famille.	• Discuter honnêtement des peurs et des inquiétudes. • S'assurer que l'enfant et sa famille ne seront pas abandonnés. • Discuter des inquiétudes de la fratrie et de la famille élargie.
Discuter des expériences passées relatives à la mort et des événements importants de la vie.	• Adapter le plan et les choix selon les expériences passées de la famille et de l'enfant. • Référer l'enfant et sa famille à des professionnels en santé mentale au besoin. • Discuter d'éléments particuliers comme la toxicomanie ou le suicide.
Identifier le style de communication et d'adaptation à utiliser avec l'enfant et sa famille.	• Communiquer avec l'enfant de façon appropriée selon son stade de développement. • Évaluer la compréhension de l'enfant du concept de la mort. • Adapter les discussions et la planification des soins au style de communication des familles et de l'enfant.
Discuter des trajectoires potentielles de la maladie.	• Donner toute l'information nécessaire afin de rendre les trajectoires compréhensibles. • Établir, pour la famille et l'équipe soignante, un consensus au sujet des trajectoires cliniques possibles. • Identifier les effets de la maladie sur les capacités fonctionnelles de l'enfant et sa qualité de vie. • Tenter d'estimer la durée probable de vie de l'enfant.

Identifier les buts des soins palliatifs.	• Établir le but des soins (curatif, incertain ou exclusivement de confort) avec l'enfant, la famille et l'équipe multidisciplinaire. • Partager les buts avec toute l'équipe soignante.
Discuter des soins à recevoir lors de la fin de vie.	• Établir un plan médical incluant l'ordonnance de non-réanimation, si nécessaire. • Inclure dans le plan les choix déjà faits au sujet d'interventions spécifiques advenant un changement dans l'état de l'enfant. • Discuter des changements physiques et psychologiques lors de la fin de vie et planifier qui sera responsable de soulager les symptômes de l'enfant.
Faire une évaluation des besoins spirituels (évaluer les espoirs, les rêves, les valeurs et le rôle des rituels et de la religion, de même que les croyances au sujet de la mort et de la vie après la mort).	• Référer l'enfant à un conseiller spirituel approprié. • Offrir à l'enfant et à sa famille de réfléchir sur le sens de la vie, les valeurs et les croyances.
Établir les moyens de communication et de coordination des soins avec l'équipe multidisciplinaire.	• Identifier le coordonnateur des soins et la façon de le contacter en tout temps. • Rendre disponibles les plans de soins et les informations pertinentes pour toutes les équipes ayant à prendre soin de l'enfant.
Identifier le lieu de soins préféré par l'enfant et sa famille.	• S'assurer de répondre aux désirs de l'enfant et de sa famille concernant l'environnement préféré de soins. • Planifier le lieu où les soins de fin de vie auront lieu. • Identifier les personnes à contacter en cas de décès et discuter des étapes à suivre pour un constat de décès.
Connaître l'environnement de l'enfant, y compris sa maison et son milieu scolaire.	• Diffuser le plan de soins dans tous les environnements pertinents. • Travailler en partenariat avec les agences communautaires et les écoles afin d'optimiser le séjour des enfants malades et de diminuer le stress auprès des intervenants.
Identifier le niveau fonctionnel présent et futur.	• Procurer à la famille immédiate de l'équipement médical approprié comme un fauteuil roulant, une machine à succion ou un lit d'hôpital.
Identifier les difficultés financières présentes ou potentielles pour la famille.	• Offrir l'aide d'un travailleur social ou d'un soutien de la part de la communauté afin de diminuer ces difficultés.

La planification des soins demande d'assister le patient et sa famille dans l'établissement de leurs volontés advenant une situation qui mette la vie en danger. Les soignants engagés dans ces discussions doivent être au fait des pratiques locales, des normes éthiques et des lois encadrant les ordonnances de non-réanimation et les prises de décisions concernant les enfants. La planification se fait habituellement en quatre temps.

- Premièrement, les proches (enfant et famille, tuteur) devant être inclus dans le processus sont identifiés.
- Deuxièmement, la compréhension de la maladie et de son pronostic par l'enfant et sa famille est évaluée. Si la mort semble proche et inévitable, ce fait est décrit d'une façon intelligible pour tout le monde.
- Troisièmement, sur la base de leur compréhension de la trajectoire et du pronostic, les buts thérapeutiques sont établis pour les interventions actuelles et à venir : traitements curatifs, incertains et principalement centrés sur le confort.
- Finalement, une décision partagée sur le maintien, l'arrêt ou l'utilisation future de traitements maintenant la vie (ventilation, alimentation artificielle, etc.) est prise et est communiquée à tous les intervenants. Les décisions prises par le patient et sa famille devraient être respectées. Si elles ne semblent pas être conformes à une compréhension raisonnable de la maladie ou des buts du traitement, une réflexion et de nouvelles discussions sont souvent nécessaires. Un comité d'éthique clinique peut être consulté si des conflits persistent.

Le pédiatre général doit travailler avec ses collègues spécialistes et s'entendre sur l'atteinte des mêmes buts. Au minimum, il doit s'assurer qu'une équipe de soins inclut un médecin primaire et une infirmière. Différents spécialistes – un psychologue, un travailleur social, un ergothérapeute, un physiothérapeute, un agent de pastorale et tout autre professionnel apte à aider les familles et les enfants faisant face à des problèmes complexes – doivent également assurer un soutien à l'équipe.

La communication et la création d'un lien thérapeutique sont primordiales. Les familles soulignent, en effet, la nécessité d'un lien continu et sincère afin de pouvoir nourrir une communication ouverte et efficace. Elles apprécient que le pédiatre prenne le temps d'apprendre à connaître l'enfant et ses proches, et démontre du respect pour leurs valeurs et leurs croyances. Il est donc important pour le professionnel de la santé de connaître leurs espoirs, leurs inquiétudes et leurs buts par le biais, notamment, de questions ouvertes :

- Parlez-moi de votre enfant.
- Qu'est-ce que vous comprenez de la maladie de votre enfant ?
- Avec ce que vous comprenez de la maladie de votre enfant, qu'est-ce qui est le plus important pour vous et votre famille ?
- Qu'est-ce qui rend votre enfant de bonne humeur ? Triste ?
- Quels sont vos espoirs ? Vos inquiétudes ?

Parler avec les enfants

Une des tâches les plus difficiles pour le pédiatre est de parler avec l'enfant de sa mort. Il n'existe pas de recette pour ce type de discussions. Cependant, lorsqu'on doit évoquer la mort imminente, on ne devrait pas se laisser guider seulement par l'âge de l'enfant. Le jeune enfant peut comprendre ce que veut dire mourir ou au moins, avoir des émotions reliées à cet événement. Il peut aussi percevoir une perte et ressentir un chagrin profond.

Les enfants d'âge préscolaire, quant à eux, partagent diverses informations avec des gens différents et à des moments différents. Par exemple, les sujets de conversation ne sont pas les mêmes avec l'infirmière, le médecin ou avec ses parents. L'enfant peut confier ses appréhensions à un frère ou une sœur et décider de ne pas le faire aux adultes qui l'entourent, souvent afin de ne pas les angoisser.

L'enfant de cet âge a besoin d'informations directes, simples et honnêtes par rapport à la mort. Une bonne façon de commencer la conversation est de lui demander : « Est-ce qu'il y a des choses qui t'inquiètent ? » ou « Si tu étais un médecin, comment décrirais-tu ta maladie ? » En écoutant la réponse, il faut se souvenir que ce qui sort de la bouche d'un enfant ne correspond pas toujours à ce qui se passe dans sa tête. Il a parfois du mal à exprimer ce qu'il ressent. Ses questions à propos de la mort ne sont pas du même ordre que celles que pourrait se poser un adulte. Ses besoins sont aussi différents. Il faut beaucoup de temps et de changements physiologiques pour qu'un enfant atteint d'une maladie incurable reconnaisse la fin de sa vie. Pour cette raison, il est utile d'obtenir le plus d'information possible sur sa compréhension de la maladie et la perception qu'il a de son état avant de répondre à ses interrogations. Par exemple, des questions comme: « Comment ça marche, la chimio ? » peuvent non seulement cacher un besoin d'information sur les mécanismes d'action et les effets secondaires du traitement, mais aussi sur son efficacité potentielle.

Les réactions émotionnelles de l'enfant malade diffèrent fréquemment de celles de l'adulte. Un enfant peut être triste une minute et jouer avec plaisir l'instant suivant. Cela ne signifie pas qu'il ne vit pas de souffrance et que l'on n'a pas besoin de parler avec lui. Il peut demander une attention excessive. Il peut aussi se placer en retrait de ses amis et paraître apathique et déprimé. Son anxiété peut s'intensifier (peur du noir, d'aller dormir, etc.). On peut également constater certaines régressions dans son comportement (sucer son pouce, mouiller son lit, etc.).

L'enfant peut, par ailleurs, poser des questions évidentes comme: « Est-ce que ça fait mal mourir ? » ou « Qu'arrive-t-il après la mort ? » ou alors, plus surprenantes comme: « Quand est-ce que toi, tu vas mourir ? ». Devant ces interrogations, il faut rester honnête, c'est-à-dire ne pas évoquer avec l'enfant quelque chose que l'on ne croit pas. Avant de répondre, il est utile de lui retourner la question: « Est-ce que tu penses que mourir fait mal ? ». Être honnête ne signifie pas être brutal. Il est surtout important de rassurer l'enfant en lui rappelant qu'il est aimé et que l'on ne va pas l'abandonner.

Les adolescents, pour leur part, présentent un éventail de réactions face à une maladie grave ou à l'approche de la mort. Ils sont souvent tiraillés entre leur besoin d'indépendance et le sentiment de dépendance découlant de la maladie. Ils bénéficient souvent d'activités de groupe non reliées à la maladie et s'expriment parfois en utilisant un « média » (dessin, musique, poésie, danse, blogue, vidéo, etc.).

Symptômes

Le pédiatre est habituellement familier avec les traitements pharmacologiques et non pharmacologiques des principaux symptômes qui incluent notamment la douleur, la dyspnée, les nausées et les vomissements, la sialorrhée, l'anorexie, l'anxiété et la détresse psychologique, les troubles du sommeil, les saignements et les convulsions. Ces problèmes sont difficilement vécus par l'enfant et sa famille. Étant donné que des équipes spécialisées en soins palliatifs peuvent ne pas être disponibles immédiatement, le pédiatre doit anticiper et soulager la douleur et les symptômes rapidement.

Quelques symptômes fréquents

- **La douleur** est un symptôme fréquent en fin de vie. Un traitement efficace exige l'identification de la douleur, c'est-à-dire l'évaluation de sa sévérité et de son type, ainsi qu'une revue des stratégies efficaces qui ont déjà été tentées. Le chapitre 8 de cet ouvrage analyse précisément le traitement de la douleur.
- **La dyspnée** est le résultat d'une expérience subjective où l'enfant se sent essoufflé. Elle peut découler d'une augmentation du travail respiratoire ou d'une respiration douloureuse. La mesure de la fréquence respiratoire, de la saturation en oxygène, des gaz du sang et l'opinion des parents peuvent ne pas nécessairement correspondre à la dyspnée de l'enfant. Le traitement débute par l'identification et le traitement de la cause, si possible. Des atteintes pulmonaires (pneumonie, épanchement, métastases, obstructions des voies aériennes par une tumeur, etc.), hématologiques (anémie) et/ou une insuffisance cardiaque peuvent causer la dyspnée. Parmi les interventions utiles pour la contrer se trouvent l'oxygénothérapie – un flot d'air à l'aide d'un ventilateur ou d'une fenêtre ouverte –, l'hypnose, un opiacé de courte action (morphine) et/ou une benzodiazépine (lorazépam). Si l'enfant reçoit déjà un opiacé, la dose peut être augmentée de 30 %.
- **Les troubles du sommeil** peuvent, quant à eux, découler d'une difficulté d'endormissement, de réveils fréquents ou trop tôt, d'un sommeil non réparateur ou trop long.

  Le sommeil est souvent amélioré en traitant les états aggravants tels que la douleur, la détresse psychologique et les effets secondaires des médicaments. Les conseils généraux sur l'hygiène du sommeil sont importants : diminution des stimuli, routine du sommeil, relaxation. Les traitements pharmacologiques comme la mélatonine, certains antidépresseurs, la clonidine, l'hydrate de chloral et certains antipsychotiques peuvent aussi être considérés. Les benzodiazépines sont également utilisées, mais mènent souvent à une tolérance.

- **Les nausées et les vomissements** sont des phénomènes fréquents chez les enfants évoluant avec une maladie chronique. Évidemment, le traitement commence par l'identification et l'élimination de la cause primaire des nausées comme, par exemple, l'arrêt de certains médicaments moins bien tolérés par l'organisme. C'est le cas, entre autres, des opiacés. Les options de traitement dans ce cas consistent principalement à faire la rotation avec un autre opiacé, à traiter la constipation ou à utiliser un antagoniste de la dopamine comme le métoclopramide (Maxeran®). De plus, on doit s'occuper des désordres métaboliques secondaires, traiter les mucosités et la constipation. Si cela n'est pas efficace, un antiémétique comme le dimenhydrinate (Gravol®), l'odansetron (Zofran®), le prochlorperazine (Stemetil®) ou le métoclopramide devrait être utilisé.

Notes

1. Goldmann, A., R. Hain et S. Liben. *Oxford Textbook of Pediatric Palliative Care.* Oxford University Press, 2006.

2. Himelstein, B.P., J.M. Hilden, A. Morstad Boldt et D. Weissman. « Pediatric Palliative Care ». *N Engl J Med* 2004 ; 350 :1752-62.

3. Ministère de la santé et des services sociaux. *Normes en matière de soins palliatifs pédiatriques.* http ://publications.msss.gouv.qc.ca/acrobat/f/documentation/2006/06-902-05.pdf [consulté en novembre 2011].

Chapitre 5

Soins palliatifs périnatals

Antoine Payot

Épidémiologie des causes de décès en néonatologie

Sur les 130 millions d'enfants nés chaque année dans le monde, près de huit millions décèdent avant leur premier anniversaire ; la moitié d'entre eux sont encore dans leurs quatre premières semaines de vie. On parle alors de mortalité néonatale. Si cette mortalité est encore très élevée dans les pays les moins développés (jusqu'à 49 % des naissances en Afrique subsaharienne), elle se situe entre 6 et 9 % dans les pays industrialisés.

Dans ces pays, la prématurité et les complications qui y sont liées comptent pour 25 % de la mortalité néonatale[1], alors que les malformations congénitales en sont responsables dans 20 % des cas. Ces malformations peuvent être de multiples origines. Néanmoins, les cardiopathies représentent la proportion la plus importante auprès de ces enfants. Suivent les anomalies chromosomiques menant à des syndromes ou des problèmes métaboliques complexes qui occasionnent plusieurs décès néonatals. Les anomalies du système nerveux central et du tube neural sont aussi responsables d'une part importante de ces décès.

Finalement, d'autres causes sont à l'origine de plusieurs décès néonatals chaque année chez des bébés nés à terme, notamment les infections materno-fœtales ainsi que les asphyxies périnatales.

Grâce aux progrès médicaux, la mortalité liée à la prématurité a considérablement diminué au cours des dernières années. Cela est d'importance, considérant la constante croissance du taux de naissances prématurées durant la même période.

Que sont les soins palliatifs néonatals ?

La mort a toujours fait partie de la réalité des soignants œuvrant dans le milieu des maternités et de la néonatologie. Ce fait était tellement reconnu que personne ne jugeait nécessaire d'introduire la question des soins palliatifs pour cette population spécifique. Tout comme pour la plupart des thérapeutiques ou dans le cas de l'évaluation et du traitement de la douleur, le nouveau-né s'est toujours retrouvé à la traîne des populations pédiatriques, déjà mal desservies par rapport aux populations adultes en ce qui a trait à la recherche scientifique et à l'apport de nouvelles thérapies. La littérature scientifique n'est qu'anecdotique au sujet des soins palliatifs périnatals avant la fin des années 1990, et l'absence du nouveau-né dans la plupart des manuels de soins palliatifs en est le témoin.

Il peut encore paraître incongru, pour plusieurs soignants de périnatologie, d'introduire la terminologie « soins palliatifs », alors que la gestion des décès fait déjà partie de leur réalité. Il convient alors de préciser la signification de cette terminologie et de rappeler qu'elle dépasse la seule question des décisions « d'arrêts de soins » et de traitements des symptômes. En 2006, le ministère de la Santé et des Services sociaux du Québec a publié les premières normes en matière de soins palliatifs pédiatriques[2]. Les nouveau-nés y trouvent leur place à tous les niveaux, spécifiquement pour ceux qui ne souffrent d'aucune pathologie surajoutée, mais qui ont en soi une espérance de vie limitée.

Ces normes permettent de définir la perspective plus large des soins palliatifs du nouveau-né :

> « Les soins palliatifs pédiatriques sont des soins actifs et complets, englobant les dimensions physique, psychologique, sociale et spirituelle. Le but des soins palliatifs est d'aider à maintenir la meilleure qualité de vie possible à l'enfant et d'offrir du soutien à sa famille ; cela inclut le soulagement des symptômes de l'enfant, des services de répit pour la famille et des soins jusqu'au moment du décès et durant la période de deuil. Le suivi de deuil fait partie des soins palliatifs, quelle que soit la cause du décès, ce qui inclut les traumatismes et les pertes dans la périodepérinatale. »

Cette dimension globalisante permet d'envisager une perspective plus large du patient et de sa famille qui va au-delà de la vision ponctuelle de « l'arrêt de soins ». Elle s'ajoute, au contraire, comme une perspective de soins (communément appelée « redirection de soins »), en incluant le patient nouveau-né non pas comme un individu isolé, mais faisant partie d'une communauté familiale, sociale et culturelle dont il faut aussi prendre soin. On comprend dès lors que même si de tels soins palliatifs peuvent être envisagés comme une alternative aux traitements intensifs, ils pourraient tout aussi bien coexister en raison de l'incertitude de survie liée à l'état de santé précaire de l'enfant.

Des soins palliatifs pour quels nouveau-nés ?

Une des difficultés consiste à catégoriser des pathologies ou des patients. Certains soignants auront aussi du mal à décider à partir de quel degré d'incertitude quant à sa survie il est nécessaire de penser aux soins palliatifs pour un patient. Cette problématique n'est pas propre à la néonatologie, mais est une réalité de multiples autres spécialités.

Il existe toutefois trois types de patients bien distincts qui occupent les unités néonatales. Les premiers sont les enfants prématurés. De ces derniers, les prématurés extrêmes présentent les plus hauts risques de décès en période néonatale.

Rares sont les soignants, en néonatologie, qui ne se sont pas heurtés au décès d'un nouveau-né très prématuré. Certains des plus immatures, nés aux limites de la viabilité, meurent dans les premiers jours de vie. Néanmoins, avec les progrès technologiques, plusieurs de ces enfants survivent durant leurs premiers jours. Il arrive cependant, à la suite d'une hospitalisation longue et pleine d'embûches (infections, entérocolite nécrosante, hémorragie intracérébrale, dysplasie broncho-pulmonaire, etc.), que certains enfants décèdent plusieurs mois après leur naissance. Souvent, ces décès surviennent après une décision d'arrêt de soins intensifs par les parents et l'équipe soignante. On parle alors de redirection des soins vers une prise en charge qui se concentre sur le confort de l'enfant et de sa famille.

La deuxième catégorie d'enfant à haut risque de décès en néonatologie est celle des nouveau-nés atteints d'une anomalie congénitale grave. Plusieurs auteurs ont déjà tenté de catégoriser certains de ces patients, afin de définir lesquels devraient être pris en charge en soins palliatifs. Steven Leuthner[3] les sépare en trois :

Tableau 1
Catégorie de soins palliatifs

Diagnostic certain/Pronostic certain	
Génétique	Trisomies 13, 15, 18; triploïdies
Neurologique	Anencéphalie, holoprosencéphalie, encéphalocèle large
Cardiaque	Acardie, cardiopathies inopérables
Rénal	Syndrome de Potter, dysplasie multikystique
Diagnostic certain/Pronostic incertain	
Génétique	Nanisme thanatophore, forems d'œsteogenesis imperfecta
Hypoplasie pulmonaire secondaire à oligoamnios précoce	Syndrome de Potter
Anomalies neurologiques	Hydranencéphalie; hydrocéphalie sévère
Prématurité	Inférieure à 23 semaines de gestation
Diagnostic incertain/Pronostic incertain Meilleur intérêt	
Génétique	Troubles métaboliques considérés létaux
Oligoamnios modéré	Insuffisance rénale requérant dialyse
Neurologique	Myéloméningocèle complexe; maladies neurodégénératives
Anomalies cardiaques	Formes d'hypoplasie du cœur gauche; Pentalogie de Cantrell
Autres anomalies structurelles	Omphalocèle géant; hernie diaphragmatique sévère; hydrops non-immun idiopathique; Gémellité siamoise inopérable; anomalies sévères autres
Prématurité	23 à 24 semaines de gestation

Source: Leuthner, S. *Fetal palliative care. Clinics in Perinatology*, 2004 31, 649-665.

Pour cet auteur, les soins palliatifs périnatals devraient être offerts en fonction de la certitude pronostique liée au diagnostic. Si le pronostic est clair (première catégorie), les soins palliatifs devraient être la norme de soins offerts aux parents en période périnatale. Dans les deuxième et troisième catégories, l'incertitude du pronostic nécessite une évaluation postnatale complète avant de pouvoir se prononcer sur les meilleurs soins à donner. Les soins palliatifs devraient alors être offerts conjointement aux soins de soutien, le temps d'évaluer correctement la pathologie du bébé naissant et d'établir avec les parents les meilleurs soins pour l'enfant.

Finalement, une troisième catégorie d'enfants à haut risque est constituée par ceux ayant souffert d'anoxo-ischémie cérébrale périnatale sévère. En effet, près d'un tiers de ces patients décèdent en période néonatale, le plus souvent à la suite d'une décision d'arrêt des traitements intensifs, mais aussi secondairement à l'atteinte multisystémique résultant de l'asphyxie et amenant des désordres organiques importants. Depuis quelques années, une nouvelle thérapie a été progressivement mise en œuvre pour ces patients : le refroidissement pan-corporel[4]. Cette technique a permis de diminuer la mortalité de ces patients à 24 % et d'améliorer leur survie à long terme.

La néonatologie, un milieu peu propice aux soins palliatifs

Comme nous l'avons mentionné précédemment, les soins palliatifs en néonatologie n'ont été considérés que récemment dans leur milieu. Au-delà de son histoire singulière, qui rappelle que son développement s'est souvent fait en marge des autres spécialités, il n'en demeure pas moins que la difficulté d'intégration des soins palliatifs est aussi liée à certains facteurs propres aux soins qui y sont administrés.

L'environnement

La néonatologie est récente. Son histoire remonte à une cinquantaine d'années, moment au cours duquel les soins des enfants nouveau-nés ont été intégrés aux hôpitaux. Le développement y a été fulgurant et la survie des nouveau-nés malades a progressé de façon spectaculaire à la fin du XXe siècle. Cela a rendu l'environnement de la néonatologie très particulier. On y pratique une médecine de pointe et de haute technologie dont l'objectif est d'offrir la meilleure survie possible aux enfants qui y sont hospitalisés. Parallèlement, un fort mouvement met l'accent sur les soins du développement, insistant sur des mesures permettant de diminuer au strict minimum les stimuli extérieurs à l'égard des nouveau-nés. On réclame une lumière tamisée, du silence et, de plus en plus, la participation des parents (soins, peau à peau) et des familles. Ces deux visions sont paradoxales, mais coexistent au sein des unités de néonatologie. Les familles peuvent avoir du mal à y trouver leur place, prises entre la multitude d'intervenants et la haute technologie connectée à leur enfant. Un sentiment d'impuissance se mêle à leur volonté de s'engager d'une manière ou d'une autre envers leur petit enfant.

Les soignants

Le personnel œuvrant dans un tel environnement est hautement qualifié et spécialisé. On perçoit que les motivations qui incitent les soignants à se diriger vers la néonatologie sont différentes de celles des soignants qui s'engagent vers des spécialités davantage centrées sur la relation de soins. Il existe aussi une grande différence dans la façon de voir le patient entre les équipes médicales, dont les actions sont plus ponctuelles auprès des patients et des familles, et les équipes d'infirmières qui passent leurs journées auprès d'eux et tissent des liens, souvent étroits, avec les enfants et leurs parents[5]. Cette analyse sociologique du personnel soignant est importante, notamment en raison du fait que la plupart des décès qui se produisent en néonatologie surviennent après une décision quant à l'arrêt des manœuvres intensives de soutien. Or, comme nous le décrirons dans la section suivante, les perspectives des soignants sont souvent passablement contrastées d'un corps professionnel à un autre.

La famille

L'environnement hautement technologique, le personnel soignant souvent stressé, en bref, la culture des soins intensifs néonatals représentent autant d'obstacles pour les parents et les familles, qui ont parfois l'impression de ne pas avoir prise sur les soins de leur enfant. Plusieurs parents ressentent même que leur présence n'est pas bienvenue dans les unités de soins[6].

Cependant, il est important de reconnaître l'évolution des unités de néonatologie qui, pour beaucoup, s'ouvrent davantage et s'orientent vers des soins axés sur la famille. De telles orientations ont pour but de faire participer les familles de façon plus précoce et globale dans les prises de décisions et l'accompagnement de leur enfant.

Éthique et décisions de soins palliatifs en néonatologie

Les prises de décisions en néonatologie

La naissance d'un bébé différent de celui attendu, que ce soit en raison de sa prématurité, d'une malformation congénitale ou d'une asphyxie néonatale, est toujours un choc pour les parents. Avec l'évolution de nos sociétés occidentales, la grossesse est devenue un projet planifié et souvent contrôlé. L'émergence du diagnostic anténatal a augmenté les attentes des couples quant à l'évolution de la grossesse et l'enfant à venir.

Parallèlement à cette évolution, la mort du nouveau-né reste un élément accepté par nombre de cultures comme une chose inéluctable. On retrouve encore dans plusieurs sociétés orientales ou africaines une tradition de ne pas nommer l'enfant dans ses premières semaines de vie ou de ne pas le présenter à la société avant que les parents aient atteint une quasi-certitude qu'il survivra. La néonatologie se situe au cœur de ce paradoxe : un contrôle presque complet de la survie de l'enfant, grâce à des technologies très avancées, mais une incertitude souvent importante quant au devenir, à long terme, de chaque enfant.

Une fois le choc de la naissance passé, les parents devront prendre part aux décisions souvent difficiles avec les médecins et les équipes soignantes. L'évolution des technologies implique que les enfants ne décèdent presque plus de manière « naturelle » en néonatologie. Près de 80 % des décès surviennent à la suite d'une décision d'arrêt de soins intensifs. Cette décision active de la part des soignants et des parents est motivée par le retrait ou la non-initiation de soins intensifs. Cela suppose que des questions en matière de qualité de vie surviennent fréquemment en période périnatale.

L'intensité de l'expérience vécue, tant par les parents que par les équipes soignantes, au cours des multiples discussions qui entourent les décisions concernant le niveau de soins du bébé et l'éventuel retrait des traitements de soutiens vitaux, exige souvent l'intervention d'une équipe interdisciplinaire. Le médecin chargé des soins du bébé fournira les informations relatives à la situation clinique de l'enfant et à son pronostic. Son infirmière aura une vision de la souffrance de l'enfant et, souvent, un lien étroit avec les parents. L'intervenant social, le psychologue et l'intervenant en soins spirituels auront une écoute différente, aidant aussi les parents à trouver un sens à l'épreuve vécue.

C'est au sein de cette interdisciplinarité que prend forme la notion de soins palliatifs néonatals et qu'une équipe spécialisée en soins palliatifs peut intervenir. Son rôle sera non seulement de soutenir les familles, mais aussi les équipes et les soignants, parfois divisés quant à la meilleure décision à prendre pour l'enfant.

Le paradoxe ultime de devoir « choisir » la mort dans une période où l'on s'attendait à donner la vie est au cœur des difficultés vécues par les parents et les équipes.

La grande prématurité

La grande prématurité est la zone grise de la néonatologie. Cette zone touche deux niveaux : la chance de survie et les risques de séquelles, souvent analysés pour établir un pronostic en ce qui a trait à la qualité de vie. De nombreux facteurs permettent de prédire la survie de l'enfant et ses séquelles potentielles. Les études récentes effectuées auprès de milliers d'enfants dans les pays industrialisés mettent en évidence que la survie dépend d'éléments qui vont bien au-delà de l'âge gestationnel et du poids à la naissance. D'un point de vue médical, le suivi de grossesse et la prise en charge périnatale jouent des rôles importants. Par ailleurs, d'autres éléments comme le sexe de l'enfant, des facteurs psychosociaux tels que le niveau socio-économique des parents ou la fratrie apparaissent comme des aspects fondamentaux dans l'établissement d'un pronostic sur l'avenir de ces enfants. Or, ces éléments soulèvent des questions éthiques importantes et des risques de dérive : serait-il juste de discriminer certains enfants en raison de leur sexe ou du faible niveau socio-économique de leurs parents ?

Ainsi, même en cas de certitude par rapport à l'âge gestationnel ou face à un très petit poids à la naissance, il est souvent avantageux d'évaluer le patient attentivement dans une unité de néonatologie avant de prendre toute décision. Malgré les incertitudes inhérentes à la pratique de la néonatologie, la plupart des recommandations des sociétés nationales de pédiatrie et de l'American Heart Association, qui normalise les techniques de réanimation néonatale[7], s'entendent pour dire que les bébés nés avant 23 semaines de gestation devraient systématiquement bénéficier de soins palliatifs.

Il est généralement reconnu que la salle d'accouchement n'est pas un lieu approprié pour prendre des décisions de vie ou de mort en ce qui a trait à un enfant prématuré. Du point de vue des parents, la salle d'accouchement est aussi un lieu peu propice à la réflexion, notamment en raison de la proximité avec l'accouchement et tout ce qui l'entoure, tant sur le plan médical que psychologique. Il arrive, néanmoins, que les soins palliatifs soient offerts en salle d'accouchement, comme nous l'aborderons plus loin.

La prédiction de la qualité de vie

Les décisions d'arrêt de traitements intensifs sont souvent prises en tenant compte de la prédiction de la qualité de vie future de l'enfant. Cette évaluation se butte à deux difficultés d'importance. D'une part, ce n'est pas le patient qui évalue sa propre qualité de vie, mais un « proxy » (parent ou soignant), et d'autre part, il ne s'agit pas d'évaluation, mais de prédiction, souvent face à une grande incertitude pronostique. De nombreuses recherches ont été effectuées à ce propos, mettant en évidence ces deux faiblesses. D'abord, les soignants ont souvent une évaluation très négative de la qualité de vie des enfants hospitalisés. Leur évaluation de la future qualité de vie d'un enfant est généralement bien plus sombre que celle qu'en fera le parent ou l'enfant lui-même, à un âge plus avancé.

D'autre part, la prédiction de la qualité de vie ne tient pas compte d'un élément essentiel : l'adaptation d'un enfant et de sa famille à une situation complexe. Cette adaptation a aussi été largement étudiée ; elle est parfois appelée « résilience » et d'autre fois mentionnée sous le terme *disabilityparadox*. Les études démontrent que la plupart des familles et des personnes sont capables de s'adapter à une situation telle un handicap physique, au point que l'évaluation de leur qualité de vie s'assimile à celle des personnes qui n'ont pas de handicap[9].

Il est essentiel que les soignants aient conscience de ces deux limites d'importance à leur évaluation et leur prédiction de qualité de vie, afin que les décisions qu'ils prennent avec les familles tiennent compte de cette complexité.

Les meilleurs intérêts de l'enfant

Un autre élément constitutionnel de l'éthique pédiatrique concerne les meilleurs intérêts de l'enfant. Ainsi, la Société canadienne de pédiatrie place les intérêts de l'enfant à un niveau supérieur à tout autre élément. Elle reconnaît néanmoins qu'il est difficile de séparer cette notion des intérêts de la famille élargie[10]. Cela est d'autant plus important pour un enfant qui, par définition, est totalement dépendant de sa mère au cours des premiers mois de sa vie. Il n'en demeure pas moins qu'il reste indispensable de pouvoir dissocier les intérêts de l'enfant de ceux de la famille. En effet, il n'est pas rare que le choc et la difficulté à gérer la situation de crise soient tels, pour les parents, qu'ils ne puissent entrevoir les aspects positifs potentiels des soins qui sont donnés à leur enfant à plus long terme. D'autres, au contraire, auront du mal à réaliser les difficultés et les problématiques actuelles, en se concentrant sur une vision positive de l'avenir qui peut parfois sembler déconnectée de la souffrance vécue par l'enfant.

Les prises de décision conjointes avec les parents devront tenir compte de la complexité de cette dimension, et généralement, l'équipe interdisciplinaire devra y prendre part, afin de pouvoir cerner correctement le contexte qui motive les décisions.

Des décisions conflictuelles

Ces différents éléments peuvent parfois amener des conflits décisionnels bien connus des équipes de néonatologie et décrits dans la littérature. D'une part, les valeurs médicales et infirmières sont souvent différentes, les médecins étant souvent concentrés sur une vision à long terme de l'enfant alors que l'infirmière est témoin de la souffrance, au quotidien, de son patient et de sa famille. Cela génère souvent des incompréhensions problématiques en ce qui a trait à la perception des meilleurs intérêts et des décisions à prendre[11]. Le travail d'une équipe infirmière et médicale stable auprès de l'enfant, et la participation de tous les acteurs lors des discussions concernant les patients, permettent le plus souvent de désamorcer ces conflits.

Il arrive parfois que les conflits se situent davantage entre l'équipe soignante et les parents, l'équipe médicale jugeant inacceptable de poursuivre les soins intensifs alors que les parents refusent toute prise de décision allant dans ce sens. La terminologie négative utilisée (arrêt de soins, retrait du respirateur, non-réanimation, etc.) et la perspective d'un « abandon » de l'enfant par les parents ont souvent une répercussion importante sur leur vision. Certains évoqueront une raison religieuse. Il peut aussi parfois être perçu par les soignants que la religion est « utilisée » par des familles comme rempart ultime face à une médecine reconnue toute puissante d'un point de vue social. Il est intéressant de noter que la plupart des religions ne s'opposent pas à une limitation ou à une redirection de soins. L'intervention d'un représentant religieux significatif pour la famille ou d'un conseiller en soins spirituels peut avoir une incidence significative sur ces préoccupations.

Quelle que soit la cause des barrières de compréhension, l'écoute attentive des besoins et des croyances des familles joue un rôle primordial dans la capacité de prendre une décision qui soit partagée et respectueuse des valeurs de chacun.

De manière plus globale, l'intégration précoce de la notion de soins palliatifs durant l'hospitalisation d'un enfant permet une redirection de soins qui peut paraître plus acceptable par les parents, qui n'ont alors pas l'impression que l'équipe baisse les bras.

Envisager les soins palliatifs avant la naissance

Près de 5 % des grossesses se présentent avec une forme d'anomalie chez le fœtus, dont 15 % seront potentiellement mortelles.

Le défi d'une cohérence entre les périodes pré et postnatale

La découverte de l'anomalie fœtale survient le plus souvent au cours du deuxième trimestre de la grossesse. L'échographie morphologique, devenue routinière dans plusieurs pays, permet de visualiser la morphologie fœtale à un stade relativement précoce, généralement entre 17 et 20 semaines de grossesse. Cette échographie, hautement spécialisée, est généralement effectuée par un radiologiste ou un obstétricien spécialisé dans ce domaine.

D'un point de vue obstétrical, les intérêts de la mère sont au premier plan, et si cette dernière désire interrompre sa grossesse à la suite de la découverte de l'anomalie et des informations qu'elle a reçues, le corps médical accédera certainement à sa demande.

Au Canada, il n'existe pas de normes permettant de baliser l'interruption de grossesse tardive, comme il en existe dans de nombreux pays occidentaux. Même si la viabilité du fœtus à la vie extra-utérine semble être un critère adopté par de nombreux praticiens, il n'en demeure pas moins que toute délimitation appartient à la discrétion du médecin qui effectuera la procédure. Le fœtus ne possède aucun droit qui lui soit propre et fait partie intégrante de sa mère pendant la grossesse. C'est par la naissance qu'il accède aux droits de citoyen. Cette dichotomie entre absence de droits au sein de sa mère et droits de citoyen après la naissance a mené à une pratique particulière d'interruption de grossesse après la viabilité. En effet, afin d'éviter la naissance d'un enfant vivant et possédant des droits, il est devenu pratique d'effectuer une manœuvre de fœticide *in utero* afin de s'assurer du décès du fœtus avant sa naissance.

On comprend que cette démarche amène des questions éthiques particulièrement complexes. D'une part, même en absence de droits, existe-t-il une différence morale entre une euthanasie fœtale et une euthanasie postnatale ? Le lieu « géographique » du fœtus permet-il cette distinction déontologique ? Au-delà de cette question épineuse, on entrevoit que sans certaines balises, les critères qui permettront de décider d'une interruption de grossesse tardive ne sont pas les mêmes que les critères qui autoriseront d'offrir, de manière systématique, des soins palliatifs après la naissance de l'enfant.

Une alternative à l'interruption tardive de grossesse pour anomalie fœtale

Un rapport récent d'un groupe de travail de l'Association britannique de médecine périnatale concernant les soins palliatifs propose que la planification prénatale de soins palliatifs commence par l'identification et la définition précise de la pathologie, suivie d'un accord au sein de l'équipe pluridisciplinaire au sujet du diagnostic et du pronostic, qui devraient être partagés et discutés avec la famille. Les soins, y compris psychologiques et spirituels, et le soutien social, sont centrés sur la famille. Toutes les études indiquent que la communication au sein du personnel hospitalier est primordiale. L'évaluation maternelle prénatale devrait être offerte d'une manière précise et sensible. Des plans de soins écrits devraient être communiqués à tous les intervenants concernés par la grossesse, et devraient inclure la gestion planifiée de l'accouchement. Dans de nombreux cas, cela impliquera d'attendre le début spontané du travail et d'éviter toute intervention inutile.

Néanmoins, une césarienne peut être parfois justifiée pour des indications maternelles ou pour augmenter les chances du bébé de naître vivant, même si cette vie risque d'être de courte durée. La question du sens que les parents donnent à la vie du bébé dans sa famille leur appartient, même si parfois les soignants ne s'y retrouvent pas au travers de leurs propres valeurs.

« Pour le médecin, il y avait une décision urgente à prendre. Il ne pouvait pas procéder à l'interruption de grossesse deux semaines plus tard. Pour nous, il n'y avait aucune décision à prendre à propos de Sarah, aucun dilemme. Elle était là, elle bougeait, nous l'aimions.

Nous voulions la rencontrer, ne serait-ce que pour deux minutes. Les infirmières ne désiraient pas la rencontrer. Elles disaient que c'était plus facile quand des bébés "comme ça" étaient mort-nés. La nature qui l'avait faite comme ça déciderait ce qui arriverait, pas les médecins, pas les infirmières, pas nous. De quel droit l'appelaient-ils "incompatible avec la vie, trisomie 18, létale" ? C'était Sarah, nous étions ses parents. Nous aimons nos enfants parce qu'ils sont nos enfants, pas pour leurs réalisations. »

Soins palliatifs en salle d'accouchement

Dans certaines situations, il arrive que l'enfant ne puisse pas survivre au-delà de quelques minutes ou de quelques heures. C'est notamment le cas pour les prématurés extrêmes qui naissent vivants ou avec certaines pathologies congénitales sévères. Il est alors possible d'envisager les soins palliatifs avant même la naissance et de les poursuivre en salle d'accouchement afin de ne pas séparer l'enfant de ses parents. Lorsque ces situations se présentent, il est recommandé que l'équipe interdisciplinaire de soins palliatifs ait rencontré les parents en période prénatale afin de leur offrir un soutien psychologique et spirituel. Cette rencontre a aussi pour objectif d'assurer une meilleure continuité entre la période prénatale et la période postnatale.

De tels soins palliatifs sont souvent difficilement acceptés par les équipes soignantes en salle d'accouchement, lieu où l'accompagnement vers le décès ne fait pas partie des réalités quotidiennes. Un soutien particulièrement attentif des besoins des équipes infirmières (ou de sages-femmes) est alors très important et doit être apporté par l'équipe de soins palliatifs. Des outils préparés par des psychologues afin de les aider à faire face à ces situations auprès des parents sont aussi nécessaires (voir l'annexe 1).

D'un point de vue médical, une collaboration étroite entre obstétriciens et pédiatres est primordiale. L'évaluation ainsi que la prise en charge de la douleur et de l'inconfort du bébé devraient se faire de façon conjointe entre les équipes.

Gestion des symptômes en néonatologie

L'évaluation de la douleur

L'enfant prématuré ressent de la douleur et peut en prendre conscience (par une activité corticale et thalamique) à partir de la fin du deuxième trimestre de la grossesse (entre 20 et 22 semaines). On note au cours de la période du troisième trimestre de la grossesse une inadéquation de développement entre les fibres ascendantes relayant la douleur physique au cortex cérébral et les fibres descendantes modulant cette douleur[13]. Il est donc important de souligner que le nouveau-né prématuré ressent une douleur plus intense, plus diffuse et de plus longue durée que l'enfant plus âgé.

De multiples échelles de douleur ont été élaborées pour évaluer la douleur du nouveau-né. Néanmoins, la plupart ont été conçues dans le contexte d'études pour évaluer la réponse à un stimulus douloureux aigu. Il n'existe que peu d'outils cherchant à mesurer la douleur chronique. Certaines échelles tentent d'objectiver la douleur au moyen de paramètres physiologiques, d'autres se concentrent davantage sur l'observation du comportement. Il est particulièrement difficile de systématiser cette évaluation, en raison de la variabilité des manifestations et de la difficulté de reproductibilité des signes présentés par les nouveau-nés[14]. Par ailleurs, on observe une incohérence entre les réponses physiologiques, comportementales et les réponses biochimiques à la douleur[15]. L'échelle N-Pass[16] rassemble les différents éléments élaborés dans les échelles préalablement développées en tenant compte des éléments objectifs et d'une évaluation comportementale[17].

Médication

L'arsenal thérapeutique médicamenteux est particulièrement pauvre en néonatologie.

La première ligne analgésique est effectuée par l'acétaminophène. Ayant peu d'effets indésirables aux doses recommandées, elle assure une efficacité pour les douleurs chroniques de faible intensité. Le propacétamol formulé pour la voie intraveineuse a un potentiel intéressant. Malheureusement, la rareté des études de pharmacocinétiques auprès de cette population d'enfants ne permet pas d'en recommander l'usage à l'heure actuelle.

Les anti-inflammatoires non-stéroïdiens, principalement l'ibuprofène, ne sont généralement pas utilisés en période néonatale en raison des risques liés à une diminution de perfusion mésentérique et rénale lors du traitement du canal artériel persistant. Cette problématique est remise en question par plusieurs études dont les auteurs recommanderaient l'utilisation de ces agents à visée analgésique.

Les opiacés demeurent les médicaments de premier choix en soins palliatifs périnatals. Utilisés pour des procédures occasionnant une douleur modérée à sévère, les opiacés ont un effet analgésique aussi bien que sédatif et anxiolytique. Ils peuvent être administrés en bolus ou en perfusion continue. Il est important de noter que la codéine ou le tramadol ne devraient sans doute pas être utilisés en période néonatale en raison de l'activité très réduite de l'enzyme permettant leur métabolisation en morphine, tel qu'étudié *in vitro* sur des cellules fœtales entre 17 et 44 semaines.

En cas de surdosage d'opiacés, les effets peuvent être rapidement renversés par l'administration de naloxone (0,1 mg/kg/dose). Un tel médicament inhibe toute action analgésique des opiacés pendant plusieurs minutes et risque de provoquer une douleur intense à l'enfant. Par ailleurs, il peut précipiter un syndrome de sevrage pour l'enfant qui aurait été exposé aux opiacés de façon prolongée.

Les benzodiazépines n'ont aucun effet analgésique, mais sont hypnotiques, sédatives et anxiolytiques. En conjonction avec les opiacés, elles peuvent en réduire les besoins. Elles peuvent être administrées en bolus ou en perfusion continue. L'hydrate de chloral a aussi une action sédative et est davantage utilisé de façon ponctuelle.

Les voies d'accès ont été peu évaluées dans un contexte de recherche rigoureux en pédiatrie. Néanmoins, l'expérience a démontré l'efficacité de plusieurs voies peu usuelles auprès des nouveau-nés et plus communes à la pédiatrie et au monde adulte. Ainsi, les voies sous-cutanées, sublinguales ou au creux de la joue peuvent être utilisées dans plusieurs situations, l'absorption muqueuse ayant été démontrée.

Le tableau 2 propose les différentes approches pharmacologiques. Les dosages usuels sont donnés à titre indicatif. Dans un contexte de soins palliatifs, certains enfants pourront bénéficier de doses plus importantes en raison d'une accoutumance, notamment en ce qui concerne les opiacés et les benzodiazépines.

Tableau 2

Approches pharmacologiques

Médicament	Catégorie	Indication	Dose	Voie d'abord	Précautions
Acétamino-phène / Paracétamol	Analgésique non-salicylé	Douleur chronique de faible intensité	PO : 10-15 mg/kg q 6-8 h PR : 15-20 mg/kg q 6-8 h	PO PR	Toxicité hépatique à long terme avec dosage élevé
Hydrate de chloral	Hypnotique, sédatif	Sédation conjointe	25 mg/kg q 6h	PO PR	Dépression respiratoire, leucopénie
Fentanyl	Analgésique opiacé	Douleur aiguë ou chronique	0.5-3 mcg/kg/dose q 30-60 min 1-2 mcg/kg/h en perfusion continue	IV, IM, SC, PO, SL	Dépression respiratoire possible, rigidité thoracique après injection rapide
Morphine	Analgésique opiacé	Douleur chronique avec agitation	0,05 à 0,2 mg/kg/dose q 2-4 h 0,02-0,2 mg/kg/h en perfusion continue	IV, IM, SC, PO, SL	Dépression respiratoire, effet vasoplégique, réduction de la motilité gastro-intestinale
Lorazepam	Sédatif benzo-diazépine	Agitation, convulsion	0,04-0,08 mg/kg/dose q 6 h	IV, IM, SC, PO, SL PR	Dépression respiratoire
Midazolam	Sédatif benzo-diazépine	Agitation	0,05-0,15 mg/kg/dose q 2-4 h 0,01-0,06 mg/kg/h en perfusion continue 0,3-0,5 mg/kg/dose (oral) q 2-4 h	IV, IM, SC, PO, SL PR	Dépression respiratoire, myoclonies fréquentes
Furosémide	Diurétique de l'anse	Détresse respiratoire sur congestion pulmonaire	0,05-2 mg/kg iv im 1-4 mg/kg po q 6-12 h	IV, IM PO	Hypokaliémie, déshydratation
Glyco-pyrrolate	Anticholi-nergique	Hypersécrétion salivaire ou nasale	40-100 mcg/kg q 4-8 h po 4-10 mcg/kg q 3-4 h iv, im	IV, IM PO	Obstruction des voies aériennes par bouchon de mucus
Sucrose 24 %	Analgésique	Douleur procédurale mineure	0,1-1 ml/dose à répéter q 2 min. au besoin	Lingual (1/3 proximal)	

Source : *Pediatric & Neonatal Lexi-Drugs*, Lexi-Comp, Inc. 2012.

Stratégies de prise en charge des symptômes spécifiques

Les symptômes manifestés par les nouveau-nés en soins palliatifs dépendent évidemment de la pathologie sous-jacente. Les stratégies environnementales et comportementales sont initialement privilégiées pour apporter un bien-être à l'enfant. La réduction des stimuli nocifs externes (bruit), le positionnement et la mise en peau à peau ont l'avantage de faire participer la famille activement à ce bien-être.

Douleur et symptomatologie respiratoire

Les symptômes spécifiques peuvent être abordés par des interventions médicamenteuses. La douleur est traitée de différentes façons, notamment par les opiacés tels la morphine ou le fentanyl. La sédation par benzodiazépines peut être envisagée pour potentialiser l'effet antalgique des opiacés ou pour contrecarrer un effet paradoxal. Ces molécules sont aussi utiles dans le traitement de convulsions. Il est à noter que celles-ci surviennent rarement chez l'enfant en soins palliatifs périnatals.

La dyspnée est généralement bien soulagée par la morphine, agissant par réduction de la perception centrale de la dyspnée, de l'anxiété liée à la dyspnée, de la sensibilité à l'hypercapnie ainsi que par une réduction de la consommation en oxygène[18]. L'administration intraveineuse est privilégiée, mais l'absorption orale (sublinguale ou dans le creux de la joue) permet souvent d'éviter l'instrumentation douloureuse.

De manière générale, il est important de prévenir la dyspnée qui pourrait survenir à la suite d'un retrait des supports respiratoires de l'enfant. L'administration d'un opiacé, telle la morphine, devrait *précéder* de plusieurs minutes le sevrage du respirateur et l'extubation de l'enfant. Par ailleurs, lors d'un retrait du support respiratoire, il est recommandé de faire un sevrage progressif du respirateur afin d'éviter une détresse respiratoire particulièrement brutale. Une telle approche permet aussi de s'adapter à la symptomatologie du bébé et d'ajuster les doses d'opiacés nécessaires au confort de l'enfant avant l'extubation.

L'arrêt des moyens artificiels de nutrition et d'hydratation

Certaines situations de soins palliatifs exigent de se pencher sur la possibilité de cesser l'apport artificiel de nourriture ou de liquides. Cela survient le plus souvent lorsque les inconvénients apportés par de telles mesures dépassent les avantages. Il arrive, par exemple, qu'un enfant ne tolère absolument plus l'alimentation entérale qui lui est administrée par gavage, et que cela lui cause un inconfort parfois difficile à contrôler. Dans d'autres situations, les accès veineux ne seront plus disponibles, et il pourra être jugé que l'installation de nouveaux cathéters est trop inconfortable pour l'enfant.

Il existe un grand rapport symbolique à l'alimentation et à l'hydratation tant pour les parents que pour les soignants. Pour plusieurs, l'impression d'un arrêt des moyens artificiels pour alimenter ou hydrater un enfant s'apparente à laisser mourir un enfant de faim ou de soif. Il est alors important de rappeler que dans toutes ces situations, c'est le moyen utilisé pour administrer la nourriture ou l'hydratation qui est jugé superflu, et non pas l'alimentation ou l'hydratation en soi. Il n'est certainement pas acceptable de priver un enfant de ces besoins de base tant qu'il démontre le désir et la capacité de se nourrir et de s'hydrater. Même dans ces cas-là, une telle décision peut demeurer particulièrement difficile et souffrante. Elle ne devrait jamais être prise sans avoir une adhésion des parents et des soignants.

Physiologie et gestion des symptômes[19]

À la différence de l'adulte, il n'existe aucune étude ayant mesuré la période nécessaire à l'enfant pour s'adapter à l'arrêt de nutrition et d'hydratation et ne plus ressentir la faim et la soif. Chez l'adulte, après une semaine de jeûne, la source énergétique cérébrale principale provient uniquement des corps cétoniques. En effet, l'arrêt de nutrition mène à une adaptation au jeûne entraînant un passage d'un substrat énergétique glucidique vers un substrat lipidique, dont la dégradation produit des corps cétoniques[20]. Cette cétonémie diminue la sensation de faim et de soif et peut entraîner une analgésie suggérant une sécrétion d'endorphines, comme le démontrent certaines études effectuées auprès de grévistes de la faim. À ce stade, le jeûne complet est mieux toléré que le jeûne partiel, et il est important de noter qu'une seule petite administration de glucides rétablit une sensation douloureuse de faim[21].

L'arrêt d'hydratation mène à une déshydratation initialement extracellulaire, puis intracellulaire. Cette déshydratation entraîne une souffrance cellulaire amenant à une hyperkaliémie et une hyperkaliurèse. L'hyperosmolarité plasmatique résultant de cette déshydratation réduit la sensation de soif qui disparaît chez le jeune adulte au-delà de 292 mOsm/L[22].

Les sensations de faim et de soif disparaissent donc rapidement lors du jeûne. Pourtant, une approche prudente suggère de prévenir tout inconfort lié à la faim ou à la soif durant la phase de transition suivant l'arrêt d'administration médicale de nourriture ou d'hydratation. Une administration d'opiacés durant une période de 48 à 72 heures permet, sans doute, de prévenir cet inconfort. Il est par ailleurs important de noter que si une hydratation est poursuivie, l'administration de toute forme de glucides devrait être exclue en raison de la sensation douloureuse de faim qu'elle entretiendrait.

Il n'existe pas d'étude ayant spécifiquement ciblé la symptomatologie du nouveau-né et de l'enfant ne recevant pas d'alimentation ou d'hydratation. Cependant, la symptomatologie de l'adulte peut être en partie traduite à l'enfant. La déshydratation peut entraîner une encéphalopathie menant à un état confusionnel et au coma. La sécheresse buccale engendre un inconfort qui doit être pris en charge par des soins réguliers de la bouche et des muqueuses.

Le jeûne provoque une amyotrophie, une asthénie ainsi que des troubles trophiques et dermatologiques. Ceux-ci doivent être pris en charge de manière appropriée. Ces symptômes entraînent un changement de l'apparence de l'enfant, dont le teint deviendra plus livide. On notera, par ailleurs, un enfoncement des globes oculaires et un pli cutané plus marqué. Il est important d'anticiper cette dimension avec les soignants et les familles, afin de les préparer à ces modifications de l'apparence physique.

L'insuffisance rénale résultant de la déshydratation impose une attention particulière lors de l'usage des opiacés[23]. En effet, un surdosage pourrait mener à une intoxication responsable d'une hyperalgésie, d'allodynie et de myoclonies allant à l'encontre de l'objectif palliatif souhaité. La surveillance des signes de douleur et d'inconfort et l'utilisation systématique d'échelles de mesure reconnues s'avèrent donc indispensables au cours de cette période.

Deuil en période périnatale

Le deuil qui suit la perte d'un fœtus ou d'un nouveau-né comporte des dimensions particulières qu'il est important d'aborder séparément. Nous ne reviendrons pas sur les notions générales du deuil qui sont abordées dans un autre chapitre.

La coïncidence de la mort avec la naissance implique une perte à plusieurs niveaux: d'une part, elle prive de devenir parent, et d'autre part, elle implique une culpabilité par rapport à l'incapacité de pouvoir devenir parent.

Le deuil périnatal n'est pas un deuil du passé, mais un deuil de l'avenir. Le fœtus ou le bébé n'a pas encore d'histoire, mais s'inscrit dans un projet de parentalité. Il laisse peu de place à un univers de souvenirs positifs partagés avec le bébé, donc peu de points d'attache pour en parler ou se remémorer. Il est, dès lors, difficile de trouver un sens à la vie de ce petit être qui n'a pas eu – ou très peu – d'histoire.

Par ailleurs, l'absence d'existence sociale de l'enfant qui n'est souvent jamais sorti de l'hôpital offre peu d'ouverture aux parents pour en parler et partager leur souffrance. La perte d'un fœtus ou d'un jeune enfant est peu acceptée socialement et souvent jugée peu significative. De plus, l'entourage ne se heurte pas physiquement à la perte, ce qui limite encore plus la possibilité de se sentir concerné. Il est difficile pour l'entourage proche des parents de pouvoir apporter de la sympathie ou du réconfort face à un être qui leur est resté inconnu.

La proximité de la grossesse ou de la naissance rend même, parfois, l'idée de remplacement tolérable par certains. Ainsi, il n'est pas rare que des parents se voient dénigrer leur tristesse par leur entourage, se faisant dire des paroles comme «Vous êtes jeunes et pourrez en avoir un autre».

Ce déni social de la perte est tout aussi remarquable du côté administratif. Ainsi, peu de soignants sont même conscients qu'après une interruption tardive de grossesse pour anomalie fœtale, les parents n'auront droit à aucun congé parental, aucun congé de deuil et aucune subvention. Le retour au travail le lendemain de l'intervention sera difficile.

Cela n'est heureusement plus le cas après un décès en période néonatale. Par ailleurs, les fœtus n'ont souvent aucune existence reconnue d'un point de vue social ou juridique. Ils ne possèderont donc pas de dossiers médicaux et n'auront probablement pas droit à des funérailles ou à une sépulture individualisée.

Un des rôles d'une équipe de soins palliatifs périnatals consiste aussi à développer la reconnaissance de l'existence du fœtus ou du jeune enfant, aussi bien dans le domaine institutionnel que social. Cela se fera par la création de souvenirs : vêtements portés par l'enfant, photographies, mèches de cheveux, etc. Il sera important pour les parents endeuillés d'avoir un lieu de retrouvailles auprès d'intervenants ayant connu leur histoire ou celle de leur bébé, et avec lesquels ils pourront partager leurs difficultés. Cela peut se faire lors de cérémonies commémoratives régulières ou par la possibilité d'offrir une sépulture traditionnelle à un fœtus ou un bébé, ce qui lui conférera une certaine identité et une existence sociale, et offrira aux parents le droit de pouvoir cheminer à travers le processus de deuil.

Cette quasi-inexistence sociale du fœtus et du jeune bébé rend le deuil périnatal à haut risque de deuil compliqué, voire pathologique. Les répercussions sur le couple peuvent être importantes, menant jusqu'à une séparation dans 12 % des cas[24]. Une attention particulière doit être donnée au suivi de deuil de ces familles à moyen et à long terme.

Des soins palliatifs périnatals à domicile

Certaines situations permettent aux parents d'envisager un retour à domicile avec leur enfant. Une équipe de soins palliatifs sert alors de lien entre le pédiatre traitant et le centre hospitalier. Cette prise en charge est abordée dans un autre chapitre. Il est important, avant tout, de tenir compte des conséquences que cette sortie de l'hôpital pourra avoir sur la réalisation de l'existence sociale de l'enfant, tant auprès des parents que de la famille élargie et de l'entourage.

Une mère ayant passé 72 heures avec son bébé atteint d'une hypoplasie du ventricule gauche témoignait à quel point elle avait compris qu'il avait été important pour elle d'avoir été socialement reconnue comme mère, en promenant son garçon dans sa poussette.

En conclusion

La mort en période périnatale n'est pas une nouveauté. Elle fait pourtant timidement son apparition dans les livres de soins palliatifs pédiatriques. On prend conscience des spécificités liées aux problématiques périnatales : des décès souvent programmés, décidés en fonction d'une prédiction quant à la qualité de vie avec les difficultés que cela implique ; parfois, des décès brutaux et inattendus qui précipitent les parents d'une extrémité de la vie à l'autre ; l'interruption tardive de grossesse qui, malgré les apparences, n'a pas trait aux mêmes enjeux éthiques que l'interruption précoce de grossesse ; la prise en charge des symptômes et le faible arsenal thérapeutique validé auprès de la population néonatale et, finalement, les spécificités du deuil périnatal et les défis qu'il soulève d'un point de vue humain et social.

Des recherches sont en cours et plusieurs équipes travaillent à mieux comprendre ces spécificités pour aider adéquatement ces enfants et leurs familles. Les prochaines éditions en seront certainement enrichies.

> « Ces enfants apportent quelque chose de spécial à leur famille. Autrefois, les médecins disaient qu'un enfant atteint de trisomie 18 était incompatible avec la vie. J'ai perdu deux enfants de trisomie 18, le premier, je n'ai jamais pu le tenir, et l'autre je ne l'ai eu qu'une brève période. Si j'avais la chance, je le referais sans hésitation. Mon fils m'a donné plus de joie que je ne l'aurais jamais imaginé [...] Il aimait ses sœurs, il aimait s'asseoir sur les genoux de son papa qui travaillait. Il aimait son infirmière. Il était mon fils. Il signifiait quelque chose pour moi. Il était compatible. Il était compatible avec ma famille. Il était un fils. Un frère. Un neveu et un petit-fils[25]. »

Notes

1. Heron, M. « Deaths : leading causes for 2007 ». *National Vital Statistics Reports*, Volume 59, Number 8, August 26, 2011, 1-96.

2. Ministère de la santé et des services sociaux. *Normes en matière de soins palliatifs pédiatriques*. 2006,1-88.

3. Leuthner, S. « Fetal palliative care ». *Clinics in Perinatology*, 2004 31, 649-665.

4. Shankaran, S. A.R. Laptook, R.A. Ehrenkranz, J.E. Tyson, S.A. McDonald, E.F. Donovan et coll. « Whole-body hypothermia for neonates with hypoxic-ischemic encephalopathy ». *N Engl J Med*, 2005 353, 1574-1584.

5. Anspach, R.R. *Deciding who lives: fateful choices in the intensive-care nursery.* Berkeley, University of California Press, 1993.

6. Peabody, J.L. et G.I. Martin. « From how small is too small to how much is too much. Ethical issues at the limits of neonatal viability ». *Clin Perinatol,* 1996 23, 473-489.

7. Kattwinkel, J., J.M. Perlman, K. Aziz, C. Colby, K. Fairchild, J. Gallagher et coll. « Neonatal resuscitation: 2010 American Heart Association Guidelines for Cardiopulmonary Resuscitation and Emergency Cardiovascular Care ». *Pediatrics,* 2010 126, e1400-1413.

8. Saigal, S. « Perception of health status and quality of life of extremely low-birth weight survivors. The consumer, the provider, and the child ». *Clin Perinatol,* 2000 27, 403-419.

9. Payot, A. et K.J. Barrington « The quality of life of young children and infants with chronic medical problems: Review of the Literature ». *YMPS,* 2011 41, 91-101.

10. Comité de bioéthique. « La planification préalable des soins pour les patients en pédiatrie ». *Paediatr Child Health,* 13, 2008 799-805.

11. Anspach, R.R. *Deciding who lives: fateful choices in the intensive-care nursery.* Berkeley, University of California Press, 1993.

12. Traduction libre; A. Janvier, B. Farlow et B. Wilfond. *Our children are not a diagnosis: Parents judging life with Trisomy 13 and 18.* Denver, Colorado, Pediatric Academic Societies and Society for Pediatrics Research, 2011.

13. Oberlander, T.F., R.E. Grunau, C. Fitzgerald et M.F. Whitfield. « Does parenchymal brain injury affect biobehavioral pain responses in very low birth weight infants at 32 weeks' postconceptional age? » *Pediatrics,* 2002 110, 570-576.

14. Anand, K.J.S., B.J. Stevens et P.J. McGrath. *Pain in Neonates and Infants.* Edinburgh; New York, Elsevier, 2007.

15. Stevens, B.J., C.C. Johnston et L. Horton. « Factors that influence the behavioral pain responses of premature infants ». *Pain,* 1994 59, 101-109.

16. Hummel, P.,M. Puchalski, S.D. Creech et M.G. Weiss. « Clinical reliability and validity of the N-PASS: neonatal pain, agitation and sedation scale with prolonged pain ». *Journal of perinatology,* 2008 28, 55-60.

17. http://www.n-pass.com/assesment_table.html

18. Carter, B.S. et S.R. Leuthner. « The ethics of withholding/withdrawing nutrition in the newborn ». *Seminars in Perinatology,* 2003 27, 480-487.

19. Comité de bioéthique du CHU Sainte-Justine. *Non-initiation et retrait des moyens médicaux d'assistance à la nutrition et à l'hydratation en pédiatrie,* Montréal, Éditions du CHU Sainte-Justine, 2012.

20. Oriot, D. « Physiopathologie et sémiologie de l'arrêt de nutrition et d'hydratation ». *Médecine palliative,* 2008 1-5.

21. Winter, S. « Terminal nutrition: framing the debate for the withdrawal of nutritional support in terminally ill patients ». *American Journal of Medicine,* 2000 109, 723-726.

22. Phillips, P.A., B.J. Rolls, J.G. Ledingham, M.L. Forsling, J.J. Morton, M.J. Crowe et coll. « Reduced thirst after water deprivation in healthy elderly men ». *N Engl J Med,* 1984 311, 753-759.

23. Mercadante, S. et E. Arcuri. « Opioids and renal function ». *Journal of Pain,* 2004 5, 2-19.

24. Seller, M., C. Barnes, S. Ross, T. Barby et P. Cowmeadow. « Grief and mid-trimester fetal loss ». *Prenat Diagn,* 1993 13, 341-348.

25. Traduction libre ; A. Janvier, B. Farlow et B. Wilfond. *Our children are not a diagnosis : Parents judging life with Trisomy 13 and 18.* Denver, Colorado, Pediatric Academic Societies and Society for Pediatrics Research, 2011.

Chapitre 6
Handicap et soins palliatifs

Guy Letellier et Julie Dubé

Définitions

Avant qu'ils soient en fin de vie, la situation de certains enfants souffrant d'un handicap est un vrai défi pour la vie présente et celle qui reste à vivre. Il existe un vaste spectre d'enfants devant vivre avec un handicap qui correspond à « toute limitation d'activité ou restriction de participation à la vie en société subie dans son environnement par une personne en raison d'une altération substantielle, durable ou définitive d'une ou plusieurs fonctions physiques, sensorielles, mentales, cognitives ou psychiques, d'un polyhandicap ou d'un trouble de santé invalidant ».

Selon l'Organisation mondiale de la Santé (OMS), on note la différence entre déficience, incapacité et handicap. La déficience correspond à l'aspect lésionnel du handicap, alors que l'incapacité correspond « à toute réduction (résultant d'une déficience) partielle ou totale, de la capacité d'accomplir une activité d'une façon ou dans les limites considérées comme normales pour un être humain ». L'incapacité est donc l'aspect fonctionnel du handicap.

Dans ce présent chapitre, nous nous consacrerons aux jeunes patients atteints d'un handicap lourd qui nécessitent une prise en charge plus spécialisée. Beaucoup d'entre eux sont suivis en soins palliatifs pédiatriques.

Ces enfants correspondent davantage aux définitions des groupes dits 3 et 4 d'enfants en soins palliatifs[1] :

- Groupe 3 : Enfants présentant des troubles médicaux progressifs sans espoir de guérison. Les traitements offerts à ces enfants sont uniquement palliatifs et peuvent s'étendre sur des années (dystrophies musculaires dégénératives, leucodystrophies, maladies métaboliques...)
- Groupe 4 : Enfants présentant des problèmes neurologiques graves irréversibles et non progressifs, accentuant leur vulnérabilité et accroissant les risques de complications pouvant mener à une détérioration non prévisible, voire une mort prématurée (accidents avec atteintes neurologiques sévères, cérébrale ou médullaire, paralysie cérébrale grave...)

Parcours de santé

La complexité de la prise en charge du handicap incite à la collaboration étroite des acteurs de soins avec les parents, et ce, dans les multiples lieux que fréquentera l'enfant.

Les parents doivent assimiler beaucoup d'information et il est bien qu'il y ait un médecin référent, pédiatre et médecin de famille. Initialement et idéalement, c'est une équipe de réadaptation (médecins, ergo/physiothérapeute, diététiste, orthophoniste, travailleur social, éducateur, psychologue...) qui suit le cheminement de l'enfant avec ou sans diagnostic afin de maximiser son état fonctionnel. Ce sont des équipes pluridisciplinaires spécialisées dont le rôle est d'anticiper les décompensations[2]. Le pronostic pourra être précisé de façon précoce et, alors, déterminera de manière plus précise le niveau de soin le plus approprié pour l'enfant. Idéalement, il est établi et réévalué selon l'évolution clinique. La discussion à propos du niveau de soin ou de la *planification de soins au préalable*[3] (terme de la Société canadienne de pédiatrie) à laquelle les parents et l'enfant, dans la mesure du possible, ont activement participé est selon notre expérience une aide précieuse qui permet de garantir les meilleurs soins, justes et appropriés, lors de chaque hospitalisation.

En cas de maladie grave potentiellement incurable, il est possible d'assurer très tôt l'engagement de l'équipe des soins palliatifs pour accompagner l'enfant, sa famille et les équipes soignantes, ce qui n'enlève rien à celui des professionnels déjà présents. Cela ne restreint aucunement les décisions médicales quant à la recherche du confort de l'enfant. Sur le plan social et financier, le parcours de soins de santé doit tenir compte du parcours administratif, qui comprend l'accès aux allocations financières auxquelles les parents et l'enfant peuvent avoir droit – selon les régions et les pays – les demandes d'aide technique, les dispositifs médicaux (aide à la nutrition) et les médicaments parfois « d'exception » (fournis de manière spéciale par une pharmacie hospitalière ou une officine locale)[2].

Le domicile familial est avant tout le lieu de vie principal de l'enfant. Hormis ce lieu, il passe du temps en milieu éducatif, soit à l'école du quartier avec des services adaptés, ou dans une école spécialisée avec des ressources pluridisciplinaires en réadaptation, infirmerie, inhalothérapie (kinésithérapeutes respiratoires) mis à sa disposition. Le cheminement médico-social est semé d'embûches administratives et, en situation de fin de vie, il est important que des équipes de professionnels soient présentes pour soutenir l'adaptation de l'enfant et de ses proches aux besoins particuliers et complexes qu'exige sa situation.

Si l'enfant ne peut plus rester auprès de sa famille, des solutions d'hébergement à moyen ou long terme sont possibles en milieu hospitalier ou privé. Des maisons de répit et de soins palliatifs peuvent offrir du temps, de plusieurs jours à plusieurs semaines, pour accompagner enfant et famille à travers les épreuves. Prévenir l'épuisement parental et apporter des solutions pour assurer le confort de l'enfant, grâce à une équipe qui connaît bien la famille, sont des atouts importants.

Maintenance des soins de santé de routine

On estime qu'environ 13 % des enfants souffrant d'un handicap qui vivent États-Unis ont des besoins spéciaux : ventilation, aides techniques, etc. Or, souvent, on s'en tient aux soins aigus en omettant ces soins de routine nécessaires au confort du patient[5]. Rappelons ici quelques domaines parfois ignorés.

Croissance

Selon les pathologies et leur chronicité, les courbes de croissance pédiatriques classiques sont peu fiables chez les enfants handicapés. Il n'est pas rare, dans ce contexte, de retrouver un indice de masse corporelle sous le 5e percentile. Un point majeur concerne la vélocité de croissance et l'allure des courbes correspondant à ces enfants. Des courbes spécifiques sont disponibles, comme dans le cas du syndrome de Down, de Turner ou la dystrophie musculaire de Duchenne.

Nutrition

Il peut être nécessaire d'évaluer la qualité des aliments, la quantité consommée, ainsi que le temps passé à se nourrir. L'observation de dysphagie avec des symptômes d'aspiration (inhalation), d'un changement de voix après les repas, de toux ou de pneumonies à répétition (voir la section suivante sur la dysphagie) compromet particulièrement le confort de l'enfant et la sérénité des parents. Le risque de dénutrition est aussi une source potentielle d'inconfort à certains stades de l'évolution de l'état de santé à cause du handicap. À cela peuvent également s'ajouter des risques liés à l'obésité qui aggravent le handicap et ne préviennent pas la dénutrition. Dans les deux cas, il y a souvent une sarcopénie. La nutrition devrait donc faire partie intégrante du projet thérapeutique[6]. Selon la méthode d'alimentation envisagée, une surveillance, la présence de personnel et des soins adaptés peuvent être nécessaires, comme dans le cas d'une gastrotomie, par exemple.

Vaccination

Les enfants handicapés ne courent pas plus de risques d'être infectés que les autres enfants, mais la comorbidité associée à l'infection, une fois contractée, est beaucoup plus grande. Ces jeunes suivent donc le calendrier vaccinal établi par les autorités sanitaires locales. Cependant, il faut noter qu'il y a des exceptions, comme les enfants sous corticostéroïdes (dose supérieure à 2 mg/kg/j ou plus de 20 mg/j si l'enfant pèse plus de 10 kg), qui ne doivent pas recevoir de vaccins vivants, sauf s'il y a arrêt du traitement pendant plus d'un mois[7].

On observe que la manifestation de crises épileptiques hyperthermiques post-vaccinales est possible avec le pentavalent, mais ne semble pas augmenter de façon significative l'apparition d'épilepsie-maladie dans de très larges échantillons de la population en général[8]. Toutefois, il est recommandé de maintenir le calendrier vaccinal en prenant les précautions d'usage (c'est-à-dire éviter la vaccination en situation de fatigue ou de fièvre) pour que le bon candidat soit vacciné au bon moment. Pour ce qui est de l'influenza, il est recommandé de l'administrer de façon routinière étant donné les avantages attendus chez ces enfants (cf. programme de vaccination du Québec).

Soins dentaires

Les personnes ayant une déficience intellectuelle sont sujettes à plus de blessures, de maladies orales et maxillo-faciales que la population en général. Ces troubles médicaux peuvent être source de douleurs, d'augmentation de journées d'hospitalisation et de gestes invasifs. Les conséquences sociales et affectives en sont souvent lourdes.

La carie dentaire est le problème de santé le plus fréquent chez l'enfant[9]. Pour le polyhandicapé, l'hygiène est plus compliquée en raison des problèmes liés à la dysphagie, au reflux gastro-œsophagien et/ou à l'hypersialorrhée. Une hyperplasie gingivale se développe également chez certains patients sous antiépileptiques. Un examen dentaire peut être laborieux si l'enfant ne collabore pas, et souvent, les soins dentaires sont limités par les autres soins concomitants, qui sont nombreux et déjà chronophages.

Chez les patients atteints de paralysie cérébrale, l'incidence des caries est similaire à celle de la population en général, mais les lésions sont plus importantes. Il y a davantage de problèmes de malocclusion et de lésions de l'émail dentaire causés par le reflux acide. Les incisives témoignent souvent de traumatismes directs (par exemple des chutes, notamment lors des transferts).

Rares sont les ouvrages qui traitent du bruxisme (crispation, meulage ou grincement de dents). Or, ce grave trouble psychophysiologique est plus fréquent chez les personnes ayant une déficience intellectuelle avec un retard mental sévère et profond, des troubles autistiques, et parfois chez celles qui souffrent du syndrome de Down. Les causes peuvent être à la fois anatomiques (mécanique dentaire) et psychologiques. Il s'agit d'un phénomène qui peut être diurne ou nocturne. De façon chronique, il conduit souvent à une usure anormale des dents, des os et des gencives. Parmi les interventions possibles, l'orthodontie, la chirurgie dentaire et l'injection de toxine botulique forment un important arsenal thérapeutique. Les interventions comportementales et la musicothérapie sont d'autres méthodes visant à réduire l'auto-agressivité ou la douleur[10].

Vision et audition

Chez les personnes déficientes, ces fonctions sensorielles devraient être évaluées dès que possible et suivies, au besoin, pour assurer une communication optimale.

Respiration

Rappelons qu'en raison de leur état de santé, les enfants souffrant d'un handicap peuvent décompenser rapidement sur le plan respiratoire, et qu'il ne faut pas uniquement se fier à la saturation en oxygène. Ce sont les atteintes virales qui sont les plus fréquentes. La mobilisation des sécrétions et les machines de toux assistée (*cough assist machine*) peuvent prévenir les complications. Lorsque des symptômes d'hypoventilation surviennent, le fait de recourir à des supports respiratoires invasifs ou non invasifs (BiPAP ou *Bi-level Positive Airway Pressure* ou ventilation à pression négative) peut être considéré selon le niveau de planification de soins préalablement établi et les discussions avec le patient et sa famille. En cas de détérioration plus sévère ou aiguë, il faut s'assurer que l'enfant et ses proches sont toujours d'accord avec le niveau de soins établis.

L'insuffisance respiratoire peut résulter d'une faiblesse des muscles respiratoires, d'une scoliose importante, d'un centre de commande cérébro-bulbaire erratique[11] ou d'une combinaison de tous ces facteurs. Le bilan est à moduler selon chaque patient : gaz sanguins, polysomnographie, oxymétrie prolongée. Les options thérapeutiques varient également selon la situation : antibiothérapies prophylactiques, exercices ventilatoires, techniques de mobilisation des sécrétions, ventilations assistées.

Spécificité de l'enfant souffrant d'un handicap

Comme nous l'avons précisé précédemment, nous traitons ici des patients qui communiquent peu et qui souffrent d'un handicap lourd. Il faut prendre en compte les examens effectués au préalable et éviter la surenchère des investigations ainsi que le stress qui y est associé. En prenant en considération leur situation unique et le niveau de soins établis pour eux, avec leur accord et celui leur famille, il peut résulter une surmédicalisation.

Infections bénignes communes

La douleur chez l'enfant souffrant d'un handicap est plus difficile à cerner que chez celui qui verbalise ou qui démontre plus facilement ce qui le gêne. Des douleurs spastiques augmentées, l'automutilation ou une perte d'appétit peuvent être des signes de douleur chez les jeunes lourdement handicapés. Comme tous les enfants, ils peuvent aussi souffrir de maladies infantiles bénignes. Les infections les plus souvent répertoriées sont respiratoires et de nature oto-rhino-laryngologique. Elles comprennent notamment les otites, les sinusites et les pneumopathies communautaires. Les infections digestives avec diarrhées sont parfois sévères et alourdissent le quotidien déjà compliqué.

Sphère digestive

Reflux gastro-œsophagien (RGO)

Beaucoup de patients handicapés présentent ce symptôme pour lequel un réel inconfort se manifeste. Comme le reflux est associé à des troubles de la déglutition, ces derniers sont à risque de développer des complications aiguës tels les pneumonies d'aspiration, les problèmes dentaires, l'œsophagite ou l'ulcère. L'arsenal thérapeutique mis à leur disposition est constitué d'inhibiteurs de pompes à protons, qui visent une réduction de l'acidité gastrique (oméprazole et apparentés), d'antagonistes des récepteurs à l'histamine de type 2 (ranitidine et apparentés), d'antiacides (sels d'aluminium), de prokinétiques et d'antiémétiques. Il faut cependant porter une attention particulière aux effets antiarythmiques du cisapride et du métoclopramide et aux effets neurologiques extra pyramidaux de la domperidone.

Hypersialorrhée

Elle est considérée comme pathologique après l'âge de 4 ans. Un bon contrôle salivaire nécessite une coordination de plus de 25 paires de muscles bulbaires pour assurer l'intégrité du réflexe de déglutition qui vise un bon positionnement de la langue, des fonctions masticatoires, etc.

En cas d'épisode aigu d'hypersialorrhée, il faut éliminer la présence d'un corps étranger, d'une infection ou d'une inflammation de la sphère oro-pharyngée. Il faut aussi vérifier s'il y a eu administration d'un nouveau traitement comme le clonazepam ou le clobazam ainsi que certains médicaments antipsychotiques tels les tricycliques ou le méthylphénidate.

L'hypersialorrhée chronique est le plus souvent présente chez les patients quadriparésiques spastiques (prévalence de 30 à 53 %). Dans ces cas, l'indication de traiter peut être médicale (dans les cas de déshydratation, de problèmes cutanés), mais elle est le plus souvent sociale (dans le cas d'odeur ou de quantité).

Avant de traiter médicalement, on s'assure d'éliminer les causes simples en corrigeant une mauvaise posture, en revoyant le traitement en cours (s'il s'agit d'un nouveau traitement), l'état de la dentition, le reflux de même que l'état ORL et pulmonaire. La capacité de collaboration du patient détermine la possibilité de lui enseigner des exercices oro-moteurs ou de l'encourager à cesser de mettre ses doigts dans sa bouche pour diminuer la stimulation. L'emploi d'une succion pneumatique peut être proposé dans les lieux qui en sont équipés. L'acupuncture est également citée, mais à notre connaissance, aucune étude contrôlée n'est disponible à ce sujet[12].

Lorsqu'un traitement médicamenteux est envisagé, il faut considérer les contre-indications absolues: antécédents de rétention urinaire, glaucome ou myasthénie grave. Les médicaments les plus souvent utilisés sont la scopolamine (sous-cutanée à 6 microgrammes/kg/dose toutes les 6 à 8 heures ou en timbre transdermique à partir de 12 ans), selon les recommandations et avec précaution chez les enfants à risque de convulser, et le glycopyrrolate (Robinul®) 0,04 à 0,1mg/kg/j en deux ou trois doses, cette dernière molécule passant moins la barrière hématoencéphalique. D'autres traitements thérapeutiques sont rapportés, tels la benztropine (Cogentin®) et le benzhexol hydrochloride ou trihexyphenidyle (Artane®)[13]. Ces derniers diminuent la sécrétion de salive, mais peuvent créer des bouchons muqueux pulmonaires.

Par ailleurs, les injections de toxine botulique dans les glandes salivaires sont de plus en plus utilisées pour diminuer la sécrétion de salive. Ces injections ont cependant le désavantage d'être répétitives et, en contexte palliatif, l'injection sous anesthésie doit être mûrement réfléchie. Une chirurgie peut aussi être considérée en cas d'échec des traitements précédemment cités ou si les injections sont trop souvent répétées pour arriver à répondre au besoin.

Dysphagie

La difficulté ou la gêne pour avaler ou s'alimenter est un symptôme qui peut survenir à n'importe quel âge et être exacerbé lors de comorbidités surajoutées. Son risque principal est l'aspiration (ndlr : *inhalation*) dans les voies aériennes supérieures puis inférieures, créant d'abord un risque de suffocation puis d'infection pulmonaire. Ces conditions sont source d'angoisse, de douleur et peuvent accélérer le décès.

Parmi les troubles observés, il y a trois catégories cliniques : l'atteinte pulmonaire, la malnutrition (l'insuffisance d'apports) et l'incapacité de progression des textures selon le développement normal[14].

L'atteinte pulmonaire découle des épisodes d'étouffements avec ou sans pneumopathies à répétition, des aspirations silencieuses (sans étouffement ni toux) et des troubles de la déglutition isolés néonatals[15] (qui, eux, se résolvent spontanément au cours des premières semaines, mois ou années de vie). Le bilan clinique comprend un examen physique auquel peut s'ajouter une évaluation en ergothérapie, en ORL et à l'aide d'une vidéofluoroscopie de déglutition. Or, en contexte palliatif, une discussion quant à la décision de qualifier un trouble de la déglutition est nécessaire. On peut recommander à la fois de modifier certaines textures alimentaires, de changer l'enfant de position au moment des repas ou de choisir un autre mode d'alimentation (la voie entérale par sonde nasogastrique ou la gastrostomie). Ces moyens ne font plus appel aux mouvements de succion ou de déglutition. L'objectif des soins palliatifs étant d'assurer le confort, le choix de maintenir une alimentation n'est pas une décision facile à prendre. Clinicien, patient et famille se heurteront au choix délicat entre la réalisation d'un geste invasif, le maintien d'une alimentation orale difficile ou la cessation définitive de toute alimentation.

Constipation

Il s'agit d'un problème très fréquent, quasi omniprésent. Les aspects physiopathologiques et les traitements médicamenteux de la constipation sont traités dans d'autres références dont *Les soins palliatifs pédiatriques*[16,17]. Nous souhaitons insister sur l'importance de choisir le meilleur traitement possible afin de maximiser le confort du patient. Le plus souvent, un bon apport en fibres ainsi qu'un contrôle de l'hydratation et de la spasticité apportent une part de soulagement.

Troubles du sommeil

Particularités chez l'enfant souffrant d'un handicap

Les troubles du sommeil chez l'enfant souffrant d'un handicap sont fréquents. Ils touchent 50 à 88 % des personnes handicapées qui ont une déficience intellectuelle contre environ 30 % des enfants dont le développement est normal. Ils comprennent, entre autres, les difficultés d'endormissement, la résistance au coucher, les réveils nocturnes et la courte durée du sommeil[18].

Dans les études portant sur les enfants souffrant d'un handicap moteur, les troubles du sommeil ont aussi une répercussion sur la durée de la nuit des parents, puisqu'il y a une prévalence élevée quant à un besoin d'attention toutes les nuits de l'ordre de 37 % (dont 10 % comptant plus de 5 levers). Les soignants doivent donc se rappeler que cela nuit à toute la famille. Outre certains diagnostics particuliers, les résultats de ces études suggèrent que les enfants souffrants (peu importe leur niveau de douleur) doivent être pris en charge prioritairement[19].

Ces mêmes études mentionnent, quel que soit le handicap, qu'il y a plus de réveils et d'éveils nocturnes, de parasomnies et de troubles respiratoires lors du sommeil. Les origines de ces troubles sont variées, mais un point important concerne l'origine organique, en ce sens que beaucoup des patients souffrant d'un handicap ont des lésions du système nerveux central, ce qui contribue à perturber le sommeil paradoxal et le sommeil lent. D'autres causes ont été notées parmi les facteurs de perturbation, dont le reflux gastro-œsophagien et les autres problèmes gastro-intestinaux, l'épilepsie, les mouvements périodiques des jambes, toutes les causes d'hypoventilation (par exemple, le syndrome d'apnée du sommeil ou le syndrome de Down), de même que les causes musculo-squelettiques et pulmonaires.

Ces troubles du sommeil se répercutent sur les difficultés d'apprentissage, la rééducation, le contrôle des crises d'épilepsie, de même que sur les relations sociales. Ils provoquent davantage de stress et d'épuisement chez les parents, deviennent une source de conflits et peuvent même les mener jusqu'à la maltraitance de l'enfant. Il semble aussi que les enfants handicapés, chez qui la douleur est suffisamment grave pour recourir à un traitement médical, ne soient pas exempts de problèmes de sommeil, ce qui suggère que la gestion de la douleur peut, dans ce cas, ne pas avoir été suffisante[20]. Notons également que les enfants aux prises avec des syndromes neurodégénératifs d'origine génétique (tel le syndrome de Smith-Magenis, qui peut provoquer des inversions du rythme circadien de la mélatonine), souffrent aussi de troubles du sommeil. Lorsque ces troubles sont récurrents, atypiques ou qu'ils perturbent de façon importante la vie familiale en provoquant des situations potentiellement dangereuses, on peut parfois avoir recours à une polysomnographie.

Apnées et hypopnées du sommeil

On évoque ici indirectement des difficultés d'élimination du CO_2, un syndrome déjà fréquent chez les enfants « normaux » touchés de l'ordre de 1 à 2 %. En effet, l'obstruction pharyngée fait partie des symptômes de plusieurs maladies neuromusculaires, se surajoutant à des causes anatomiques ou au RGO. Plusieurs obstructions peuvent se produire chaque nuit, créant des épisodes d'éveils nocturnes de courte durée, des ronflements, une énurésie, des sueurs ou un sommeil agité. Les activités diurnes sont alors marquées par de la fatigue, une somnolence, des sensations de malaise, des céphalées, des troubles du comportement, voire une perte de poids. Les traitements vont des corticoïdes en cure courte à la ventilation non invasive, en passant par des amygdaloïdectomies ou des chirurgies maxillo-faciales.

Quelques traitements

Le premier traitement non médicamenteux consiste à diminuer tout stimulus excitateur ou nociceptif, à donner des repères dans le temps pour se synchroniser (lumière du jour, repas à heures fixes, activités en journée) et à prévenir les accidents potentiels. La relaxation, l'hypnose et le suivi en psychothérapie ont leur place quand ils sont adaptés au handicap de l'enfant.

Il n'y a pas de médicament spécifique au sommeil, mais certains, à visée anxiolytique, antispastique et anti-histaminique, sont utilisés pour leurs propriétés sédatives (diphenhydramine, ethanolamines phenothiazines). L'hydrate de chloral, la clonidine et les benzodiazepines non hypnotiques sont aussi employés. Ces médicaments sont fréquemment utilisés, mais ne sont pas dénués d'effets indésirables, voire toxiques (l'hydrate de chloral, par exemple, dont la seule indication est sédative chez l'enfant âgé de 2 à 5 ans présentant une atteinte neurologique). La mélatonine est décrite à part, car elle est normalement synthétisée par la glande pinéale selon un rythme circadien, et atteint un taux supérieur durant la nuit, avec une concentration 10 à 15 fois plus élevée 1 à 2 heures avant le coucher, et 3 à 10 fois plus élevée durant la nuit. Une dose de 2 à 10 mg (à longue ou courte action, selon la concentration disponible en Amérique du Nord et vérifiée par la pharmacie), administrée une à deux heures avant le coucher semble être un avantage, pourtant considéré comme subjectif[21], en particulier dans certains cas d'autisme ou de syndromes avec inversion du rythme circadien de la mélatonine. Ce produit a comme avantage de « synchroniser » le sommeil et de ne pas avoir d'effets indésirables ni d'interactions.

Sphère neurologique

Épilepsie

Beaucoup de patients font une crise d'épilepsie au cours de leur maladie et en fin de vie. Une décompensation physique, métabolique, voire psychique peut déstabiliser un équilibre fragile et provoquer une crise. Les patients concernés sont souvent des épileptiques connus et ont une thérapeutique anticonvulsivante qui associe parfois jusqu'à quatre médicaments différents. Le niveau de complexité est tel que toute augmentation ou diminution de traitement relève de la surspécialité. En cas de crise convulsive confirmée, il faut retrouver l'agent causal : des troubles du sommeil, des troubles hydroélectrolytiques, des troubles métaboliques (dont l'hypoglycémie, l'hypocalcémie et l'hypomagnésémie), un traumatisme crânien, une hypertension intracrânienne, une encéphalite, etc., afin de proposer un traitement qui soulagera rapidement le patient et évitera la récidive. Il n'est pas toujours nécessaire de réaliser une imagerie ou un électroencéphalogramme. C'est l'historique, unique à chaque enfant, qui orientera la famille et les soignants. Dans de nombreux cas, il n'y a pas de traitement curatif, et le traitement de fond sera maintenu ou réajusté.

La particularité pédiatrique, notamment chez l'enfant souffrant d'un handicap sévère, est la prise de médicaments. Il faut, en effet, se demander sous quelle forme l'enfant peut prendre ce traitement qui, s'il n'est pas administré à heure fixe à cause d'un horaire trop irrégulier, élève le seuil épileptogène. Il faut aussi porter une attention aux patients qui ont tendance à vomir leurs médicaments. La prise orale ou par gastrostomie des médicaments fluides, en comprimés sécables ou en poudre, est un défi qu'il faut prendre en considération. Il faut également prévoir une dose d'urgence à administrer facilement, que ce soit par les parents à la maison ou par les soignants en institution, afin de casser une crise et éviter l'état de mal épileptique, l'épuisement ou le suraccident. L'administration en urgence d'une dose de benzodiazépine est souvent prescrite avec une seringue ou un vaporisateur adapté (0,5mg/kg de diazepam intrarectal, selon l'âge, jusqu'à un maximum de 20 mg en une fois ou encore une dose de 0,2 à 0,5mg/kg de midazolam intrabuccal ou intranasal, selon l'âge, sans toutefois dépasser 10 mg sur la muqueuse intrabuccale[22]. Au CHU Sainte-Justine, le protocole d'utilisation du diazépam est de 0,12 à 0,8 mg/kg/jr en doses fractionnées toutes les 6 à 8 heures, sans dépasser 10 mg par dose). Quand le traitement fonctionne, il provoque malheureusement une somnolence accrue et une perte de contact avec l'enfant. L'étape suivante de ce processus est, en général, médicalisée ou hospitalière et est instituée quand les limites dans l'administration de soins à domicile sont atteintes. Ces traitements anti-épileptiques et leur surveillance sont bien connus des thérapeutes référents et des neuropédiatres de l'enfant.

Spasticité

La spasticité se définit comme une hypertonie provoquée par l'atteinte du motoneurone supérieur. Elle résulte en une résistance au mouvement externe imposé, une augmentation vélocité-dépendante, et peut varier selon la direction. Dans chaque cas, on retrouve systématiquement une augmentation des réflexes ostéo-tendineux et un clonus.

Il existe plusieurs échelles de mesure de la spasticité, mais la plus utilisée reste celle d'Ashworth (modifiée).

Échelle d'Ashworth modifiée (Bohannon & Smith, 1987)

1	Pas d'augmentation du tonus (musculaire)
1 bis	Discrète augmentation du tonus avec un ressaut suivi d'un relâchement ou d'une résistance minime au mouvement de flexion/extension à la fin du mouvement
2	Discrète augmentation du tonus avec un ressaut suivi d'un relâchement ou d'une résistance minime au mouvement de flexion/extension inférieur à la moitié de l'amplitude articulaire
3	Augmentation plus marquée du tonus touchant la majeure partie de l'amplitude articulaire, mobilisation facile dans toute son amplitude
4	Augmentation importante du tonus musculaire – mobilisation passive difficile
5	Articulation fixée en flexion/extension (adduction/abduction)

Il faut savoir qu'une différence existe sur le plan du traitement, selon qu'il s'agisse d'un épisode aigu ou progressif. En cas d'exacerbation de la spasticité, on peut rechercher un facteur aggravant comme une otite, une infection urinaire, une plaie etc., et ne pas oublier la possibilité d'une fracture potentielle, dont la seule manifestation peut parfois expliquer ces symptômes. Il faut donc s'assurer de bien évaluer les segments de membres lorsqu'on ne trouve pas de causes apparentes à l'augmentation du tonus. On peut, à ce moment, augmenter le traitement antispastique pour le confort, mais après avoir, en premier lieu, augmenté celui de la cause précipitante. Le patient porteur d'une pompe à baclofen dysfonctionnelle, par exemple, peut être victime d'un sevrage brutal. Ce syndrome se caractérise par la diaphorèse, la tachycardie, l'hypertension et l'irritabilité, et peut parfois être accompagné d'épisodes convulsifs. Cet inconfort majeur devient une urgence médicale qui doit motiver immédiatement l'administration de baclofen par la bouche ou de diazépam intraveineux/intrarectal. Une fois les symptômes contrôlés, on réfère le patient en centre spécialisé.

La spasticité peut être nuisible. Elle peut rendre l'hygiène difficile, favoriser la manifestation de contractures et être douloureuse. Quand les modalités physiques du traitement ne sont pas suffisantes, un traitement médicamenteux peut être envisagé (voir le tableau 1[23]). Selon notre expérience, le nitrazepam (Mogadon®), est une benzodiazépine fréquemment utilisée dans ce cas (en dose de 0,1-0,2 mg/kg/j à augmenter tous les 5 à 7 jours, prise en une ou 3 fois par jour).

Tableau 1
Traitements médicamenteux de la spasticité

Traitement	Mécanisme d'action	Effets indésirables	Posologie
Diazépam (VALIUM®)	↗ transmission du récepteur de GABAA (inhibiteur du système nerveux central)	Sédation, ↘ coordination, déficit mémoire et attention. Syndrome de sevrage	0,12 à 0,8 mg/kg/j en plusieurs fois par jour ou en une fois au coucher
Baclofen (LIORESAL®)	Se lie au récepteur GABAB pré/post synaptique, inhibiteur réflexes spinaux, ↘ substance P, ↘ spasmes, ↘ clonus, ↘ résistance à l'étirement. Parfois effet anxiolytique	Sédation, confusion, nausée, étourdissement, hypotonie, faiblesse musculaire et ataxie. Possible syndrome de sevrage.	Débuter de 2,5 mg à 10 mg/j et ↗ jusqu'à 40 mg/j en 3 ou 4 doses/j
Dantrolene (DANTRIUM®)	Inhibe la sortie du calcium du réticulum sarcoplasmique. ↘ spasmes, ↘ clonus dans l'hémiplégie, TCC, PC, BM	Sédation, diarrhée, étourdissement. hépatotoxicité (2 % des cas : surveillance fonction hépatique)	Débuter à 0,5 mg/kg/j x 7 jours puis 6 à 8 mg/kg/j en 2 à 4 x/j.
Tizanidine (ZANAFLEX®)	Agoniste α2-adrénergique + effet anti nociceptif	Sédation, étourdissement, sécheresse buccale, ↗enzymes hépatiques, insomnie, faiblesse musculaire	Débuter par 2 mg au coucher, puis ↗ jusqu'à max. 32 mg en 3 ou 4 doses/jour

Légende : mg/kg/j = milligramme par kg et par jour ; x/j = fois par jour ; TCC = traumatisés crânio-cérébraux, PC = paralysie cérébrale ; BM = blessés médullaires.

Source : Deon, LL. Gaebler-Spira, D. « Assessment and treatment of movement disorders in children with cerebral palsy ». *Orthop Clin North Am.* 2010 41 (4) : 507-17.

Malgré cela, la spasticité en soi n'est pas toujours inutile. Elle peut permettre de se tenir debout, de prendre un objet à deux mains, etc. Il ne faut pas, à ce moment, diminuer cette fonction. Le traitement initial, comportant à la fois physiothérapie et ergothérapie, permet de prévenir les contractures. Les objectifs thérapeutiques visés sont le maintien des amplitudes articulaires par les étirements, les orthèses et, parfois, des plâtres. Un bon positionnement fait partie des premières mesures à appliquer.

Quand la spasticité est localisée, ou quand son contrôle demande une intervention plus concentrée, des traitements sous forme d'injections locales peuvent être envisagés. Il existe actuellement la toxine botulique de type A (Botox®, Dysport®, Xéomine®) et les blocs au phénol. Ils sont employés de façon concomitante à d'autres thérapies, soit avec le positionnement, le port d'orthèses ou les plâtres, selon le besoin. La réversibilité de cette méthode après deux à six mois est un avantage, mais peut devenir un inconvénient lorsqu'il faut renouveler la technique et imposer un nouveau geste au patient. Selon la localisation de l'injection et le rapport entre les risques et les avantages obtenus, une anesthésie peut être nécessaire. Le fait de combiner la toxine botulique et le phénol peut aussi permettre d'injecter un plus grand nombre de sites, rendant la spasticité acceptable, tout en diminuant les effets secondaires possibles du traitement *per os*.

Quand la spasticité demeure trop importante et que son traitement provoque beaucoup d'effets secondaires, la pompe à baclofen est parfois une solution envisagée. En utilisant de très faibles doses de médicaments, administrées directement au niveau intrathécal, elle cause moins d'effets indésirables. Elle cause cependant quelques inconvénients connus : la pose neurochirurgicale sous anesthésie, la batterie à remplacer et un remplissage périodique. Ceux-ci ne sont pas négligeables pour le patient et sa famille.

Il nous paraît ici délicat d'aborder la radicellectomie sensitive partielle comme traitement de la spasticité aux membres inférieurs en contexte de soins palliatifs. Cette prise en charge médico-neurochirurgicale a toutefois une place de choix chez une population de jeunes enfants spastiques.

Dystonie

Parmi les autres troubles du tonus, celui-ci est fréquent. Il se définit par un désordre du mouvement comportant des contractions musculaires soutenues et occasionnant des mouvements répétitifs, des postures anormales ou une combinaison des deux. Les traitements les plus utilisés, dans ce cas, sont le trihexiphenidyl hydrochloride (Artane®) et la carbidopa/levopopa (Sinemet®) (voir le tableau 2). Si le patient ne répond pas très bien à ces traitements, le baclofen, qui a démontré une efficacité modérée, de même que la benzodiazepine clonazepam (Rivotril®) peuvent être administrés. La pompe à baclofen peut aussi être employée si elle convient au niveau de soin établi, après discussion avec la famille, puisqu'elle sous-tend une intervention neurochirurgicale. On parle aussi de stimulation cérébrale profonde (*deep brain stimulation*).

Les jeunes lourdement handicapés peuvent aussi expérimenter la rigidité, une autre anomalie du tonus. Il s'agit d'une résistance

Tableau 2

Traitements médicamenteux de la dystonie

Médicament	Mécanisme d'action	Effets indésirables	Posologie
Carbidopa/ Levodopa (SINEMET®)	Précurseur de la dopamine. Inhibe la décarboxylation de la dopamine	Dyskinesie, bradykinesie, hypotension, troubles de la mémoire, confusion et hallucinations	Débuter à 10/100 mg 2 x/j puis ↗ jusqu'à 25/100 mg 3 x/j
Trihexyphenidyl (ARTANE®)	Antagonise les récepteurs à l'acétylcholine	Effets anticholinergiques, effet malin des neuroleptiques, dyskinésie tardive	Débuter à 2,5 mg/j puis ↗ lentement jusqu'à un max. de 15 mg/j

Légende : mg/j = milligramme par jour ; x/j = fois par jour.

Source : Deon, LL. Gaebler-Spira, D. « Assessment and treatment of movement disorders in children with cerebral palsy ». *Orthop Clin North Am.* 2010 41 (4) : 507-17.

à un mouvement imposé externe avec résistance immédiate au mouvement inversé, sans retour à une posture fixe. Le traitement est le même que celui de la spasticité et dystonie, mais tend à être plus difficile à contrôler.

Agitation

Cet état d'éveil accru, désagréable et inconfortable est caractérisé par différents symptômes : pleurs, cris, difficultés de concentration, dysautonomie, augmentation du tonus et mouvements musculaires sans but. La prise en charge, dans ce cas, consiste à identifier la source de l'inconfort (positionnement incorrect, douleurs d'origine musculaire ou osseuse, problèmes digestifs avec constipation, problèmes urinaires avec un globe vésical ou infection urinaire). Une autre source fréquente et plus difficile à objectiver est d'origine neurologique, et entraîne des douleurs neuropathiques et de l'hypertension intracrânienne (HTIC). Les agents de stress comme le changement d'environnement ou une modification de la routine sont autant de sources possibles d'inconfort.

Les causes médicales traitables de l'agitation doivent être identifiées (déséquilibre hydro-électrolytique, infection, HTIC...) dans la mesure du possible, toujours selon le niveau de soins établi pour l'enfant. Une interrogation au sujet d'une intoxication médicamenteuse et d'un sevrage médicamenteux abusif suit ce même cheminement.

Les traitements non pharmacologiques commencent par un environnement rassurant, serein et sécurisant, un toucher léger, des voix calmes et des photos ou des objets familiers, selon les habitudes du patient qui sont bien connues de ses proches.

L'arsenal pharmacologique reprend les benzodiazépines, les neuroleptiques, les agonistes/antagonistes adrénergiques, l'hydrate de chloral, ainsi que l'acétazolamide (Diamox®) en cas d'HTIC.

Sphère musculo-squelettique

Avant tout, les enfants souffrant d'un handicap sévère peuvent présenter des douleurs dont les causes sont potentiellement curables, comme les ostéomyélites, les arthrites septiques et les douleurs articulaires rhumatismales. Cela est à considérer, toujours selon le niveau de soins dont l'enfant a besoin.

Rachis

La scoliose est une déviation latérale de la colonne, occasionnellement associée à un élément de rotation des vertèbres. Chez les jeunes patients, elle est due à une faiblesse musculaire et/ou à la spasticité. Le diagnostic est d'abord clinique : asymétrie des épaules, du bassin, déformation de la cage thoracique. La gibbosité reflète la rotation des vertèbres. La scoliose peut également être source de douleurs et de problèmes cutanés. La meilleure façon de la documenter est d'effectuer des mesures sériées radiologiques, avec angle de Cobb. Généralement à maturité osseuse, les scolioses de moins de trente degrés ne progressent pas. Quant au traitement, il varie en fonction des différents niveaux de soins établis. La plupart du temps, on tente de modifier le positionnement pour contrôler la posture le mieux possible. Si ce n'est pas suffisant, une scoliose de plus de vingt degrés demande réflexion quant à l'utilisation possible d'un corset. S'il devient nécessaire, il faudra s'assurer qu'il ne provoque pas d'effets négatifs importants sur la fonction respiratoire, et qu'il n'entraîne pas d'inconfort. L'autre option est la chirurgie, que l'on réserve pour les scolioses les plus importantes. Il est aussi possible d'utiliser des méthodes de positionnement moulé à visée antalgique.

Contractures musculaires, subluxation des hanches

Il faut tenter le plus possible de minimiser les contractures par un bon positionnement, l'utilisation d'orthèses, d'étirements, de traitements contre la spasticité, etc. Malgré toutes ces précautions, elles surviennent parfois quand même. Les déformations les plus souvent observées sont l'*equinovarus*, l'*hallux valgus*, les contractures en flexion des genoux ou des hanches. On retrouve aussi les déformations des membres inférieurs en coup de vent, et l'obliquité pelvienne. Parmi les déformations aux membres supérieurs figurent les contractures en flexion des coudes et des poignets, avec déviations cubitales. On peut tenter d'assurer un certain confort en adaptant soigneusement le positionnement et en évitant les plaies.

L'incidence des subluxations des hanches varie. Elle est estimée entre 25 et 35 % dans la majorité des séries chez les patients porteurs d'un déficit moteur cérébral. La proportion de la douleur chez les patients souffrant de subluxation se situe autour de 50 %. Il faut donc être vigilant lors des soins d'hygiène, d'habillage et des transferts[24].

Les aides techniques à la posture (positionnement)

En misant sur le confort, les changements de position (position assise, couchée ou verticalisation) peuvent s'effectuer à l'aide d'un support adapté (moulé, modulaire…) afin de soulager les contractures, les déformations (scolioses), et pour réduire la pression sur les plaies et dans les zones de friction potentiellement douloureuses. Un plan incliné à bascule est parfois utilisé pour répartir la pression et changer de position.

Ostéopénie

Chez les patients atteints d'encéphalopathie, particulièrement les non-ambulants, l'ostéopénie est fréquente et le risque fracturaire est accru. Les données du NAGCePP (The North American Growth in Cerebral Palsy Project) révèlent que plus l'atteinte neurologique est sévère, plus les difficultés d'alimentation sont importantes. L'utilisation d'anticonvulsivants et un pli cutané bas contribuent à abaisser la masse osseuse[25]. Les patients dont le traitement inclut de la prednisone sont aussi plus à risque. Pour étayer le diagnostic, il faudrait effectuer un bilan métabolique osseux et une ostéodensitométrie. Il est suggéré de s'assurer que l'enfant bénéficie d'un apport suffisant en calcium, en vitamine D et, au besoin, de l'utilisation des biphosphonates, selon l'opinion des consultants en maladie métabolique osseuse[26].

Douleur, sexualité, maltraitance

Douleur et handicap

Le thème de la douleur est bien documenté dans l'ouvrage *Les soins palliatifs pédiatriques*[27]. Cependant, il y a des particularités liées aux enfants souffrant d'un handicap – notamment de déficience intellectuelle – et qui ont plus de difficultés à communiquer.

Il est admis que 35 % de ces patients ont une expérience douloureuse hebdomadaire estimée quantitativement entre 9 et 10 heures en moyenne[28]. La prise en charge de cette douleur doit d'abord être évaluée. La meilleure façon d'apprécier un niveau de douleur est l'auto-évaluation par le patient lui-même (échelle visuelle analogique ou échelle des visages). Or, dans les cas de déficience intellectuelle ou motrice sévère, nous devons nous fier à des échelles d'hétéro-évaluation ou d'observation[28]. Celle que nous retenons dans notre pratique concerne l'échelle « Douleur Enfant San Salvadour (DESS)[29] » (voir l'annexe). Elle est constituée de 10 éléments, mais l'enfant doit avoir une connaissance de base pour ne pas qu'il se méprenne sur la nature des signaux observés (pleurs, cris...). Nous savons que la douleur chronique fait davantage prendre conscience de la douleur aiguë et perturbe toutes les fonctions vitales de l'organisme, jusqu'au sommeil[20] et elle devient un cercle vicieux. Le mécanisme de « *coping* » face à la douleur est le principal mode comportemental de lutte qu'il faut contrer, mais en cas de déficience intellectuelle, ce mécanisme de défense est moins efficace[30]. L'approche cognitivo-comportementale est pourtant efficiente, et elle offre l'avantage de ne pas interagir avec les autres médicaments.

Si ces mesures sont insuffisantes, les traitements antalgiques classiques seront utilisés selon leurs indications. Des méthodes alternatives de traitement et de distraction de la douleur, lorsqu'elles sont maîtrisées et sans danger (massothérapie, acupuncture), peuvent contribuer au bien-être général de l'enfant et de sa famille.

Handicap et sexualité

La sexualité, chez les personnes souffrant d'un handicap, a plus souvent été décrite chez la fille que chez le garçon. La prise en charge gynécologique est parfois nécessaire en matière de soins gynécologiques routiniers et de méthodes contraceptives (progestatifs implantables le plus souvent dans les cas de paralysie cérébrale et de déficience intellectuelle)[7]. Les patients qui communiquent peu et qui vivent avec une déficience intellectuelle n'ont jamais reçu d'information à propos de leur sexualité. Les patients qui ont besoin de cathétérisme intermittent, qui doivent avoir recours à des sondes vésicales ou qui font leur toilette intime découvrent pourtant tous les jours cet aspect de leur intimité. Certaines formes d'autisme ou d'agitation, parfois violente, peuvent être déclenchées par des pulsions sexuelles inassouvies et non maîtrisées.

Malheureusement, les écrits dans ce domaine sont rares et tabous, particulièrement en soins palliatifs pédiatriques. À notre connaissance, il n'y a rien sur le sujet dans la littérature. La puberté chez les enfants et adolescents dont le handicap est plus ou moins sévère peut être source d'angoisse pour eux, mais aussi pour leur famille et leurs soignants. La population la plus concernée est, évidemment, celle des adolescents les plus vieux qui deviendront bientôt de jeunes adultes. En 2008, les résultats d'une étude préliminaire ont été rendus publics lors d'un congrès portant sur ce thème, mais jamais publiés. Ces résultats faisaient état d'un questionnaire sur l'intimité, la vie affective et la sexualité chez des enfants atteints d'un handicap moteur[31].

Le questionnaire a été envoyé, en France, à 120 centres accueillant des enfants et des adolescents, et à 30 foyers pour adultes. Parmi les professionnels soignants, moins de 50 % estimaient n'avoir jamais reçu d'information sur ce sujet. Dans 40 % des structures pour enfants et 70 % des structures pour adultes, les soignants ont déjà été confrontés à des demandes d'aide dans le domaine de la sexualité.

Cet aperçu met en lumière une dimension humaine peu explorée chez cette population particulière, tant sur le plan clinique que celui de la recherche. Il convient d'aider ces jeunes à cheminer, dans le plus profond respect de leur fragilité, à travers une étape de leur vie où leur solitude pourrait davantage les accabler. L'objectif est de leur permettre une autonomie sans pour autant tomber dans la dépendance ou l'abus.

Abus et maltraitance

Devant un patient dépendant, qui pleure, qui crie ou qui démontre un comportement ou un inconfort inhabituel en présence ou non de lésions fracturaires, il devient opportun de penser que ce patient ait pu subir des sévices sexuels et physiques.

Il ne faut pas sous-estimer ces problèmes qui pourraient mettre en cause d'autres jeunes, des intervenants ou des membres de la famille. Dans ce cas, il faut proposer et mettre en place des ressources suffisantes (services sociaux-juridiques, aide psychologique). L'incidence relativement élevée de patients victimes d'abus dans leur milieu familial (voire institutionnel) est étudiée et exige une vigilance accrue de la part de tout soignant[32].

En conclusion

En somme, l'enfant souffrant d'un handicap sévère doit relever, avec l'aide de ses parents et de ses accompagnateurs, les défis du nouveau-né, puis de l'enfance et de l'adolescence. Nous n'avons qu'effleuré l'immense complexité de la prise en charge de ces enfants, et d'autres lectures seront nécessaires pour réaliser l'ampleur de ce sujet.

Notre sens de l'éthique nous encourage à ne jamais abandonner cet être fragile et vulnérable, peu importe qu'il soit en soins palliatifs ou en soins ponctuellement curatifs. Peu de données dans la littérature démontrent qu'une prise en charge serait plus efficace qu'une autre. Chaque cas est différent et l'adaptation à la spécificité de chacun d'eux demeure la seule règle valable lorsqu'il s'agit de soulager l'inconfort et la douleur. Malheureusement, trop peu d'enfants bénéficient d'une prise en charge en soins palliatifs, ou y ont accès trop tard[33].

Les relations humaines et l'autonomie sont deux éléments cruciaux qui contribuent à améliorer la qualité de vie du patient. Il a été démontré que les personnes extérieures, les soignants en premier lieu, puis les parents, sous-estiment cette qualité de vie par rapport à l'enfant lui-même[16].

Il reste beaucoup de points à couvrir, par exemple, le soutien offert aux parents et aux accompagnateurs, la décision d'initier ou d'arrêter une alimentation entérale par sonde de « gavage », de gastrostomie ou tout autre traitement. Nous sommes tous interpellés, autant les familles que les soignants, lorsqu'il s'agit de trouver un *sens* à la maladie. En l'absence de réponses scientifiques, peut-être qu'une réflexion spirituelle, selon les milieux culturels et ethniques dans lesquels nous évoluons, permettrait un certain réconfort.

Notes

1. Ministère de la santé et des services sociaux. *Normes en matière de soins palliatifs pédiatriques*. Québec, 2006.
2. Billette De Villemeur, T., T. Mathieu, M. Tallot, E. Grimont et C. Brisse. « The healthcare project of the child with polyhandicap (multiple disabilities) ». *Archives de pédiatrie*, 2012 19 (2) : 105-8.
3. Tsai, E. « Advance care planning for paediatric patients ». *Paediatric Child Health*, 2008 13 (9) : 791-805.
4. Van Dyck, P.C., M.D. Kogan, M.G. McPherson, G.R. Weissman et P.W. Newacheck. « Prevalence and characteristics of children with special health care needs ». *Arch Pediatr Adolesc Med*. 2004 158 (9) : 884-90.
5. Pediatrics AAo. Committee on Bioethics and Committee on Hospital Care. « Palliative care for children ». *Pediatrics*. 2000 106 (2 Pt 1) : 351-7.
6. Mok, E. et R. Hankard. « Stratégies de prise en charge nutritionnelle spécifiques : l'enfant et l'adulte jeune atteints d'un handicap ». *Nutrition Clinique et Métabolisme*. 2005 19 (4) : 244-6.
7. Alexander, MA. et J. Matthews Dennis editor. *Pediatric Rehabilitation*. demosMEDICAL, 2010.
8. Sun, Y., J. Christensen, A. Hviid, J. Li, P. Vedsted, J, Olsen et coll. « Risk of febrile seizures and epilepsy after vaccination with diphtheria, tetanus, acellular pertussis, inactivated poliovirus, and Haemophilus influenzae type B ». *JAMA*. 2012 307 (8) : 823-31.
9. Pierce, K.M., R.G. Rozier et W.F. Vann Jr. « Accuracy of pediatric primary care providers' screening and referral for early childhood caries. » *Pediatrics*. 2002 109 (5) : E82-2.
10. Lang, R., P.J. White, W. Machalicek, M. Rispoli, S. Kang, J. Aquilar et coll. « Treatment of bruxism in individuals with developmental disabilities : a systematic review. » *Res Dev Disabil*. 2009 30 (5) : 809-18.
11. D'Arcy, S., Y. Brosseau, H. Paré et M. Vanasse. *Les maladies neuromusculaires de l'enfant et de l'adolescent*. Éditions de l'Hôpital Sainte Justine, 2004.
12. Fairhurst, C.B. et H. Cockerill. « Management of drooling in children ». *Arch Dis Child Educ Pract Ed*. 2011 96 (1) : 25-30.
13. Brei, T.J. « Management of drooling ». *Semin Pediatr Neurol*. 2003 10 (4) : 265-70.
14. Laberge, M. *Dysphagie, approche pratique*. Congrès des physiatres du Québec. Québec, Canada, 2009.
15. Heuschkel, R.B., K. Fletcher, A. Hill, C. Buonomo, A. Bousvaros et S. Nurko. « Isolated neonatal swallowing dysfunction : a case series and review of the literature ». *Dig Dis Sci*. 2003 48 (1) : 30-5.

16. DUVAL, M., C. FAURE, A. LORTIE, V. PASQUAY et G. LAPIERRE. « Autres symptômes, une revue générale des données scientifiquement validées. » In *Les soins palliatifs pediatriques.* Montréal, Éditions de l'Hôpital Sainte Justine, 2004. p. 656.

17. DUVAL, M. et C. WOOD. « Treatment of non-painful symptoms in terminally ill children ». *Archives de pediatrie.* 2002 9 (11) : 1173-8.

18. FRANCO, P. *Physiopathologie des troubles du sommeil chez l'enfant handicapé.* Journées d'automne de la SFERHE 5 nov 2011 ; Lyon : Société Francophone d'Etudes et de Recherche sur les Handicaps de l'Enfance.

19. HEMMINGSSON, H., A.M. STENHAMMAR et K. PAULSSON. « Sleep problems and the need for parental night-time attention in children with physical disabilities ». *Child Care Health Dev.* 2009 35 (1) : 89-95.

20. BREAU, L.M. et C.S. CAMFIELD. « Pain disrupts sleep in children and youth with intellectual and developmental disabilities ». *Res Dev Disabil.* 2011.

21. PELAYO, R., M. DUBIK. « Pediatric sleep pharmacology ». *Semin Pediatr Neurol.* 2008 15 (2) : 79-90.

22. WUSTHOFF, C.J., R.A. SHELLHAAS et D.J. LICHT. « Management of common neurologic symptoms in pediatric palliative care : seizures, agitation, and spasticity ». *Pediatric Clinics of North America.* 2007 54 (5) : 709-33, xi.

23. DEON, L.L. et D. GAEBLER-SPIRA. « Assessment and treatment of movement disorders in children with cerebral palsy. » *Orthop Clin North Am.* 2010 41 (4) : 507-17.

24. SOO, B., J.J. HOWARD, R.N. BOYD, S.M. REID, A. LANIGAN, R. WOLFE et coll. « Hip displacement in cerebral palsy ». *J Bone Joint Surg Am.* 2006 88 (1) : 121-9.

25. HENDERSON, R.C., R.K. LARK, M.J. GURKA, G. WORLEY, E.B. FUNG. CONAWAY et M. et coll. « Bone density and metabolism in children and adolescents with moderate to severe cerebral palsy ». *Pediatrics.* 2002 110 (1 Pt 1) : e5.

26. RAMSTAD, K., R. JAHNSEN, O.H. SKJELDA et T.H. DISETH. « Characteristics of recurrent musculoskeletal pain in children with cerebral palsy aged 8 to 18 years ». *Dev Med Child Neurol.* 2011 53 (11) : 1013-8.

27. VILLENEUVE, E. et Annie GAUVAIN-PIQUARD. « Évaluation et traitement de la douleur. » *Les soins palliatifs pédiatriques.* Montréal, Éditions de l'Hôpital Sainte Justine, 2004. p. 39-106.

28. BREAU, LM. et C. BURKITT. « Assessing pain in children with intellectual disabilities. » *Pain Res Manag.* 2009 14 (2) : 116-20.

29. COLLIGNON, P., J.C. et G.B. COMBES. *La douleur chez l'enfant polyhandicapé.* Paris, Flammarion Médecine Science, 1999.

30. BURKITT, C.C., L.M. BREAU et M. ZABALIA. « Parental assessment of pain coping in individuals with intellectual and developmental disabilities ». *Res Dev Disabil.* 2011 32 (5) : 1564-71.

31. POUHET, A. *Handicap et sexualité. Enquête auprès des centres accueillant des enfants ou des adultes porteurs de handicap moteur.* Congrès SFERHE, Poitiers, France, 19 mai 2008.

32. MACPHERSON, C. « Childhood abuse uncovered in a palliative care audit. » *Palliat Support Care.* 2009 7 (4) : 481-6.

33. DAVIES, B., S.A. SEHRING, J.C. PARTRIDGE, B.A. COOPER, A., HUGHES, J.C. PHILP et coll. « Barriers to palliative care for children : perceptions of pediatric health care providers ». *Pediatrics*. 2008 121 (2) : 282-8.

Annexes

Échelle Douleur Enfant San Salvadour – Dossier de base

Nom____________________________ **Prénom**________________________ **Date**__________

Cette rubrique doit être remplie pour chaque patient, en dehors de tout phénomène douloureux

1 L'enfant crie-t-il de façon habituelle ?.............. Si oui, dans quelles circonstances ....
....
Pleure-t-il parfois ?.................. Si oui, pour quelles raisons ?...
....

2 Existe-t-il des réactions motrices inhabituelles lorsqu'on le touche ou la manipule ?............................
Si oui, lesquelles *(sursaut, accès tonique, trémulations, agitation, évitement)* ?...................................
....

3 L'enfant est-il habituellement souriant ?...
Son visage est-il expressif ? ....

4 Est-il capable de se protéger avec les mains ?...................... Si oui, a-t-il tendance à le faire lorsqu'on le touche? ....
....

5 S'exprime-t-il par des gémissements ?....................... Si oui, dans quelles circonstances ? ....
....

6 S'intéresse-t-il à l'environnement ?....................... Si oui, le fait-il spontanément ou doit-il être sollicité ?
....

7 Ses raideurs sont-elles gênantes dans la vie quotidienne ?........................ Si oui, dans quelles circonstances ? *(donner des exemples)* ....
....

8 Est-ce qu'il communique avec l'adulte ?.............Si oui, recherche-t-il le contact ou faut-il le solliciter ?
....

9 A-t-il une motricité spontanée ?.................... Si oui, s'agit-il de mouvements volontaires, de mouvements incoordonnés, d'un syndrome choréoathétosique ou de mouvements réflexes ? ....
Si oui, s'agit-il de mouvements occasionnels ou d'une agitation incessante ?.......................................
....

10 Quelle est sa position de confort habituelle ? ....
....
Est-ce qu'il tolère bien la posture assise ? ....
....

Echelle Douleur Enfant San Salvadour - Grille d'évaluation

Nom ______________ **Prénom** ______________ **Date** ______________

En cas de douleur, utiliser la grille et coter selon le schéma suivant:
Manifestations habituelles: 0 - Modification douteuse: 1 - Modification présente: 2 - Modification importante: 3 - Modification extrême: 4
La cotation est établie de façon rétrospective sur 8 heures.
En cas de variation durant cette période, tenir compte de l'intensité maximum des signes.
Lorsqu'un item est dépourvu de signification pour le patient étudié, il est coté au niveau 0.

Item	Description	Cotation	HEURES		
ITEM 1	**Pleurs et/ou cris** *(bruits de pleurs avec ou sans accès de larmes)*	- Se manifeste comme d'habitude	0	0	0
		- Semble se manifester plus que d'habitude	1	1	1
		- Pleurs et/ou cris lors des manipulations ou des gestes potentiellement douloureux	2	2	2
		- Pleurs et/ou cris spontanés et tout à fait inhabituels	3	3	3
		- Même signe que 1, 2 ou 3 accompagné de manifestations neurovégétatives *(tachycardie, bradycardie, sueurs, rash cutané ou accès de pâleur)*	4	4	4
ITEM 2	**Réaction de défense coordonnée ou non à l'examen d'une zone présumée douloureuse** *(l'effleurement, la palpation ou la mobilisation déclenchent une réaction motrice, coordonnée ou non, que l'on peut interpréter comme une réaction de défense)*	- Réaction habituelle	0	0	0
		- Semble réagir de façon inhabituelle	1	1	1
		- Mouvement de retrait indiscutable et inhabituel	2	2	2
		- Même signe que 1 ou 2 avec grimace et/ou gémissement	3	3	3
		- Même signe que 1 ou 2 avec agitation, cris et pleurs	4	4	4
ITEM 3	**Mimique douloureuse** *(expression du visage traduisant la douleur, un rire paradoxal peut correspondre à un rictus douloureux)*	- Se manifeste comme d'habitude	0	0	0
		- Faciès inquiet inhabituel	1	1	1
		- Mimique douloureuse lors des manipulations ou gestes potentiellement douloureux	2	2	2
		- Mimique douloureuse spontanée	3	3	3
		- Même signe que 1, 2 ou 3 accompagné de manifestations neurovégétatives *(tachycardie, bradycardie, sueurs, rash cutané ou accès de pâleur)*	4	4	4
ITEM 4	**Protection des zones douloureuses** *(protège de sa main la zone présumée douloureuse pour éviter tout contact)*	- Réaction habituelle	0	0	0
		- Semble redouter le contact d'une zone particulière	1	1	1
		- Protège une région précise de son corps	2	2	2
		- Même signe que 1 ou 2 avec grimace et/ou gémissement	3	3	3
		- Même signe que 1, 2 ou 3 avec agitation, cris et pleurs	4	4	4
		Cet item est non pertinent lorsqu'il n'existe aucun contrôle moteur des membres supérieurs			
ITEM 5	**Gémissements ou pleurs silencieux** *(gémit au moment des manipulations ou spontanément de façon intermittente ou permanente)*	- Se manifeste comme d'habitude	0	0	0
		- Semble plus geignard que d'habitude	1	1	1
		- Geint de façon inhabituelle	2	2	2
		- Gémissements avec mimique douloureuse	3	3	3
		- Gémissements entrecoupés de cris et de pleurs	4	4	4
ITEM 6	**Intérêt pour l'environnement** *(s'intéresse spontanément à l'animation ou aux objets qui l'environnent)*	- Se manifeste comme d'habitude	0	0	0
		- Semble moins intéressé que d'habitude	1	1	1
		- Baisse de l'intérêt, doit être sollicité	2	2	2
		- Désintérêt total, ne réagit pas aux sollicitations	3	3	3
		- Etat de prostration tout à fait inhabituel	4	4	4
		Cet item est non pertinent lorsqu'il n'existe aucun intérêt pour l'environnement			
ITEM 7	**Accentuation des troubles du tonus** *(augmentation des raideurs, des trémulations, spasmes en hyperextension...)*	- Manifestations habituelles	0	0	0
		- Semble plus raide que d'habitude	1	1	1
		- Accentuation des raideurs lors des manipulations ou des gestes potentiellement douloureux	2	2	2
		- Même signe que 1 et 2 avec mimique douloureuse	3	3	3
		- Même signe que 1, 2 ou 3 avec cris et pleurs	4	4	4
		Cet item est non pertinent lorsqu'il n'existe aucun intérêt pour l'environnement			
ITEM 8	**Capacité à interagir avec l'adulte** *(communique par le regard, la mimique ou les vocalises à son initiative ou lorsqu'il est sollicité)*	- Se manifeste comme d'habitude	0	0	0
		- Semble moins impliqué dans la relation	1	1	1
		- Difficultés inhabituelles pour établir un contact	2	2	2
		- Refus inhabituel de tout contact	3	3	3
		- Retrait inhabituel dans une indifférence totale	4	4	4
		Cet item est non pertinent lorsqu'il n'existe aucune possibilité de communication			
ITEM 9	**Accentuation des mouvements spontanés** *(motricité volontaire ou non, coordonnée ou non, mouvements choréiques, athétosiques, au niveau des membres ou de l'étage céphalique...)*	- Manifestations habituelles	0	0	0
		- Recrudescence possible des mouvements spontanés	1	1	1
		- Etat d'agitation inhabituel	2	2	2
		- Même signe que 1 ou 2 avec mimique douloureuse	3	3	3
		- Même signe que 1, 2 ou 3 avec cris et pleurs	4	4	4
ITEM 10	**Attitude antalgique spontanée** *(recherche active d'une posture inhabituelle qui semble soulager)* **ou repérée par le soignant**	- Position de confort habituelle	0	0	0
		- Semble moins à l'aise dans cette posture	1	1	1
		- Certaines postures ne sont plus tolérées	2	2	2
		- Soulagé par une posture inhabituelle	3	3	3
		- Aucune posture ne semble soulager	4	4	4

Le total de la cotation est sur 40. A partir de 2, il y a un doute. A partir de 6, la douleur est certaine. **SCORE** | | | |

Chapitre 7

L'enfant en soins palliatifs : l'enjeu de la scolarité dans l'école d'origine

Matthias Schell, Danielle Rougier,
Audrey Rollin et Maïté Castaing

Les soins palliatifs pédiatriques prennent en charge les souffrances physiques, psychologiques, spirituelles et existentielles de l'enfant et de son entourage. Les parents et les soignants portent également beaucoup d'intérêt et s'investissent dans l'élaboration des projets de vie.

Cependant, la réalisation de ces projets est complexe et demande de s'adapter au cas par cas. Pour autant, ils s'organisent tous autour d'un socle commun, d'un principe de base, celui de sortir l'enfant de son statut d'enfant gravement malade. De plus, la réalisation de ces projets valorise le temps qu'il reste à vivre. Elle donne du sens au vécu, soutient l'enfant et son entourage dans le plaisir de vivre de bons moments. Enfin, elle maintient une interaction de qualité entre l'enfant et son environnement.

Les projets de vie font régulièrement partie des publications et des communications, et suscitent un intérêt certain auprès des soignants en soins palliatifs pédiatriques.

Souvent, la réalisation de ces projets s'organise autour d'événements exceptionnels (rencontrer des célébrités, nager avec des dauphins, obtenir son baptême de l'air, etc.). La tentation serait plutôt de satisfaire les rêves les plus extraordinaires, au risque parfois de déséquilibrer la vie familiale et d'évincer des projets plus ordinaires. Pourtant, les projets moins « hors normes » pourraient ancrer davantage l'enfant dans une continuité de sa vie « d'avant la maladie ».

Une demande de retour ou de maintien de l'enfant dans son école d'origine répond à cette continuité. Comme l'école fait profondément partie de la vie de l'enfant, pourquoi ne pas lui permettre d'avoir accès à cette scolarité ? Dans notre pratique, nous entendons régulièrement des enfants en soins palliatifs demander leur retour à l'école. En effet, pour chacun d'eux, la scolarité permet de sortir du statut de malade et de redevenir, au moins momentanément, un enfant « comme les autres ». Assurément, favoriser le maintien à l'école tend à éviter une rupture qui risque de priver l'enfant du sentiment d'avancer et de vivre encore. Cependant, comment pouvons-nous accompagner et soutenir ce projet dans un contexte palliatif ? La situation palliative requiert-elle une démarche spécifique concernant la scolarité ?

L'école, les dispositifs et les réticences

En France, pour les enfants handicapés ou atteints d'une pathologie chronique, des dispositifs particuliers sont mis en place. Ce sont les PAI (Projet d'accueil individualisé) ou les PPS (Projet personnalisé de scolarisation). Ces dispositifs tentent de maximiser l'apprentissage de l'élève en difficulté et de favoriser son intégration en adaptant le milieu scolaire.

Depuis de nombreuses années, l'éducation nationale a mis à la disposition des hôpitaux des enseignants spécialisés pour les enfants dont la santé est fragilisée. Ces enseignants tentent de maintenir des conditions favorables à la continuité des apprentissages. Tout est pensé pour que les enfants hospitalisés gardent un contact avec leurs camarades de classe et qu'ils poursuivent, à leur rythme, les apprentissages. Le maintien du lien avec la scolarité peut d'ailleurs favoriser un retour à l'école après l'hospitalisation.

L'évolution du travail des enseignants spécialisés en milieu hospitalier, avec une observation et un engagement de plus en plus adaptés, a très vite amené la problématique de la scolarisation des enfants en situation palliative.

L'école, qui a pour mission de préparer l'avenir des enfants, peut percevoir la demande de scolarisation de l'enfant en situation palliative comme un paradoxe. Effectivement, ce contexte particulier renvoie à l'idée de la mort plus ou moins imminente. Cette confrontation précipite les adultes (parents, soignants, enseignants) dans une anticipation de la mort relevant plus d'une projection que d'une réalité immédiate. Pourtant, la situation palliative, comprise par les adultes comme une fin de vie, peut être longue et se compter en semaines, en mois, voire en années.

Ainsi, des craintes et des fantasmes autour de l'évolution de la maladie émergent. Elles traduisent non seulement des réticences humaines, mais aussi des réserves institutionnelles. Cependant, l'état clinique de l'enfant peut tout à fait être compatible avec un retour à l'école si l'on tient compte des adaptations scolaires et, éventuellement, des prises de médicaments qui sont souvent nécessaires. Préparer le retour à l'école d'un enfant en situation palliative requiert, de ce fait, une analyse spécifique, des anticipations et des compétences particulières.

Après avoir compris les enjeux de cette scolarité, il est apparu évident que les dispositifs de l'éducation Nationale (PAI, PPS) devaient s'adapter aux situations complexes des enfants en soins palliatifs.

Malgré tous ces dispositifs, de nombreux freins subsistent. Ils sont d'autant plus marqués si l'évolution de la maladie fait basculer une attitude curative vers une démarche palliative. Dans cette situation, c'est la question du sens de la scolarité qui est au cœur des résistances.

Le sens d'une scolarité en situation palliative

La demande de scolarisation en situation palliative peut non seulement surprendre, mais aussi sembler illogique et inutile. En effet, on peut se demander :

- Pourquoi cet enfant doit-il continuer à apprendre alors qu'aucun avenir ne semble exister pour lui ?
- Pour quelle raison faire sortir cet enfant de son milieu familial alors que les soignants travaillent pour qu'il puisse y passer le plus de temps possible ?
- Pourquoi séparer l'enfant de ses proches pour une journée d'école ?
- Quel sens donner à cette demande de scolarité ?

L'incompréhension que peut susciter cette demande engendre des résistances. La première étape est alors de clarifier ce projet avec l'enfant et sa famille, afin d'en comprendre le sens et les attentes. Bien sûr, les raisons d'une telle demande peuvent être multiples. Elles restent cependant souvent identiques à celles d'un enfant atteint d'une maladie chronique sans menace à la vie.

Dans cette population particulière, on mentionne :

- Le désir d'apprendre ;
- Le souhait d'être avec ses pairs ;
- Le désir d'avoir du plaisir et de mordre dans la vie.

Plus spécifiquement, ces demandes sous-tendent :

- L'entretien de l'espoir : celui pour qui les médecins se sont trompés ou encore celui qui fait croire que la mort n'arrivera peut-être pas ;
- La mise à distance d'une ambiance familiale lourde à cause du contexte.

Il est d'autant plus nécessaire de prendre le temps de clarifier le projet avec l'enfant et sa famille. En effet, selon son âge, son développement psycho-affectif, sa représentation de la mort et de la temporalité, la mise en œuvre du projet n'est pas la même. Indépendamment des raisons de la demande de scolarité, il s'agit bel et bien d'un projet de vie qui exige des compétences et des repères en matière de soins palliatifs et d'accompagnement.

Élaboration du projet de scolarité en situation palliative et en fin de vie

Devant le désir exprimé par l'enfant de retourner à l'école, plusieurs solutions sont possibles : une scolarité à l'hôpital, une aide pédagogique à domicile ou le retour dans son établissement d'origine.

Nous nous proposons de développer ici une démarche qui vise à intégrer l'enfant en milieu scolaire « ordinaire ». La demande sera clarifiée lors d'un entretien avec l'enseignant spécialisé et un membre de l'équipe des ressources en soins palliatifs pédiatriques. Cet entretien a pour but d'évaluer la validité et la possible réalisation de la demande. Il tente de cerner également les attentes et les craintes de l'enfant et de sa famille. Les intervenants concernés doivent également prévoir les questions relatives à la situation de l'enfant au sein de l'école : aménagement à prévoir, questions des camarades, etc. Cette rencontre a donc pour but de clarifier, d'évaluer et d'anticiper la mise en œuvre du projet.

L'enseignant spécialisé de l'hôpital prend ensuite contact avec l'école d'origine afin d'évaluer l'intention de l'établissement et de recueillir les questions que se posent les enseignants. Il est donc essentiel de prendre en compte les problématiques institutionnelles avec les chefs d'établissements et leurs partenaires socio-éducatifs, ainsi que les enjeux personnels des enseignants concernés. Il est évident que pour une école « ordinaire », accueillir un enfant pour lequel un diagnostic de maladie incurable et de soins palliatifs a été fait risque spontanément de poser problème. Afin d'accueillir l'enfant dans les meilleures conditions possible, il est primordial de créer un lien avec l'école, d'obtenir le soutien du personnel et d'anticiper les questions et les difficultés qui pourraient survenir. Des contacts et des échanges téléphoniques ne suffisent généralement pas pour garantir l'accueil d'un enfant en situation palliative dans de bonnes conditions. En effet, vu la complexité et le caractère exceptionnel de la situation de l'enfant, une rencontre s'impose quasi systématiquement. Le cadre de la réunion (PAI, PPS ou autre) définira la composition des participants. En général, des responsables administratifs de l'établissement scolaire, tous les enseignants de l'élève, du personnel hospitalier (médecin référent, équipe de SPP) et, le cas échéant, l'AVS (Aide à la vie scolaire) ainsi que le médecin, l'infirmière et la psychologue scolaire sont invités à participer à cette réunion.

La réunion en vue de l'intégration

Dans le but de préparer au mieux l'intégration de l'enfant, nous proposons que cette réunion se passe dans l'école d'origine, afin de sensibiliser le plus grand nombre de personnes. L'objectif principal est d'organiser l'accueil de l'enfant. Pour ce faire, il est utile d'aborder de façon systématique les points suivants :

- Clarifier le projet de scolarisation : « donner du sens » ;
- Clarifier et discuter de la situation médicale de l'enfant ;
- Échanger et réfléchir à propos de l'accueil, des exigences scolaires et des attitudes à promouvoir par rapport à l'enfant malade ;
- Se positionner face aux autres enfants de la classe et de l'école ;
- Évoquer la fratrie, le cas échéant ;
- Établir les attitudes à promouvoir devant les parents d'autres élèves de l'école ;

- Évoquer « l'après décès » ;
- Accorder un temps de parole concernant les émotions liées à cette situation exceptionnelle.

Pour que chacun puisse avoir une parole libre et une écoute adaptée, nous proposons que cette réunion se passe en deux temps :

- D'abord, une réunion de travail entre professionnels. Ce cadre permet des échanges libres. Toutes les questions peuvent être abordées ;
- Ensuite, une rencontre durant laquelle les échanges et les conclusions sont restitués à la famille et à l'enfant. Cette réunion se fait alors avec plus de sérénité et d'objectivité. Le projet est en place.

Déroulement de la réunion : premier temps

Chacun se présente et définit son rôle auprès de l'enfant lors d'un tour de table. Un échange libre se fait autour des représentations, des craintes et des réticences concernant la présence et l'accueil de l'enfant. Quelles sont les informations sur l'état de santé de l'enfant qui ont circulé ? Qui est à l'origine de ces informations ?

Dans cet échange, on délimite le cadre d'intervention lié au secret médical et tous les participants sont soumis à la règle de la confidentialité. En fonction des sujets spontanément évoqués, les soignants présents ayant une expérience en soins palliatifs tentent de répondre aux questions posées en donnant des réponses concrètes et des repères.

Afin de structurer la réunion, nous essayons d'aborder les sujets suivants de façon systématique et complète.

L'accueil de l'enfant

Bien que l'étayage de l'enseignant spécialisé auprès de certains professionnels de l'école ait déjà donné des repères, mettre celui-ci à la disposition de tous est indispensable. De plus, la différence entre les notions de « soins palliatifs » et de « fin de vie » est abordée. Il s'agit en fait d'une question capitale qui fait l'objet de beaucoup de confusions et de craintes. Il est essentiel que cette démarche s'inscrive dans un projet de vie. Assurément, au moment de l'intégration de l'enfant dans le projet scolaire, son état de santé n'est finalement pas si différent de celui des enfants atteints d'une maladie chronique.

La situation médicale de l'enfant

La situation médicale de l'enfant est un grand facteur de stress et d'angoisse pour tout le personnel de l'école. Nous constatons que le service médical scolaire n'est pas toujours au fait des différentes évolutions médicales de l'enfant. Il nous semble donc indispensable de les informer et de les intégrer à l'évolution potentielle de la maladie. Ils pourront à leur tour clarifier les idées préconçues quant à la possible évolution en donnant des directives concernant l'attitude à promouvoir si tel ou tel incident médical (crise de douleur, fatigue majeure, somnolence, convulsions, etc.) devait avoir lieu à l'école.

Des consignes simples peuvent être données :

- En cas de symptômes mineurs, il faut un temps de repos et des attitudes adaptées à la plainte de l'enfant (infirmerie, utilisation d'antalgiques, etc.) Le cas échéant, les médicaments et les ordonnances doivent être fournis avant l'accueil de l'enfant.
- En cas de symptômes plus importants définis en amont, les parents viennent chercher l'enfant, car l'école ne peut se transformer en lieu de soins.
- En cas d'incident majeur (crise convulsive, évanouissement, etc.), il faut appeler les services d'urgence, comme pour tout autre enfant. Compte tenu de la situation particulière de l'enfant, la trajectoire de soins et des consignes claires doivent être définies à l'avance.
- En cas de présence d'une voie veineuse centrale, les soignants doivent donner des précisions le plus simplement possible.

Il est, par ailleurs, très important que la crainte d'une mort subite en classe puisse être verbalisée. La présence de soignants formés en soins palliatifs, leur étayage et leur expertise permet d'aller au-devant de ces craintes. En fait, la parole se libère et les participants peuvent s'exprimer sereinement. De toute façon, d'après notre expérience, nous remarquons que les enfants trop fragiles et dans une situation médicale trop instable n'expriment plus le souhait de participer aux cours. Avec la dégradation de son état, un enfant demande plutôt de saluer les copains de classe pendant le temps des pauses ou à la sortie de l'école qu'une intégration en groupe, qui semble dépasser son projet de vie. Conséquemment, les situations d'urgence sont exceptionnelles et restent plus de l'ordre de la représentation que de la réalité.

Les étapes de l'évolution de la maladie sont également à aborder d'un point de vue médical. En fin d'année scolaire, il faut notamment réfléchir sur les questions de la réinscription de l'enfant, du redoublement ou de la poursuite avec le même groupe en fonction de la situation globale : réalité médicale, désir de l'enfant, actualités familiales, etc.

L'adaptation des exigences scolaires

Les enseignants se heurtent toujours, à juste titre, à la question des exigences à imposer à un élève gravement malade et des façons de l'évaluer. Dans la mesure où il ne s'agit pas d'un projet de complaisance, les modalités de l'intégration doivent être prises en compte et bien définies. Quel est le temps de participation ? Quelles sont les matières enseignées ? De quel type d'évaluation s'agit-il ?

Selon chaque situation, une adaptation est nécessaire. Il faut également donner des repères concernant la place de l'enfant au sein du groupe. Il ne s'agit ni de mettre l'enfant malade sur un piédestal ni de le laisser de côté. Dans ce cas, il faut favoriser une intégration adaptée aux souhaits de l'enfant et à son état de fatigue. De plus, la situation ne doit pas envahir ou changer la vie de la classe. Le rythme des apprentissages et l'atmosphère en classe doivent rester les mêmes. Seul l'enfant malade peut bénéficier des allègements pédagogiques sans pour autant être marginalisé.

Une collectivité scolaire en questionnement

Une grande préoccupation des enseignants relève de l'attitude à adopter face aux questions parfois très directes des élèves de la classe ou de l'école. « Est-il vrai que Béatrice va mourir ? C'est quoi, un cancer ? ». Plus les enfants sont jeunes, plus la question d'une maladie contagieuse les intrigue. Il est préférable d'anticiper les questions à venir et les réponses à donner. Des repères écrits (ouvrages à visée pédagogique) et oraux doivent être disponibles. Un des enjeux est de différencier l'inquiétude légitime d'une curiosité malsaine. Cette réflexion aide les enseignants à répondre dans un juste positionnement. Si les enseignants éprouvent des difficultés à fournir des réponses, ils peuvent solliciter une aide extérieure (médecin, psychologue, équipe de soins palliatifs, etc.).

La fratrie de l'enfant malade dans le contexte de l'école

Si la fratrie de l'enfant malade fréquente le même établissement scolaire ou un établissement voisin, nous invitons un représentant (souvent l'enseignant ou le professeur principal) à participer à la réunion en vue de l'intégration de celui-ci. En donnant quelques notions de la souffrance que vit l'élève, l'enseignant perçoit alors non seulement la situation dans laquelle le frère ou la sœur se trouve, mais comprend aussi mieux son attitude. Le cas échéant, les difficultés scolaires et les troubles du comportement, souvent mal compris au début, prennent alors une autre dimension. L'échange à propos de cette situation facilite par la suite la scolarité de la fratrie, permettant au corps enseignant d'avoir des attitudes plus adaptées qu'auparavant. Rappelons que pour les frères et sœurs de l'enfant en situation palliative, l'école est un espace où ils peuvent se ressourcer et mettre à distance durant quelques heures les étapes déchirantes que la famille doit affronter.

L'information aux parents des autres élèves de l'école

Les parents des autres élèves sont dans les mêmes représentations et la même confusion que les enseignants, d'autant plus que les informations sur la situation médicale tiennent davantage de l'imaginaire et du murmure que de la parole objective. Par conséquent, le sens de la scolarité de l'enfant malade n'est pas compris. Comment se comporter face aux questionnements des parents ? Que répondre sans trahir le secret médical ?

Des paroles très négatives peuvent circuler concernant l'enfant malade et sa famille : « Moi, je n'accepterais pas que mon enfant fréquente l'école dans cet état-là… ». Par ailleurs, les parents sont d'abord protecteurs de leur enfant et veulent leur épargner la souffrance de voir un camarade de classe très malade, peut-être mourant. Or, dans la réalité, la classe s'inquiète plus de l'absence que de la présence de l'enfant malade.

Évoquer « l'après-décès » et les attitudes à encourager

Après avoir clarifié le projet de vie, lui avoir donné un cadre et avoir fourni des repères et des réponses, une projection vers une mort possible, voire certaine, peut être envisagée. Il doit y avoir une discussion entre adultes sur des questions comme « Doit-on informer les élèves de la classe du décès ? Que faire de la place de travail et du casier de l'enfant ? », « Faut-il annuler la fête de l'école » ou encore « Doit-on participer aux obsèques ? ».

Il est utile, pour le groupe, de prendre le temps d'échanger à propos de la situation, de la maladie grave et des maladies en général, de la mort et de ce qui arrivera « après ». Le fait d'inviter les élèves qui se sentent concernés et de leur laisser le choix de participer à cet échange leur donne une position d'acteur. En effet, dans la « mini-société » que représente l'école, tous les élèves ne se sentent pas concernés de la même manière.

Combien de personnes doivent animer cette rencontre et qui se sent capable de le faire ? Dans quel cadre peut-on réaliser cet échange, et à quelles questions doit-on s'attendre ? Toutes ces interrogations renvoient à de nouvelles difficultés. Les anticiper est un travail difficile et délicat. Est-on sûr que le sens de la scolarité est bien intégré ? A-t-on bien compris que ce n'est pas dans l'immédiat que les problèmes liés au décès vont se poser ? Ce questionnement permet de clarifier, à nouveau, ce qui est de l'ordre de la projection et ce qui appartient à la réalité du moment. Finalement, cet échange rassure et donne confiance quant aux échanges futurs.

Temps de parole autour des émotions liées à cette situation exceptionnelle

Bien que cette réunion soit faite pour donner un cadre et des repères aux professionnels, accueillir à l'école un enfant dont la mort est annoncée fait violence et sidère un groupe. Mettre des mots sur ces sentiments et proposer une possible poursuite de l'aide apportée rassure. Ce temps d'échange doit également permettre de veiller à ce qu'il n'y ait pas de confusion entre la mission d'enseigner et celle d'accompagner l'enfant par sollicitude. La clarté du rôle de chacun, sans confusion, est une condition de réussite du projet.

Il est évident que ce premier temps d'échange est plus efficace si le cadre se limite aux professionnels, car la parole et l'expression sont plus libres sans les parents et l'enfant concerné.

Déroulement de la réunion : deuxième temps

Après ce premier temps de travail, les parents et l'enfant sont invités à se joindre à la réunion des professionnels. La souplesse de l'accueil, l'emploi du temps adapté ainsi que la conduite à adopter en cas de difficultés liées à la santé sont expliqués. Un échange a lieu afin de clarifier et d'ajuster la demande de scolarité selon les remarques et questions des parents et de l'enfant. De nouvelles questions sont posées et, souvent, d'autres craintes sont exprimées.

Ainsi se finalise la réunion qui donne corps au projet scolaire de l'enfant.

En conclusion

Proposer un projet de vie à un enfant en situation palliative n'est pas le vouloir à tout prix, mais c'est donner la possibilité que quelque chose émerge du côté de la vie. C'est bien une ligne de crête qui se dessine entre le rêve et la réalité, entre la vie au moment présent et l'avenir incertain.

Cela suppose pour les soignants et les enseignants d'être centrés sur l'enfant (Un projet pour qui ? Un projet, pourquoi ?) et de lui donner une position active pour exprimer son désir et formuler ses demandes. Pour ces professionnels, c'est un affinement et une ouverture de compétences : être souples, tenir compte d'un enfant plus vulnérable dans un groupe, accepter de se mobiliser et de changer éventuellement une organisation qui a une structure établie. Ce temps de vie scolaire, pendant l'étape palliative, deviendra ensuite, au temps de l'absence, générateur de souvenirs pour les proches et les professionnels. Ces souvenirs seront évoqués comme bons parce que vivifiants pour la mémoire et le cœur.

Bibliographie

ABRAS, M.-A. « Apprendre aux enfants à comprendre la mort et le deuil ». *Journal Européen de Soins Palliatifs.* 2002 9 : 256-257.

BORGIES-BERTAUX, C. « Les enseignants et la mort ». *Études sur la mort thanatologie.* 2007 131 : 9-16.

BOUFFET, É., ZUCCHINELLI, V. BLANCHARD, P. et coll. « La scolarité en fin de vie. Quels objectifs, quel espoir ? » *Arch Pediatr,* 1996 3 555-60.

Deunff, J. (coord.). *Dis, Maîtresse c'est quoi la mort ?* Ministère de l'Education Nationale, de la Jeunesse et des Sports : Centre National de Documentation Pédagogique. (1991, rééd. 2001)

Frappaz, D. Marec-Bérard, P. Schell, M. *et coll.* « Intérêt des projets d'accueil individualisés pour la réinsertion scolaire des enfants traités pour tumeur cérébrale : l'expérience du centre Léon-Bérard ». *Bull Cancer,* 2001 88 : 1222-7.

Humbert, N. « Les oubliés de l'histoire de la maladie : les frères et sœurs ». *Études sur la mort.*1999 115 : 13-15.

Romano, H. « L'institution scolaire face à la gestion d'événements traumatiques ». *Enfance Majuscule.* 2007 92 : 12-20.

Schell, M. *La scolarité en fin de vie : quel sens ?* Communication au 4e congrès francophone en soins palliatifs pédiatriques. Centre Mont-Royal. Montréal, 2009.

Schell, M. « La scolarité en fin de vie ». *DIU douleurs et soins palliatifs pédiatriques,* Lyon, 2012.

www.education.gouv.fr/bo/2003/34/MENE0300417C.htm

www.education.gouv.fr/bo/2006/32/MENE0602187C.htm

www.statcan.gc.ca/pub/81-004-x/2006005/9588-fra.htm

CHAPITRE 8

Le traitement pharmacologique de la douleur en soins palliatifs pédiatriques

Édith Villeneuve

Ce chapitre fournit des outils pharmacologiques clairs et accessibles répondant à un maximum de situations cliniques. Tel qu'énoncé par l'Organisation mondiale de la Santé (OMS) : « [...] Le but des soins palliatifs est d'offrir la meilleure qualité de vie possible aux patients et à leurs familles. Plusieurs éléments des soins palliatifs sont applicables plus tôt dans la vie du patient, en association avec les traitements curatifs[1] ». Il s'agit de soins palliatifs au sens large, destinés à maximiser le confort du patient pour l'ensemble des problématiques relatives aux douleurs aiguës ou chroniques qui peuvent survenir, et ce, du diagnostic initial jusqu'à ce que survienne la guérison ou le décès. Parmi ces soins, on trouve par exemple :

- La chirurgie anti-reflux avec gastrostomie chez le patient souffrant de paralysie cérébrale sévère ;
- La correction d'une scoliose chez le patient souffrant de dystrophie musculaire ;
- L'examen dentaire sous anesthésie générale pour le patient cardiopathe trisomique ;
- L'installation d'une voie veineuse semi-permanente pour une perfusion continue à domicile chez l'enfant cancéreux ou sidéen en phase terminale.

Chacun de ces gestes implique douleurs et risques accrus à court terme, mais vise à améliorer la qualité de vie du patient par la suite. Il illustre bien que les soins palliatifs ne se limitent pas à un exercice d'accompagnement contemplatif. Les soins palliatifs doivent demeurer très actifs, et parfois, ils doivent adopter des approches lourdes, associées à une prise en charge adaptée jusqu'à la récupération du patient. Même si ce chapitre porte essentiellement sur les approches pharmacologiques, rappelons que celles-ci gagnent à être combinées à d'autres modalités[2].

L'analgésie : par où commencer ?

Évaluer avec une échelle adaptée à l'âge et au contexte de l'enfant. **Croire** que le patient, même nouveau-né ou handicapé, peut ressentir de la douleur. **S'assurer** que l'enfant prostré, désintéressé, figé ou silencieux ne soit pas souffrant. **Clarifier** et **rectifier** les doutes et les inquiétudes de l'enfant et de ses parents qui hésitent à utiliser des analgésiques salutaires en quantité suffisante. **Informer** et **rassurer** les professionnels de la santé quant aux avantages et aux risques réels des approches pharmacologiques et non pharmacologiques utilisées. Tous ces éléments sont aussi importants que la connaissance des analgésiques eux-mêmes, car le meilleur médicament du monde n'aide personne s'il reste sur une tablette.

Qu'est-ce qui fait mal ?

Les sources de douleurs sont multiples. On les divise en trois groupes (tableau 1) :

- Celles causées par la maladie ;
- Celles qui découlent des traitements ;
- Celles qui sont dues aux procédures.

Les enquêtes menées auprès d'enfants cancéreux et de leur famille démontrent que moins de 20 % des expériences douloureuses sont attribuables à la maladie elle-même[3]. En pédiatrie, tous groupes d'âge et toutes pathologies confondus, la douleur est surtout iatrogénique et découle principalement des procédures ou des traitements inhérents à la prise en charge du patient et de sa maladie. Par ailleurs, l'enfant en suivi palliatif n'est pas à l'abri de douleurs non spécifiques telles une céphalée, une fracture ou une otite. Finalement, même en rémission, l'« ex » patient cancéreux peut continuer à éprouver des douleurs chroniques significatives[4].

Tableau 1

Classification des sources de la douleur

Maladie	Traitements	Procédures
Compression/envahissement /déplacement de tissus sains	Chimiothérapie intra-musculaire	Ponctions lombaires/ médullaires
Céphalée par hypertension intra-crânienne	Chirurgie	Biopsies osseuses/ cutanées
Douleurs neuropathiques/ membre fantôme	Mucosite/œsophagite/ gastrite	Prélèvements sanguins
Spasmes/spasticité	Neuropathies médicamenteuses	Accès veineux centraux/ périphériques
Luxation/subluxation de hanche	Réaction du greffon *versus* l'hôte (GVH)	Retrait de Broviac
Contractures/scoliose	Gastrostomie	Mise en place d'un tube naso-gastrique
Plaie de pression/ ulcère/ infection	Dermite radique	Changements de pansement
Œsophagite de reflux	Zona/ molluscum/ autres infections	Endoscopie digestive
Constipation	Cystite hémorragique	Bronchoscopie
	Céphalée postponction de dure-mère	
	Atteinte osseuse poststéroïdes	
	Injection de toxine botulinique	

Approches pharmacologiques

L'échelle de la douleur (figure 1) inclut les analgésiques mineurs et les opiacés. D'autres familles de médicaments coanalgésiques peuvent améliorer le confort du patient et lui permettre de reprendre ses activités. Leur utilisation clinique sera discutée dans les prochains paragraphes. Afin de faciliter un accès rapide aux informations pertinentes, les considérations prépondérantes pour chacun des médicaments discutés seront présentées de façon synoptique. Le tableau 2 résume les doses recommandées pour la clientèle pédiatrique.

Figure 1
L'échelle de la douleur

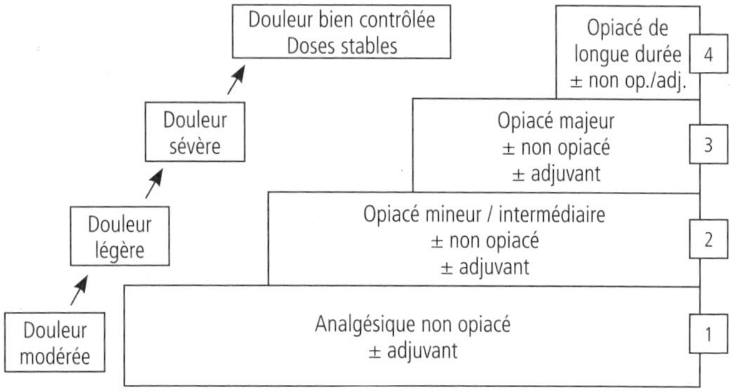

Les analgésiques non opiacés (dits mineurs)

Ces analgésiques se divisent en deux grandes catégories : l'acétaminophène ou paracétamol et les anti-inflammatoires non stéroïdiens (AINS).

L'acétaminophène

- Couramment utilisé pour soulager les douleurs légères à modérées ou comme coanalgésique.
- Très sécuritaire si utilisé en doses appropriées selon l'âge et la fonction hépatique du patient.
- Si pris pendant plus de sept jours, les doses maximales quotidiennes recommandées doivent être plus basses.
- La voie orale met 90 à 120 minutes à atteindre son taux sérique maximal et offre une biodisponibilité et une rapidité d'action supérieures à la voie rectale[5].
- La forme intraveineuse disponible en Europe[6] est utile lorsque la voie entérale n'est pas accessible. Toutefois, elle doit être administrée doucement et comporte un délai d'action.

Les anti-inflammatoires non stéroïdiens (AINS)

- L'*ibuprofène* et le *naproxen* sont les plus fréquemment utilisés en pédiatrie.
- Particulièrement efficaces dans le soulagement des douleurs musculo-squelettiques ou inflammatoires (comme les métastases osseuses ou l'ostéoarthrite[7]) et pour les migraines.

- Une surveillance étroite des signes de saignement digestif, d'insuffisance rénale et de dysfonction plaquettaire est nécessaire lors d'une prise régulière[8]. Lorsqu'un patient reçoit d'autres médicaments pouvant entraîner des atteintes rénales, digestives ou hématologiques, il faut faire preuve de prudence. Même les molécules spécifiques à la cyclo-oxygénase type II (COX II) peuvent entraîner des effets indésirables.
- En situation postopératoire, particulièrement efficaces pour soulager les douleurs associées à la mobilisation, aux drains thoraciques (irradiations à l'épaule) ou lors d'interventions orthopédiques.
- Outre la controverse entourant le kétorolac dans le contexte de l'amygdalectomie[9,10], l'utilisation d'AINS en situation périopératoire n'a été associée à aucune augmentation des risques de saignements.
- Dans le cas précis du *kétorolac*, son utilisation n'est pas recommandée pour des périodes dépassant cinq jours consécutifs, en raison des risques élevés de complications digestives.
- Plusieurs formulations parentérales disponibles en Europe n'existent pas au Canada.
- En Amérique du Nord, l'usage d'acide acétylsalicylique (AAS) chez l'enfant est limité à certaines indications précises comme l'arthrite rhumatoïde juvénile, en raison des craintes liées au syndrome de Reye[11].

Les analgésiques opiacés

Notions générales

- La *morphine*, disponible en formulation entérale ou parentérale, à courte ou longue action, en comprimés ou en suspension, demeure la molécule de référence pour les douleurs modérées à sévères[12].
- Malgré plus de 20 ans d'efforts de sensibilisation, la morphine demeure, dans l'esprit de nombreux patients et collègues, associée à la toxicomanie et aux derniers jours du mourant[13].
- Pour les douleurs légères à modérées, deux *opiacés intermédiaires* sont à considérer: le tramadol et la codéine. Intermédiaire signifie qu'il y a un plafonnement de l'analgésie au-delà d'une dose donnée (pour la codéine, 2 mg/kg, et le

tramadol, 2-3 mg/kg). On réserve donc la codéine et le tramadol au stade 2 de l'échelle de la douleur.

- Le *tramadol* est un composé racémique composé d'un énantiomère (+) à faible affinité pour les récepteurs opiacés (m) et d'un énantiomère (-) qui inhibe la recaptation de la noréпinéphrine et de la sérotonine[14]. Comme opiacé, son efficacité dépend du M1, un métabolite hépatique ayant une affinité 200 fois plus grande que la molécule mère pour le récepteur m[15]. Les patients qui métabolisent mal le tramadol n'en retirent que peu ou pas de soulagement[16]. Disponible en Europe depuis plus de 20 ans, ses actions combinées (opiacé et coanalgésique), de même que les multiples présentations (comprimés, suspension, libération prolongée, injectable), contribuent à sa popularité. Disponible au Canada depuis moins de 10 ans, les présentations disponibles limitent son usage en pédiatrie (aucune forme galénique).
- Environ 10 % des patients de race blanche n'éprouvent aucun bienfait de la *codéine* en raison d'une déficience génétique en cytochrome P2D6[17]. Quelques rares individus disposent d'enzymes capables d'un métabolisme accru de la codéine pouvant mener à des dépressions respiratoires. Pour ces raisons, plusieurs équipes tentent d'éliminer ce médicament de leur liste, mais il demeure l'opiacé le plus familier d'un grand nombre de parents et de professionnels en Amérique du Nord.
- Pour les douleurs sévères, la morphine, l'hydromorphone, l'oxycodone ou le fentanyl sont les *agonistes* puissants à privilégier puisqu'il n'y a pas d'effet de plafonnement. Il s'agit de titrer la dose jusqu'à ce que le patient soit confortable. Les seules raisons qui inciteraient à la diminution ou à la substitution d'un tel opiacé seraient une baisse d'intensité de la douleur, des effets secondaires incoercibles et incapacitants ou une analgésie insuffisante lors de l'augmentation de la dose.
- Si la douleur est constante, il faut prévoir des doses régulières et des entredoses[18]. L'intervalle pour les entredoses dépend des propriétés pharmacocinétiques (voie d'administration, vitesse d'absorption, biodisponibilité, etc.) du médicament. La superposition d'une deuxième dose alors que la précédente n'a pas atteint son pic d'action entraîne des risques de dépassement de la fenêtre thérapeutique et favorise l'apparition d'effets indésirables (surdosage).

- En période d'ajustement, l'utilisation des entredoses est plus importante. Avec une douleur stable, celles-ci devraient diminuer au profit d'une dose d'entretien appropriée. Des fluctuations dans la douleur ou la maladie de base entraînent le plus souvent des variations dans les entredoses.

Les effets secondaires

- Les effets secondaires des opiacés sont dits *mineurs* (somnolence, prurit, nausées, vomissements, rétention urinaire, constipation) ou *majeurs* (dépression respiratoire, arrêt respiratoire). Ce sont les effets secondaires « mineurs » qui empoisonnent la vie du patient au quotidien et limitent le contrôle de la douleur[19].
- Une analgésie efficace peut produire une *somnolence* passagère de 24 à 48 heures, surtout si des douleurs modérées à sévères persistantes ont entraîné une privation de sommeil. En avertissant l'enfant et sa famille de ce phénomène, on prévient certaines craintes et réticences face à l'utilisation des opiacés.
- Si la somnolence réapparaît plus tard en cours de suivi, alors que les doses d'opiacés sont stables, il faut rechercher les causes possibles d'une atteinte de l'état de conscience (hypertension intra-crânienne, métastase cérébrale, désordre électrolytique, effet médicamenteux autre, etc.) avant de diminuer les doses, d'ajouter un stimulant comme le méthylphénidate[20,21,22] ou de changer d'opiacé.
- La dépression respiratoire chez les utilisateurs chroniques d'opiacés est très rare, à moins d'erreurs grossières dans l'administration des doses, de conversion d'opiacé ou d'ajout d'un autre médicament sédatif.
- La situation est tout autre pour un patient qui, dans un contexte postopératoire, est somnolent et difficile à réveiller. Il peut s'agir d'un prélude à la *dépression respiratoire*. La diminution ou l'arrêt de l'opiacé peut s'avérer nécessaire. Les antihistaminiques administrés pour contrer les nausées et le prurit peuvent aussi précipiter un épisode de somnolence ou de dépression respiratoire, malgré un ajustement approprié de l'analgésie. En situation aiguë, la surveillance de l'état de conscience et du rythme respiratoire est essentielle.
- Le *prurit* est éphémère chez la plupart des patients. Il apparaît surtout durant les premiers jours de la prise d'un opiacé ou

lorsque l'effet antalgique dépasse la douleur. Si le problème persiste, les antagonistes spécifiques des récepteurs opiacés ou les antihistaminiques sont suggérés. L'allergie aux opiacés est très rare: il faut rassurer le patient et sa famille en leur expliquant qu'il s'agit d'un effet secondaire et non d'une réaction allergique. Si le prurit est très intense et envahissant (causant de l'insomnie ou des lésions de grattage), l'opiacé en cours peut être remplacé par un autre, en espérant que le patient soit moins intolérant à la nouvelle molécule. Il faut tenter de maximiser la coanalgésie.

- Les *nausées* et *vomissements* sont fréquemment associés à la douleur, aux traitements antinéoplasiques et aux opiacés. Leur traitement nécessite parfois la substitution d'un opiacé par un autre, comme le fentanyl transdermique.
- La *constipation* est inévitable et ne diminue pas avec le temps. Une approche préventive doit être initiée dès le début[23] afin d'éviter la douleur abdominale additionnelle qui en découle. L'émollient est administré dès qu'on prévoit la prise régulière d'un opiacé et peut être combiné à un stimulant du transit intestinal. La prophylaxie doit se poursuivre jusqu'à l'arrêt des opiacés. Les antagonistes spécifiques aux opiacés telles la naloxone[24], la naltrexone[25] ou la méthylnaltrexone[26] ont été étudiés pour le traitement de la constipation secondaire. Les risques de sevrage aigu sont présents avec certains d'entre eux (naloxone, naltrexone) malgré leur biodisponibilité limitée par voie orale. L'accès commercial au méthylnaltrexone est limité dans plusieurs pays.
- Le traitement efficace de tous ces inconvénients est essentiel au confort du patient.

Les craintes

- La crainte de voir les patients sous opiacés réguliers développer une *tolérance* rapide menant à la nécessité d'administrer des doses sans cesse croissantes de médicaments n'est pas fondée. L'expérience clinique et la recherche nous démontrent que dans la grande majorité des cas, l'augmentation des besoins analgésiques coïncide avec une progression de la maladie associée à des douleurs plus sévères[27]. Certaines inquiétudes persistent quant aux risques accrus de développer une tolérance avec la prise d'*opiacés intraveineux* en continu, mais outre le rémifentanyl, les études sérieuses sur le sujet n'existent toujours pas. Dans le cas où un problème de tolérance apparaîtrait, la solution consiste à utiliser deux opiacés différents, en alternance[28]. Pour toute conversion entre opiacés dans le cadre d'une prise chronique (cinq jours consécutifs et de façon régulière), les ratios couramment utilisés et les dérivés de profils d'utilisation aiguë doivent être diminués d'environ 30 %. Ces ajustements reflètent la tolérance croisée incomplète entre les opiacés et la grande variabilité individuelle quant à la sensibilité à un nouvel opiacé.

- L'autre crainte, tout aussi prévalente, est celle de la *toxicomanie* ou de la *dépendance psychologique*. Il faut tout d'abord différencier dépendance physique et psychologique. La première est une conséquence biologique prévisible et inévitable chez tout individu exposé à une molécule de façon chronique. Comme on évite l'arrêt brusque d'un anticonvulsivant pour prévenir un effet de sevrage ou un effet rebond, on agit de même pour les opiacés. Sur le plan biologique pur, des diminutions de 25 à 50 % des doses initiales à chaque 24 heures empêchent l'apparition de manifestations physiques de sevrage comme les tremblements ou l'agitation. En général, en soins palliatifs, les diminutions s'effectuent plus lentement afin d'éviter la réapparition de la douleur. Il n'y a *aucun* lien entre la dépendance physique et la dépendance psychologique. La toxicomanie, synonyme de dépendance psychologique, est un phénomène rare chez les patients qui utilisent les opiacés pour contrer la douleur[29].

Les formulations à action prolongée

- Quand les besoins sont stables, on gagne à remplacer les « courtes actions » régulières par une libération prolongée qui permettra au patient de profiter d'une analgésie plus constante et d'un meilleur sommeil. Le choix de l'option doit tenir compte de l'âge de l'enfant (capacité à avaler un comprimé entier) et des doses utilisées (présentation minimale disponible). Si, par surcroît, l'enfant est nauséeux, somnolent ou a des troubles de déglutition, le fentanyl transdermique peut être une option (minimum équivalent morphine PO : 25 mg/24 h). Un timbre de fentanyl 12mcg/h placé à moitié sur la peau et à moitié sur un pansement occlusif (Tegaderm®) permet d'administrer aussi peu que 6mcg/h. Si l'enfant devient plus souffrant ou irritable en fin d'intervalle ou requiert plus d'entredoses, on peut raccourcir les intervalles ou augmenter les doses.

- En débutant une libération prolongée, il faut éviter une *période sous thérapeutique* entre les deux modalités. La connaissance de la *pharmacocinétique* des options choisies permet l'élaboration d'ordonnances claires pour passer de l'une à l'autre. Pour la morphine orale à libération prolongée ou ses analogues, la dernière dose à courte action régulière doit être administrée en **même temps** que la première dose à longue action qui mettra environ quatre heures à établir un niveau thérapeutique. Pour le fentanyl transdermique, il faut compter 8 à 12 heures de délai lors duquel on maintiendra les doses à courtes actions régulières pour ensuite les poursuivre en entredoses. Si le patient reçoit des opiacés en perfusion continue (intraveineuse (IV) ou sous-cutanée (SC)), on suggère de cesser la perfusion quelques heures après l'application du timbre tout en assurant la disponibilité d'entredoses pour des ajustements en cours de transition. Comme les ratios de conversion du fentanyl transdermique sont *très sécuritaires*, les entredoses sont fréquentes au cours des trois premiers jours (premier timbre). Par conséquent, le dosage du fentanyl augmente souvent lors de l'installation du deuxième timbre.

La méthadone

- La méthadone est indiquée comme option de substitution à un autre opiacé lorsque, en raison de doses élevées, on craint ou on observe des manifestations de toxicité neurologique (tremblements, convulsions, confusion, agitation, hyperalgésie)[30]. Ces symptômes, initialement associés à la normépéridine (norpéthidine), métabolite actif de la mépéridine (péthidine), sont parfois associés à d'autres opiacés (morphine, hydromorphone, fentanyl ou oxycodone) qui, à des concentrations élevées, produisent des métabolites aux mêmes effets excitatoires du système nerveux central. Il est important de soupçonner et de reconnaître rapidement cette complication. En pratique, on pose la question suivante : « Le patient s'agite-t-il parce qu'il a mal ou parce que les métabolites s'accumulent ? ». L'augmentation des opiacés à ce moment précis ne fera qu'entretenir ou exacerber le problème. Dans le doute, il faut remplacer l'opiacé en cours par un autre[31]. La substitution permet une analgésie équivalente à des doses moindres, puisque la tolérance croisée entre les opiacés n'est pas totale. Enfin, si la conversion à la méthadone est possible, on profite d'une molécule sans métabolite actif.

- L'*efficacité analgésique* de la méthadone découle de ses propriétés pharmacologiques (récepteurs opiacés et NMDA) et pharmacocinétiques uniques (absorption rapide et très lente élimination)[32]. Ses avantages incluent la stabilité à long terme sans réfrigération, la longue durée d'action à faible coût, la disponibilité en suspension pour l'administration par le biais d'un tube de gavage ou chez l'enfant qui ne peut avaler les comprimés. Au Royaume-Uni, la méthadone est disponible en formulation IV.
- La conversion vers la méthadone requiert des *mesures particulières*. Au Canada, le médecin doit détenir une autorisation spécifique pour la prescrire. Pour effectuer la transition vers la méthadone, on recommande également une hospitalisation minimale de trois jours en raison de la très grande variabilité du ratio de conversion entre la méthadone et tout autre opiacé (reconverti en équivalent morphine PO)[33]. Pour un patient n'ayant reçu aucun opiacé, le ratio méthadone/morphine s'établit à 1/1. À l'autre extrême, chez des patients qui utilisent 6 mg/kg/jour et plus (équivalent morphine PO de 300 mg/jour chez l'adulte), le ratio est estimé à 1/10-20. Notre approche, largement inspirée du protocole de Bruera[34], consiste à diviser la dose totale en trois pour convertir un tiers chaque jour, en trois jours consécutifs.

L'administration parentérale

- Les caractéristiques de la douleur (grande intensité, fluctuations rapides et fréquentes) ou encore la non-disponibilité de la voie entérale (refus, nausées, douleur à la déglutition, occlusion intestinale, inconscience, jeûne périopératoire, etc.) nécessitent parfois le recours à la voie intraveineuse[35].
- Les voies IV ou SC permettent de s'adapter à un ensemble de situations cliniques, à l'hôpital ou à domicile. La principale contrainte de la voie IV est la perfusion continue minimale (0,5 ml/h), tandis que la voie SC nécessite des solutions plus concentrées pour minimiser la douleur au site d'injection (max. 1 ml). La voie intramusculaire (IM) devrait être évitée, car elle comporte une grande variabilité dans l'absorption des

médicaments et elle est douloureuse. Elle incite la majorité des enfants à nier leur douleur plutôt que de subir la piqûre.

- Si les conditions le permettent, il est recommandé de reprendre la voie orale dès que l'ajustement des opiacés est complété et que la situation clinique est stabilisée.

L'analgésie contrôlée par le patient

- L'analgésie contrôlée par le patient (ACP), est possible pour les *enfants de 6 ans ou plus, au développement intellectuel normal et à l'état de conscience intacte.* Cette variante de la voie IV vise à ajuster plus précisément l'opiacé à l'intensité de la douleur (postopératoire, mucosite[36], crise drépanocytaire). Il s'agit d'un pousse-seringue doté d'un logiciel programmable et d'un bouton de commande. Les paramètres essentiels sont le « bolus » (dose ajustée), l'intervalle (le temps minimal entre deux doses) et la concentration du médicament dans la pompe. La pompe enregistre le ratio des bolus reçus (doses) *versus* refusés (essais). Idéalement, on devrait observer une prise moyenne de une à deux doses/heure et un ratio doses/essais de près de un. Une programmation maintenue trop en deçà des besoins cliniques (plus de trois doses/h et beaucoup d'essais) entraînera le désintérêt de l'enfant face à cette pompe inefficace. En contrepartie, une augmentation soudaine et soutenue des doses utilisées incite à réévaluer la situation clinique et à rechercher une nouvelle source de douleur: syndrome des loges, abcès abdominal, infection, épanchement pleural, etc.
- Malgré sa modernité et sa facilité d'utilisation, l'*ACP n'est pas une garantie de confort en soi.* Comme pour tout autre opiacé, les effets secondaires ou les craintes chez l'enfant, un parent ou un intervenant peuvent inciter à la sous-utilisation. Dans la plupart des cas, il s'agit de réitérer les informations données initialement, de débusquer les mythes et de traiter les effets secondaires.
- Si le patient pour qui l'ACP est rendue disponible prend déjà des opiacés de façon régulière, le calcul relatif à la programmation des doses doit tenir compte des besoins de base existants. En général, on remplace les doses PO par une perfusion continue IV équianalgésique et on ajoute les bolus pour la douleur aiguë.
- Pour l'enfant incapable d'utiliser l'ACP, l'analgésie contrôlée par l'infirmière (ACI) est une option.

- Les principes de l'ACP ou de l'ACI s'appliquent à la voie SC pour les situations à domicile. Dans le contexte des soins palliatifs, les parents participent à la gestion des bolus. Avant un congé temporaire ou définitif, des mesures de soutien d'urgence doivent avoir été mises en place, le patient et ses parents doivent avoir reçu l'enseignement nécessaire et savoir que le retour à l'hôpital est possible.

Les opiacés non recommandés

- Les *agonistes-antagonistes* (nalbuphine, butorphanol, etc.) sont déconseillés en soins palliatifs ou pour la gestion de douleurs sévères. En plus de limiter l'effet agoniste, les propriétés antagonistes peuvent provoquer de violents sevrages chez tout patient ayant reçu un agoniste pur auparavant.
- Une foule de raisons font de la mépéridine (ou péthidine) un très mauvais choix en soins palliatifs. Son métabolite actif, la normépéridine (ou norpéthidine), sa pauvre biodisponibilité en version PO et le risque de réactions psychogéniques (agitation, hallucinations) à des doses de départ sont les plus évidentes. Certains la considèrent comme une option de troisième ligne pour la douleur aiguë chez les patients susceptibles aux effets histaminergiques de la morphine ou de l'hydromorphone, puisque la mépéridine, un opiacé entièrement synthétique, n'entraîne aucune relâche d'histamine.

Les adjuvants

La *multimodalité,* concept central en gestion de la douleur, fait référence à la combinaison d'approches et de médicaments pour contrer la pluralité des sources et des mécanismes de la douleur. En général, l'introduction d'adjuvants a pour but d'améliorer le contrôle de la douleur tout en maintenant ou en réduisant les besoins en opiacés afin d'en diminuer les effets secondaires.

La kétamine

Agent anesthésique délaissé, la *kétamine* a connu un regain de popularité dans les années 1990 à la suite de la découverte de ses effets antagonistes sur les récepteurs N-méthyl-d-aspartate (NMDA). À très faible dose (0,1 mg/kg/h en perfusion IV), elle permettrait de diminuer ou de renverser la tolérance à l'opiacé en cours[37] et potentialiserait l'effet analgésique de l'opiacé auquel il est combiné. Quelques essais cliniques randomisés ont démontré son efficacité dans un contexte postopératoire[39,40]. Même si son efficacité à plus large échelle reste à démontrer par des études solides[41], plusieurs équipes spécialisées dans la gestion de la douleur intègrent la kétamine en microdoses à leur pratique usuelle, et ce, surtout pour les patients aux douleurs réfractaires ou présentant des effets secondaires marqués aux opiacés. À la lumière de l'expérience clinique accumulée, la kétamine à doses adjuvantes (max. 0,2 mg/kg/h) produit rarement des effets psychogéniques. De façon générale, la kétamine est contre-indiquée chez les patients atteints d'épilepsie ou de lésions cérébrales. Toutefois, quelques rapports de cas relatent le traitement efficace de *status épilepticus* réfractaires avec la kétamine[42].

Les autres adjuvants

- Les *benzodiazépines* sont appréciées pour leurs effets sédatifs, hypnotiques, anxiolytiques et antispasmodiques. Agonistes des récepteurs GABA du système nerveux central, elles n'ont aucune affinité pour les récepteurs opiacés et aucune propriété antalgique en soi. Toutefois, leur rôle comme adjuvants peut être utile dans les situations où l'anxiété vient exacerber les perceptions douloureuses ou lorsque les spasmes musculaires ravivent la douleur de façon paroxystique.
- La *clonidine*, agoniste a_2 du système nerveux central, peut agir comme adjuvant des opiacés afin d'optimiser leur pouvoir antalgique tout en produisant un effet sédatif. Lors de l'introduction de clonidine, il est recommandé de faire un suivi régulier des tensions artérielles pendant quelques jours. La clonidine est avantageuse par voie orale ou transdermique chez certains enfants qui présentent une spasticité très marquée. La forme injectable n'est disponible qu'en Europe.
- Les *antispasmodiques*, relaxants du muscle lisse, sont indiqués pour les spasmes vésicaux (vessie neurogène, cystite hémorragique) ou digestifs. Quant aux neuroleptiques, outre le méthotriméprazine[43], qui pourrait avoir un certain effet analgésique propre, ils sont plutôt utilisés pour leurs effets sédatifs complémentaires ou pour traiter des épisodes de délirium[44].

Les anesthésiques locaux

- Les *crèmes analgésiques* pour usage topique telles que Emla®[45], Ela-Max®/Maxilene® ou Ametop® sont d'efficacité comparable pour diminuer la sensation de piqûre au moment de l'intraveineuse ou de toute autre procédure impliquant des aiguilles[46,47]. Elles se distinguent par le délai minimal nécessaire entre l'application et la procédure (pour l'Emla®, au moins 60 minutes, tandis que Ela-Max® et Ametop® permettent de procéder en 30 à 45 minutes, pour trois à cinq millimètres de profondeur). Pour éviter la veinoconstriction induite par l'Emla®, il faut retirer la crème 5 à 10 minutes avant de piquer.

- Outre le contexte périopératoire, les blocs neuraxiaux, telle la péridurale, sont rarement utilisés pour le contrôle de la douleur en soins palliatifs pédiatriques, car les tumeurs solides avec envahissement et compression localisée sont rares chez les enfants. Ces techniques, réservées aux cas de douleurs réfractaires[48,49,50], s'effectuent sous sédation ou anesthésie générale.

Chimiothérapie, radiothérapie et chirurgie

Traditionnellement associées aux soins curatifs, la chimiothérapie, la radiothérapie et la chirurgie sont des approches qui peuvent parfois être utiles en phase palliative pour diminuer le volume d'une masse qui cause des céphalées ou des douleurs de compression. Ces mesures, bien qu'invasives, ont leur place dans l'arsenal général des soins palliatifs.

Les cas particuliers

- Les doses indiquées au tableau 2 sont destinées aux enfants de 3 mois et plus et sont basées sur les données pharmacologiques disponibles en pédiatrie. En l'absence d'étude spécifique quant à l'âge, les doses sont extrapolées à partir des données adultes. Chez le prématuré et le nouveau-né, les données existantes et les connaissances physiologiques nous incitent à utiliser les recommandations usuelles moins 30 à 50 % pour le calcul de la dose initiale ; à diminuer les doses subséquentes et à allonger les intervalles d'administration pour la plupart des médicaments. *Les variabilités interindividuelles dans la réponse aux médicaments sont plus grandes jusqu'à l'âge de 6 mois environ.* Ceci s'explique par les grands volumes de distribution, les fonctions hépatique et rénale diminuées et la susceptibilité accrue du système nerveux central aux effets dépresseurs[51]. Pour un *prématuré* ou un *nouveau-né*, peu importe la dose ou la méthode de calcul, il faut réévaluer plus souvent pour ajuster une dose administrée avec prudence, donc souvent trop faible.

- L'ajustement optimal de l'analgésie est aussi très difficile chez les enfants qui présentent un retard cognitif sévère. Dans ces cas, une collaboration étroite avec les parents ou tout autre aidant naturel qui connaît bien l'enfant et sait interpréter ses moindres sons, mimiques ou spasmes est essentielle.

Tableau 2

*Compilation des posologies pédiatriques recommandées**

	Médicament	Posologie pédiatrique				
		PO	IR	SC	IV	PCA
Analgésiques non opiacés	Acétaminophène ou paracétamol (Propacétamol)	10-15 mg/kg/D q 4-6 h	5-20 mg/kg/D q 4-6 h		Propacétamol 20 mg/kg/D q 4-6 h en 15 min. 120 mg/kg/jour (dose maximum)	
		Max. 90 mg/kg/jour court terme Max. 65 mg/kg/jour long terme				
	Ibuprofène	3-10 mg/kg/D q 6-8 h	*Idem*			
	Naproxen	7,5-10 mg/kg/D q 12 h	*Idem*			
Analgésiques opiacés Les posologies suggérées sont des **doses de départ** pour les patients ne recevant pas d'opiacé de façon régulière au préalable. Se référer au texte pour ajuster les doses.	Codéine	0,5-2 mg/kg/D q 4-6 h		0,5-2 mg/kg/D q 3-6 h		
	Tramadol	1 mg/kg/D q 4-6 h			0,75-1 mg/kg/D q 4-6 h	
	Morphine	Courte action 0,2-0,4 mg/kg/D q 4-6 h		Intermittent 0,1-0,15 mg/kg/D q 3-4 h	Intermittent 0,07-0,1 mg/kg/D q 2-4 h	0,02-0,025 mg/kg/D q 5-6 min.
				Perfusion 0,01-0,06 mg/kg/h		
	Hydromorphone	Courte action 0,04-0,1 mg/kg/D q 4-6 h		Intermittent 0,02-0,03 mg/kg/D q 3-4 h	Intermittent 0,005-0,02 mg/kg/D q 2-4 h	0,004-0,005 mg/kg/D q 5-6 min.
				Perfusion 0,003-0,008 mg/kg/h		
	Mépéridine ou péthidine				Intermittent 0,7-1 mg/kg/D q 3 h	0,2-0,25 mg/kg/D q 5-6 min
	Oxycodone	0,1-0,2 mg/kg/D q 4-6 h				
	Fentanyl	Transdermique selon échelles de conversion usuelles				
	Méthadone	0,05-0,2 mg/kg/D q 6-12 h	*Idem*	Très irritant	0,05-0,2 mg/kg/D q 6-12 h	

* Les doses et intervalles recommandés sont valables pour les enfants de 3 mois et plus. Pour les prématurés et les nouveau-nés, il est suggéré d'utiliser les mêmes ratios pour la dose initiale et de diminuer de 50 % les doses subséquentes tout en ajustant les intervalles en fonction des capacités d'excrétion hépatique et rénale du bébé.

Inhibiteur des NMDA	Kétamine	5-10 mg/kg/D (20 min. pré-procédure, 1 à 2 fois/jour)				Max. 0,2 mg/kg/h[1]
Benzo-diazépines	Diazépam	0,1-0,3 mg/kg/D DIE à QID			0,1-0,2 mg/kg/D DIE à QID	
	Lorazépam	0,02-0,1mg/kg/D BID à QID			0,02-0,1mg/kg/D BID à QID	0,01-0,05 mg/kg/h[2]
	Clonazépam	0,01-0,03 mg/kg/J divisé BID à TID, titrer ad 0,2 mg/kg/J				
	Midazolam	0,5-0,75 mg/kg/D (20 min. pré-procédure) Maximum 15 mg			0,05-0,1 mg/kg/D q1h au besoin	0,05-0,2 mg/kg/h
Antispasmo-diques	Baclofen	2-7 ans, 3-5 mg/D TID (max. 40 mg/jour) > 7ans, 5 mg/D TID (max. 60 mg/jour) > 12 ans, 5 mg/D TID (max. 80 mg/jour)				
	Oxybutynine	1-5 ans, 0,2 mg/kg/dose BID ou QID 6-12 ans, 5 mg BID ou QID >12 ans, 5mg BID ou QID				
	Dicyclomine	6 mois-5 ans, 5 mg TID ou QID 6-12 ans, 10 mg TID ou QID >12 ans, 20-40 mg QID				
Neurolep-tiques	Chlorpro-mazine	0,15-0,5 mg/kg/D BID ou QID			0,15-0,5 mg/kg/D q 6 h	
	Halopéridol	0,01-0,1 mg/kg/D BID ou TID			0,005-0,06 mg/kg/D BID ou TID	
	Méthotrimé-prazine	0,12-0,5 mg/kg/jour BID ou TID				
Antipruri-gineux	Diphen-hydramine	0,5-1 mg/kg/D q 6-8 h Max. 400 mg/jour			0,5-1 mg/kg/D q 6-8 h Max. 400 mg/J	
	Hydroxyzine	0,5-1 mg/kg/D q 6h			2-4 mg/kg/J divisé q 6 h voie centrale seul.	
	Triméprazine	6 mois-3 ans : 1,25 mg TID 4-6 ans : 2,5 mg TID >7 ans : 2,5-5 mg TID				
	Prométhazine[3]	0,1-0,25 mg/kg/D TID ou QID			0,1-0,25 mg/kg/D q 6 h	
Antagonistes	Naloxone				1-2 mcg/kg/D[4] PRN	
	Flumazénil				10 mcg/kg/D PRN Max : 50 mcg/kg ou 1 mg total	
	Chlorproma-zine				0,02 mg/kg/D PRN	

Autres	Méthylphénidate	2,5-60 mg/24 h en 1 ou 2 dose(s), AM/midi				
	Clonidine Peut être donné en timbre transdermique aux mêmes doses que PO.	0,003-0,005 mg/kg/J DIE ou divisé BID				
	Dexmédétomidine					

1. La kétamine, employée comme adjuvant, peut être combinée à un opiacé en ACP à une concentration de 0,5 mg/ml ou moins ou administrée en perfusion continue dans un pousse-seringue séparé. Lorsque jumelé dans l'ACP, la dose varie selon le nombre de bolus utilisés par le patient et ne devrait pas dépasser 0,2 mg/kg/heure afin d'éviter les effets psychogéniques. Des études de stabilité/compatibilité physico-chimique ont démontré que la kétamine, en solution avec la morphine ou l'hydromorphone, donne des mélanges stables pour un minimum de sept jours à température de la pièce.
2. Le lorazépam en perfusion doit être utilisé dans le cadre d'un protocole bien établi afin d'éviter les risques de précipitation du médicament en solution à certaines concentrations.
3. L'usage de la prométhazine n'est pas recommandé avant l'âge de 2 ans.
4. Il s'agit ici d'une dose destinée au traitement des effets secondaires des opiacés et non de la dose pour arrêt respiratoire chez un toxicomane à l'urgence. Si une dépression respiratoire survient chez un patient utilisant des opiacés de façon chronique, il est très important de ne pas donner la naloxone en dose d'urgence, car une recrudescence brutale de la douleur en résulterait. Un tel sevrage physique immédiat peut entraîner des arythmies sévères et un œdème pulmonaire. La solution à privilégier est de suspendre temporairement les opiacés, donner de l'oxygène, parler au patient et, au besoin, titrer de petites doses de naloxone au chevet jusqu'à ce que le patient commence à s'éveiller. La naloxone a une demi-vie plus courte que la plupart des opiacés et l'enfant peut se rendormir quand l'effet du bolus de naloxone se sera dissipé, après environ une heure. La vigilance doit être maintenue au-delà de la durée d'action de la naloxone. Dans le contexte aigu d'une situation postopératoire, on optera parfois pour une perfusion continue de naloxone pour couvrir la période d'élimination de l'opiacé systémique ou pour traiter un prurit réfractaire.

Légende : D : dose, q : chaque, h : heure, min : minutes, DIE : une fois par jour, BID : deux fois par jour, TID : trois fois par jour, QID : quatre fois par jour.

La pharmacie

Les enfants requièrent parfois des préparations médicamenteuses spéciales (petites doses, suspensions, comprimés croquables) qui ne sont pas disponibles partout ou qui ne sont pas remboursées par certains programmes d'assurance. Certains médicaments, rarement prescrits aux enfants, peuvent susciter l'inquiétude du pharmacien d'officine. Pour réussir la transition de l'hôpital à la maison, il faut s'assurer que les parents pourront obtenir les médicaments prescrits. En contactant le pharmacien et l'équipe de soins locale du patient (généraliste, pédiatre, clinique, CLSC), une vérification de la disponibilité des médicaments peut être effectuée et on peut répondre directement aux questions des intervenants sur le terrain.

Le départ

L'infirmière responsable du suivi à domicile prend contact avec la famille avant le départ et assure le lien avec le patient, ses parents et les intervenants à la maison. Toutefois, malgré tous les efforts de préparation et de communication, il est assez fréquent de voir des situations cliniques se détériorer dans les jours ou les semaines suivant le retour à domicile. Dans certains cas, c'est la maladie qui évolue rapidement, mais parfois, il s'agit des conséquences d'un « expert » à domicile. Les avis d'amis, de collègues, de membres de la famille élargie et les informations de sites Internet font renaître les doutes et les craintes face aux médicaments, qui sont peu à peu diminués ou délaissés. Il faut tenter de prévenir le problème avant qu'il n'apparaisse et faire savoir aux parents que les commentaires fuseront de toutes parts dès leur arrivée à la maison. Il faut également les inviter à contacter l'équipe soignante de l'enfant si des questions ou des doutes surviennent. Dans ces circonstances, l'infirmière responsable du suivi à domicile joue un rôle déterminant afin de dépister, d'anticiper et de corriger de telles dérives. Parfois, la seule façon de convaincre l'enfant et son entourage qu'un médicament est encore nécessaire est de faire un essai de diminution ou d'arrêt. La réapparition subséquente des douleurs est malheureusement plus convaincante que bien des explications.

Les procédures

La douleur procédurale en pédiatrie est reconnue depuis plusieurs années[52]. On intervient de plus en plus pour prévenir et traiter la douleur découlant de gestes techniques jadis considérés comme trop brefs ou trop mineurs pour nécessiter une analgésie ou une sédation formelle[53,54]. Les anesthésistes, intensivistes et urgentologues sont de plus en plus sollicités pour prodiguer des sédations ou pour participer à l'élaboration de protocoles. Cependant, la question centrale demeure : « Comment augmenter le confort du patient tout en limitant les risques de complications inhérents à la sédation ? ».

Tout d'abord, il faut dissiper quelques mythes et clarifier les prémisses.

Mythe 1

La sédation est moins dangereuse que l'anesthésie générale parce qu'on donne moins de médicament. **FAUX**

Au contraire, la sédation est un travail de funambule où l'on doit rester sur la ligne entre trop et trop peu de médicaments. Trop peut vouloir dire intubation, ventilation, aspiration, et trop peu, agitation et difficultés techniques[55]. Plusieurs associations professionnelles et sociétés d'accréditation d'établissements de santé ont émis des directives très claires quant aux normes minimales pour procéder à la sédation de façon sécuritaire[56,57,58]. De plus, la personne responsable de la sédation doit savoir effectuer la réanimation appropriée si un arrêt respiratoire survient.

Mythe 2

Pour effectuer une sédation, il suffit de connaître la dose des médicaments en mg/kg. **FAUX**

Les besoins sont très variables en fonction des caractéristiques de l'enfant ou de l'examen qu'il doit subir. Dans le cas d'une anxiolyse seule ou en combinaison avec l'analgésie, d'une réaction paradoxale au midazolam[59] ou de résistances, la dose efficace peut varier du simple au double entre deux patients du même poids.

Mythe 3

Si j'évite certaines molécules, je suis à l'abri des dépressions respiratoires. **FAUX**

Tout médicament, seul ou en combinaison (PO, IR, IM, SC ou IV), peut entraîner des dépressions respiratoires.

Mythe 4

Une fois la procédure terminée, le patient est hors de danger. **FAUX**

En postsédation, les effets sédatifs résiduels en l'absence de stimulus douloureux nécessitent une surveillance étroite avec saturométrie en continu et oxygène, jusqu'au retour à l'état d'éveil antérieur.

Mythe 5

Le jeûne n'est pas nécessaire puisque ce n'est qu'une sédation. **FAUX**

La sédation peut mener à la perte de contrôle des voies aériennes et à l'aspiration du contenu gastrique. Le jeûne doit être respecté.

Mythe 6

Sous sédation, il n'est pas nécessaire d'avoir recours à l'anesthésie locale. **FAUX**

L'infiltration locale permet de diminuer les besoins en sédation au cours de la procédure tout en prolongeant le confort au réveil.

La procédure idéale pour la sédation

Il faut savoir reconnaître les procédures qui se prêtent à la sédation de façon sécuritaire.

- Un geste bref (minutes), peu invasif, pour lequel tout le matériel nécessaire est disponible sur place.
- Un accès facile au patient pour surveiller sa respiration, son état de conscience et intervenir au besoin.
- L'expérience de la personne qui effectue la technique. Si un stagiaire participe, il ou elle est sous la supervision directe et active d'un intervenant d'expérience.
- Un patient stable, à jeun, sans atteinte respiratoire ou neurologique significative. Attention aux enrhumés, aux patients obèses (*cushing* iatrogénique), aux trisomiques et aux nourrissons.

Le médicament sédatif idéal pour la procédure

- Malgré les avancées pharmacologiques, *le médicament sédatif idéal, adapté à toutes les situations cliniques, n'existe pas.* On recherche une action rapide et brève sur la douleur et l'anxiété, sans dépression respiratoire ou hémodynamique, et administrable sans douleur.
- En attendant, la planification préalable vise à diminuer les risques et cibler les besoins de la clientèle visée pour employer les molécules adaptées à la situation clinique.
- Plusieurs médicaments (comme le propofol, les benzodiazépines, les barbituriques, la clonidine, la dexmédétomidine et l'hydrate de chloral) diminuent l'*anxiété* et produisent de la somnolence.
- Les opiacés comme la morphine, le fentanyl ou le rémifentanil s'attaquent à la *douleur*.
- Le protoxyde d'azote (MEOPA) et la kétamine combinent les deux propriétés précédemment évoquées.

- Plusieurs options et combinaisons médicamenteuses sont possibles. Le choix se fera selon les mérites relatifs de chacune, pour les intervenants du milieu où elle sera appliquée, et en fonction des ressources humaines et matérielles disponibles. Par exemple, certains font les aspirations de moelle osseuse sous anesthésie générale, tandis que d'autres utilisent des techniques d'hypnose combinées à l'anesthésie locale[60]. Voici un bref survol des principaux agents :

Le mélange équimolaire oxygène/protoxyde d'azote (MEOPA)

Commun en Europe et en Australie, le protoxyde d'azote sous forme de mélange équimolaire d'oxygène et de protoxyde d'azote (MEOPA), est couramment utilisé pour les techniques de ponction lombaire ou médullaire en oncologie. L'enfant respire le MEOPA, qui est à la fois sédatif et analgésiant, tout en participant à des techniques d'imagerie simples, animées par les parents ou les intervenants, qui créent ainsi un univers ludique plutôt qu'un stress. Une étude portant sur plus de 1 000 patients a démontré un taux d'efficacité de 88 %[61], tandis que le taux de complications majeures obtenu à la suite de la révision de 7 511 cas est de 0,3 %[62]. En Amérique du Nord, l'utilisation du MEOPA est limitée en raison des normes de ventilation pour les zones où est utilisé le protoxyde d'azote.

Les benzodiazépines

- Le *midazolam* est la benzodiazépine la plus utilisée à des fins de sédation procédurale chez l'enfant.
- Administrée sous forme PO ou IV, elle produit le plus haut pourcentage d'amnésie antérograde chez les patients. Son principal désavantage est le taux de non-répondants et de réactions paradoxales. De l'irritabilité transitoire à la dépersonnalisation complète avec agressivité et agitation prolongées[63], les mécanismes de ce phénomène ne sont pas connus. Le traitement par antidote s'effectue avec le flumazénil.

Le propofol

- Le propofol, un agent d'induction anesthésique IV de courte durée, peut être titré seul ou en combinaison avec la kétamine ou un opiacé. Son usage en perfusion de maintien aux soins intensifs pédiatriques est clairement déconseillé[64] en raison des cas d'acidose métabolique irréversible. Toutefois, utilisé pour de courtes périodes ou comme sédatif, ce médicament est sécuritaire[65].

- La combinaison propofol/kétamine offre un maximum d'efficacité analgésique pour un minimum de dépression respiratoire. Le mélange suggéré comporte 90 mg de propofol (9 ml) et 50 mg de kétamine (1 ml), à raison de 0,1 ml/kg au départ, et titré par la suite. Pour les bébés de moins de 6 mois, on diminue la quantité de kétamine à 10 mg (1 ml).
- Au CHU Sainte-Justine, le mélange propofol/opiacé est réservé aux enfants qui présentent des épisodes d'agitation postkétamine, soit moins de 3 % des 10 000 patients placés sous sédation en clinique d'oncologie au cours des 10 dernières années.
- Le propofol produit une douleur locale intense lorsqu'injecté dans une voie périphérique.

La kétamine

- La kétamine, sous forme PO (5 à 10 mg/kg) ou IV (0,1 mg/kg et plus), seule ou en combinaison, est très efficace.
- Elle peut remplacer le midazolam en prémédication chez les enfants connus pour avoir des réactions paradoxales aux benzodiazépines. Cependant, elle provoque un nystagmus qui incommode sérieusement certains patients.
- Elle potentialise à la fois les sédatifs et les analgésiques, et ses effets se dissipent rapidement (30 à 90 minutes) selon la voie d'administration et la combinaison.
- La kétamine a très mauvais goût, même si on tente de la diluer dans un sirop ou un jus.
- Elle peut causer des épisodes d'agitation[66,67], mais l'incidence semble être nettement moindre que celle observée dans le contexte anesthésique. Il n'y a pas d'antidote spécifique. L'option à considérer est la chlorpromazine.

La clonidine et la dexmédétomidine

- La clonidine est un substitut intéressant au midazolam qui permet d'éviter les réactions paradoxales, en particulier chez les enfants avec un déficit d'attention, un trouble envahissant du développement ou expérimentant des phénomènes de stress post-traumatique aigu ou chronique.

- La dexmédétomidine, agoniste a_2 supra sélectif, disponible sous forme parentérale, est un adjuvant intéressant pour tout enfant qui ne semble plus répondre aux molécules habituelles.

L'hydrate de chloral et pentobarbital

- L'hydrate de chloral[68], prisé par certains et banni par plusieurs, est un sédatif sous forme PO ou IR à très longue durée d'action (4-8 h). Métabolisé en trichloroéthanol, les risques d'accumulation sont réels en cas d'utilisation répétée. Il faut porter une attention particulière à la dépression myocardique, surtout chez les cardiopathes.
- Le pentobarbital, un barbiturique à très, très longue durée d'action (t½ b 20 à 50 heures) fait, lui aussi, partie de ces dinosaures de la sédation qu'on délaisse. Il provoque régulièrement de l'agitation au réveil et des réactions paradoxales spectaculaires.

Les opiacés

Les opiacés, souvent utilisés seuls chez les adultes, sont rarement suffisants en pédiatrie, car il est difficile pour l'enfant ou l'adolescent d'avoir une attitude rationnelle face à une aiguille ou à une contrainte positionnelle. Le plus souvent, on les combine à une benzodiazépine.

En conclusion

Un nombre croissant d'individus et d'équipes de soins s'impliquent pour améliorer le traitement de la douleur pédiatrique sous toutes ses formes. Nous disposons aujourd'hui d'un arsenal thérapeutique considérable que nous avons le devoir d'utiliser au quotidien afin de soulager le mieux possible nos patients. Si nous n'avons pas toujours le pouvoir de prolonger la vie d'un enfant, nous pouvons, au moins, améliorer sa qualité de vie au maximum.

Notes

1. *Cancer Pain Relief and Palliative Care in Children.* Geneva, WHO and IASP, 1998.
2. Eccleston, C. et coll. « Psychological therapies for the management of chronic and recurrent pain in children and adolescents ». *Cochrane Database Syst Rev.* 2003 (1) : CD003968.

3. Fowler-Kerry, S. « Adolescent oncology survivors' recollection of pain ». *Advances Pain Res Ther* 1990 15 : 365-371.

4. Collins, J.J. et C.B. Berde. « Management of cancer pain in children ». In Pizzo, P.A. et D.G. Poplack (dir.) *Principles and Practice of Pediatric Oncology* 3rd ed. Philadelphia : Lippincott-Raven, 1997 : 1183-1199.

5. Cranswick, N. et D. Coghlan. « Paracetamol efficacy and safety in children : the first 40 years ». *Am J Ther* 2000 7 : 135-141.

6. Jarde, O. et E. Boccard. « L'administration par voie parentérale augmente l'efficacité du paracétamol par rapport à la voie orale ». *Clin Drug Invest* 1997 14 (6) : 474-481.

7. Litalien, C. et E. Jacqz-Aigrain. « Risks and benefits of nonsteroidal anti-inflammatory drugs in children, a comparison with paracetamol ». *Paediatr Drugs* 2001 3 (11) : 817-858.

8. Henry, D. et coll. « Variability in risk of gastrointestinal complications with individual non-steroidal anti-inflammatory drugs : results of a collaborative meta-analysis ». *BMJ* 1996 312 : 1563-1566.

9. Rusy, L.M. et coll. « A double-blind evaluation of ketorolac tromethamine versus acetaminophen in paediatric tonsillectomy : analgesia and bleeding ». *Anesth Analg* 1995 80 (2) : 226-229.

10. Agrawal, A. et coll. « Postoperative haemorrhage after tonsillectomy : use of ketorolac tromethamine ». *Otolaryngol Head Neck Surg* 1999 120 (3) 335-339.

11. Belay, E.D. et coll. « Reye's syndrome in the United States from 1981 through 1997 ». *N Engl J Med* 1999 ;340 :1377-1382.

12. Zernikow, B. et coll. « Pediatric palliative care – Use of opioids for the management of pain ». *Pediatr Drugs* 2009 11(2) : 129-151.

13. Gruhier, F. « Morphine : la mauvaise réputation ». *Le Nouvel Observateur,* nº 1942, 24 janvier 2002.

14. Shipton, E.A. « Tramadol-Present and future ». *Anaesth Intensive Care* 2000 28 : 363-374.

15. Scott, L.J. et C.M. Perry. « Tramadol – A review of its use in perioperative pain ». *Drugs* 2000 60(1) :139-176.

16. Poulsen, L. et coll. « The hypoalgesic effect of tramadol in relation to CYP2D6 ». *Clin Pharmacol Ther* 1996 60 : 636-644.

17. Desmeules, J. et coll. « Impact of environmental and genetic factors on codeine analgesia ». *Eur J Clin Pharmacol* 1991 41 : 23-26.

18. Hunt, A. et coll. « Population pharmacokinetics of oral morphine and its glucuronides in children receiving morphine as immediate-release liquid or sustained-release tablets for cancer pain ». *J Pediatr* 1999 135 : 47-55.

19. Wolfe, J. et coll. « Symptoms and suffering at the end of life in children with cancer ». *N Engl J Med* 2000 342 (5) : 326-333.

20. Rozans, M. et coll. « Palliative uses of methylphenidate in patients with cancer : a review ». *J Clin Oncol* 2002 20 : 335-339.

21. YEE, J.D. et C.B. BERDE. « Dextroamphetamine or methylphenidate as adjuvants to opioid analgesia for adolescents with cancer ». *J Pain Symptom Manage* 1994 9 : 122-125.

22. DALAL, S. et R. MELZACK. « Potentiation of opioid analgesia by psychostimulant drugs : a review ». *J Pain Symptom Manage* 1998 16 (4) : 245-253.

23. KURZ, A. et D.I. SESSLER. « Opioid-induced bowel dysfunction – Pathophysiology and potential new therapies ». *Drugs* 2003 63 (7) : 649-671.

24. MEISSNER, W. et coll. « Oral naloxone reverses opioid-associated constipation ». *Pain* 2000 84 : 105-109.

25. FRIEDMAN, J.D. et F.A. DELLA BUONO. « Opioid antagonists in the treatment of opioid-induced constipation and pruritus ». *Ann Pharmacother* 2001 35 (1) : 85-91.

26. YUAN, C.S. et coll. « Effects of subcutaneous methylnaltrexone on morphine-induced peripherally mediated side effects : a double-blind randomized placebo-controlled trial ». *J Pharmacol Exp Ther* 2002 300 (1) : 118-123.

27. FOLEY, K.M. « Changing concepts of tolerance to opioids : what the cancer patient has taught us ». In CHAPMAN C.R., K.M. FOLEY (eds.) *Current and Emerging Issues in Cancer Pain : research and practice*. New York, Raven Press, 1993 : 331-350.

28. VIGANO, A. et coll. « Individualized use of methadone and opioid rotation in the comprehensive management of cancer pain associated with poor prognostic indicators ». *Pain* 1996 67 : 115-119.

29. PORTER, J. et H. JICK, H. « Addiction rare in patients treated with narcotics ». *N Engl J Med* 1980 302 : 123.

30. DAENICK, P.J. et E. BRUERA. « Opioid use in cancer pain. Is a more liberal approach enhancing toxicity ? » *Acta Anaesthes Scand* 1999 43 : 924-938.

31. BRUERA, E. et C.M. NEUMANN. « Opioid toxicities : Assessment and management ». In MAX M, ed. *Pain – An Updated Review*. Seattle, IASP Press, 1999, p. 1-15.

32. BRUERA, E. et C. SWEENEY. « Methadone use in cancer patients with pain : a review ». *J Palliat Med* 2002 5 (1) : 127-37.

33. RIPAMONTI, C. et coll. « Equianalgesic dose/ratio between methadone and other opioid agonists in cancer pain : Comparison of two clinical experiences ». *Ann Oncol* 1998 9 : 79-83.

34. BRUERA, E. et coll. « A prospective, open study of oral methadone in the treatment of cancer pain ». In DEVOR, M., M.C. ROWBOTHAM et Z. WEISENFELD-HALLIN (eds) : *Proceedings of the 9th World Congress on Pain*. Seattle, IASP Press, p. 957-963, 2000.

35. HARRIS, J.T. et coll. « Intravenous morphine for rapid control of severe cancer pain ». *Pall Med* 2003 17 : 248-256.

36. DUVAL, M. et coll. « Analgésie contrôlée par le patient dans la douleur prolongée de l'enfant. Étude ouverte prospective de faisabilité d'une méthode standardisée ». *Arch Pédiatr* 2000 7 : 474-480.

37. Bell, R.F. « Low-dose subcutaneous ketamine infusion and morphine tolerance ». *Pain* 1999 83 : 101-103.

38. Fine, P.G. « Low-dose ketamine in the management of opioid nonresponsive terminal cancer pain ». *J Pain Symptom Manage* 1999 17 : 296-300.

39. Adriaensens, G. et coll. « Postoperative analgesia with i.v. patient-controlled morphine : effect of adding ketamine ». *Br J Anaesth* 1999 83 : 393-396.

40. Guillou, N. et coll. « The effects of small-dose ketamine on morphine consumption in surgical intensive care unit patients after major surgery ». *Anesth Analg* 2003 97 : 843-847.

41. Bell, R.F. et coll. « Ketamine as adjuvant to opioids for cancer pain. A qualitative systematic review ». *J Pain Symptom Manage* 2003 26 (3) : 867-875.

42. Mewasingh, L.D. et coll. « Oral ketamine in paediatric non-convulsive status epilepticus ». *Seizure* 2003 12 (7) : 483-489.

43. Patt, R.B. et coll. « The neuroleptics as adjuvant analgesics ». *J Pain Symptom Manage* 1994 9 : 446-453.

44. Portenoy, R.K. « Adjuvant analgesics in pain management ». In Doyle, D., G.W.C. Hanks et N. MacDonald (eds) : *Oxford Textbook of Palliative Medicine.* Oxford, Oxford University Press 1993, p. 187-203.

45. Gajraj, N.M. et coll. « Eutectic mixture of local anesthetic (EMLA) cream ». *Anesth Analg* 1994 78 : 5745-83.

46. Eichefield, L.F. et coll. « A clinical study to evaluate the efficacy of ELA-Max (4 % liposomal lidocaine) as compared with EMLA cream for pain reduction of venipuncture in children ». *Pediatrics* 2002 109 : 1093-109.

47. Bishai, R. et coll. « Relative efficacy of amethocaine gel and lidocaine-prilocaine cream for Port-a-Cath puncture in children ». *Pediatrics* 1999 104 : e31.

48. Aram, L. et coll. « Tunneled epidural catheters for prolonged analgesia in pediatric patients ». *Anesth Analg* 2001 92 : 1432-148.

49. Portas, M. et coll. « Douleurs réfractaires de l'enfant cancéreux : place de l'analgésie péridurale ». *Arch Pédiatr* 1998 5 : 851-860.

50. Galloway, K. et coll. « Intrathecal analgesia for children with cancer via implanted infusion pumps ». *Med Pediatr Oncol* 2000 34 : 265-267.

51. Anand, K.J.S. et coll. « Systemic analgesic therapy ». In Anand, K.J.S., B.J. Stevens et P.J. McGrath (eds) : *Pain in Neonates – 2nd revised and enlarged edition.* Amsterdam, Elsevier Science 2000, p. 159-188.

52. Joint Commission on Accreditation of Healthcare Organizations (JCAHO), *Comprehensive Accreditation Manual for Hospitals*, www.jointcommission.org/standards_information/joint_commission_requirements.aspx

53. American academy or pediatrics. committee on psychosocial aspects of child and family health. american pain society. « Task force on pain in infants, children, and adolescents. The assessment and management of acute pain in infants, children, and adolescents ». *Pediatrics* 2001 108 : 793-797.

54. WEISMAN, A.J. et coll. « Consequences of inadequate analgesia during painful procedures in children ». *Arch Pediatr Adolesc Med* 1998 152 : 147-149.

55. COTÉ, C.J. et coll. « Adverse sedation events in pediatrics : a critical incident analysis of contributing factors. » *Pediatrics* 2000 105 : 805-814.

56. AMERICAN ACADEMY OF PEDIATRICS, AMERICAN ACADEMY OF PEDIATRIC DENTISTRY, COTÉ, C.J. et coll. « Guidelines for monitoring and management of pediatric patients during and after sedation for diagnostic and therapeutic procedures : an update ». *Pediatrics* 2006 118 : 2587-2602.

57. COULOURES, K.G. et coll. « Impact of provider specialty on pediatric procedural sedation complication rates ». *Pediatrics* 2011 127 : e1154-60.

58. « Practice guidelines for sedation and analgesia by non-anesthesiologists. An updated report by the American Society of Anesthesiologists task force on sedation and analgesia by non-anesthesiologists ». *Anesthesiology* 2002 96 : 1004-1015.

59. KANEGAYE, J.T. et coll. « High-dose rectal midazolam for pediatric procedures : a randomized trial of sedative efficacy and agitation ». *Pediatr Emerg Care* 2003 19 : 329-336.

60. LIOSSI, C. « Management of paediatric procedure-related cancer pain ». *Pain Reviews* 1999 6 : 279-302.

61. ANNEQUIN, D. et coll. « Fixed 50 % nitrous oxide oxygen mixture for painful procedures : a French survey. » *Pediatrics* 2000 105 : e47.

62. GALL, O. et coll. « Adverse events of premixed nitrous oxide and oxygen for procedural sedation in children ». *Lancet* 2001 358 : 1514-155.

63. ROBIN, C. et N. TRIEGER. « Paradoxical reactions to benzodiazepines in intravenous sedation : a report of 2 cases and a review of the literature ». *Anesth Prog* 2002 49 : 128-132.

64. WOOLTORTON, E. « Propofol : contraindicated for sedation of pediatric intensive care patients ». *CMAJ* 2002 167 : 507.

65. VESPASIANO, M. et coll. « Propofol sedation : intensivists' experience with 7304 cases in a children's hospital ». *Pediatrics* 2007 120 : e1411-7.

66. BOWDLE, T.A. et coll. « Psychedelic effects of ketamine in healthy volunteers. Relationship to steady state plasma concentrations ». *Anesthesiology* 1998 88 : 82-88.

67. SHERWIN, T.S. et coll. « Does adjunctive midazolam reduce recovery agitation after ketamine sedation for pediatric procedures ? A randomized, double-blind, placebo-controlled trial ». *Ann Emerg Med* 2000 35 : 229-238.

68. WHEELER, D.S. et coll. « A randomized, blinded comparison of chloral hydrate and midazolam sedation in children undergoing echocardiography ». *Clin Pediatr* (Phila) 2001 40 : 381-387.

CHAPITRE 9

Hypnose, douleur et soins palliatifs

Antoine Bioy et Chantal Wood

Avec la fatigue, la douleur est le symptôme majeur dans les prises en charge palliatives chez l'enfant. Une évaluation bien faite, régulièrement réévaluée, permet des prises en charge médicamenteuses qui peuvent être complexes, mais souvent appropriées. Cependant, il est évident que la réponse pharmacologique ne suffit pas et que les prises en charge s'inscrivent dans un contexte plus large où l'approche relationnelle constitue un aspect important[1].

Dans le cadre d'une approche humaniste et globale de la douleur éprouvée par l'enfant en situation palliative, les thérapies dites « complémentaires » peuvent avoir de multiples avantages, tant sur les symptômes relatifs à la dimension palliative que sur les effets indésirables des traitements. La qualité du lien établi avec le jeune patient est également un élément dont il faut tenir compte[2].

Diverses méthodes peuvent être employées et nous allons, dans ce chapitre, développer particulièrement la pratique de l'hypnose, en abordant essentiellement ses avantages pour contrer la douleur.

Présentation de l'hypnose

L'hypnose peut se définir comme un « mode de fonctionnement psychologique par lequel le sujet, en interaction avec un praticien, expérimente un champ de conscience élargi[3] ». Caractérisant un état particulier (état hypnotique), elle s'inscrit également dans un lien (la relation hypnotique) qui va avoir toute son importance.

Ce que l'on entend par « état hypnotique » est un état de conscience modifié dont la réalité neurophysiologique est maintenant bien connue[4]. Il se définit par la double mobilisation des réseaux corticaux liés à la détente et à l'absorption de l'attention. Il fait en sorte que l'enfant, en état d'hypnose, est à même de percevoir son environnement et sa situation d'une façon différente en activant à la fois des ressources associées à la relaxation et une capacité de modulation de l'attention, un aspect fondamental dans la modulation du percept douloureux. L'hypnose peut ainsi être une méthode particulièrement efficace pour aider le jeune patient qui reçoit des soins palliatifs à mieux vivre sa situation[5].

Par ailleurs, l'état hypnotique n'est pas spécifique à la situation de soins et peut se retrouver dans d'autres contextes (être captivé par la vision d'un dessin animé passionnant, par exemple). Autrement dit, ce processus est naturel et peut se déclencher chaque fois que l'attention est captée par quelque chose. Donc, tous les patients peuvent être hypnotisés (puisqu'il s'agit d'une disposition commune), mais pas toujours de la même façon, selon les circonstances, le lieu, la situation et le type de personnalité de chacun. L'enfant, particulièrement entre 8 et 12 ans, est très réceptif à la méthode hypnotique et il est assez simple de le faire entrer dans un état de conscience modifiée dans lequel son imaginaire lui permettra, par exemple, de changer ses perceptions corporelles[6].

La pratique de l'hypnose est fondamentalement de nature psychologique. Elle consiste à aider un patient à modifier ce qu'il ressent par des moyens relationnels et communicationnels. Ainsi, dans une relation de confiance avec un enfant de 8 ou 9 ans qui vit une situation palliative, un soignant peut faire la proposition suivante, qui aura valeur de suggestion thérapeutique : « Alors, racontemoi un peu la douleur que tu décris. Elle est un peu comme quel animal méchant ? Saurais-tu qui serait le dresseur de cet animal ? Comment serait-il ? Peux-tu me dire où ce dresseur pourrait apprendre au méchant animal à devenir plus sage ou à moins crier ? ». Nous nous trouvons là dans un jeu à deux, où s'installe une méthode qui combinera imaginaire, conviction, histoire, etc.

Si la pratique de l'hypnose est de nature psychologique, elle peut être employée par des professionnels autres que psychologues.

Cependant, les objectifs devront être liés à l'exercice professionnel spécifique à chacun (infirmière, médecin, kinésithérapeute, etc.). Bien sûr, cette pratique requiert une formation complémentaire structurée et sérieuse dans le domaine de la pratique de l'hypnose.

Ajoutons enfin qu'utiliser l'hypnose chez un jeune patient dans le but d'améliorer sa situation ne se limite pas à remplacer des antalgiques par des techniques d'autohypnose, ou encore de penser « à un ailleurs » (distraction pure) pour éliminer la source de douleur à laquelle il doit faire face. Utiliser l'hypnose dans un contexte de soins palliatifs, c'est proposer au patient de vivre sa situation autrement, de se l'approprier de façon différente en faisant appel à ses propres ressources[7]. Cette méthode nous permet, notamment, de suggérer une détente physique, un soulagement de la douleur ou encore une simple stimulation de la capacité motrice par une lévitation du bras (induire le soulèvement du bras par des suggestions de légèreté). Au cours de cette expérience, et selon ses attentes, le patient est appelé à revisiter la façon dont il gère ses perceptions et sensations corporelles et celle qui lui permet de vivre sa situation, avec toutes les émotions qui y sont liées. L'hypnose peut ainsi être considérée comme une occasion de mettre en perspective de nombreux aspects de la situation du patient, de sa réalité, de la façon dont il vit les événements. Autrement dit, l'hypnose peut être mise en pratique à des fins de visées existentielles, en plus d'offrir un avantage quant au soulagement des symptômes, surtout dans les situations de fin de vie.

Pourquoi l'hypnose en soins palliatifs ?

La prise en charge de la douleur est la principale application de l'hypnose[8]. Lorsqu'il est question de douleur aiguë, notamment rencontrée en cancérologie[9], l'hypnose offre d'intéressantes perspectives quant à la sensation de douleur, l'anxiété et les perturbations émotionnelles. Cette méthode est par ailleurs souvent envisagée pour pallier certains effets secondaires des traitements comme la chimiothérapie[10] ou encore pour améliorer la qualité de vie, entre autres chez les patients cachectiques dont l'état est associé ou non à l'anorexie.

De plus, l'hypnose offre d'excellents résultats quand elle est utilisée pour lutter contre les douleurs provoquées par les soins. Elle agit également sur le niveau de détresse et d'anxiété.

La proximité entre les méthodes hypnotiques et la prise en charge globale des patients (modèle biopsychosocial) est relevée, au même titre que d'autres méthodes complémentaires[12]. Ce point de vue est sans doute le plus intéressant, puisqu'il est éminemment important lorsqu'il est question de soins palliatifs. Un volet, plus difficilement évaluable, mais qui nous semble être le second grand intérêt de l'utilisation de la méthode hypnotique[13], concerne les aspects relationnels et communicationnels. En effet, et particulièrement dans un contexte de soins palliatifs, il n'est pas toujours simple pour le professionnel de la santé de se sentir à l'aise. L'intensité des émotions, la difficulté de la situation et l'ampleur des conséquences de certains choix thérapeutiques mettent souvent à mal la relation soignant/soigné. Dans un tel contexte, il est assez habituel de rencontrer un soignant qui doit affronter ses limites professionnelles et personnelles, ou encore qui doit trouver de nouvelles stratégies pour s'adapter à une situation à laquelle personne ne souhaite un jour s'y habituer.

Lorsque l'hypnose est intégrée à un plan de soins palliatifs, elle n'est pas une panacée qui permet, comme par magie, de surmonter la difficulté qu'il peut y avoir à établir une relation d'aide avec un patient. La souffrance de celui-ci pourrait mettre en péril l'atteinte d'un objectif thérapeutique déjà bien fragile, et constamment en conflit avec une certaine précarité. La pratique de l'hypnose permet cependant de mieux structurer la communication avec le patient tout en conservant l'authenticité de l'engagement humain.

Par exemple, un soignant peut prononcer des phrases comme : « Ne t'inquiète pas, on va essayer qu'il n'y ait pas de douleur parce que je préfère que tu n'aies pas mal, que tu ne pleures pas. » Ces phrases sont énoncées par un professionnel de la santé plein de bonne volonté et qui cherche à informer son patient que sa situation de soins sera optimale. Parler ainsi de l'angoisse des autres est également un moyen de gérer sa propre angoisse. Toutefois, le cerveau ne réagit pas à la négation et chaque concept évoqué active l'angoisse, même si on a exprimé que l'on ne la souhaite pas. Ainsi, dans la phrase précédente, l'enfant comprendra instinctivement :

- Ne t'inquiète pas : Ça risque d'être difficile, sinon mon médecin ne me dirait pas ça.
- On va essayer : Ah bon, ce n'est pas sûr ?

- Qu'il n'y ait pas de douleur : Ça va faire mal ?
- Parce que je préfère : Tu es celui qui commande ce que je dois faire ?
- Que tu ne pleures pas : Ça va être si dur que je risque de pleurer ?

Dans une pratique d'hypnose que l'on qualifierait de « conversationnelle » (en dialogue avec l'enfant), on pourrait dire, par exemple : « Tu sais, c'est vrai que ça peut provoquer une sensation pas très agréable, et d'autres enfants sentent quelque chose, mais ils arrivent à l'oublier en faisant comme s'ils allaient nager dans une belle mer bleue et calme… Aimerais-tu ça, toi aussi ? » Cette méthode rappelle, à raison, ce que l'on peut accomplir avec la distraction. D'ailleurs, l'hypnose s'appuie souvent sur la distraction « spontanée » que l'on peut proposer aux jeunes patients pour aller plus loin : en plus de leur permettre de se distraire, on amène les enfants dans l'imaginaire.

On peut, par exemple, proposer à un enfant de regarder des bulles de savon qu'il souffle, ou encore les souffler avec lui. On se trouve alors dans la distraction, et cela peut être très utile dans bon nombre de soins, comme l'a démontré depuis longtemps Leora Kuttner (1986). Mais si, en plus, on dit à l'enfant : « Regarde, je vais souffler des bulles. On ne sait pas encore de quelles couleurs elles seront. Peut-être qu'à la troisième ou à la quatrième, tu choisiras de souffler avec moi. Tu pourrais alors y enfermer un peu de ta peur. » Dans ce cas, on passe de la réalité à l'imaginaire, et le fait que l'enfant y participe activement augmente ses chances de vivre une situation plus agréable ou de recevoir un soin plus facilement. La douleur devient, en effet, souffrance parce qu'elle se vit à l'extérieur de la conscience du sujet, qui doit la subir en victime. La petite part d'autonomie et de contrôle que permet l'hypnose va modifier l'expérience de la douleur. En se concentrant, par exemple, sur des bulles de savon, l'enfant peut détourner son attention vers autre chose et demeurer actif. Du coup, il ne pourra pas « entendre » sa douleur avec la même intensité.

Les étapes d'une séance

La communication du soignant et le type d'exercices présentés, particulièrement s'il s'agit d'un enfant, doivent être adaptés à son âge. À la suite de Olness et Kohen, il est possible de classer les propositions d'exercices possibles par tranches d'âges:

Âge	Exemples d'inductions possibles
Âge préverbal (0 à 2 ans)	Stimulation tactile: caresses, câlins Stimulation kinesthésique: bercer, balancer un bras Stimulation auditive: musique, bruit continu Stimulation visuelle: mobiles, objets de couleurs et de tailles différentes...
Âge verbal (2 à 4 ans)	Souffler des bulles, raconter une histoire, déchiffrer des livres en relief ou avec des personnages animés, faire une des activités favorites de l'enfant, lui parler par le biais d'une poupée ou d'une peluche...
Âge scolaire (4 à 6 ans)	L'inciter à souffler de l'air, aller dans un de ses endroits favoris, mettre en scène des animaux, imaginer un jardin en fleurs, dessiner des lettres de l'alphabet, écrire des chiffres, évoluer dans une vidéo (ou en regarder une), lui donner accès à tout ce qui est « magique »...
Âge élémentaire (7 à 11 ans)	Lui proposer de faire une de ses activités préférées, d'aller dans son endroit favori, jouer avec la couverture volante, imiter des jeux vidéo vrais ou imaginaires, souffler l'air à l'extérieur, ne pas rapprocher ses mains ou ses doigts, enfermer la douleur dans son poing...
Adolescence (11 à 18 ans)	Lui proposer une activité sportive ou agréable, d'aller dans son endroit favori, effectuer des exercices de respiration, fixer les yeux sur la main, suggérer certains types de mouvements, proposer de se réfugier dans son jardin secret...

Bien sûr, chaque fois que cela est possible, il faut tenir compte des goûts et des centres d'intérêt de l'enfant. En fait, la séance avec l'enfant doit être précédée d'un échange où l'on recueillera ses mots, les images qu'il utilise pour décrire sa douleur, ce qu'il sait déjà faire (le cas échéant) pour y échapper, ses activités préférées, etc. Ces informations deviendront prioritaires pour l'aider. Par exemple, si l'enfant aime particulièrement jouer à imiter son héros ninja « Naruto », on peut d'emblée lui proposer d'organiser un combat avec la douleur et d'utiliser des « trucs de ninja » pour l'aider à s'en débarrasser le mieux possible.

Pour ce faire, une séance d'hypnose se décompose généralement en trois grands mouvements:

- La **phase d'induction** est une proposition pour entrer en hypnose. Le plus souvent, il est demandé au patient de se concentrer sur un ou plusieurs éléments de son environnement (observer un point, un endroit du corps, entendre un bruit, etc.). Le patient est alors soumis graduellement aux effets de l'induction de l'état d'hypnose, ses perceptions se modifient alors. Chez l'enfant, cette phase est très rapide, d'une durée de quelques secondes à deux ou trois minutes.

- La **dissociation psychique** fait en sorte que le patient « se distancie » par rapport à son environnement et ce qu'il ressent habituellement : progressivement, sa perception sensorielle évolue. Il peut se détacher de sa douleur, d'un inconfort, d'un souvenir de souffrance éprouvée par son corps (sentiment d'oppression ou autre).
- La phase dite **« de perceptude »**, selon le mot de François Roustang, est également appelée « veille paradoxale ». La « perceptude » fait référence à la capacité du patient d'entrer en contact avec l'intégralité de son corps et de son environnement. Il se réinstalle dans de nouvelles sensations, dans ce qu'il ressent et dans ses perceptions.

Benoît, 11 ans, est atteint d'un cancer. Il est très asthénique, ressent particulièrement la douleur, et sa qualité de vie est très détériorée par un niveau de détresse important. Les soignants lui proposent, dans un premier temps, de tirer profit de séances d'hypnose pendant les soins. Comme Benoît rêvait de faire de la plongée sous-marine, un soignant l'accompagne dans un univers composé d'imaginaire, de scènes du dessin animé *Némo* et de photographies issues d'un ouvrage. Benoît sélectionne d'ailleurs une photo de cet ouvrage à l'amorce des soins, et la fixe jusqu'au début de l'hypnose. L'accompagnement commence quand il ferme les yeux.

Lorsque Benoît devient assez familier avec cette forme d'accompagnement, le soignant revient le voir pour lui apprendre à utiliser l'hypnose par lui-même. Pour y parvenir, trois types d'exercices sont utilisés :

- Le premier, pour l'aider à se rendormir lorsqu'il a des troubles du sommeil (en écoutant les bruits et en regardant les lumières de la ville à travers les volets roulants) ;
- Le deuxième, pour retrouver de l'énergie (en allant se recharger de chaleur auprès du soleil) ;
- Le troisième, pour se faire plaisir (en devenant un super-héros lors de diverses situations qu'il imagine).

Les effets positifs de cette prise en charge s'observent principalement au niveau de la plainte, qui est moins importante et qui démontre que le sentiment de détresse est atténué.

L'autohypnose, lorsqu'elle est possible (dans un contexte où il n'y a pas trop de fatigue et qu'une capacité d'attention est suffisante), est souvent d'une grande aide pour les patients qui cherchent à contrer leur douleur. En effet, ils peuvent eux-mêmes commencer à prendre la position d'activité, voire d'autonomie, que nous avons mentionnée auparavant. Il s'agit ici, principalement, de reproduire ce qui a été fait avec le professionnel et d'aider le patient à pousser plus loin cet état d'esprit, ce que d'autres ressources qu'il emploie spontanément ne lui permettent pas.

Toutefois, en situation palliative, il arrive assez fréquemment que l'enfant n'ait pas assez d'énergie pour atteindre son imaginaire par lui-même. Il faut l'aider en le prenant plus souvent en charge, à l'aide d'un lecteur MP3 par exemple, et bien entendu en demandant l'intervention de ses parents et de son entourage.

Indications, contre-indications

La prévention et la gestion des douleurs provoquées par les soins, tels la pose d'une chambre implantable, la prise de sang, voire les soins infirmiers (qui peuvent parfois être particulièrement délicats à cause de la présence de douleurs neuropathiques), est certainement une situation où la pratique de l'hypnose est la plus intéressante.

La règle d'or est de commencer l'accompagnement quelques minutes avant le soin et de le maintenir jusqu'à quelques minutes suivant la fin de l'acte médical. Idéalement, un soignant accompagne le patient, tandis qu'un autre s'occupe du soin même. Selon l'âge de l'enfant, ses goûts et sa personnalité, les soignants choisiront la technique d'hypnose la mieux adaptée. Cependant, les soins palliatifs étant le plus souvent itératifs, il est utile de proposer à l'enfant, le plus tôt possible dans ce processus, de se construire un « lieu où il se sent en sécurité ». Cette étape, que l'on franchit en amont de tout soin, consiste à aider l'enfant à se choisir et à se construire un espace de protection où il pourra se rendre mentalement, chaque fois qu'il en aura besoin. Ainsi, avant chaque soin, les soignants peuvent demander à l'enfant de s'y rendre (par exemple en fermant les yeux), et dès qu'il leur signale qu'il est bien protégé dans son espace, le geste médical peut débuter de façon beaucoup plus analgésique et détendue que d'ordinaire.

Une autre situation de gestion de la douleur implique les effets secondaires et indésirables des traitements, comme certaines radiothérapies ou chimiothérapies. Dans ce cas de figure, l'approche proposée à l'enfant s'apparente à celle que l'on pourrait suggérer à un patient souffrant de douleurs chroniques avec des accès paroxystiques, comme des épisodes de migraine, ou encore à un patient drépanocytaire en crise vaso-occlusive. Le but de cette méthode est de modifier l'intensité ou l'étendue de la douleur. Un exercice classique, dit « de la réification de la douleur », consiste à demander à l'enfant : « Si ta douleur était une forme, serait-elle un carré, un rond, un triangle ? De quelle couleur ? Et de quoi est fait ce triangle rouge que tu es en train de me décrire : de fer, de coton, de bois, de plastique ou d'autre chose ? Et maintenant, dis-moi, que peux-tu changer en premier : la forme, la couleur ou la matière ? » On aide ensuite l'enfant à modifier ce qu'il souhaite pour rendre la forme la plus petite et la plus inoffensive possible, réduisant ainsi l'intensité de la douleur. Le fait de travailler, non sur la douleur elle-même, mais sur une image construite par analogie (transformer un triangle rouge en fer, en rond bleu toujours en fer, par exemple) est plus simple pour le patient, et constitue un vrai travail sur le percept[14].

Enfin, nous pouvons également citer l'hypnose comme une méthode complémentaire à d'autres mesures telles que le mélange équimolaire oxygène/protoxyde d'azote (MEOPA), l'analgésie contrôlée par le patient (PCA) ou encore une crème anesthésique locale. Le plus souvent, le « complément hypnotique » vise à potentialiser les effets antalgiques en y ajoutant une dissociation psychique. Elle est obtenue par l'appel à l'imagerie visuelle, permettant ainsi à l'enfant non seulement de tirer profit du masque procurant le gaz, mais aussi de faire de ce masque l'élément qui va le projeter, grâce à son imaginaire, dans un poste de pilotage d'avion pour visiter des contrées lointaines et encore peu connues… Ou encore, par le bouton de la PCA, de lancer le missile unique et très puissant pour faire exploser la douleur.

De la distraction vers l'hypnose

Comme nous l'avons évoqué précédemment, la première phase de l'hypnose est la distraction. La dissociation qui se produit à cette étape consiste à détourner l'attention de l'enfant par des exercices qui lui permettent de jouer sur les percepts (visuels, auditifs, etc.).

En voici quelques exemples :

	Position passive	Position active
Avec un support	Regarder un dessin animé Regarder des marionnettes	Jouer à des jeux vidéo Faire un dessin
Sans support	Écouter une histoire Écouter une chanson	Compter, chanter Faire un voyage imaginaire

La distraction consiste en une dissociation psychique qui est également le fondement de l'hypnose. Dans de nombreuses situations, elle suffit à aider les enfants lors de soins. Cette méthode comporte cependant un inconvénient : si l'enfant perçoit l'intention du soignant, soit de détourner son attention du geste potentiellement algique, il s'accrochera comme jamais à la situation présente pour faire place à une vigilance souvent bruyante (pleurs, cris, etc.) qu'il sera bien difficile de déjouer.

Il est possible de prolonger les effets de la distraction vers un état d'hypnose. Pour cela, il suffit non seulement de détourner l'attention de l'enfant, mais aussi de lui suggérer un imaginaire, un « comme si » qui sera structuré comme une histoire. Dans ce cas de figure, si l'enfant devait à nouveau réagir à une douleur soudaine, elle serait immédiatement intégrée à cet imaginaire structuré et ludique qu'est l'hypnose.

Pour illustrer cela, prenons comme exemple de demander à Mathieu, 9 ans, de décorer un sapin de Noël : « Par quelles boules vas-tu commencer à décorer l'arbre ? Les rouges ? Vas-y ! Place-les dans l'arbre et pendant ce temps, on va autoriser Geneviève (l'infirmière) à retirer les vieilles guirlandes et à en mettre de nouvelles. Ça va ? Parfait. Dis-moi, qu'est-ce qu'on installe maintenant ? Un petit père Noël ? Oups ! Attention aux branches, elles pourraient parfois te caresser, et ça pourrait piquer un peu lorsqu'elles te caressent, mais on peut aussi passer à côté. [...] Maintenant, on va devoir accrocher l'étoile tout en haut (cette image marque la fin du soin et sa réussite). Veux-tu que je t'aide à l'installer ? »

Autres applications

Après avoir précisé ce qu'était l'hypnose et présenté quelques applications et techniques en hypnoanalgésie, il est important de rappeler que cette approche complémentaire peut évidemment s'employer avec l'unique objectif de gérer la douleur, son étendue et son intensité. Cependant, le caractère aigu et tragique des situations palliatives amène plutôt les soignants à inscrire cette démarche hypnotique dans une approche plus globale de l'enfant, lorsque cela est possible.

Ainsi, il est souvent opportun de proposer à l'enfant une approche qui tient compte des limites et de la réappropriation du « territoire ». En effet, le corps peut être atteint par la maladie, les perceptions, troublées par la douleur, et tout cela dans un contexte hospitalier qui peut être perçu comme très... inhospitalier ! Un exercice de perception fine aide l'enfant à s'approprier l'espace de la chambre et à retrouver des limites corporelles plus justes et bien perceptibles. Ce type d'exercice peut être réalisé en portant simplement une attention sur l'environnement, et en la ramenant peu à peu vers le patient : « Nous allons faire un jeu, tous les deux ; nous allons marquer les différents éléments autour de toi, comme avec un gros feutre. On va pouvoir colorier les meubles de la pièce et tous les bruits que l'on va entendre, par exemple. On commence ? [...] Et maintenant, s'il te plaît, colorie les endroits où tu touches le lit, où ton corps s'appuie sur le lit et où tu sens bien ce lit qui te porte. [...] C'est fait ? Très bien, parfait. Dis-moi, on a colorié les bruits à l'extérieur d'ici et ceux à l'intérieur, on a ajouté des couleurs sur la blouse des gens autour de toi et sur le nez de tes parents assis juste à côté. Tu as mis du jaune et du rouge sur les parties de ton corps en contact avec le lit : le jaune pour l'agréable et le rouge pour les endroits moins agréables. Dis-moi, crois-tu que tu pourrais maintenant colorier ta respiration ? Oui ? De quelle couleur ? [...] »

L'hypnose peut également permettre, dans une approche d'accompagnement plus psychothérapeutique, de travailler des éléments telles l'anxiété ressentie devant la souffrance, la peur de l'incertitude, l'angoisse de l'échéance funeste ou encore la culpabilité vis-à-vis des parents, selon les situations et la nature des angoisses présentes. Ce travail réclame, bien sûr, une connaissance et une compétence d'expert quant à la dimension psychique, et est le plus souvent effectué par le psychologue de l'équipe soignante.

Bien que ces dimensions ne soient pas *stricto sensu* de l'hypnoanalgésie, elle s'y rattache car l'activité palliative est, par essence, une approche plurielle et globale. Une méthode comme l'hypnose doit non seulement répondre à cette exigence de prise en charge holistique du patient, mais peut même en constituer « le liant », le ciment qui donne une certaine unité dans l'approche de chaque professionnel de la santé qui intervient auprès de l'enfant. Cela requiert, au mieux, que chacun d'entre eux soit formé, comme nous en avons nous-mêmes l'expérience. Par contre, si ce n'est pas (encore !) le cas, il est possible qu'un membre de l'équipe de soins palliatifs fasse part à ses collègues d'un ou de deux exercices simples pouvant être employés dans des situations itératives de soins. Au premier rang de ces techniques « transmissibles » se trouve le « gant magique ». Il s'agit de demander à l'enfant d'enfiler un gant imaginaire et protecteur dont il peut choisir la texture, l'épaisseur, la couleur, etc. Une fois que le jeune patient a validé la présence de cette protection, on vérifie avec lui que ce gant endort bien les sensations de sa main en pinçant alternativement la main protégée et celle qui ne l'est pas. L'efficacité du gant magique est ainsi testée. Selon la situation, le soignant peut, par la suite, poser la voie veineuse ou aider l'enfant à appliquer le gant sur une autre partie de son corps (un point de ponction veineuse, par exemple) afin que l'anesthésie créée au niveau de la main se diffuse ailleurs, là où l'enfant et les soignants en ont besoin[15].

La famille et sa participation

Dans la grande majorité des cas, la présence des parents pendant le soin constitue un véritable soutien pour l'enfant et le réconforte. Mais cela ne veut pas dire que les parents « savent faire ». Ils ont besoin d'être guidés et d'être encouragés à maintenir un contact chaleureux et rassurant avec leur enfant. La tâche n'est évidemment pas facile, car ils éprouvent beaucoup de culpabilité à ne pouvoir empêcher sa souffrance. C'est d'ailleurs là la principale raison pour laquelle certains parents peuvent renoncer à leur présence auprès de l'enfant lors des soins, ou alors assurent une présence tout en affichant une agressivité à peine contenue qui est le plus souvent dirigée vers les soignants. S'il est important de proposer aux parents d'être présents auprès de leur enfant pendant un geste douloureux, il est également primordial de ne jamais les y obliger.

Lorsque les parents confirment leur présence, il faut leur donner un rôle actif. La souffrance se nourrit du sentiment de subir un événement, et il est important que les parents ne soient pas « contaminés » par une situation qui les dépasse ou les plonge dans un sentiment d'impuissance. En cela, l'hypnose peut être d'un intérêt certain, car on peut leur apprendre simplement comment aider leur enfant, en les guidant dans leurs exercices d'hypnose ou de distraction, qu'il s'agisse de respiration, d'imagerie visuelle ou autre[16].

> Une équipe de soins doit réaliser une ponction lombaire sur la petite Loana, 6 ans. Ils veillent, bien sûr, à ce que l'enfant soit confortablement installée, mais aussi à ce que son père, qui est présent, le soit. Ils invitent ce dernier à prendre la main de son enfant et lui montrent un jeu : il serre la main de sa fille durant un moment, et celle-ci doit lui répondre de la même façon. Puis, il réplique avec deux coups, et un troisième, quelques secondes plus tard. L'enfant doit à nouveau l'imiter. L'un des soignants lui explique que Loana peut ne pas forcément serrer très fort, car le médicament qui lui a été administré, le MEOPA, l'endort un peu, mais que le principal est de maintenir un lien actif. Un membre de l'équipe de soins demande également au père : « Qu'est-ce que vous avez l'habitude de lui proposer lorsque ça ne va pas ? ». Celui-ci répond qu'ils ont alors l'habitude de reparler des vacances qu'ils passent en famille à la plage et de se réfugier dans un château de sable. Le soignant propose au père d'alterner le jeu de la main avec l'évocation de ces vacances.

Il est aussi possible de demander aux parents d'accompagner leur enfant au quotidien, par exemple, pour lutter contre la douleur consécutive à la pathologie. Des exercices plus complexes peuvent être enseignés à l'enfant et à ses parents. Par la suite, ces derniers seront en mesure d'aider leur enfant à les répéter lorsque ce sera nécessaire.

Le cancer dont est atteinte Christelle, 16 ans, est accompagné de démangeaisons locales et d'une sensation de brûlure. Les soignants qui l'accompagnent lui suggèrent un exercice de respiration qui consiste à souffler de l'air froid sur les parties atteintes pour engourdir les sensations pénibles. Les démangeaisons étant particulièrement désagréables, Christelle craint de ne pas pouvoir se concentrer assez pour faire cet exercice lors du week-end qu'elle doit passer chez elle. Malgré cela, Christelle fait l'exercice une première fois, guidée par un infirmier. Elle choisit une position facilitant la détente, tente de sentir le froid au niveau du nez au moment de l'inspiration, et la chaleur au moment du souffle. Puis elle essaie de bien amener l'air de l'inspiration à l'endroit de son corps qui en a le plus besoin et de rejeter la chaleur au moment du souffle afin que seul le froid reste bien présent et endorme les démangeaisons et les brûlures. La mère de Christelle est présente et observe la situation. L'infirmier lui remet une feuille où les étapes de l'exercice sont résumées grâce à quelques phrases clés et lui demande de refaire l'exercice avec Christelle. L'infirmier valide avec la mère et la fille que tout se passe comme il se doit.

De façon générale, le parent bienveillant et attentif est un formidable allié pendant et après le soin. Il est possible de lui expliquer en quelques mots les fondements de la distraction et de l'accompagnement par hypnose, et de lui mentionner les bienfaits qui en résultent. Un parent que l'on aura su guider dès le début de la prise en charge peut poursuivre l'utilisation des techniques d'hypnose lorsque son enfant malade se trouve à domicile.

Ce dernier sera d'autant mieux accompagné et encouragé dans son désir de reproduire à la maison ce qu'il a su faire à l'hôpital. Ce sera pour lui une façon de rendre la situation acceptable, de ne plus subir, mais au contraire, d'être actif en tant que patient.

Le parent, quant à lui, se sentira conforté dans son rôle d'aidant principal, satisfait de pouvoir être plus «actif» auprès de son enfant anxieux ou qui éprouve de la douleur. Il aura même des outils supplémentaires pour appréhender positivement les prochains rendez-vous médicaux, les passages aux urgences ou en service de pédiatrie, etc.

En conclusion

L'hypnose est donc une méthode qui utilise un état modifié de conscience dans un cadre relationnel, afin d'aider un patient à surmonter de la meilleure façon possible des situations particulièrement pénibles à vivre. Parmi celles-ci, la douleur ; elle occupe l'une des premières places, car elle nourrit les angoisses, entraîne de l'inconfort et est une cause directe de mal-être. Elle dégrade également les relations de la triade enfant/soignants/parents.

Nous avons particulièrement évoqué l'hypnose employée par les soignants ou utilisée dans un cadre d'administration de soins, mais avons également mentionné une autre application possible, plus axée autour de l'accompagnement psychologique.

À l'issue de ce chapitre, soulignons que l'approche complémentaire que constitue l'hypnose semble, certes, offrir beaucoup d'avantages à la fois pour l'enfant, les parents et les soignants. Rappelons, toutefois, qu'elle est avant tout une approche et non une panacée qui règle tout, une ultime solution. Elle permet néanmoins que la relation avec l'enfant malade soit structurée de façon différente, en mettant de l'avant ses ressources internes (visualisation, imaginaire...). Elle constitue en cela une façon intéressante et riche de remodeler l'expérience des soins, avec un cheminement toujours possible vers plus de technicité et de biomédecine, à mesure que la souffrance physique et morale prend le pas sur la situation palliative, qui n'est simple et naturel à vivre pour personne. Tous les moyens appuyant un certain mieux-être doivent nécessairement être mis en œuvre autour de l'enfant, et avec lui, pour que les soins dont il est le bénéficiaire soient les plus efficients possible, tout en lui conservant sa part de contrôle et d'autonomie.

Bibliographie

KUTTNER, L. « Hypnosis and Palliative Care ». In WESTER, WILLIAM, C., L. SUGARMAN [Eds]. *Therapeutic Hypnosis with Children and a adolescents*. Norwalk, C.T., Crown House Publishing, 2007, p. 453-466.

ROUSTANG, F. *Il suffit d'un geste*. Paris, Odile Jacob, 2003.

Notes

1. BIOY, A. et C. WOOD. « Introduction to pain ». In A. GOLDMAN, R. HAIN et S. LIEBEN, *Oxford Textbook of Palliative Care in Children,* Oxford, Oxford University Press, 2e ed., 2012, 192-203 ; PAPADATOU D. *In the Face of Death: professionals who care for the dying and the bereaved.* New York, Springer Publishing Company, 2009.

2. KUTTNER, L. *L'enfant et sa douleur – identifier, comprendre, soulager,* Paris, Dunod, 2011 ; PAN, C.X., R.S. MORRISON, J. NESS, A. FUGH-BERMAN et R M. LEIPZIG. « Complementary and alternative medicine in the management of pain, dyspnea, and nausea and vomiting near the end of life : A systematic review ». *J Pain Symptom Manage,* 20(5), 374-87.

3. BIOY, A., I. CELESTIN et C. WOOD. *L'aide-mémoire d'hypnose,* Paris, Dunod, 2010.

4. WOOD, C. et A. BIOY. « Hypnosis and pain in children ». *Journal of Pain Symptom and Management,* 2008 35 (4), 437-446 ; RAINVILLE, P. R.K. HOFBAUER, T. PAUS et coll. « Cerebral mechanisms of hypnotic induction and suggestion ». *J Cogn Neurosci,* 11 110-25.

5. GESSIAUME, S. « Hypnose et lâcher prise en soins palliatifs : À propos d'une situation clinique ». *Infokara : Revue Internationale Francophone de Soins Palliatifs,* 2009, 24(4), 165-167 ; BIOY, A. et C. WOOD. « Quelle pratique de l'hypnose pour les soins palliatifs ? » *Médecine Palliative,* 2006 5, 328-332 ; FORSTER, A., N. CUDDY et S. COLOMBO. « Hypnose en soins palliatifs ». *Infokara : Revue Internationale Francophone de Soins Palliatifs,* 2004 19(4), 143-148 ; GOODENOUGH, B., J. HARDY et R. JARRATT. « Riding my manta ray with Uncle Fester : Hypnosis for managing pain and distress in a dying child ». *Australian Journal of Clinical & Experimental Hypnosis,* 2003 31(2), 95-102.

6. WOOD, C. et BIOY, A. « De la neurophysiologie à la clinique pédiatrique de l'hypnose ». *Médecine et pédiatrie,* 2010 30 (7), 321-329 ; WOOD, C., A. BIOY et C. CUNIN-ROY, C. « L'hypnose chez l'enfant douloureux ». *Perspectives Psy,* 2005 44 (5), 371-377.

7. COLOMBO, S. « Hypnose : quelle place en soins palliatifs ? » *Douleur et Analgésie,* 21(1), 39-40.

8. LIOSSI, C. « Hypnosis in cancer care ». *Contemporary Hypnosis,* 2006 23 (1), 47-57 ; OLNESS, K. et D.P. KOHEN. *Hypnose et hypnothérapie chez l'enfant,* Bruxelles, Satas, 2006 ; WOOD, C. et A. BIOY. « L'hypnose en pratique pédiatrique ». *Percentile,* 2010 15(5), 153-157.

9. STEVENS, M.M., L. DALLA POZZA, B. CAVALLETTO, M.G. COOPER et H.A. KILHAM. « Pain and symptom control in paediatric palliative care ». *Cancer Surv.* 1994 21, 211-31 ; W. LANDIER, A.M. TSE « Use of complementary and alternative medical interventions for the management of procedure-related pain, anxiety, and distress in pediatric oncology : an integrative review ». *J Pediatr Nurs.* (6), 566-79.

10. RICHARDSON. J., J.E. SMITH, G. MCCALL, A. RICHARDSON, K. PILKINGTON et I. KIRSCH « Hypnosis for nausea and vomiting in cancer chemotherapy : a systematic review of the research evidence ». *Eur J Cancer Care* (Engl). 16(5), 402-12.

11. Butler, L.D., B.K. Symons, S.L. Henderson et coll. « Hypnosis reduces distress and duration of an invasive medical procedure for children ». *Pediatrics* 115(1), 77-85 ; C. Liossi, P. White, P. Hatira « A randomized clinical trial of a brief hypnosis intervention to control venepuncture-related pain of paediatric cancer patients ». *Pain* 142(3), 255-63.

12. Tomlinson, D., T. Hesser, M.C. Ethier et L. Sung. « Complementary and alternative medicine use in pediatric cancer reported during palliative phase of disease ». *Support Care Cancer.* 2010 19(11), 1857-63.

13. Bioy, A. et C. Wood. « Quelle pratique de l'hypnose pour les soins palliatifs ? » *Médecine Palliative,* 2006 5, 328-332.

14. Bioy, A. et P.K. Keller. *Hypnose clinique et principe d'analogie*. Bruxelles, DeBoeck, 2010.

15. L'exemple du gant magique est présenté dans le film *No Fears, no tears,* de Leora Kuttner (Fanlight Productions, 1986), ainsi que dans « Le bruit des vagues, cinq cas cliniques », de Chantal Wood et l'équipe de Robert Debré (Fondation APICIL / ADVITA Productions, 2009).

16. Zeltzer, L. et C. Blackett Schlank. *Comprendre et vaincre la douleur chronique de votre enfant,* Paris, Retz, 2007 ; Kuttner L. *L'enfant et sa douleur – identifier, comprendre, soulager*. Paris, Dunod, 2011.

Chapitre 10

Une histoire brève de la fin du monde

Patrick Vinay, Michelle Dallaire, Louise Gagnon,
Geneviève Dequoy et Andréanne Côté

La fin de la vie, c'est la fin du monde pour celui qui part. Le monde est en train de se dissoudre : il n'existera plus pour lui. Souvent, un voyage progressif, un lent processus, amène le malade vers ce seuil d'où l'on quitte le présent pour ne jamais y revenir. Différentes étapes le préparent, lui et ses proches, au grand saut qui vient. Plusieurs documents ont été préparés pour dresser une carte approximative à l'intention des familles inquiètes, en quête de repères[1]. D'autres documents sont destinés à aider les soignants[2] qui font face aux besoins changeants d'ordre physique, psychologique et spirituel du malade, ainsi qu'aux demandes des familles. D'autres, encore, font l'analyse des critères qui permettraient de prédire le délai avant la fin de la vie[3]. Cet effort est bien souvent futile, car l'aléatoire survient en force quand le chaos s'impose.

En effet, ces changements sont plus progressifs chez certains, plus abrupts chez d'autres[4] et ils s'accélèrent en général vers la fin[5]. Le processus long et lent de la perte fonctionnelle devient soudainement brutal et le malade meurt en quelques heures. On sent bien, alors, que la nature intervient pour abréger l'agonie, qu'elle prépare le malade au grand départ quand l'organisme fait face à une déroute de la biologie. Cette dynamique d'accélération rend difficile la prédiction du moment du décès : les médecins à qui l'on demande cette précision se trompent, en général, en surestimant la survie[6]. Un recensement des changements observés durant les 48 dernières heures de vie permet, cependant, de faciliter le diagnostic de l'agonie[7]. Les soins apportés se transforment alors[8] pour prioriser le confort du malade, faciliter la poursuite de ses relations avec les siens, lui permettre d'habiter ces derniers moments si cruciaux pour lui et pour ceux qu'il quitte.

Une brève histoire des trois derniers mois de vie est présentée ici* afin d'illustrer l'apparition temporelle des repères physiologiques, métaboliques et fonctionnels, dont la liste se retrouve dans le tableau 1.

Tableau 1

Liste des signes et symptômes présentés dans le texte

Anorexie	Reflux de l'estomac
Constipation	Aspiration et pneumonie
Cachexie	Râles terminaux
Gastroparésie	Dysrégulation ventilation/perfusion pulmonaire
Anémie et hyperplaquettose	Hypothyroïdie fonctionnelle
Inflammation chronique et marqueurs	Délirium
Effet myopathique des glucocorticoïdes	Désorientation
Élévation du glucose et de l'urée suite au décadron	Myoclonies
Thrombophlébite profonde et embolies pulmonaires	Agitation terminale
Inversion nycthémérale	Somnolence et rêves
Déplétion en glycogène	Accumulation de métabolites d'opiacés
Baisse de synthèse protéique	Candidose
Hypoalbuminémie	Œdèmes périphériques
Baisse du transport des lipides	Escalade des opiacés
Protéolyse	Pauses respiratoires et chute de production de CO_2
Rétention d'eau et ADH	Coma et vigilance
Endorphines basses et douleur	Respiration de Cheyne-Stoke
Douleur neuropathique et viscérale	Collapsus circulatoire
Pertes d'équilibre et chutes	Transpiration
Atrophie du diaphragme et des muscles respiratoires	Perte de ventilation efficace
Dysphagie	Mouvements des mâchoires
	Arrêt cardio-respiratoire

On pourra ainsi mettre en perspective les signes et symptômes de même que la transformation profonde du malade dans son contexte. Il s'agit d'un survol didactique mettant en perspective les changements physiopathologiques en fin de vie. On trouvera ailleurs une description détaillée des changements psychologiques et spirituels simultanés[9], qui ne seront qu'esquissés ici (tableau 2).

* L'histoire de fin de vie énoncée est celle d'un adulte. Les étapes qui la jalonnent pourraient cependant tout autant s'appliquer aux enfants et aux

Tableau 2
Liste des processus

Passage de la puissance à l'impuissance
Évolution familiale
Fragilisation et construction identitaire
Culpabilité sociale
Chant du cygne
Retrait de l'entourage
Baisse de communication

Moins cinq ans

« J'ai appris ce matin que j'ai un cancer. Une masse noire se loge dans mon poumon gauche. Apparemment, elle est là depuis longtemps. Comment mon corps peut-il me trahir ainsi ? Je suis en colère contre lui. Je vais faire ôter ce cancer, l'extraire, le brûler aux rayons, le gaver de poisons, le détruire impitoyablement et guérir. Je vais me battre, faire équipe avec mon oncologue et avec les soignants. Je vais tout faire, tout endurer, tout suivre et dans un an, j'aurai gagné la bataille : je redeviendrai comme avant. »

Cet extrait de lettre est plein de colère. Un vif désir de puissance s'y déploie[10]. Puissance contre la maladie, puissance de la science médicale, puissance de la détermination et de la collaboration au sein de l'équipe soignants-malade. L'alliance de la colère et de la puissance fait un mélange détonnant. La bataille s'annonce rude…

Moins trois mois

Cinq ans plus tard, après quatre lignes de chimio et deux séries de traitements de radiothérapie, malgré deux belles années de rémission, ce malade perd du terrain. Il vient maintenant à ses rendez-vous à l'hôpital en fauteuil roulant. Il a maigri, il est faible, vite essoufflé, incertain de ses mouvements. Il a eu cinq ans pour accepter graduellement sa situation de porteur d'une maladie chronique. Il ne peut plus compter sur sa médication pour le guérir, mais pour pallier et pour contrôler les symptômes qui ne disparaissent plus. Depuis deux ans, la maladie l'entraîne dans un

adolescents dans la même situation, à quelques détails près. C'est pourquoi ce texte a tout à fait sa place dans cet ouvrage. Les auteurs remercient Mme Nicole Bricault pour son apport critique, ainsi que tous les malades qui ont contribué à bâtir cette histoire.

pays où toute puissance apparaît désormais incongrue. Il l'a laissée derrière. Il s'ajuste maintenant au présent, sans colère[11].

Il est suivi en clinique externe de soins palliatifs par une infirmière-pivot qui communique régulièrement avec lui et ses proches. Elle s'informe de son état, évalue et ajuste sa médication, fait le lien avec le médecin, donne de précieux conseils, s'assure des rendez-vous à prendre. Sa sollicitude et, surtout, sa fidélité rassurent tout le monde.

L'alternance de moments difficiles et de moments de retour vers un certain confort qui ont suivi les séances de chimiothérapie lui a appris à vivre avec la nausée, la douleur, la diarrhée, la faiblesse, les maux de tête, de ventre ou de dos. Il doit avaler une douzaine de médicaments différents par jour. C'est de plus en plus difficile d'en suivre la séquence : son entourage dévoué doit sans cesse vérifier la dosette, noter les prises ponctuelles, suivre les renouvellements en pharmacie. « On fait tout ce qu'on peut, docteur. » Il en perd le goût : il n'a plus faim et il maigrit.

Moins deux mois

Le malade devient progressivement anémique et cela limite son énergie : un processus inflammatoire chronique actif et une alimentation de plus en plus frugale ont transformé sa capacité de produire de l'hémoglobine. Cela affecte son image corporelle, son attitude et sa mobilité. On l'encourage à manger, à boire, à bouger : il s'efforce de le faire pour plaire à sa famille, mais cela ne fonctionne pas vraiment.

La radiothérapie a amélioré transitoirement ses douleurs, mais son effet s'estompe lentement. Son médecin lui a donné des glucocorticoïdes pour aider à contrôler ses douleurs, et son appétit est revenu. Durant quelques semaines, il se sent mieux, plus fort, plus actif. Sa douleur va mieux, mais sa mobilité s'est mise à décroître. Il a maintenant de la difficulté à se lever de la toilette, d'un fauteuil profond ou à monter un escalier. Ses jambes sont plus faibles. Alors, il utilise un déambulateur pour se stabiliser. Son diabète s'est aussi aggravé et sa glycémie se maintient nettement plus haute. Il doit se soumettre à des analyses de sang plus fréquemment. On lui dit que ses cellules plaquettaires sont élevées, mais que son albumine s'abaisse. Les marqueurs de l'inflammation chronique (dont le CRP) s'aggravent aussi.

Depuis une semaine, sa jambe gauche s'est mise à enfler. Elle fait mal quand il la bouge. Un examen de la circulation confirme une thrombophlébite profonde. Heureusement, on ne détecte pas d'embolies pulmonaires, mais il doit commencer à s'injecter chaque jour une héparine de bas poids moléculaire, d'abord pour traiter, puis pour prévenir de tels accidents. Cela limite ses mouvements. Son univers, chez lui, se rétrécit, puis il reste dans sa chambre et n'en sort que rarement.

Pourtant, le monde autour de lui continue de s'affairer au quotidien : il se sent laissé derrière. Tout continue comme avant, malgré son absence... Était-il utile ? Il voit bien que sa vie s'approche de son terme et il se pose des questions sur son identité et sur son apport au monde[12]. Il se retrouve parfois les yeux fermés, en train de repasser dans sa tête différents moments de sa vie, maintenant compris autrement. Il a besoin d'être seul. De nouvelles priorités s'établissent en lui : dire, revoir, raconter, renouer, pardonner[13]. Parfois, les conflits se résolvent au chevet du malade, parfois ils demeurent en suspend autour de lui, insaisissables, implacablement présents.

Sa dépendance vis-à-vis des autres lui pèse : il se sent devenir un poids. Cela le rend irritable parfois et il regrette ses accès de colère provoqués par un quotidien qui, continuellement, ne lui permet pas de continuer comme avant. Ses relations sociales s'atrophient. Seuls quelques proches demeurent près de lui. Son monde relationnel s'amenuise en même temps qu'il s'approfondit. La nuit, il appréhende de s'endormir. Il a peut-être peur de ne pas se réveiller. Il a peur de ce moment où les autres dorment et où il est laissé à lui-même, seul. Il veille tard et ne s'endort que lorsque le jour se lève, qu'il a passé la nuit. Cette inversion nycthémérale diminue encore plus ses contacts.

Le centre de la faim est maintenant très engourdi. L'odeur même de la nourriture lui déplaît. Il a considérablement maigri. Ses réserves de glycogène hépatique ou musculaire ont disparu depuis longtemps. Son albumine est très basse. Or, ses besoins métaboliques ne s'abaissent pas au prorata de son nouveau style de vie : le cancer a fait apparaître de nouveaux besoins énergétiques significatifs. Il en faut des calories pour nourrir ce cancer, pour effectuer un travail de synthèse accrue et continue de glucose[14]. Faute d'apport par la bouche, les acides aminés (aa) venant de la protéolyse musculaire qui s'accélère fournissent à la fois les carbones (aa gluconéogéniques) et l'énergie (aa non-gluconéogéniques) pour ce faire. En effet, les acides gras sont de moins en moins utilisables, car il faut de l'albumine pour amener ces molécules, insolubles dans l'eau, depuis les réserves adipeuses jusqu'aux tissus (muscles, foie). Or, l'albumine cesse d'être produite normalement et est catabolisée plus vite, entre autres par le cancer lui-même, qu'elle alimente en azote. Faute d'apports nutritifs, faute d'acides aminés élevés dans la veine porte, à cause du vol local d'acides aminés sélectionnés pour produire des marqueurs de l'inflammation ou des marqueurs de cancer (Ca 125, Ca 19-9, CRP, a-fœtoprotéine...), la synthèse d'albumine ralentit. L'albuminémie chute donc, et avec elle le transport des acides gras. Faute d'acides gras, les muscles sont condamnés à se manger eux-mêmes : ils entrent dans un processus catabolique rapide. Le malade perd du muscle et sa cachexie s'aggrave rapidement.

Le muscle comportant 80 % d'eau, la production endogène d'eau s'accroît. La natrémie chute, témoignant d'un effort pour conserver cette eau, afin de lutter contre la contraction intravasculaire qui suit la perte de pression oncotique intravasculaire. Le malade perd donc progressivement la capacité d'excréter l'eau normalement[15]. On voit une rétention liquidienne aggraver les épanchements ou l'ascite.

L'accélération de la cachexie le fait maintenant changer rapidement. Sa force musculaire s'appauvrit plus encore. Ses mouvements deviennent plus difficiles, son équilibre est précaire. Il tombe facilement : on ne peut plus le laisser se déplacer seul. Les muscles lisses sont aussi atteints : le malade a donc facilement mal au cœur quand une gastroparésie s'installe. Le tube digestif, déjà ralenti par les opiacés, s'atrophie. Le malade devient plus constipé par l'effet local de ceux-ci et par la perte de la motilité intestinale intrinsèque. Il doit augmenter médicaments et suppositoires pour maintenir des selles régulières. Quand on le regarde ainsi, ralenti, pâle, constipé et frileux, on le jurerait hypothyroïdien. Et c'est bien vrai : la déiodination tissulaire de la T4 (prohormone de réserve) en T3 (hormone thyroïdienne active) ralentit, que le malade prenne ou non des extraits thyroïdiens[16].

Moins trois semaines

Le malade ne sort presque plus de son lit. Sa douleur augmente aux sites affectés par le cancer : les doses de morphine, données maintenant par voie sous-cutanée, ont été augmentées pour assurer son confort. Quelquefois, la compression ou l'envahissement des nerfs par le cancer ou les métastases font apparaître des pics abrupts de douleur incontrôlée. On a commencé de nouveaux médicaments coanalgésiques pour contrôler ces douleurs neuropathiques rebelles, et cela va mieux. Parfois, il dit des choses étranges, bizarres, inappropriées. Cette semaine, il a fait preuve d'impatience et s'est fâché quelques fois. Il entend des choses ou sent quelqu'un venir lui toucher les bras la nuit. Ses membres deviennent agités de secousses incontrôlables, surtout la nuit. Les infirmières parlent de myoclonies. Craignant une accumulation de métabolites actifs de la morphine, on a décidé de pratiquer une rotation d'opiacés: on a changé sa morphine pour de l'hydromorphone.

Il dort de plus en plus. Dès qu'on cesse de le stimuler, il somnole: l'ordinateur cérébral, mal nourri, tombe facilement en mode de conservation d'énergie. Il ne peut plus vraiment communiquer que quelques moments par jour. Hier, il a rêvé à sa mère, morte depuis 20 ans. L'autre jour, il rêvait qu'il était prisonnier d'un autobus et qu'il ne savait plus comment en sortir. C'était un rêve étrange, tellement réel[17]...

Son immunité est affectée par l'effet conjoint de la dénutrition, de l'inflammation et de la dépression. Il a des champignons dans la bouche aujourd'hui: des plaques blanchâtres qui font mal quand il mange et quand il avale. Sa voix est devenue rauque. On lui donne un médicament antifungique en gargarisme régulièrement.

Sa respiration devient plus laborieuse: le diaphragme s'atrophie, les muscles respiratoires s'affaiblissent et ne lui permettent plus de tousser efficacement. Les sécrétions stagnent dans les poumons et roulent au moindre effort infructueux de toux. Une dysphagie s'est installée et il tousse souvent quand il boit. On doit lui donner maintenant ses médicaments avec de la compote. À rester allongé tout le temps, le contenu de l'estomac reflue dans son œsophage. Une œsophagite chimique s'installe et il doit recevoir des antiacides par la bouche puis par voie sous-cutanée. On assiste alors à quelques épisodes d'aspiration associés au reflux.

De plus, l'adaptation pulmonaire permettant de maintenir de façon optimale le rapport ventilation-perfusion commence à disparaître. Celle-ci repose sur l'effet vasodilatateur du NO provenant des voies respiratoires supérieures sur les alvéoles ventilées.

Or, l'arginine, le précurseur du NO, est un acide aminé essentiel: il devient progressivement déficient par manque d'apport, en même temps que le processus inflammatoire le consomme aux sites atteints par le cancer. Les obstructions pulmonaires locales causées par le mucus emprisonné ou par les épisodes d'aspiration ont alors un effet plus marqué sur l'oxygénation. La saturation en oxygène s'abaisse et devient plus fluctuante.

Sa famille est épuisée: elle a demandé son transfert en soins palliatifs. Après deux jours, on a trouvé un lit dans une maison de soins palliatifs. Il vient d'y arriver. La première nuit, il devient désorienté. Il croit qu'on lui veut du mal. Il réclame les siens. Son discours semble normal puis devient complètement perdu la minute suivante. Sa douleur physique a encore augmenté: il est de nouveau obligé de recevoir plus d'analgésie et on passe maintenant par une perfusion sous-cutanée au moyen d'une pompe, assurant l'administration continue d'une solution saline porteuse d'hydromorphone et de petites quantités de benzodiazépines. Le médecin a ajouté des antipsychotiques à cette médication pour contrôler le délirium.

Moins une semaine

Deux jours après, son fils sort de la chambre: «Mais docteur, qu'avez-vous fait? Il est beaucoup mieux maintenant! Nous le reconnaissons enfin, comme avant.» On assiste parfois, avec le retour du confort, à une éclaircie, une pause dans la dégradation rapide qui inquiétait tout le monde. Une plage de quelques heures, voire d'un ou deux jours, s'installe, au cours de laquelle le malade pourra renouer avec sa famille pour vivre des moments précieux. On appelle ce moment transitoire imprévisible (et inconstant) le «Chant du cygne». La musicothérapeute en profite pour le rencontrer et pour l'aider à associer musique, chansons et airs anciens, ce qui le ramène parfois loin en arrière, dans des moments de bonheur. Cette réponse est multiforme ou n'est pas universelle, rendant difficile d'objectiver son utilité[18].

Mais cette embellie n'est qu'un cadeau de courte durée. Bientôt, le malade se remet à dormir. Ce soir, après le souper durant lequel il n'a mangé qu'un peu de soupe, il est devenu agité de nouveau. Il cherchait à sortir de son lit, il repoussait ses draps. Il ne reconnaissait personne. Il remuait sans cesse. Les infirmières ont administré un «protocole d'agitation» pour soulager sa panique et pour qu'il ne se blesse pas (benzodiazépine et antipsychotique). Il se calme, s'endort et passe une nuit normale. Rétrospectivement, il s'agissait probablement d'une agitation terminale, en relation avec un épisode d'aspiration.

Le lendemain, il est cyanosé et sa température est montée à 38,5 °C. Son rythme respiratoire s'accélère à 30/min. Il cherche de l'air, il est anxieux. Sa respiration bruyante est anormale et les muscles de son cou se tendent et se détendent dans son effort pour obtenir de l'air. Ses narines se pincent à l'inspiration. Un « protocole de détresse respiratoire » lui est administré (mélange d'opiacé pour la dyspnée, de benzodiazépine pour l'anxiété et un peu de scopolamine pour qu'il ne se souvienne pas de cet épisode désagréable de détresse s'il en sort). Il se calme et s'endort de nouveau. Plus tard, on entend un fin roulement à chaque expiration. Le personnel a commencé des injections de scopolamine, et les bruits disparaissent. Les infirmières ont appelé les membres de la famille pour leur dire de venir auprès de lui. Elles les ont prévenus que les deux épisodes récents (l'agitation d'hier puis la détresse respiratoire de ce matin) annonçaient une dégradation plus rapide, et qu'il est probable qu'il ne soit plus capable de communiquer.

« Je crains que son agonie n'ait commencé ! Ce midi, ils ont changé ses draps. J'ai remarqué que ses jambes, normales à l'arrivée, étaient maintenant gonflées. Son ventre aussi. Pourtant, ils ne lui ont pas installé de perfusion et il n'a presque pas bu. D'où vient ce liquide qui s'accumule dans ses jambes et dans son dos[19] ? Ils lui ont installé une sonde urinaire, mais il n'urine presque plus. Il fait encore de la fièvre. »

Moins un jour

« Quand on le tourne, son visage grimace et sa respiration s'accélère. Il suffit de le bouger maintenant pour lui faire mal[20]. Pourtant, il n'avait rien aux membres. Tout à l'heure, il geignait un peu à chaque inspiration. Ses bras étaient devenus plus raides : j'ai eu du mal à bouger sa main. Ils viennent de lui donner une injection supplémentaire d'analgésique et il a maintenant l'air plus détendu, et ses membres sont plus souples[21]. » On note, en fin de vie, un accroissement de la douleur ressentie[22] accompagné d'une accélération des besoins en opiacés pour garder le malade confortable[23]. La synthèse d'endorphine, si étroitement liée aux mouvements corporels, est en panne. Chaque mouvement fait mal maintenant. Il faut plus d'exorphines pour pallier ce manque.

« Je reste de longues heures près de son lit, lui tenant la main, à suivre sa respiration bruyante qui devient hésitante, irrégulière, avec de longues pauses au cours desquelles je me demande chaque fois s'il va recommencer à respirer. » Quand on ne produit plus de CO_2, la stimulation respiratoire s'affaiblit et des pauses apparaissent, puis s'installe une respiration anormale caractérisée par des mouvements de respirations amples entrecoupés de pauses (respiration de Cheyne-Stokes).

« Il ne répond plus à mes appels. Son pouls est rapide, filant. Parfois, je crois qu'il m'a serré la main à ma demande, mais je n'en suis jamais certaine. Quelquefois, une main ou une jambe bougent brusquement, dans un sursaut. Est-ce moi qui l'accompagne ou lui qui m'accompagne vers ce moment redouté de la séparation ? Notre fille est venue le voir. Elle lui a dit à l'oreille qu'il pouvait partir. On dirait qu'il est plus calme depuis cette visite[24] : garde-t-il une conscience derrière ce coma ?

Moins 12 heures

« Ce matin, lors de sa toilette, j'ai remarqué que ses genoux sont devenus tout rouges et bleus. Il est moite de transpiration froide. Le sac de sa sonde urinaire demeure vide. Ses pieds et ses mains sont froids et bleutés. La peau de son visage a changé de couleur : elle est grisâtre maintenant. La rougeur sur sa fesse droite a augmenté considérablement : c'est maintenant une plaque noirâtre. Une odeur bizarre a envahi la chambre. Son coma me semble plus profond : il n'a plus un seul mouvement volontaire, il ne répond plus aux stimulations, ses yeux fixent le mur. Il respire maintenant très rapidement pendant quelques minutes, puis il s'arrête longuement pour reprendre encore. Parfois, il bouge sa mâchoire à la respiration, comme pour s'aider à inspirer. »

Moins 10 minutes

« Il fait des efforts respiratoires, mais je ne sens plus d'air passer. On dirait qu'il ne fait qu'ouvrir la bouche comme un poisson hors de l'eau. Sa tête est en extension, ses yeux demeurent ouverts, fixés sur le vide. Au bout de quelques efforts respiratoires, il a cessé de respirer. J'ai attendu de longues minutes que la respiration reprenne, mais il ne bouge plus. Je suis allée chercher l'infirmière. Quand nous entrons dans la chambre, il est comme je l'avais laissé. Mais ce n'est plus lui : une étrange absence flotte autour de ce corps que je ne reconnais plus. Est-ce possible qu'il soit déjà mort ? »

Notes

1. Karnes, B. et M. Dworkind. *Les étapes du processus de la mort,* Hopital Général Juif de Montréal ; Cadotte, J. et L. Bernard. *Pour apprivoiser l'inconnu. Guide à l'intention des familles de malades en phase terminale.* M. V. Gadbois, Beloeil, 1997 ; CHUM « Le corps sait comment vivre l'étape finale de la vie, faisons-lui confiance », 2010.

2. Lichter, I. et E. Hunt. « The last 48 hours of life ». *J Palliat Care* 6 : 7-15 1990 ; Ventafridda, V., C. Ripamont et coll. « Symptom prevalence and control during cancer patient's last days of life ». *J Pall Care* 6 : 7-11 1990 ; Faisinger, R. et E. Bruera. « Symptom control during the last week of life on a palliative care unit ». *J Palliative Care* 7 : 5-11 1991 ; R.E. Enck. « The last few days ». *Am J Hosp Palliat Care* 9 : 11-13 1992 ; Allard, P., A. Dionne et coll. « Factors associated with length of survival among 1081 terminally ill cancer patients ». *J Pall Care* 11 : 20-24 1995 ; Follansbee, S. « The dying process ». *Focus* : 5-6 1996 ; Hudon, F. et G. Dechêne « L'agonie à domicile : chronologie des événements ». *Le Médecin du Québec* 36 : 41-46 2001 ; Georges, J.J., B. Onwuteaka-Philipsen et coll. « Symptoms, treatment and "dying peacefully" in terminaly ill patients : a prospective study ». *Support Care Cancer* 13 : 160-168 2005 ; Sykes, N. « End of life issues ». *Eur J Cancer* 44 (8) 1157-1162 2008 ; Behagel, G. « À la recherche d'une sémiologie de l'agonie » *1er Congrès francophone d'accompagnement et de soins palliatifs.* Lyon, *Médecine et Hygiène.* 26 : 86 2011 ; Marcoux, H. « Le temps de mourir : l'agonie ». *Spiritualité et santé* 2011.

3. Loprinzi, C. « Doc, how much time do I have ? ». *J Clin Oncology* 18 : 699-701 ; Maltoni, M. et A. Caraceni. « Prognosis factors in advanced cancer patients : evidence-based clincal recommendations. A study by the steering committee of the European Association for Palliative Care ». *J Clin Oncology* 23 : 6240-6248 2005 ; Hauser, C. et M. Stockler. « Prognostic factors in patients with recently diagnosed incurable cancer : a systematic review ». *Support Care Cancer* 14 : 999-1011 2006 ; Ripp, S. et S. Moeller. « Survival prediction in terminally ill canncer patients by clinical estimates, laboratory tests, and self rated anxiety and depression ». *J Clin Oncology* 25 : 3313-3320 2007.

4. Lunney, J. R., J. Lynn et coll. « Patterns of functional decline at the end of life ». *JAMA* 289 (18) 2387-2392 2003.

5. Sykes, N. « End of life issues ». *Eur J Cancer* 44 (8) 1157-1162 2008.

6. *Ibid.*

7. Lichter, I. et E. Hunt. « The last 48 hours of life ». *J Palliat Care* 6 : 7-15 1990 ; Enck, R. E. « The last few days ». *Am J Hosp Palliat Care* 9 : 11-13 1992.

8. Pitorak, E. « Care at the time of death ». *AJN* 103 : 42-52 2003 ; Kaldjian, L.C., A.E. Curtis et coll. « Goals of care toward the end of life : a structured literature review ». *Am J Hosp Palliat Care* 25(6) : 501-511 2008 ; Seow, H. et

C.F. Snyder et coll. « Developing quality indicators for cancer end-of-life care : proceedings from a national symposium ». *Cancer* 115 (17) 3820-3829 2009.

9. Vinay, P., M. Dallaire et coll. « Éloge de l'impuissance ». Festchrift pour les 20 ans d'Entre-aide Ville-Marie, 2009 ; Marcoux, H. « Le temps de mourir : l'agonie ». *Spiritualité et santé* 2011 ; Vinay, P. « Fragilisation identitaire » 2012.

10. Vinay, P., M. Dallaire et coll. « Éloge de l'impuissance », Festchrift pour les 20 ans d'Entre-aide Ville-Marie, 2009.

11. *Ibid.*

12. Vinay, P. « Fragilisation identitaire », 2012.

13. *Ibid.*

14. Vinay, P., S. Daneault et coll. « Des râles en fin de vie : une analyse biodynamique ». *Médecine palliative* 7 : 9-17 2008.

15. *Ibid.*

16. Vinay, P., R. Comtois et coll. « Hypothyroidie en fin de vie ». *Médecine palliative* 2011.

17. Gratton, N. et M. Seguin. *Les rêves en fin de vie : 100 récits de rêves pour faciliter la grande traversée*, Montréal, Flammarion, 2009.

18. Bradt, J. et C. Dileo. « Music therapy for end-of-life care ». *Cochrane Database Syst Rev* (1) : CD007169 2010.

19. Vinay, P., S. Daneault et coll. « Des râles en fin de vie : une analyse biodynamique ». *Médecine palliative* 7 : 9-17 2008 ; Vinay, P., M. Dallaire et coll. « Physiologie du mourir : sécrétion accrue d'ADH en fin de vie ». *Médecine palliative* 11 : 102-107 2011.

20. Mount, B. « A final crescendo of pain ». *J Palliative Care* 6 (5-6) 1990 ; Marcoux, H. « Le temps de mourir : l'agonie ». *Spiritualité et santé* 2011.

21. Vinay, P. « Le coma en fin de vie : douleur et conscience ». *Médecine palliative* 2011.

22. Mount, B. « A final crescendo of pain ». *J Palliative Care* 6 (5-6) 1990.

23. Portenoy, R.K., U. Sibirceva et coll. « Opioid use and survival at the end of life : a survey of a hospice population ». *J Pain Symptom Manage* 32 (6) 532-540 2006.

24. Vinay, P. « Le coma en fin de vie : douleur et conscience ». *Médecine palliative* 2011.

Chapitre 11

La démarche infirmière en matière de soins palliatifs pédiatriques[1]

Lysanne Daoust

Le portrait des soins palliatifs pédiatriques

L'avancement des technologies biomédicales et l'efficacité des traitements ont modifié le portrait des soins palliatifs pédiatriques, particulièrement durant les deux dernières décennies, menant à une augmentation de l'espérance de vie des enfants gravement malades[2]. La population d'enfants souffrant de conditions chroniques complexes (CCC) représente une importante proportion de la clientèle ayant besoin de soins palliatifs pédiatriques et se définit comme « un groupe d'enfants dont l'état de santé est fragile et complexe, qui requièrent d'intenses soins médicaux d'origines multisystémiques, qui dépendent de la technologie ou nécessitent des traitements médicamenteux complexes[3] ». Une augmentation importante des taux d'hospitalisation de cette population a récemment été considérée de façon objective, aux États-Unis[4]. Le CHU Sainte-Justine de Montréal, au Canada, n'échappe pas à cette réalité. Les enfants atteints de CCC ont représenté plus de 50 % des consultations.de l'équipe de soins palliatifs pédiatriques (SPP) au cours des dernières années, comparativement à celles provenant de l'oncologie.

Nous savons que les enfants ont des troubles médicaux plus diversifiés, mais survivent plus longtemps que les adultes suivis en soins palliatifs[5]. La progression des maladies diffère aussi de celles des adultes et il n'est pas rare de constater qu'en pédiatrie, des traitements agressifs et palliatifs soient dispensés simultanément[6]. Les enfants présentant une fragilité médicale et ayant pour caractéristique commune l'incertitude du pronostic[7] amènent les équipes médicales à aborder la *planification préalable des soins* tel que recommandé par la Société canadienne de pédiatrie[8]. Le but recherché lors de cette discussion, aussi appelée *niveau de soins*, est de prévenir la souffrance et de s'assurer du confort, de la qualité de vie ainsi que de la dignité des patients[9]. La longévité accrue de ceux-ci amènera les familles à prendre de nombreuses décisions difficiles tout au long du continuum de soins et rendra parfois les parents réticents à accepter certaines limites thérapeutiques[10].

Le rôle de l'infirmière est central dans un contexte de soins palliatifs pédiatriques et comporte de nombreuses facettes dont celle de contribuer aux prises de décision. L'infirmière se doit de développer des compétences avancées en communication afin de non seulement participer aux discussions reliées aux décisions concernant le niveau de soins, mais aussi d'évaluer les besoins des familles dans un contexte chargé d'émotions. Elle doit évidemment connaître et respecter les enjeux éthiques et juridiques régissant sa pratique pour être en mesure d'y appliquer les principes adaptés à la réalité unique de chaque situation. Ses connaissances théoriques et acquises doivent effectivement être mises en pratique dans une multitude de contextes auprès des enfants ou des adolescents et de leur famille. L'exposition fréquente à ces situations favorise sa présence, adéquate et judicieuse. L'infirmière intervient, par exemple, pour donner des explications quant à l'utilisation d'un analgésique lors des réflexions sur la meilleure approche à suivre s'il y a détérioration de l'état de santé de l'enfant. Elle peut aussi entamer des discussions à l'approche de la mort de même qu'après le décès. Elle est au premier plan lorsqu'il s'agit de défendre les intérêts de l'enfant et de sa famille auprès d'autres professionnels, ce qui permet aux proches du patient de reprendre le contrôle dans un contexte névralgique. En créant un lien de confiance avec l'enfant et sa famille, l'infirmière peut intervenir avec compassion et professionnalisme.

Vues de l'extérieur, l'ampleur des soins que nécessitent les enfants et l'administration fréquente de médicaments peuvent sembler accablantes pour les parents. Cependant, il est clairement établi que prendre soin de leur enfant n'est pas un fardeau et peut même leur apporter une expérience satisfaisante[11]. Il n'en demeure pas moins qu'ils doivent pouvoir régulièrement bénéficier de répit, sans quoi un épuisement peut survenir, entraînant de lourdes conséquences sur leur santé physique et émotionnelle. Au Québec, les services de répit sont d'ailleurs jugés essentiels en pédiatrie, selon les *Normes en matière de soins palliatifs pédiatriques*.

La maladie affecte les familles de plus en plus longtemps bien qu'elles vivent en permanence avec l'idée qu'une détérioration rapide puisse se produire à tout moment et que, subitement, elles en soient ébranlées. C'est, pour elles, une véritable épée de Damoclès. Un parent a déjà raconté qu'il avait l'impression d'être au pied d'un mur duquel se détachaient des briques qui lui tombaient sur la tête, une à une, sans préavis, nourrissant cette crainte de ne jamais savoir quand l'ensemble du mur l'écraserait, faisant référence au décès de son enfant. Les professionnels de la santé doivent donc tous s'adapter aux besoins particuliers que la réalité changeante des SPP amène. De nombreux auteurs reconnaissent que l'infirmière est la professionnelle qui passe le plus de temps auprès des enfants en situation palliative à leur prodiguer des soins, à soulager leurs souffrances ainsi qu'à jouer un rôle central dans la défense de leurs intérêts (*advocacy*)[12]. L'infirmière est la principale témoin de la souffrance et de l'ensemble des expériences humaines relatives à la santé et à la maladie. Elle se heurte à des situations cliniques complexes pour lesquelles elle peut contribuer favorablement[13] en tentant d'amoindrir la souffrance des enfants et l'épreuve de leur famille.

La famille

La maladie d'un enfant dont l'issue est potentiellement fatale affecte profondément toutes les dimensions de la vie familiale. Elle représente un défi de taille pour l'infirmière, qui doit s'y adapter lorsqu'elle évalue l'impact de la maladie sur les membres de la famille. Cette dernière est d'ailleurs décrite par Wright et Bell, et en français par Duhamel, comme un « groupe d'individus liés par un attachement émotif profond et par un sentiment d'appartenance au groupe où chacun s'identifie comme étant membre de la famille ». La famille est donc un système qui est plus que la somme de ses parties. Tout ce qui affecte ce système dans son ensemble a des répercussions sur ses membres, et tout ce qui affecte l'un de ces derniers a, à son tour, des répercussions sur le système familial. Ce système n'est donc pas considéré comme une entité statique, mais bien comme un processus relationnel complexe aux influences mutuelles et en constante recherche de son équilibre. Puisqu'on ne peut considérer la famille comme une simple addition de ses membres, il s'avère alors déterminant de tenter de comprendre chacun d'eux dans son contexte[14] tout en tenant compte de ses interactions, afin de mieux comprendre son fonctionnement. Appréhender une situation complexe de façon systémique permet à l'infirmière de considérer la répercussion de la maladie sur tous les membres de la famille, tel que préconisé par l'approche holistique citée par les auteurs en matière de SPP[15].

Selon le principe du pluralisme du courant postmoderniste, chacun des membres d'une famille comprend et vit la maladie à sa manière[16]. Il existe donc autant de perceptions de la réalité d'une même situation que de personnes, y compris celle de l'infirmière œuvrant auprès d'une famille aux prises avec la réalité difficile et complexe du décès attendu d'un enfant. Il s'avère donc important pour l'infirmière de prendre cela en considération afin de comprendre les perceptions de chaque membre de la famille et d'intervenir de façon systémique.

La souffrance

Le but des soins palliatifs pédiatriques englobe la recherche de la qualité de vie et la diminution des souffrances[17]. L'infirmière, en étant témoin de la souffrance, peut spontanément offrir son écoute et sa présence. Elle met à profit son expérience, son ouverture et ses habiletés de communication pour tenter d'apaiser la souffrance des familles. Brenner qualifie l'intime relation infirmière-patient comme étant une des plus dramatiques et intenses. McCloskey et Taggart[18] ajoutent que peu de rôles infirmiers exposent ces professionnelles à des moments plus poignants que celui de côtoyer des enfants en soins palliatifs et en fin de vie. Il est essentiel que l'infirmière reconnaisse son rôle pivot, crucial à l'établissement de relations de confiance et de respect entre parents et professionnels, car, selon Duhamel[19], elle est portée à sous-estimer le pouvoir de ses mots et l'influence qu'elle détient quant à l'allègement de la souffrance des familles. Elle ignore parfois posséder les forces et les habiletés nécessaires pour résoudre une problématique de santé. L'infirmière joue pourtant un rôle stratégique lui permettant de créer un contexte propice au changement et qui facilite l'adaptation de la famille à la situation[20].

Approche systémique familiale

Wright et Bell considèrent que les croyances fondamentales (*core beliefs*) sont les plus significatives pour la famille dans sa manière de composer avec la maladie ou d'en souffrir. Ces auteures ont élaboré un modèle d'intervention auprès des familles nommé *Illness Belief Model* ou « Modèle des croyances liées à la maladie » [traduction libre] qui se prête bien au contexte des SPP, où l'on retrouve fréquemment des situations complexes. Ce modèle est basé sur le principe que la première source de souffrance des individus réside dans les croyances contraignantes que ceux-ci entretiennent envers la maladie ou le problème clinique. C'est en explorant les croyances et en tentant d'ébranler celles qui sont contraignantes pour les familles que l'infirmière peut intervenir de façon systémique et holistique. Ce faisant, elle peut également soutenir les croyances qui offrent un réel espoir dans le contexte de soins palliatifs pédiatriques[21].

Le but ultime du modèle d'intervention est de diminuer la souffrance de la famille (*softening suffering*). La théorie de la biologie de la connaissance de Maturana et Varela, sur laquelle repose ce modèle, soutient que tout être humain est déterminé par sa structure biologique, ce qui influence sa perception unique de la réalité. Selon cette théorie, la réalité est donc une représentation unique de l'expérience de chacun des membres de la famille dans son environnement, influençant ses perceptions et de ses croyances. Il s'avère alors important pour l'infirmière de prendre en considération la répercussion de la maladie de l'enfant sur la dynamique familiale et comment, en retour, cette dynamique influence l'évolution de la maladie. Par exemple, si un membre de la famille est persuadé que de donner de la morphine à l'enfant malade causera sa mort parce que son grand-père, cancéreux et en situation de fin de vie, est décédé à la suite de l'administration de cette même molécule, il pourra montrer une réticence face au soulagement de l'enfant. Si l'infirmière, par manque de connaissances, montre en retour sa crainte de causer un arrêt cardio-respiratoire en l'administrant, elle influence invariablement la famille. Les interactions sont infinies et il importe, pour l'infirmière, de tenir compte de l'influence qu'elle exerce sur la famille ainsi que des perceptions de chacun de ses membres, car ces dernières dicteront leurs comportements et, par conséquent, le fonctionnement du système familial.

Les quatre principales actions suggérées par Wright et Bell afin de guider l'intervention systémique de l'infirmière sont :

1) Créer un contexte de changement ;

2) Distinguer les croyances liées à la maladie ;

3) Défier les croyances contraignantes ;

4) Renforcer les croyances facilitantes.

Pour ces auteures, la conversation thérapeutique représente la méthode privilégiée permettant d'explorer les croyances familiales. Selon Duhamel[22], l'infirmière joue un rôle important lors de ces conversations. Malgré qu'elle se sente parfois impuissante devant la maladie, elle ne l'est pas forcément devant la souffrance[23]. Le respect et la curiosité envers la famille l'amènent à rechercher ce que Wright, Bell et Duhamel décrivent comme « le processus par lequel les changements structurels se produisent dans les systèmes vivants[24] ». Cela permet aux membres de la famille plutôt qu'à l'infirmière de déterminer ce qui concorde avec leurs croyances. L'infirmière leur impose alors son opinion personnelle, basée sur ses propres valeurs. La compréhension d'un modèle tel que celui de Wright et Bell peut s'avérer utile à l'infirmière afin de s'outiller dans ses interventions et sa compréhension du vécu des familles, confirmant la pertinence du besoin de connaissances nécessaires afin d'intervenir favorablement.

Vivre avec l'incertitude

Selon Davies et coll., les facteurs les plus communément perçus comme barrières aux SPP sont l'incertitude du pronostic, les divergences des objectifs de traitement des soignants et de la famille et les obstacles à la communication. D'après les auteurs, l'incertitude est non seulement inévitable, mais aussi inhérente aux SPP et devrait même représenter un signal permettant de déclencher les soins palliatifs plutôt que de les retarder. Ils soulignent aussi l'importance de la formation à l'amélioration des capacités de communication en matière de soins palliatifs pédiatriques en mentionnant combien les infirmières sont bien disposées à acquérir une meilleure compréhension des souffrances des enfants et des familles ainsi qu'à mieux comprendre les croyances des parents. Ils ajoutent, par ailleurs, l'importance d'incorporer les principes des soins palliatifs et les compétences de communication efficace dans les programmes d'enseignement en soins infirmiers et en médecine, afin de maximiser les soins offerts aux enfants et à leur famille. De nombreux autres auteurs abondent dans ce sens et plusieurs déplorent cette lacune[25]. Ils s'entendent pour dire qu'il est primordial de détenir des connaissances dans le domaine des SPP afin de défendre les intérêts des enfants et de leurs proches, ainsi que de faire face à cette réalité et s'y préparer. Liben, Papadatou et Wolfe mentionnent que la formation dans le domaine doit viser l'acquisition de connaissances et de compétences qui permettront aux professionnels d'agir efficacement et d'aborder les croyances des familles. De plus, ils ajoutent que selon les principes de base en SPP, et à la suite des recommandations proposées par la Société internationale d'oncologie pédiatrique, les professionnels de la santé qui offrent des services de SPP devraient recevoir un soutien formel et informel afin de prévenir l'épuisement professionnel et d'être en mesure de faire face aux défis inhérents à l'accompagnement et aux soins qu'ils prodiguent aux jeunes en fin de vie.

Le contexte des soins palliatifs regorge de mythes et d'idées préconçues qui influencent une situation hautement émotive, surtout lorsqu'il s'agit de la vie d'un enfant qui, en principe, doit survivre au décès de ses parents et non l'inverse. À moins d'avoir été en contact avec une famille dont l'enfant est gravement malade, rares sont les gens qui ont même envisagé un jour cette possibilité, jusqu'à ce qu'ils s'y heurtent. Une maman dont l'enfant était décédé d'une tumeur cérébrale incurable et agressive me faisait part de son inquiétude quant à l'avenir de l'enfant qu'elle portait depuis quelques mois. Alors qu'elle avait projeté son premier enfant dans le futur et s'était imaginé le voir grandir, elle arrivait difficilement à envisager un avenir prometteur pour son nouveau bébé. L'incertitude l'accablait, et je me rappelle avoir partagé avec elle cette constatation de la perte d'une belle naïveté, soit celle d'espérer un chemin exempt de maladie pour ce nouvel être, et ce, malgré qu'elle mettait tout en œuvre afin de lui offrir un développement optimal en suivant les recommandations médicales pour une grossesse idéale. Ses perceptions et ses repères, liés à la maladie, étaient à jamais modifiés, et cette maman a dû apprendre à faire confiance à la vie une seconde fois, avec du soutien, des conseils et de l'amour pour ce nouvel enfant qui allait lui redonner espoir.

Infirmières spécialisées en SPP

Les infirmières spécialisées et expérimentées en soins palliatifs pédiatriques sont relativement peu nombreuses, comparativement au milieu adulte. On leur confère parfois des titres tels que consultante spécialisée, experte-conseil ou infirmière en pratique avancée (IPA). Peu importe celui qui est retenu, on leur attribue une responsabilité supplémentaire à titre de référence professionnelle dans le domaine. Afin de faciliter la lecture, l'appellation IPA, telle qu'employée par Meier, Beresford et Morgan, sera utilisée dans le texte. Elle fait surtout référence à l'infirmière spécialisée vers qui se tournent les professionnels de la santé et les familles qui ont besoin de soutien et de conseils en matière de SPP.

L'IPA possède une judicieuse combinaison de compétences et d'expérience faisant d'elle un atout précieux pour les établissements de santé qui fournissent des soins palliatifs de qualité. Morgan ajoute que l'IPA peut servir de défenseur compétent dans un établissement, autant pour les patients que pour les infirmières. Elle peut coordonner les soins et mettre en œuvre de nouvelles stratégies pour offrir des services de qualité, adaptés aux besoins des patients. En effet, dans un contexte de SPP décentralisé comme dans notre institution (CHU Sainte-Justine), les enfants et les adolescents suivis en SPP doivent parfois faire face à des hospitalisations à répétition, dans différentes unités de soins, étant ainsi exposés à une succession de soignants. Œuvrant sporadiquement auprès de cette population aux diagnostics et trajectoires très variés, il apparaît difficile pour certains soignants de développer autant d'expertise en matière de SPP que l'IPA qui la côtoie régulièrement. Les infirmières des soins intensifs pédiatriques et de néonatologie, ainsi que celles travaillant en oncologie, y sont plus fréquemment exposées, mais doivent également être soutenues, car cette exposition n'est pas garante de l'expertise. L'IPA se charge de la liaison auprès de l'enfant et de sa famille, ce qui permet d'assurer la continuité des soins et le respect des décisions prises par les principaux intéressés, en l'occurrence les parents et l'équipe soignante (fréquemment, le médecin principal). L'IPA peut ainsi soutenir le personnel infirmier responsable du patient aux prises avec des soins complexes. Elle peut également faciliter l'éducation et le soutien de tout le personnel au chevet de l'enfant dans la gestion des situations difficiles et complexes. L'expertise de l'IPA[26] permet de combler partiellement un déficit en matière d'éducation et de formation en soins infirmiers[27]. Le rôle le plus important de cette professionnelle est peut-être de servir de mentor (*role model*) pour les collègues infirmières qui sont peut-être moins à l'aise dans le contexte ou tout simplement peu exposées à cette difficile réalité, tel que suggéré par différents auteurs[28].

Les SPP en communauté

Au Québec, les enfants de moins d'un an occupent une place importante en SPP, car ils représentent la majorité des décès chez les moins de 20 ans, soit 69 %. Les causes varient des mortinaissances aux affections périnatales, en partie liées à la prématurité. À cette population pouvant avoir besoin de SPP s'ajoutent les enfants atteints de conditions chroniques complexes (CCC) et les cas de cancers, relativement rares chez l'enfant puisque le nombre d'enfants qui décèdent est peu élevé comparativement au nombre d'adultes[29].

Les enfants sont des êtres en développement et ils doivent pouvoir continuer leurs activités habituelles comme le jeu et la scolarité selon leurs capacités, et ce, malgré la maladie qui progresse. Cela implique la participation des intervenants dans la communauté, et particulièrement, des infirmières et des médecins lorsque ces enfants sont en fin de vie et qu'ils requièrent le soulagement de leurs symptômes. Ce sont en fait les parents qui assument largement la majorité des soins (comme l'alimentation entérale, le clapping, l'aspiration des sécrétions, la dialyse péritonéale, etc.), l'évaluation de la douleur et des inconforts (la dyspnée, la constipation, l'anxiété, etc.), l'administration des analgésiques (avec toutes les craintes associées) ainsi que la panoplie de médicaments nécessaires à leur confort et au maintien de leurs fonctions vitales, tant qu'il est possible (anticonvulsivants, diurétiques, antiarythmiques, etc.). Les enfants expriment parfois le souhait de mourir à domicile, entourés des leurs et dans leur environnement familier. Cette réalité a pour conséquence d'exposer les infirmières en communauté à une dure réalité qu'elles ont peu eu à affronter. Une étude de Neilson, Kai, MacArthur et Greenfield, menée auprès d'infirmières pédiatriques de soins communautaires au Royaume-Uni, a démontré qu'il s'avère problématique de développer et de maintenir des connaissances en soins palliatifs, particulièrement en matière de gestion de symptômes. Une des principales préoccupations est la crainte de voir l'enfant ou l'adolescent décéder à la suite de l'administration d'un analgésique (sous forme de pousse-seringue)[30]. Cette crainte de donner la dernière dose est malheureusement encore très répandue et est parfois véhiculée par des infirmières d'expérience. À titre de IPA spécialisée en SPP au CHU Sainte-Justine, je me fais un devoir de continuellement poursuivre l'enseignement sur le sujet auprès de mes collègues de l'hôpital et de celles de la communauté.

L'étude de Neilson et coll. a aussi démontré les difficultés d'assurer des services en dehors des heures normales de travail, nécessitant du personnel qualifié et expérimenté dans le domaine des SPP. La responsabilité d'offrir des services à ces moments de la journée incombe à des infirmières d'expérience, ce qui soulève des questions de persévérance et d'épuisement, car ce type de travail est plutôt solitaire et peut avoir un effet sur le recrutement du personnel. De plus, les auteurs ajoutent que la nature émotive de la spécialité peut conduire les infirmières à trop s'engager et éprouver des difficultés à maintenir des limites professionnelles. Bien que cette étude ait été menée au Royaume-Uni, nous pouvons facilement imaginer expérimenter des contraintes similaires au Québec. Les centres locaux de services communautaires (CLSC) qui desservent la population québécoise présentent des inégalités dans les services en soins palliatifs à domicile. Certains CLSC ont une équipe de soins palliatifs, mais ces équipes font malheureusement face aux mêmes difficultés, soit une rare exposition aux soins pédiatriques, comme en témoigne le soutien nécessaire de la part de l'IPA du CHU Sainte-Justine, soutient qui est alors offert à distance, par le biais d'un partage d'outils adaptés à la pédiatrie (protocoles pharmaceutiques, par exemple) et d'un suivi téléphonique.

Soutenir les infirmières dans un contexte de SPP

Dans l'exercice de sa profession, l'infirmière est exposée à de multiples facteurs de stress. Barnard, Hollingum et Hartfiel mentionnent que les soins liés à un patient en phase terminale exigent « des qualités et des compétences résultant de la compassion, de la réciprocité, de l'engagement professionnel et de la capacité à communiquer avec les patients et leurs familles ». Le contexte des SPP, qui peut être à la fois stressant et gratifiant, requiert de la confiance, des habiletés d'adaptation et des compétences particulières afin d'être en mesure d'offrir des soins de qualité adaptés aux besoins des enfants dans le cadre de la pratique infirmière[31]. Côtoyer cette population de jeunes malades peut devenir particulièrement éprouvant pour les infirmières et les autres professionnels de la santé qui sont témoins de la souffrance sur une base régulière. Darla Morgan mentionne que les infirmières peuvent elles-mêmes être appelées à ressentir de la douleur et de la souffrance ainsi que des émotions telles l'impuissance, la colère, la tristesse, la culpabilité et l'anxiété. Elle ajoute qu'un sentiment d'échec peut intensifier ces émotions et leur faire davantage voir leur propre vulnérabilité, ce qui cause, par le fait même, une augmentation de leur niveau d'anxiété. Tous ces sentiments peuvent conduire à l'épuisement professionnel et à une augmentation du taux de roulement des infirmières en milieu hospitalier.

Bien que les individus puissent réagir positivement au stress en augmentant, par exemple, leur niveau de motivation et d'enthousiasme, il s'avère que les conséquences négatives d'une exposition prolongée sont souvent associées à de hauts coûts individuels, économiques et sociaux. L'impact du stress généré par le contexte exigeant des SPP auprès d'infirmières travaillant en communauté a été exploré dans le cadre d'une recherche qualitative en Irlande par Sharon McCloskey et Laurence Taggart[32]. Les quatre thèmes suivants ont été identifiés :

- Les exigences ;
- Les relations ;
- Le maintien du contrôle ;
- Les rôles.

Premièrement, les « exigences » ont démontré que l'attachement aux enfants et à leur famille est apparu comme une charge émotionnelle importante conduisant à des sentiments de perte et de deuil répétitifs. Les conflits éthiques ont aussi émergé comme étant stressants, particulièrement en ce qui concerne la responsabilité des infirmières à défendre les intérêts des enfants lorsque les parents ne partagent pas leur opinion. Le dilemme le plus important entourait les décisions d'arrêt d'alimentation et les perceptions opposées entre l'infirmière et les parents au sujet des avantages escomptés de maintenir une alimentation en fin de vie pour l'enfant. Morgan souligne que la détresse morale et éthique peut conduire à des sentiments d'impuissance et de colère, particulièrement lorsque les infirmières sont appelées à agir d'une manière qui est contraire à leurs croyances. Dans l'étude de McCloskey et Taggart, les infirmières ont aussi expérimenté du stress lorsque la qualité de soins prodigués n'était pas à la hauteur de leurs attentes. Elles ont souligné l'impact négatif du manque de personnel spécialisé pour répondre aux besoins complexes des SPP. Le dernier défi relié aux exigences était de devoir vivre et habiter la même communauté que les familles et d'avoir à les côtoyer socialement, les obligeant à « demeurer une infirmière » en tout temps.

Deuxièmement, les difficultés relationnelles avec les parents ont été identifiées comme étant un facteur de stress, particulièrement lorsqu'elles sont caractérisées par la colère et l'agressivité. Troisièmement, le maintien du contrôle, exprimé par la nature imprévisible de la journée et de la charge de travail, le besoin constant d'avoir à rétablir les priorités, et surtout, la lourdeur de la responsabilité d'être décideur dans la gestion des symptômes, a été décrit comme un facteur d'anxiété. Quatrièmement, la non-reconnaissance du rôle, soit le fait que l'autonomie, les connaissances et les compétences dans le cadre d'une pratique hautement spécialisée ne soient pas reconnues par les autres professionnels de la santé, s'avère aussi un facteur de stress. Enfin, les infirmières reconnaissent l'impact négatif que le stress peut avoir sur leur vie personnelle ; elles s'inquiètent de leur inhabileté à faire « le vide » (*switch off*). Une infirmière mettait d'ailleurs en doute sa capacité à composer avec des décès répétés dans un court laps de temps.

Tous ces résultats sont probablement un peu trop familiers chez les infirmières travaillant régulièrement dans un contexte de SPP, que ce soit à domicile ou dans le milieu hospitalier. J'ai personnellement expérimenté nombre de ces facteurs de stress et j'ai très souvent entendu des commentaires négatifs semblables de la part des collègues avec qui je côtoie cette population vulnérable. La nature même du travail auprès des enfants suivis en SPP expose les infirmières à ces facteurs de stress. Une des questions qui m'est le plus souvent posée concerne ma capacité à interagir avec les familles de façon répétitive. « Comment fais-tu ? » me demande-t-on parfois avec une curiosité possiblement teintée d'un certain jugement, laissant entendre qu'il faut bien être masochiste pour continuer… Parfois, c'est un appel à l'aide qui cache la vraie question : « Comment vais-je survivre au décès d'un autre enfant auquel je me suis attachée ? ».

Responsabilités

McCloskey et Taggart expliquent que la responsabilité de maintenir et de soutenir un personnel qualifié compatissant de même qu'une main-d'œuvre efficace revient aux individus, aux établissements de santé et aux organisations professionnelles. Du point de vue personnel, ces auteures suggèrent que l'élaboration de stratégies d'adaptation positives, d'autosoins et d'apprentissage par la réflexion est essentielle. J'ajouterais que nous devons tous trouver des solutions personnelles d'adaptation aux exigences croissantes de la profession dans un contexte de pénurie de main-d'œuvre infirmière. Ma réponse à la question de survie est plus souvent une suggestion pour trouver un moyen bien à soi de s'épanouir, en trouvant un équilibre entre le travail et la vie personnelle et en maintenant de saines habitudes de vie. Nous devons tous trouver des solutions qui correspondent à nos besoins, à nos valeurs et à nos croyances. À quoi bon donner des conseils à nos patients si nous ne les suivons pas nous-mêmes !

Toujours d'après McCloskey et Taggart, l'organisation devrait favoriser des possibilités de soutien pour le personnel, y compris le soutien des pairs, le compte rendu à la suite d'incidents critiques et la supervision clinique. Cela leur apparaît important, car les infirmières sont particulièrement portées à intérioriser leurs émotions à travers l'obligation de maintenir la confidentialité. Elles ne souhaitent pas imposer leurs émotions aux autres parce qu'elles ne les croient pas capables d'entendre le récit de leurs expériences. Soutenir les individus et les équipes grâce à de telles mesures favoriserait un sentiment de réalisation de soi au point de vue professionnel, une reconnaissance ainsi qu'une diminution des facteurs de stress et permettrait d'élaborer des stratégies d'adaptation positives afin d'intégrer les expériences de travail dans la vie personnelle.

J'ajouterais, à nouveau, l'importance d'offrir de la formation et de l'enseignement sur les SPP, nécessité largement soutenue par différents auteurs spécialisés en la matière. Favoriser et valoriser le développement d'infirmières spécialisées (ou IPA) dans le domaine des SPP représente aussi une piste de solution. Leurs connaissances et compétences dans le domaine des soins palliatifs et dans l'approche et l'intervention auprès des familles seraient un atout pour toute organisation. D'après Meier, il est important, comme IPA, de gagner la confiance et le respect de ses collègues, y compris les médecins. Cela permet d'apporter une contribution et un regard uniques à l'égard du patient et de sa famille. L'IPA peut aussi contribuer à la recherche en soins infirmiers et à la mise à jour des connaissances en matière de SPP afin d'enrichir la pratique infirmière en la basant sur des données probantes. L'infirmière possède les habiletés d'évaluer la douleur et les inconforts associés aux SPP de même que les besoins affectifs, psychosociaux et culturels. Elle a l'humilité (et la responsabilité) d'avoir recours aux différents professionnels de la santé lorsque la situation dépasse ses compétences. C'est grâce au récit de l'expérience familiale qu'elle peut évaluer les croyances et les besoins des proches du patient. Son rôle est de répondre aux besoins uniques des enfants suivis en SPP et à comprendre les répercussions de la maladie sur tous les membres de leur famille afin de maintenir l'espoir, élément porteur de sens. La nature humaine spirituelle est telle que nous sommes constamment à la quête de sens en SPP. L'expérience de la maladie à issue fatale et de la souffrance est unique et propre à chacun, qu'il s'agisse de l'enfant malade ou de ses proches.

Il est de notre devoir, comme infirmières, d'assurer des soins palliatifs de qualité, de maximiser la gestion des symptômes, d'aborder les familles avec respect et de leur apporter un soutien adapté à leurs besoins, basé sur leurs croyances. Nous pouvons ainsi grandement contribuer à faciliter la transition, en douceur, du curatif au palliatif dans un continuum de soins. Les SPP idéaux mettent l'accent sur le confort et la communication, visent à amoindrir les souffrances en favorisant les croyances facilitantes et ont une place centrale dans la prise en charge des enfants atteints de maladies mortelles.

Notes

1. À tous ces enfants et adolescents, ainsi qu'à leurs familles, dont le courage m'inspire quotidiennement. Je vous dois l'amélioration de ma pratique infirmière et la possibilité d'en faire bénéficier d'autres familles. Merci.

2. BURNS, K.H., P.H. CASEY, R.E. LYLE, T.M. BIRD, J.J. FUSSELL et J.M. ROBBINS. « Increasing prevalence of medically complex children in US hospitals ». *Pediatrics*, 2010 126 (4) 638-646 ; MAURICIO, R.V. et R. OKHUYSEN-CAWLEY. « The caring continuum : role of the pediatric critical care advanced practice nurse in palliative care program development ». *Crit Care Nurs Q* 2010 33 (3)

292-297; MORGAN, D. « Caring for dying children: assessing the needs of the pediatric palliative care nurse ». *Pediatr Nurs* 2009 3 5(2) 86-90; O BRIEN, I.D.A. et E. O SHEA. « Medical futility in children's nursing: making end-of-life decisions ». *British Journal of Nursing* 2010 19 (6) 352-356; SIMON, T.D., J. BERRY, C. FEUDTNER, B.L. STONE, X. SHENG, S.L.. BRATTON et coll. « Children with complex chronic conditions in inpatient hospital settings in the United States ». *Pediatrics* 2010 126(4), 647-655.

3. BURNS, K.H., P.H. CASEY, R.E. LYLE, T.M. BIRD, J.J. FUSSELL et ROBBINS. « Increasing prevalence of medically complex children in US hospitals ». *Pediatrics* 2010 126 (4) 638-646.

4. BURNS, K.H., P.H. CASEY, R.E. LYLE, T.M. BIRD, J.J. FUSSELL et J.M. ROBBINS. « Increasing prevalence of medically complex children in US hospitals ». *Pediatrics* 2010 126 (4) 638-646. 2009-1658; SIMON, T.D., J. BERRY, C. FEUDTNER, B.L. STONE, X. SHENG, S.L. BRATTON et coll. « Children with complex chronic conditions in inpatient hospital settings in the United States ». *Pediatrics* 2010 126(4), 647-655.

5. FEUDTNER, C., K.W. CARROLL, K.R. HEXEM, J. SILBERMAN, T.I. KANG et A.E. KAZAK. « Parental hopeful patterns of thinking, emotions, and pediatric palliative care decision making: a prospective cohort study ». *Arch Pediatr Adolesc Med* 2010 164 (9) 831-839. 2010.

6. JONES, B.W. « The need for increased access to pediatric hospice and palliative care ». *Dimens Crit Care Nurs,* 2011 30 (5) 231-235.

7. LIBEN, S., D. PAPADATOU et J. WOLF. « Paediatric palliative care: challenges and emerging ideas ». *Lancet,* 2008 371 (9615) 852-864.

8. SOCIÉTÉ CANADIENNE DE PÉDIATRIE. *La planification préalable des soins pour les patients en pédiatrie,* 2008. Repéré à www.cps.ca/francais/enonces/B/B08-02.pdf

9. FEUDTNER, C., K.W. CARROLL, K.R. HEXEM, J. SILBERMAN, T.I.. KANG et A.E. KAZAK. « Parental hopeful patterns of thinking, emotions, and pediatric palliative care decision making: a prospective cohort study ». *Arch Pediatr Adolesc Med* 2010 164 (9) 831-839.

10. O BRIEN, I.D.A. et E. O SHEA. « Medical futility in children's nursing: making end-of-life decisions ». *British Journal of Nursing* 2010 19 (6) 352-356.

11. STEELE, R., H. BOSMA, H. JOHNSTON, M. F. CADELL, S. DAVIES, B. SIDEN, H. et coll. « Research priorities in pediatric palliative care: a Delphi study ». *J Palliat Care* 2008 24 (4) 229-239.

12. DAVIES, B., S.A. SEHRING, J.C. PARTRIDGE, B.A. COOPER, A. HUGHES, J.C. PHILP et coll. « Barriers to Palliative Care for Children: Perceptions of Pediatric Health Care Providers ». *Pediatrics* 2008 121 (2) 282-288; DUHAMEL, F. et F. DUPUIS. « Families in palliative care: exploring family and health-care professionals' beliefs ». *Int J Palliat Nurs* 2003 9 (3) 113-119; MORGAN, D. « Caring for dying children: assessing the needs of the pediatric palliative care nurse ». *Pediatr Nurs* 2009 3 5(2) 86-90; O BRIEN, I. et D.A.O SHEA E. « Medical futility in children's nursing: making end-of-life decisions ». *British Journal of Nursing* 2010 19 (6) 352-356; SCHREINER, L.S. C. PIMPLE et G.P. WOLF BORDONARO. « Palliative care for children: preparing undergraduate nursing students ». *Nurse Educ* 2009 34 (4) 162-165; ZOMORODI, M. et B.J. FOLEY.

« The nature of advocacy vs. paternalism in nursing : clarifying the "thin line" ». *J Adv Nurs* 2009 65 (8) 1746-1752.

13. MEIER, D.E. et L. BERESFORD. « Advanced Practice Nurses in Palliative Care : A Pivotal Role and Perspective ». *Journal of Palliative Medicine* 2006 9(3), 624-628.

14. WRIGHT, L.M. et J.M. BELL. *Beliefs and Illness : A Model for Healing.* Calgary : Fourth Floor Press, Inc.,2009.

15. STEELE, R., H. BOSMA, M.F.. JOHNSTON, S. CADELL, B.. DAVIES, H. SIDEN et coll. « Research priorities in pediatric palliative care : a Delphi study ». *J Palliat Care* 2008 24 (4) 229-239 ; LIBEN, S., D. PAPADATOU et J. WOLFE. « Paediatric palliative care : challenges and emerging ideas ». *Lancet* 2008 371 (9615) 852-864 ; MAURICIO, R.V. et R. OKHUYSEN-CAWLEY. « The caring continuum : role of the pediatric critical care advanced practice nurse in palliative care program development ». *Crit Care Nurs Q* 2010 33 (3) 292-297,

16. WRIGHT, L.M. et J.M. BELL. *Beliefs and Illness : A Model for Healing.* Calgary : Fourth Floor Press, Inc., 2009.

17. LIBEN, S., D. PAPADATOU et J. WOLFE. « Paediatric palliative care : challenges and emerging ideas ». *Lancet* 2008 371 (9615) 852-864.

18. McCLOSKEY, S. et L. TAGGART. « How much compassion have I left ? An exploration of occupational stress among children's palliative care nurses ». *Int J Palliat Nurs* 2010 16 (5) 233-240.

19. O BRIEN, I.D.A. et E. O SHEA. « Medical futility in children's nursing : making end-of-life decisions ». *British Journal of Nursing* 2010 19 (6) 352-356 ; ZOMORODI, M. et B.J. FOLEY. « The nature of advocacy vs. paternalism in nursing : clarifying the "thin line" ». *J Adv Nurs* 2009 65 (8) 1746-1752.

20. DUHAMEL, F. *La santé et la famille : Une approche systémique en soins infirmiers.* Montréal : Gaëtan Morin, 2007.

21. DUHAMEL, F. et F. DUPUIS. « Families in palliative care : exploring family and health-care professionals' beliefs ». *Int J Palliat Nurs* 2003 9 (3) 113-119.

22. DUHAMEL, F. *La santé et la famille : Une approche systémique en soins infirmiers.* Montréal : Gaëtan Morin, 2007.

23. DUHAMEL, F. *La santé et la famille : Une approche systémique en soins infirmiers.* Montréal : Gaëtan Morin, 2007 ; WRIGHT, L. M. et J.M. BELL. *Beliefs and Illness : A Model for Healing.* Calgary : Fourth Floor Press, Inc.,2009.

24. WRIGHT, L.M. et J.M. BELL. *Beliefs and Illness : A Model for Healing.* Calgary : Fourth Floor Press Inc., 2009.

25. JONES, B.W. « The need for increased access to pediatric hospice and palliative care ». *Dimens Crit Care Nurs* 2011 30 (5) 231-235 ; LIBEN, S., D. PAPADATOU, D. et J. WOLFE. « Paediatric palliative care : challenges and emerging ideas ». *Lancet* 2008 371 (9615) 852-864 ; MAURICIO, R. V. & OKHUYSEN-CAWLEY, R. « The caring continuum : role of the pediatric critical care advanced practice nurse in palliative care program development ». *Crit Care Nurs Q* 2010 33 (3) 292-297.

26. Chang, A., J. Kicis et G. Sangha. « Effect of the clinical support nurse role on work-related stress for nurses on an inpatient pediatric oncology unit ». *J Pediatr Oncol Nurs* 2007 24(6), 340-349.

27. Mauricio, R.V. et R. Okhuysen-Cawley. « The caring continuum : role of the pediatric critical care advanced practice nurse in palliative care program development ». *Crit Care Nurs Q* 2010 33 (3) 292-297.

28. Liben, S., D. Papadatou et J. WolfeJ. « Paediatric palliative care : challenges and emerging ideas ». *Lancet* 2008 371 (9615) 852-864 ; Mauricio, R.V. et R. Okhuysen-Cawley. « The caring continuum : role of the pediatric critical care advanced practice nurse in palliative care program development ». *Crit Care Nurs Q* 2010 33 (3) 292-297 ; Morgan, D. « Caring for dying children : assessing the needs of the pediatric palliative care nurse ». *Pediatr Nurs* 2009 3 5(2) 86-90.

29. Neilson, S., J. Kai, C. MacArthur et S. Greenfield. « Exploring the experiences of community-based children's nurses providing palliative care ». *Paediatr Nurs* 2010 22 (3) 31-36 ; Santé et services sociaux Québec. *Normes en matière de soins palliatifs pédiatriques*, 2006. Consulté le 12 décembre 2010 à http://publications.msss.gouv.qc.ca/acrobat/f/documentation/2006/06-902-05.pdf

30. Perkins, E.M. « Less morphine, or more ? » *RN* 2002 65 (11) 51-54.

31. Morgan, D. « Caring for dying children : assessing the needs of the pediatric palliative care nurse ». *Pediatr Nurs* 2009 3 5(2) 86-90.

32. McCloskey, S. et L. Taggart. « How much compassion have I left ? An exploration of occupational stress among children's palliative care nurses ». *Int J Palliat Nurs* 2010 16 (5) 233-240.

Chapitre 12
Se nourrir : du plaisir pour la vie

Marthe Robitaille

Dans la vie, quoi de plus fondamental que de nourrir un enfant, un geste tout à fait naturel pour lequel personne ne se pose de questions ?

Se nourrir prend déjà tout son sens dès les premières tétées, alors que l'enfant expérimente le plaisir sensoriel véhiculé par les aliments. Pour un parent, nourrir son enfant est une preuve d'amour, de partage et de tendresse, mais c'est aussi lui fournir tous les nutriments essentiels à sa croissance et à son développement psychologique et cognitif.

Lorsque la vie bascule et que la maladie frappe et menace la survie d'un enfant, la nutrition sous-optimale devient source d'inquiétude et crée un sentiment d'impuissance chez les parents et tous les intervenants concernés.

Dans le domaine des soins palliatifs pédiatriques, le soutien nutritionnel fait partie intégrante des soins globaux donnés à l'enfant et revêt un rôle crucial dans la recherche de son bien-être et dans l'amélioration de son confort et de sa qualité de vie. Ce type de soutien devrait débuter dès le diagnostic et se poursuivre tout au long de l'évolution de la maladie. Il vise, dans la phase active, à rétablir ou maintenir un état nutritionnel optimal dans le but de limiter la malnutrition. Il diminue ainsi les risques d'infections et de complications reliées aux différents traitements ou à la maladie elle-même.

Palliatif actif

Les enfants atteints de maladies incurables dont l'issue est incertaine font régulièrement face à une multitude de symptômes qui aggravent leur souffrance. Par un meilleur contrôle des symptômes, la prise en charge nutritionnelle vise à soulager ces enfants aux prises avec des maladies sévères ou chroniques (cancers ou maladies cardiaques, congénitales, dégénératives, génétiques, gastro-intestinales, neurologiques, etc.)

Symptômes digestifs

Les problèmes digestifs doivent être pris en compte, car ils contribuent largement à une détérioration de l'état nutritionnel. Dans la phase active, les nausées, les vomissements, la constipation, la diarrhée, la dysgueusie, la mucosite, la xérostomie et la dysphagie sont souvent présents. Les causes peuvent être multifactorielles. Il est donc important de se questionner sur l'origine de ces symptômes pour mieux adapter nos interventions.

Nausées et vomissements

Ainsi, les nausées et vomissements peuvent être liés à la médication ou aux traitements reçus, à l'apparition de céphalées, à la constipation, à la diarrhée ou à une douleur mal contrôlée. Mais elles peuvent également être le résultat d'un stress psychologique intense. Tous peuvent avoir un effet sur la perte d'appétit. C'est pourquoi il est primordial d'identifier la cause et de la traiter le plus rapidement possible. Plusieurs solutions s'offrent au patient comme favoriser la prise d'antiémétiques avant les repas, contrôler la douleur avec des sédatifs, choisir un environnement paisible et confortable, prendre de petites portions d'aliments favoris à une fréquence plus élevée, boire entre les repas, éviter de se coucher immédiatement après avoir mangé et favoriser les repas froids pour limiter les odeurs désagréables.

Constipation

La constipation est souvent associée à une faible consommation de fibres alimentaires et de liquides. L'alitement prolongé ou la prise d'opiacés contribuent également à intensifier le problème. Il faut dans ce cas encourager la prise de fruits et de légumes frais ainsi que les pains et céréales à grains entiers afin de favoriser une meilleure régularité dans la fréquence d'évacuation des selles.

Lorsque l'appétit n'est pas au rendez-vous, que les aversions face à ces aliments sont grandissantes et que l'hydratation supplémentaire est impossible parce que l'enfant est branché à un soluté, on peut alors avoir recours à des médicaments tels que les émollients, les agents osmotiques ou les stimulants pour aider à soulager le patient et contrer la problématique.

Diarrhée

La diarrhée est parfois le résultat d'une infection virale ou bactérienne. Elle peut également apparaître à la suite de la prise d'antibiotiques, de traitements de chimiothérapie ou de radiothérapie abdominale. Le contrôle est parfois difficile à atteindre, mais peut être possible par le retrait des sources importantes de lactose et une alimentation plus faible en résidus. Les aliments ou liquides contenant des probiotiques pourraient également être utilisés, mais ne sont pas recommandés pour les enfants immunosupprimés. Pour les diarrhées persistantes, certains médicaments (ex : Flagyl®, Immodium®, corticostéroïdes) peuvent aider à contrôler davantage les symptômes, selon l'origine de la diarrhée.

Dysgueusie

La dysgueusie (ou altération du goût) est surtout expérimentée par les patients atteints d'un cancer. Les nombreux effets secondaires de la chimiothérapie ou de la radiothérapie peuvent entraîner une altération des cellules réceptrices sensorielles, une déficience en zinc, une mucosite ou une infection orale, une diminution de sécrétion salivaire, un reflux gastro-œsophagien, une augmentation du stress oxydatif et une cachexie. La maladie elle-même peut être responsable des changements dans la perception des saveurs, mais une altération de l'olfaction pourrait également avoir un impact sur le goût parce que plus de 80 % du goût d'un mets est lié aux arômes qu'il dégage[1]. Certaines solutions existent pour minimiser les goûts désagréables. Ainsi, l'utilisation d'un substitut de salive peut augmenter les sécrétions salivaires. Les acides aminés à chaînes ramifiées (non synthétisés de manière endogène), connus pour avoir des propriétés dans la synthèse des protéines musculaires, amélioreraient l'altération du goût chez ces patients et la diminueraient dans le cas de maladies hépatiques chroniques[2]. Les suppléments en zinc amélioreraient la dysgueusie pour certains types de cancer, mais leur effet différerait selon les traitements et l'état nutritionnel de l'enfant[3]. Une bonne hygiène buccale, incluant le brossage des dents et l'emploi fréquent du rince-bouche, et l'utilisation d'ustensiles de plastique peuvent diminuer les goûts indésirables (souvent métalliques) découlant de la prise de certains médicaments ou de la consommation marquée de viande rouge. L'ajout d'épices et de fines herbes, l'utilisation de citron, de marinades et de sauces peuvent aider à améliorer la saveur, atténuer les mauvais goûts et augmenter ainsi la prise alimentaire.

Mucosite

La mucosite est une inflammation de la muqueuse digestive, fréquente chez les patients qui reçoivent des traitements de chimiothérapie ou de radiothérapie. Elle peut entraîner des douleurs buccales et abdominales parfois intenses, nécessitant une modification dans le choix alimentaire. Des aliments à texture molle avec une faible acidité, moins vinaigrés ou moins épicés et parfois plus faibles en lactose et en résidus doivent être priorisés afin de limiter la douleur et, ainsi, d'augmenter le plaisir de manger.

Xérostomie

La xérostomie (ou sécheresse de la bouche) est un symptôme qui apparaît lors de traitements de radiothérapie crânienne, de la prise de certains médicaments et en fin de vie, lorsqu'il y a présence de déshydratation. Offrir des liquides variés, utiliser le citron pour stimuler la salivation, diminuer la consommation d'aliments sucrés et choisir des aliments plus juteux pourraient aider à soulager les symptômes. En fin de vie, la priorité est mise sur la qualité des soins de bouche.

Dysphagie

Pour certains enfants ayant un problème neuromusculaire ou mécanique relié à la partie supérieure du tube digestif (reflux gastro-œsophagien, contrôle oropharyngé diminué), l'alimentation est souvent une source de stress importante, y compris pour les parents, à cause de l'augmentation des risques d'étouffement. Si c'est possible et sécuritaire, l'alimentation orale devrait être encouragée et préservée aussi longtemps que possible, mais lorsqu'il y a un doute, une analyse globale de la déglutition devrait être complétée par une nutritionniste et une ergothérapeute afin d'évaluer s'il y a un risque d'aspiration lorsque l'enfant s'alimente. Une vidéofluoroscopie peut être suggérée pour confirmer ou non les risques. Selon les résultats, l'alimentation peut être poursuivie à condition que les textures soient modifiées (textures molles, purées ou liquides épaissis). Des épaississants doivent parfois être ajoutés afin de rendre les liquides plus sécuritaires. Pour certains patients, les consistances mixtes (par exemple, une soupe avec des légumes) sont à éviter, car elles sont plus difficiles à coordonner lors de la déglutition. Lorsque la période des repas se prolonge, la fatigue s'installe et les apports énergétiques peuvent devenir insuffisants. Les aliments ou liquides épaissis doivent alors être enrichis afin d'augmenter leur densité énergétique et, ainsi, limiter la perte de poids. La fatigue diminue le contrôle lors de la déglutition et augmente les risques d'aspiration. Il est donc recommandé de cesser d'alimenter un enfant dès les premiers signes de fatigue.

Si l'enfant est capable d'avaler de manière sécuritaire, la stimulation orale-motrice devrait être encouragée et effectuée lors des repas en famille[4]. Les aliments et le contrôle de la prise alimentaire peuvent apporter du confort et du plaisir et maintenir un sens de l'autonomie et de la dignité. Les enfants doivent pouvoir tirer avantage des bienfaits sensoriels et émotionnels apportés par la nourriture tout au long de leur processus de vie. C'est pourquoi la nutrition orale doit rester une priorité aussi longtemps que possible[5].

Suppléments énergétiques oraux

Au cours de l'évolution de la maladie, certains patients développent des incapacités physiques les limitant dans leur prise alimentaire. Afin de maintenir un état nutritionnel adéquat, les suppléments énergétiques oraux ainsi que l'enrichissement des aliments peuvent être considérés afin de suppléer à un manque d'apport. Ils fournissent ainsi l'énergie supplémentaire pour l'accomplissement de leurs activités quotidiennes. Comme il ne s'agit pas d'une stratégie invasive, elle devrait être encouragée bien avant l'instauration d'une nutrition artificielle. Mais dans certains cas, cette option n'est pas envisageable. Ainsi, des enfants n'arrivent pas à augmenter leur prise alimentaire malgré l'administration de suppléments. D'autres ne peuvent plus se nourrir par voie orale à cause des risques accrus de pneumonies d'aspiration ou d'une maladie intestinale sous-jacente limitant l'absorption des nutriments.

Nutrition entérale ou parentérale

Dans les situations où les aliments seuls ne peuvent plus fournir les nutriments nécessaires au maintien d'un bon état nutritionnel, la nutrition entérale doit être envisagée. Elle peut être complémentaire à la prise orale ou suppléer complètement à une prise alimentaire inexistante ou impossible. Ce mode d'alimentation peut être instauré très tôt dans la vie de l'enfant à cause d'une maladie sous-jacente ou d'une maladie en évolution.

Selon certains auteurs, il serait approprié d'offrir ce type d'alimentation lorsqu'une ou plusieurs des indications suivantes est détectée[6] :

- Une déglutition non sécuritaire ;
- Un risque accru d'aspiration ;
- Une incapacité de consommer au moins 60 % des besoins énergétiques par la bouche ;
- Un temps d'alimentation qui dépasse plus de quatre heures par jour.
- Une alimentation orale devenue désagréable ;
- Une perte de poids ou aucun gain de poids pendant une période de trois mois (temps plus court pour les nourrissons et les enfants) ;
- Un poids/taille en dessous du 2e percentile pour l'âge et le sexe.

Lorsque la nutrition orale ou entérale devient impossible à cause d'un tube digestif non fonctionnel qui ne peut plus absorber efficacement les nutriments, la nutrition parentérale devient la seule indication pour alimenter l'enfant. Elle peut être utilisée comme une mesure temporaire pour soutenir l'enfant en phase aiguë (par exemple, en cas de mucosite sévère ou de récupération post-chirurgie) ou pour un prématuré qui ne peut téter ou avaler[7]. Elle deviendra la seule source de nutriments pour les enfants aux prises avec un désordre de la motilité intestinale ou avec une surface d'absorption limitée dans le petit intestin (par exemple, le syndrome de l'intestin court ou d'autres maladies intestinales sévères)[8]. Dans la phase active des soins palliatifs, la nutrition entérale et parentérale peut être bénéfique et souhaitable pour plusieurs enfants lorsqu'elle peut améliorer leur état de santé et leur qualité de vie[9].

L'annonce d'une nutrition artificielle n'est cependant pas toujours accueillie favorablement et crée un niveau élevé de stress et d'inquiétude, souvent relié aux procédures d'installation et à la gestion de la voie d'alimentation choisie. Il est important de considérer tous les impacts de ce changement sur la famille. Les buts visés, les avantages et inconvénients doivent être clairement définis avec les parents et l'enfant. On doit aussi s'assurer que les bénéfices outrepassent le fardeau que cela pourrait leur procurer. Par exemple, l'enfant acceptera mieux l'installation d'un tube nasogastrique si tous les médicaments difficiles à prendre peuvent être donnés dans le tube ou si son niveau d'énergie augmente, lui permettant ainsi de s'adonner à des activités qu'il ne pourrait faire autrement. Un adolescent optera davantage pour une gastrostomie afin de diminuer l'impact sur son image corporelle. Pour les parents, le fait de passer des moments agréables plutôt que conflictuels lors des repas ou de la prise des médicaments, voir que son enfant a plus d'entrain et passer moins de temps à l'hôpital parce que les infections ont diminué leur permet de mieux comprendre les avantages de cette voie d'alimentation.

La nutrition entérale peut être complémentaire à la prise orale et, tout comme la nutrition parentérale, peut devenir la seule source de nutriments. Cette dernière situation engendre néanmoins beaucoup d'émotions et de souffrances pour l'enfant et sa famille, car l'arrêt complet de la nutrition orale ou entérale représente souvent pour eux une dégradation de la condition de l'enfant ou une progression vers un autre stade de la maladie. Les gestes d'amour et de partage lors d'un repas en famille ou entre amis laissent alors place à l'isolation, créant énormément de tristesse de part et d'autre. Le soutien psychologique et social donné aux familles doit être priorisé lors de cette période difficile et les effets négatifs engendrés par ces deux voies d'alimentation doivent être limités par une surveillance étroite des symptômes ressentis par l'enfant.

Le plan nutritionnel doit être discuté et décidé avec l'enfant et ses parents, selon leurs priorités et leurs intérêts. Par exemple, lorsque la prise orale est impossible, certains choisiront d'offrir des aliments en purée lisse dans un tube gastrique ou une gastrostomie au lieu d'utiliser les solutions nutritives existant sur le marché, car ils ont l'impression de continuer à nourrir normalement leur enfant. D'autres préféreront le mode d'administration en bolus de jour, à la seringue plutôt qu'à la pompe, pour simplifier les déplacements et poursuivre normalement les activités familiales. Les adolescents ou les membres d'une famille nombreuse choisiront plutôt un système d'alimentation fermé (sacs sous vide) au lieu d'un système ouvert (cannette) pour ne pas perdre de temps avec les procédures de nettoyage du matériel et, ainsi, profiter de tous les petits instants de la vie. Adapter et individualiser le plan de traitement permet de viser la meilleure qualité de vie possible pour l'enfant et sa famille.

Il est également essentiel de limiter les complications gastro-intestinales, métaboliques et mécaniques engendrées par la nutrition entérale ou parentérale. Les parents doivent être entourés d'une équipe attentionnée, à l'écoute de tous les problèmes qui peuvent survenir. Quelques personnes-ressources (médecin, infirmière pivot, nutritionniste, pharmacien, ergothérapeute, psychologue, travailleur social) peuvent être clairement identifiées pour assurer une communication efficace et une prise en charge rapide, évitant ainsi une détérioration de l'état de santé de l'enfant. La nutritionniste, pour sa part, doit rapidement apporter les modifications nécessaires pour la nutrition entérale (changements dans la concentration, la solution, le débit, l'horaire) lorsque la tolérance digestive diminue. Avec le pharmacien, elle ajuste également la nutrition parentérale lors de débalancements métaboliques, d'un excès ou d'une insuffisance d'apports énergétiques, afin d'éviter que la malnutrition s'installe ou que d'autres complications surviennent. C'est bien connu: lorsqu'on optimise l'état nutritionnel chez un enfant dans la phase palliative active, il y a une diminution des complications, du délai des traitements (s'ils sont encore existants) et des effets secondaires reliés aux médicaments[10].

Phase terminale

Anorexie

Malheureusement, avec la progression de la maladie et malgré un soutien nutritionnel, les symptômes s'aggravent dans la phase terminale et conduisent vers une anorexie plus marquée. Ce symptôme, commun chez les personnes atteintes de cancer, peut conduire à une faible tolérance aux traitements et, dans plusieurs cas, contribuer à la cachexie. L'hypermétabolisme et la diminution de la prise énergétique peuvent en effet constituer un cercle vicieux dans le développement de la cachexie du cancer[11].

L'anorexie peut apparaître à un stade précoce ou avancé de la maladie. Sa prévalence peut être aussi élevée que 40 % au diagnostic et 70 % dans un stade avancé de la maladie.

Cachexie

La cachexie du cancer est la forme la plus fréquente de malnutrition chez les patients cancéreux et sidéens et se présente seulement à un stade avancé de la maladie. Elle se caractérise par une perte d'appétit, une perte de poids, une fonte musculaire avec ou sans perte de masse adipeuse et de l'asthénie. Elle est souvent associée à une modification du goût et résulterait d'anomalies métaboliques provoquées par la tumeur elle-même et son interaction avec le système immunitaire du patient[12]. Le retard de croissance serait la caractéristique clinique marquante chez les enfants[13], car ces derniers ont des besoins énergétiques et protéiques plus élevés et sont particulièrement vulnérables à la perte de poids et à la malnutrition[14].

Selon quelques auteurs, il serait impossible de renverser les effets de la cachexie liée au cancer avec des suppléments oraux hyper énergétiques ou encore avec une nutrition entérale ou parentérale, car ces derniers auraient un impact sur l'augmentation de la masse adipeuse et non sur la masse musculaire. Certains médicaments (Megestrol®, corticostéroïdes) ont démontré leur efficacité dans l'amélioration de l'appétit et pour le traitement des nausées et de la douleur, mais n'auraient aucun effet sur la perte de poids et la masse musculaire. Ils auraient même des effets secondaires délétères chez les enfants[15].

Cependant, depuis quelques années, plusieurs chercheurs se sont intéressés à l'utilisation des acides gras oméga-3 pour contrer la cachexie du cancer. Ces acides gras ont prouvé leur potentiel comme inhibiteurs des cytokines pro-inflammatoires. Ces dernières altéreraient le métabolisme des glucides, des lipides et des protéines[16]. Toutefois, la plupart des études randomisées contrôlées utilisant les EPA ou les DHA chez les adultes n'ont pas pu démontrer les avantages sur l'altération du poids, la masse maigre, les symptômes, la survie et la qualité de vie des patients atteints du syndrome de cachexie-anorexie associé au cancer. Selon certains auteurs, des facteurs comme une moins grande variabilité dans les populations choisies, les doses de EPA ou DHA données et les échelles standardisées utilisées permettraient d'effectuer une plus pertinente analyse.

Chez les enfants leucémiques, une étude prospective randomisée a permis de démontrer de manière significative une réduction dans la perte de poids et le IMC ainsi qu'une augmentation du taux de rémission chez ceux qui recevaient un supplément nutritionnel avec EPA dans leur prise alimentaire habituelle. Selon les auteurs, l'enrichissement en EPA pourrait rendre la cellule leucémique plus susceptible à la peroxydation des lipides et plus sensible à la chimiothérapie. D'autres recherches sont cependant nécessaires pour identifier les doses adéquates, évaluer *in vivo* les niveaux sériques sur les cellules leucémiques et documenter l'absorption des EPA pris oralement. Certains pensent qu'on devrait débuter la prise des EPA plus précocement dans la maladie afin de prévenir la perte de poids plutôt que de redoubler d'effort pour minimiser les effets d'une cachexie avancée[17].

Plusieurs auteurs s'entendent pour dire que le soutien nutritionnel en soins palliatifs doit être intégré dans un continuum de la phase précoce de la maladie, devrait se poursuivre durant sa progression et ne devrait pas s'intensifier en fin de vie[18], au contraire de bon nombre de parents qui pensent pouvoir prolonger la vie de leur enfant avec un soutien nutritionnel plus agressif en fin de vie.

Nutrition artificielle (entérale et parentérale)

Pourtant, il y a cent ans, la personne mourante restait à la maison, arrêtait de manger et de boire, développait un état comateux et finissait par mourir d'une maladie sous-jacente. C'était une pratique acceptée par différentes cultures et religions à l'époque. Mais aujourd'hui, avec l'apparition de la nutrition entérale ou parentérale, tous les espoirs semblent permis. Toutefois, selon plusieurs auteurs, la nutrition artificielle est une intervention invasive qui ne semble pas prolonger la vie et qui peut causer des souffrances additionnelles[19].

Les procédures pour nourrir un enfant par le biais d'un tube ou d'un cathéter veineux central ne devraient pas être initiées ou devraient être arrêtées si les fardeaux outrepassent les bénéfices attendus[20]. Cette question, qui englobe la symbolique émotionnelle, sociale et culturelle entourant l'alimentation d'un enfant, soulève la controverse. Selon une jurisprudence de la justice américaine, la nutrition artificielle est considérée comme une intervention médicale qui pourrait être interrompue à n'importe quel moment, et ce, au même titre que n'importe quel autre traitement[21]. L'Association américaine de pédiatrie a d'ailleurs statué que si l'enfant ne retire pas de bénéfices nets de la nutrition artificielle, le traitement médical, jugé inapproprié, ne devrait pas être offert ou devrait être arrêté. Des auteurs s'entendent même pour dire que la nutrition artificielle en fin de vie est une intervention inutile, rarement bénéfique chez un patient mourant, qui peut même lui nuire davantage à cause des effets secondaires potentiels qu'elle provoque[22]. Selon d'autres auteurs, l'attachement à un tube constituerait un fardeau, augmenterait la souffrance et serait un marqueur d'une diminution de la qualité de vie[23]. Une nutrition naturelle sous-optimale serait donc mieux que le fardeau d'une nutrition artificielle[24]. La plupart des guides de procédures cliniques ne recommandent pas la nutrition artificielle si le pronostic de vie ne dépasse pas trois mois, à moins que l'enfant ou les parents le demandent. Dans ce cas, elle doit être de courte durée et régulièrement réévaluée[25].

Il est primordial que les parents connaissent tous les inconvénients et conséquences d'une nutrition entérale et parentérale en fin de vie afin de faire un choix éclairé. Ils doivent savoir que la nutrition artificielle n'augmente pas le confort ou la qualité de vie de leur enfant en phase terminale et qu'elle peut prolonger le processus de mort[26]. Son administration peut entraîner des effets négatifs potentiels tels qu'une surcharge en liquides, des déficits ou des excès nutritionnels, des débalancements liquidiens et électrolytiques, des infections locales et systémiques, de la douleur, un œdème généralisé, de la dyspnée, des risques de thromboses de même qu'une atteinte hépatique[27]. Le soutien nutritionnel devrait être utilisé bien avant que l'état du patient ne se dégrade[28]. En phase terminale, on devrait mettre l'accent sur le plaisir de manger lorsque c'est possible. Or, assurer le bien-être de l'enfant et combler ses désirs ne pallient pas les désavantages de la nutrition artificielle.

Nutrition orale

Un enfant qui a faim et qui peut se nourrir par la bouche devrait pouvoir le faire[29]. Il est important de se concentrer sur le confort de celui-ci plutôt que sur les aspects de sa croissance et de son développement[30]. De toute façon, une amélioration de la prise alimentaire pour augmenter la survie et le gain de poids est inutile à ce stade du niveau de soins. Les besoins nutritionnels de l'enfant peuvent être comblés lorsque ce dernier est satisfait avec ce qu'il est capable de manger[31]. Les standards nutritionnels établis dans la phase active ne sont plus réalistes et doivent être retirés. Durant cette même période, les prescriptions de régime doivent également être soulevées ou assouplies en vue d'augmenter les choix alimentaires qui donneront du plaisir à l'enfant[32]. L'horaire d'administration des médicaments doit être revu pour encourager la prise orale et maximiser ces choix[33].

Il faut éviter l'acharnement nutritionnel, c'est-à-dire effectuer une stimulation excessive et permanente, car elle risque de créer de l'anxiété, des aversions supplémentaires et de l'inconfort, le tout accompagné de nausées et de vomissements[34]. Les difficultés de l'enfant à s'alimenter en fin de vie sont liées à la progression de sa maladie et non au choix des aliments qui lui sont offerts. C'est pourquoi il ne faut jamais forcer un enfant à manger ce qu'il n'aime pas[35]. Ne le blâmez pas, mais centrez-vous plutôt sur le plaisir et le confort que peuvent lui apporter les aliments qu'il ingère.

Comme nous l'avons évoqué précédemment, le but de la nutrition en fin de vie est de minimiser les inconforts reliés à l'alimentation afin de s'assurer que manger et boire restent agréables aussi longtemps que possible[36]. Ainsi, créer un climat de détente, positionner l'enfant confortablement, partager un repas en famille, lui offrir ses aliments favoris, permettre des horaires flexibles, fractionner les repas, proposer des aliments plus faciles à manger, préparer des mets froids si les odeurs l'incommodent, offrir de petites portions d'aliments selon ce que l'enfant est capable de prendre et suggérer de petits glaçons ou de petites gorgées de liquides peuvent faire une différence dans les dernières semaines de vie de l'enfant[37]. Il faut adapter l'offre alimentaire selon ses désirs.

En phase terminale, plusieurs patients peuvent avoir des symptômes digestifs sévères, devenir moins tolérants à l'alimentation orale ou entérale, ou encore être plus réfractaires aux opioïdes ou aux analgésiants neuropathiques. Ainsi, une cessation temporaire est souvent nécessaire, car le soulagement ne peut être possible que lorsque l'alimentation est arrêtée. Parfois, une réintroduction graduelle des aliments ou des liquides peut être tentée, mais toujours selon la tolérance de l'enfant.

Une étude a identifié un groupe d'enfants qui ont développé une intolérance progressive à leur nutrition entérale malgré les modifications apportées sur le plan de la fréquence, de la voie d'administration, de la concentration de la formule et de l'ajout de médicaments. Ces enfants étaient soulagés de leurs symptômes digestifs lors de l'arrêt de la nutrition et toléraient la réintroduction graduelle des aliments quelques jours plus tard. Ils répétaient ces épisodes d'intolérance quelques fois avant la fin de leur vie[38].

Il faut dire que le dysfonctionnement intestinal se développe souvent dans la phase terminale de la maladie. La décision de débuter une nutrition parentérale devrait nécessiter une discussion éthique avec l'équipe de soins. Les avantages et les inconvénients de cette méthode doivent être clairement définis avec la famille, car cette dernière devra apprendre à gérer tous les problèmes qui en découleront[39]. En effet, les techniques utilisées en nutrition parentérale sont complexes, risquées et peuvent relever de l'acharnement thérapeutique en regard du gain obtenu et des désavantages engendrés. C'est au patient compétent ou au parent convenablement informé d'accepter ou non ce qui lui est proposé comme la moins mauvaise des solutions[40].

L'incapacité de s'hydrater ou de s'alimenter en fin de vie est un processus naturel normal d'une vie qui s'achève[41]. Pour plusieurs, c'est aussi une source d'angoisse, de peur, de stress et d'incompréhension. Certains veulent absolument utiliser la nutrition entérale ou parentérale pour éviter l'émotion intense liée au fait de ne pas nourrir un enfant. Il est important, encore une fois, que les parents soient informés des conséquences négatives d'une telle décision afin qu'ils puissent évaluer si le fardeau est plus lourd que les bénéfices que cela pourrait engendrer. La culture et la religion doivent aussi rester au cœur des discussions avec l'équipe de soins pour mieux comprendre et clarifier les besoins, les croyances et les intérêts de l'enfant et de sa famille.

Les parents doivent savoir qu'il est normal pour un enfant mourant de ne pas avoir faim ou soif[42]. Près de 63 % des patients n'expriment pas la faim ou la soif durant les six derniers mois de vie et le reste d'entre eux le font de manière sporadique[43]. Plusieurs patients perdent l'intérêt de boire ou de manger dans les 48 dernières heures de leur vie[44]. Pour cette raison, les patients seraient sans doute beaucoup plus confortables avec un retrait complet plutôt que partiel de la nutrition[45]. Le jeûne réduit substantiellement les sensations de faim, et donner de petites quantités d'aliments au patient ou introduire une petite quantité de glucose ou de dextrose dans ce qui lui est administré peut conduire à une sensation douloureuse de faim en interrompant la cétose[46]. L'expérience des adultes suggère que le jeûne peut, en phase terminale, apporter d'importants bénéfices incluant le relâchement des endorphines, créant ainsi une sensation de bien-être et une production de cétones conduisant à une réduction de la faim[47].

Hydratation ou déshydratation

Des études animales suggèrent que la privation d'eau augmenterait les niveaux de dynorphine, un opiacé puissant relâché par l'hypothalamus ayant une action antalgique. Cela expliquerait l'absence de douleur et d'inconforts en fin de vie[48]. Selon certains auteurs, la déshydratation, phénomène naturel apparaissant en fin de vie, aurait également un effet bénéfique en diminuant le débit urinaire, les vomissements, la toux et les sécrétions pulmonaires, l'ascite et l'œdème périphérique, entraînant par le fait même une diminution de la douleur[49].

Il n'est pas prouvé que l'utilisation de l'hydratation artificielle en fin de vie prolongerait la survie. Certains ont d'ailleurs rapporté une période de vie écourtée chez ceux qui avaient reçu des liquides intraveineux[50]. Que le patient soit hydraté ou non, il appert que des anormalités biochimiques apparaissent[51].

La correction d'un déficit en liquides serait plus efficace en améliorant la prise orale, même avec de faibles quantités[52]. Humecter la bouche, par exemple, peut aider à soulager la sécheresse, même avec une prise limitée de liquides. De bons soins buccaux sont plus bénéfiques que l'hydratation artificielle[53].

Toutefois, l'hydratation artificielle peut aider à améliorer quelques symptômes comme le délirium, les changements dans l'état mental et la neurotoxicité causée par les opioïdes. Elle n'est par contre pas susceptible d'améliorer les symptômes de xérostomie ou de soif. Ces derniers peuvent facilement être contrôlés, comme nous l'avons vu, par les soins de bouche, la lubrification des lèvres et la prise de petites gorgées d'eau lorsque c'est possible. De petits volumes d'hydratation artificielle (NaCl 0,9 %) sont associés à peu d'effets délétères. Cinquante à soixante-dix pour cent des besoins liquidiens seraient appropriés, mais en gardant une évaluation attentive sur l'état d'hydratation et les symptômes de détresse[54]. De plus, une réhydratation par voie sous-cutanée (hypodermoclyse) est souvent préférable à la voie veineuse si la déshydratation est source d'inconfort[55].

Avant de procéder à une hydratation artificielle chez un patient en fin de vie, il est important d'évaluer les bénéfices par rapport au fardeau que cela pourrait lui procurer. Ainsi, l'hydratation artificielle pourrait être nuisible dans certaines situations en augmentant l'inconfort et en entraînant de nombreux symptômes tels qu'une hypoalbuminémie, une rétention hydrique (œdème périphérique, ascite, épanchement pleural), une augmentation des sécrétions respiratoires, une augmentation des sécrétions gastriques (nausées et des vomissements) ou une insuffisance cardiaque[56], un manque de mobilité, l'augmentation possible de l'énurésie, le besoin de changer le cathéter et une douleur au site d'insertion[57]. Dans plusieurs situations, elle pourrait donc inévitablement constituer un fardeau pour un patient mourant[58].

La déshydratation diminuerait tous ces symptômes et offrirait une mort plus confortable, car, comme nous l'avons énoncé, les patients mourants n'ont ni soif ni faim[59]. À un stade avancé de sa maladie, l'enfant ne meurt pas de l'insuffisance de son alimentation, mais des progrès de sa maladie[60].

En conclusion

Arrêter de nourrir ou d'hydrater progressivement un enfant crée des situations émotionnelles intenses chez les parents. À chaque étape de la progression de la maladie, ces derniers et leurs proches doivent être informés, guidés et rassurés dans leurs choix. Ils prendront ainsi des décisions éclairées, afin de prodiguer ce qu'il y a de mieux pour leur enfant.

Malgré les valeurs culturelles et religieuses de chaque famille, la prolongation de la vie par l'administration de la nutrition et de l'hydratation artificielle continuera de soulever des questions éthiques et d'apporter son lot de discussions avec les différents intervenants concernés. Malgré tout, il reste que l'enfant doit toujours rester au cœur des préoccupations. Sa participation devrait être encouragée et les décisions prises à son égard devraient toujours l'être pour son meilleur intérêt.

Manger et boire doivent rester agréables aussi longtemps que possible et tant qu'ils offrent confort, bien-être et plaisir. Ainsi, se nourrir est la première sensation de plaisir pour un nouveau-né et peut constituer l'une des dernières sources de satisfaction de l'enfant mourant.

Bibliographie

Association canadienne de soins palliatifs et Réseau canadien de soins palliatifs. *Soins palliatifs pédiatriques: principes directeurs et normes de pratique*, Ottawa, l'Association, 2006, 70 p. En ligne. <http ://acsp.net/professionnels/les-normes-de-pratique.aspx>. [Consulté le 16 juillet 2012].

Gillick, Muriel R. « The use of advance care planning to guide decisions about artificial nutrition and hydration », *Nutrition in clinical Practice*, 2006 21 (2), 126-133.

Huisman-de Waal, Getty, Ton Naber, Lisette Schoonhoven, Anke Persoon, Hans Sauerwein et Theo van Achterberg. « Problems experienced by patients receiving parenteral nutrition at home : results of an open interview study », *Journal of Parenteral and Enteral Nutrition*, 2006 30 (3), 215-221.

Leonberg, Beth L. « Chapter 17 : Ethical and quality of life issues ». *Pediatric Nutrition Support*, Susan Baker, Robert D. Baker et Anne M. Davis (éds.), Sudbury MA, Jones and Bartlett, 2007, 217-223.

Maillet O'Sullivan, Julie, Robert L. Potter et Linda Heller. « Position of the American Dietetic Association : ethical and legal issues in nutrition, hydration, and feeding », *Journal of the American Dietetic Association*, 2002 102 (5), 716-726.

Michelson, K.M. et David M. Steinhorn. « Pediatric end-of-life issues and palliative care », *Clinical Pediatric Emergency Medicine*, 2007 8 (3), 212-219.

Groupe de travail sur les normes en matière de soins palliatifs pédiatriques. *Normes en matière de soins palliatifs pédiatriques*, Québec,

Ministère de la Santé et des Services sociaux, 2006, 86 p. En ligne. www.msss.gouv.qc.ca/sujets/prob_sante/cancer/index.php?aid=30. [Consulté le 16 juillet 2012].

MINISTÈRE DE LA SANTÉ ET DES SERVICES SOCIAUX. DIRECTION DE LA LUTTE CONTRE LE CANCER. *Plan directeur de développement des compétences des intervenants en soins palliatifs*, Québec, le Ministère, Direction des communications, 2008, 248 p. En ligne. www.msss.gouv.qc.ca/cancer. [Consulté le 16 juillet 2012].

Notes

1. ARKADI, Yakirevitch, Michaela BERCOVICI et Yoav P. TALMI. « Chapter 19 : Olfaction in palliative care patients ». *Diet and Nutrition in Palliative Care*, Victor E. Preedy (éd.), Boca Raton FL, CRC Press, 2011, 223-230.
2. KAWAGUCHI, Takumi, Yumiko NAGAO et Michio SATA. « Chapter 18 : Taste alteration in palliative care », in *Diet and Nutrition in Palliative Care*, Victor E. Preedy (éd.), Boca Raton FL, CRC Press, 2011, 215-221.
3. *Ibid.*
4. KOH, Michelle et Finella CRAIG. « Chapter 6 : Quality of life and aspects of diet and nutrition in dying children ». *Diet and Nutrition in Palliative Care*, Victor E. Preedy (éd.), Boca Raton FL, CRC Press, 2011, 63-74.
5. KOH, Michelle et Finella CRAIG. « Chapter 6 : Quality of life and aspects of diet and nutrition in dying children ». *Diet and Nutrition in Palliative Care*, Victor E. Preedy (éd.), Boca Raton FL, CRC Press, 2011, 63-74 ; D'HÉROUVILLE, DANIEL. « Nutrition et hydratation en fin de vie », *Gastroentérologie clinique et biologique*, 2004 28, D26-D30.
6. KOH, Michelle et Finella CRAIG. « Chapter 6 : Quality of life and aspects of diet and nutrition in dying children ». *Diet and Nutrition in Palliative Care*, Victor E. Preedy (éd.), Boca Raton FL, CRC Press, 2011, 63-74.
7. TSAI, E. (Société canadienne de pédiatrie, Comité de bioéthique). « L'abstention et la suppression de l'alimentation et de l'hydratation artificielles », *Paediatrics & Child Health*, 2011 16 (4), 241-242. En ligne. www.cps.ca/Francais/enonces/B/AlimentationHydratation.htm. [Consulté le 16 juillet 2012].
8. DIEKEMA, Douglas S. et Jeffrey R. BOTKIN. « Forgoing medically provided nutrition and hydration in children », *Pediatrics*, 124 (2), 2009, 813-822.
9. TSAI, E. (Société canadienne de pédiatrie, Comité de bioéthique). « L'abstention et la suppression de l'alimentation et de l'hydratation artificielles », *Paediatrics & Child Health*, 2011 16 (4), 241-242. En ligne. www.cps.ca/Francais/enonces/B/AlimentationHydratation.htm. [Consulté le 16 juillet 2012]. PREVOST V. et M.-C. GRACH. « Nutritional support and quality of life in cancer patients undergoing palliative care », *European Journal of Cancer Care*, 2012 10 p. Pré-publication en ligne. http ://onlinelibrary.wiley.com/doi/10.1111/j.1365-2354.2012.01363.x/abstract. [Consulté le 16 juillet 2012].

10. Koh, Michelle et Finella Craig. « Chapter 6 : Quality of life and aspects of diet and nutrition in dying children ». *Diet and Nutrition in Palliative Care,* Victor E. Preedy (éd.), Boca Raton FL, CRC Press, 2011, 63-74.

11. Tsai, E. (Société canadienne de pédiatrie, Comité de bioéthique). « L'abstention et la suppression de l'alimentation et de l'hydratation artificielles », *Paediatrics & Child Health,* 2011 16 (4), 241-242. En ligne. www.cps.ca/Francais/enonces/B/AlimentationHydratation.htm. [Consulté le 16 juillet 2012].

12. Lai, Jin-Shei, David Cella, Amy Peterman, Joshua Barocas et Stewart Goldman. « Anorexia/cachexia-related quality of life for children with cancer : testing the psychometric properties of the pediatric functional assessment of anorexia and cachexia therapy (peds-FAACT) », *Cancer,* 2005 104 (7), 1531-1539.

13. Hopkinson, Jane B., Ikumi Okamoto et Julia M. Addington-Hall. « What to eat when off treatment and living with involuntary weight loss and cancer : a systematic search and narrative review », *Supportive Care in Cancer,* 2011 19(1), 1-17.

14. Santucci, Gina et Jennifer W. Mack. « Common gastrointestinal symptoms in pediatric palliative care : nausea, vomiting, constipation, anorexia, cachexia », *Pediatric Clinics of North America,* 2007 54 (5), 673-689.

15. Santucci, Gina et Jennifer W. Mack. « Common gastrointestinal symptoms in pediatric palliative care : nausea, vomiting, constipation, anorexia, cachexia », *Pediatric Clinics of North America,* 2007 54 (5), 673-68 ; Bosaeus, Ingvar. « Nutritional support in multimodal therapy for cancer cachexia », *Supportive Care in Cancer,* 2008 16 (5), 447-451.

16. Koh, Michelle et Finella Craig. « Chapter 6 : Quality of life and aspects of diet and nutrition in dying children ». *Diet and Nutrition in Palliative Care,* Victor E. Preedy (éd.), Boca Raton FL, CRC Press, 2011, 63-74.

17. Miller, Scott D. M. et Patrick J. Mansky. « Nutritional supplementation for pediatric cancer cachexia : what can we feed back ? (Commentary on Bayram et coll., page 571) », *Pediatric Blood & Cancer,* 2009 52 (5), 557-558 ; Löbbe Velia A. « Nutrition in the last days of life », *Current Opinion in Supportive Palliative Care,* 2009 3 (3), 195-202 ; Mazzotta, Paolo et Christa M. Jeney. « Anorexia-cachexia syndrome : a systematic review of the role of dietary polyunsaturated fatty acids in the management of symptoms, survival, and quality of life », *Journal of Pain and Symptom Management,* 2009 37 (6), 1069-1077.

18. Löbbe Velia, A. « Nutrition in the last days of life », *Current Opinion in Supportive Palliative Care,* 2009 3 (3), 195-202 ; Bosaeus, Ingvar. « Nutritional support in multimodal therapy for cancer cachexia », *Supportive Care in Cancer,* 2008 16 (5), 447-451 ; Santucci, Gina et Jennifer W. Mack. « Common gastrointestinal symptoms in pediatric palliative care : nausea, vomiting, constipation, anorexia, cachexia », *Pediatric Clinics of North America* 2007 54 (5), 673-68.

19. Carter, Brian S. et Marcia Levetown (éds.). *Palliative Care for Infants, Children, and Adolescents : a Practical Handbook,* Baltimore, Johns Hopkins

University Press, 2005 87, 176-177 ; Keeler, Anne. « Artificial hydration in pediatric end-of-life care », *Virtual Mentor*, 2010 12 (7), 558-563. En ligne. http://virtualmentor.ama-assn.org/2010/07/cprl1-1007.html. [Consulté le 16 juillet 2012].

20. Diekema, Douglas S. et Jeffrey R. Botkin. « Forgoing medically provided nutrition and hydration in children », *Pediatrics*, 2009 124 (2), 813-822 ; Geppert, Cynthia M. A., Maria R. Andrews et Mary Ellen Druyan. « Ethical Issues in artificial nutrition and hydration : a review », *Journal of Parenteral and Enteral Nutrition*, 2010 34 (1), 79-88.

21. Ullrich, Christina, Barbara Sourkes et Joanne Wolfe. « Chapter 49 : Palliative care for the child with cancer ». *Principles and Practice of Pediatric Oncology*, Philip A. Pizzo et David Poplack (éds.), Philadelphie, Wolters Kluwer Health/Lippincott Williams & Wilkins, 6e édition, 2011, 1418.

22. Van Der Riet, Pamela, Philip Good, Isabel Higgins et Ludmilla Sneesby. « Palliative care professionals' perception of nutrition and hydration at the end of life », *International Journal of Palliative Nursing*, 2008 14 (3), 145-151 ; Koh, Michelle et Finella Craig. « Chapter 6 : Quality of life and aspects of diet and nutrition in dying children ». *Diet and Nutrition in Palliative Care*, Victor E. Preedy (éd.), Boca Raton FL, CRC Press, 2011, 63-74 ; Bosaeus, Ingvar. « Nutritional support in multimodal therapy for cancer cachexia », *Supportive Care in Cancer* 2008 16 (5), 447-451 ; Carter, Brian S. et Marcia Levetown (éds.). *Palliative Care for Infants, Children, and Adolescents : a Practical Handbook*, Baltimore, Johns Hopkins University Press, 87, 2005, 176-177 ; Raijmakers N.J.H., L. van Zuylen, M. Costantini, A. Caraceni, J. Clark, G. Lundquist, R. Voltz, J. E. Ellershaw et A. van der Heide on behalf of OPCARE9. « Artificial nutrition and hydration in the last week of life in cancer patients. A systematic review of practices and effects », *Annals of Oncology*, 2011 22 (7), 1478-1486.

23. Van Der Riet, Pamela, Philip Good, Isabel Higgins et Ludmilla Sneesby. « Palliative care professionals' perception of nutrition and hydration at the end of life », *International Journal of Palliative Nursing*, 2008 14 (3), 145-151 ; Prevost, V. et M.-C. Grach. « Nutritional support and quality of life in cancer patients undergoing palliative care », *European Journal of Cancer Care*, 2012, 10 p. Pré-publication en ligne. http://onlinelibrary.wiley.com/doi/10.1111/j.1365-2354.2012.01363.x/abstract. [Consulté le 16 juillet 2012].

24. Bosaeus, Ingvar. « Nutritional support in multimodal therapy for cancer cachexia », *Supportive Care in Cancer*, 2008 16 (5), 447-451 ; Jones, Patrick M. et Brian Carter. « Chapter 37 : Ethical issues in the provision of nutrition », *A.S.P.E.N. Pediatric Nutrition Support Core Curriculum*, Mark R. Corkins (éd.), Silver Spring MD, American Society for Parenteral and Enteral Nutrition, 2010, 477-486.

25. Diekema, Douglas S. et Jeffrey R. Botkin. « Forgoing medically provided nutrition and hydration in children », *Pediatrics* 2009 124 (2), 813-822. Löbbe Velia, A. « Nutrition in the last days of life », *Current Opinion in Supportive Palliative Care* 2009 3 (3), 195-202.

26. Prevost V. et M.-C. Grach. « Nutritional support and quality of life in cancer patients undergoing palliative care », *European Journal of Cancer Care*, 2012,

10 p. Pré-publication en ligne. http ://onlinelibrary.wiley.com/doi/10.1111/j.1365-2354.2012.01363.x/abstract. [Consulté le 16 juillet 2012] ; RAIJMAKERS N.J.H., L. VAN ZUYLEN, M. COSTANTINI, A. CARACENI, J. CLARK, G. LUNDQUIST, R. VOLTZ, J. E. ELLERSHAW et A. VAN DER HEIDE ON BEHALF OF OPCARE9. « Artificial nutrition and hydration in the last week of life in cancer patients. A systematic review of practices and effects », *Annals of Oncology* 2011 22 (7), 1478-1486.

27. DIEKEMA, Douglas S. et Jeffrey R. BOTKIN. « Forgoing medically provided nutrition and hydration in children », *Pediatrics* 2009 124 (2), 813-822; SOLOMON, Mildred Z., Deborah E. SELLERS, Karen S. HELLER et coll. « New lingering controversies in pediatric end-of-life care », *Pediatrics* 2005 116 (4), 872-883.

28. HOPKINSON, Jane B., Ikumi OKAMOTO et Julia M. ADDINGTON-HALL. « What to eat when off treatment and living with involuntary weight loss and cancer : a systematic search and narrative review », *Supportive Care in Cancer* 2011 19(1), 1-17.

29. CARTER, Brian S. et Steven R. LEUTHNE. « The ethics of withholding/withdrawing nutrition in the newborn », *Seminars in Perinatalogy* 2003 27 (6), 480-87; DIEKEMA, Douglas S. et Jeffrey R. BOTKIN. « Forgoing medically provided nutrition and hydration in children », *Pediatrics* 2009 124 (2), 813-822; D'HÉROUVILLE, Daniel. « Nutrition et hydratation en fin de vie », *Gastroentérologie clinique et biologique* 2004 28, D26-D30.

30. CARTER, Brian S. et Steven R. LEUTHNER. « The ethics of withholding/withdrawing nutrition in the newborn », *Seminars in Perinatalogy* 2003 27 (6), 480-87

31. MUIR, C.I. et G. T. LINKLATER. « A qualitative analysis of the nutritional requirements of palliative care patients », *Journal of Human Nutrition and Dietetics* 2011 24 (5), 470-478.

32. PREVOST V. et M.-C. GRACH. « Nutritional support and quality of life in cancer patients undergoing palliative care », *European Journal of Cancer Care* 2012 10 p. Pré-publication en ligne. http ://onlinelibrary.wiley.com/doi/10.1111/j.1365-2354.2012.01363.x/abstract. [Consulté le 16 juillet 2012] ; MUIR, C.I. et G. T. LINKLATER. « A qualitative analysis of the nutritional requirements of palliative care patients », *Journal of Human Nutrition and Dietetics* 2011 24 (5), 470-478 ; JONES, Patrick M. et Brian CARTER. « Chapter 37 : Ethical issues in the provision of nutrition », *A.S.P.E.N. Pediatric Nutrition Support Core Curriculum*, Mark R. Corkins (éd.), Silver Spring MD, American Society for Parenteral and Enteral Nutrition, 2010, 477-486.

33. JONES, Patrick M. et Brian CARTER. « Chapter 37 : Ethical issues in the provision of nutrition », *A.S.P.E.N. Pediatric Nutrition Support Core Curriculum*, Mark R. Corkins (éd.), Silver Spring MD, American Society for Parenteral and Enteral Nutrition, 2010, 477-486.

34. D'HÉROUVILLE, Daniel. « Nutrition et hydratation en fin de vie », *Gastroentérologie clinique et biologique* 2004 28, D26-D30 ; CARTER, Brian S. et Marcia LEVETOWN (éds.). *Palliative Care for Infants, Children, and Adolescents : a Practical Handbook*, Baltimore, Johns Hopkins University Press, 87, 2005, 176-177.

35. Carter, Brian S. et Marcia Levetown (éds.). *Palliative Care for Infants, Children, and Adolescents : a Practical Handbook,* Baltimore, Johns Hopkins University Press, 87, 2005, 176-177 ; Diekema, Douglas S. et Jeffrey R. Botkin. « Forgoing medically provided nutrition and hydration in children », *Pediatrics* 2009 124 (2), 813-822.

36. Prevost, V. et M.-C. Grach. « Nutritional support and quality of life in cancer patients undergoing palliative care », *European Journal of Cancer Care,* 2012, 10 p. Pré-publication en ligne. http ://onlinelibrary.wiley.com/doi/10.1111/j.1365-2354.2012.01363.x/abstract. [Consulté le 16 juillet 2012].

37. Holmes, Susan. « Importance of nutrition in palliative care of patients with chronic disease », *Nursing Standard* 2010 25 (1), 48-56 ; D'Hérouville, Daniel. « Nutrition et hydratation en fin de vie », *Gastroentérologie clinique et biologique* 2004 28, D26-D30.

38. Siden, Harold, Tara Tucker, Sarah Derman, Kelly Cox, Gordon S. Soon, Carol Hartnett et Lynn Straatman. « Pediatric enteral feeding intolerance : a new prognosticator for children with life-limiting illness ? », *Journal of Palliative Care* 2009 25 (3), 213-217.

39. Koh, Michelle et Craig Finella. « Chapter 6 : Quality of life and aspects of diet and nutrition in dying children ». *Diet and Nutrition in Palliative Care,* Victor E. Preedy (éd.), Boca Raton FL, CRC Press, 2011, 63-74.

40. Daoût, Cécile R. « L'alimentation et l'hydratation artificielles en fin de vie : réflexion pluridisciplinaire d'une équipe de soins palliatifs », *Revue internationale de soins palliatifs* 2005 20 (1), 7-13.

41. Keeler, Anne. « Artificial hydration in pediatric end-of-life care », *Virtual Mentor* 2010 12 (7), 558-563. En ligne. http ://virtualmentor.ama-assn.org/2010/07/cprl1-1007.html. [Consulté le 16 juillet 2012].

42. Oriot, Denis et Franco Carnevale. « Problèmes posés par l'arrêt de nutrition et d'hydratation chez l'enfant en soins palliatifs », *Médecine palliative* 2010 9 (1), 26-31 ; Ullrich, Christina, Barbara Sourkes et Joanne Wolfe. « Chapter 49 : Palliative care for the child with cancer ». *Principles and Practice of Pediatric Oncology,* Philip A. Pizzo et David Poplack (éds.), Philadelphie, Wolters Kluwer Health/Lippincott Williams & Wilkins, 6e édition, 2011, 1418 ; Prevost, V. et M.-C. Grach. « Nutritional support and quality of life in cancer patients undergoing palliative care », *European Journal of Cancer Care* 2012 10 p. Pré-publication en ligne. http ://onlinelibrary.wiley.com/doi/10.1111/j.1365-2354.2012.01363.x/abstract. [Consulté le 16 juillet 2012].

43. Löbbe Velia, A. « Nutrition in the last days of life », *Current Opinion in Supportive Palliative Care* 2009 3 (3), 195-202.

44. Eberhardie, Chris. « Nutrition support in palliative care », *Nursing Standard* 2002 17 (2), 47-52.

45. Carter, Brian S. et Marcia Levetown (éds.). *Palliative Care for Infants, Children, and Adolescents : a Practical Handbook,* Baltimore, Johns Hopkins University Press, 87, 2005, 176-177 ; Oriot, Denis et Franco Carnevale. « Problèmes posés par l'arrêt de nutrition et d'hydratation chez l'enfant en soins palliatifs », *Médecine palliative* 2010 9 (1), 26-31.

46. DIEKEMA, Douglas S. et Jeffrey R. BOTKIN. « Forgoing medically provided nutrition and hydration in children », *Pediatrics* 2009 124 (2), 813-822 ; ORIOT, Denis et Franco CARNEVALE. « Problèmes posés par l'arrêt de nutrition et d'hydratation chez l'enfant en soins palliatifs », *Médecine palliative* 2010 9 (1), 26-31.

47. DIEKEMA, DOUGLAS S. et Jeffrey R. BOTKIN. « Forgoing medically provided nutrition and hydration in children », *Pediatrics* 2009 124 (2), 813-822 ; KEELER, Anne. « Artificial hydration in pediatric end-of-life care », *Virtual Mentor* 2010 12 (7), 558-563. En ligne. http://virtualmentor.ama-assn.org/2010/07/cprl1-1007.html. [Consulté le 16 juillet 2012].

48. KEELER, Anne. « Artificial hydration in pediatric end-of-life care », *Virtual Mentor* 2010 12 (7), 558-563. En ligne. http://virtualmentor.ama-assn.org/2010/07/cprl1-1007.html. [Consulté le 16 juillet 2012].

49. SCHAFFNER GABRIEL, Michelle, Pamela KEDZIERA et Nessa COYLE. « Hydration, thirst, and nutrition ». In *Oxford Textbook of Palliative Nursing*, Betty R. Ferrell et Nessa Coyle (éds.), New York, Oxford University Press, 3e édition, 2010, 291-302 ; DALAL, Shalini, Egidio DEL FABBRO et Eduardo BRUERA. « Is there a role for hydration at the end of life ? ». *Current Opinion in Supportive and Palliative care* 2009 3 (1), 72-78 ; GEPPERT, Cynthia M. A., Maria R. ANDREWS et Mary Ellen DRUYAN. « Ethical Issues in artificial nutrition and hydration : a review », *Journal of Parenteral and Enteral Nutrition* 2010 34 (1), 79-88.

50. GEPPERT, Cynthia M. A., Maria R. ANDREWS et Mary Ellen DRUYAN. « Ethical Issues in artificial nutrition and hydration : a review », *Journal of Parenteral and Enteral Nutrition* 2010 34 (1), 79-88.

51. SCHAFFNER GABRIEL, Michelle, Pamela KEDZIERA et Nessa COYLE. « Hydration, thirst, and nutrition ». In *Oxford Textbook of Palliative Nursing*, Betty R. Ferrell et Nessa Coyle (éds.), New York, Oxford University Press, 3e édition, 2010, 291-302 ; KEELER, Anne. « Artificial hydration in pediatric end-of-life care », *Virtual Mentor* 2010 12 (7), 558-563. En ligne. http://virtualmentor.ama-assn.org/2010/07/cprl1-1007.html. [Consulté le 16 juillet 2012].

52. FAINSINGER, Robin L. « Chapter 15 : Support for hydration at end-of life ». *Diet and Nutrition in Palliative Care*, Victor E. Preedy (éd.), Boca Raton FL, CRC Press, 2011, 183-190.

53. KEELER, Anne. « Artificial hydration in pediatric end-of-life care », *Virtual Mentor* 2010 12 (7), 558-563. En ligne. http://virtualmentor.ama-assn.org/2010/07/cprl1-1007.html. [Consulté le 16 juillet 2012].

54. *Ibid.*

55. SCHAFFNER GABRIEL, Michelle, Pamela KEDZIERA et Nessa COYLE. « Hydration, thirst, and nutrition ». In *Oxford Textbook of Palliative Nursing*, Betty R. Ferrell et Nessa Coyle (éds.), New York, Oxford University Press, 3e édition, 2010, 291-302 ; DALAL, Shalini, Egidio DEL FABBRO et Eduardo BRUERA. « Is there a role for hydration at the end of life ? ». *Current Opinion in Supportive and Palliative care*, 2009 3 (1), 72-78 ; D'HÉROUVILLE, Daniel. « Nutrition et hydratation en fin de vie », *Gastroentérologie clinique et biologique* 2004 28, D26-D30.

56. Thompson, Angela, Anita MacDonald et Chris Holden. « Feeding in palliative care ». *Oxford Textbook of Palliative Care for Children*, Ann Goldman, Richard Hain et Stephen Liben (éds.), New York, Oxford University Press, 2006, 374-386.

57. Keeler, Anne. « Artificial hydration in pediatric end-of-life care », *Virtual Mentor* 2010 12 (7), 558-563. En ligne. http://virtualmentor.ama-assn.org/2010/07/cprl1-1007.html. [Consulté le 16 juillet 2012].

58. D'Hérouville, Daniel. « Nutrition et hydratation en fin de vie », *Gastroentérologie clinique et biologique* 2004 28, D26-D30 ; Van Der Riet, Pamela, Philip Good, Isabel Higgins et Ludmilla Sneesby. « Palliative care professionals' perception of nutrition and hydration at the end of life », *International Journal of Palliative Nursing* 2008 14 (3), 145-151.

59. Geppert, Cynthia M. A., Maria R. Andrews et Mary Ellen Druyan. « Ethical Issues in artificial nutrition and hydration : a review », *Journal of Parenteral and Enteral Nutrition* 2010 34 (1), 79-88.

60. D'Hérouville, Daniel. « Nutrition et hydratation en fin de vie », *Gastroentérologie clinique et biologique* 2004 28, D26-D30.

Chapitre 13

Conflits entre l'équipe soignante et les parents

France Gauvin et Guylaine Larose

La médecine a fait des avancées considérables depuis les dernières décennies. Plusieurs maladies, incurables il n'y a pas si longtemps, peuvent maintenant être traitées. Beaucoup d'enfants qui souffrent de conditions médicales très graves sont soignés avec succès et peuvent poursuivre une vie pleinement satisfaisante.

Malheureusement, les prouesses médicales ont aussi leurs limites. Quelquefois, la médecine reste impuissante devant certaines maladies et il arrive que le décès s'avère inévitable. Il est également possible que les soins envisagés comportent des effets secondaires intolérables ou des risques de complications tels qu'il est préférable, dans l'intérêt de l'enfant, de cesser les soins dits « actifs », et ce, malgré les bénéfices escomptés. De telles décisions sont toujours excessivement difficiles à accepter pour la famille, mais aussi pour l'équipe médicale.

Les décisions de soins en fin de vie sont complexes. Elles le sont d'autant plus lorsqu'il s'agit d'un enfant. La charge émotive est souvent beaucoup plus importante et il peut être extrêmement difficile d'accepter un pronostic sombre alors que tous les espoirs semblent permis. De plus, des questions religieuses, culturelles, morales, sociales et légales peuvent venir compliquer grandement la prise de décision en matière de soins palliatifs pédiatriques.

La mort d'un enfant est sans doute l'épreuve la plus pénible qu'un parent puisse traverser. Les circonstances entourant le décès peuvent avoir un impact majeur sur le processus de deuil de l'ensemble de la famille et des proches. Les parents peuvent trouver un certain réconfort dans le fait que leur enfant a reçu les meilleurs soins possible, que « tout a été fait » pour le guérir et qu'ils l'ont accompagné jusqu'à la fin. D'autre part, ils peuvent avoir le sentiment de l'abandonner ou se culpabiliser à cause de certaines décisions prises dans des contextes d'incertitude, de doute ou de conflits.

La mort d'un enfant est également une expérience très difficile pour l'équipe médicale qui doit y faire face. En matière de soins critiques et de soins de fin de vie, la réalité médicale et humaine est telle que les divergences d'opinions en ce qui concerne les meilleurs soins à prodiguer à l'enfant peuvent varier. Dans certains cas, un conflit entre la famille et l'équipe traitante peut survenir et perdurer.

Dans ce chapitre, nous aborderons la prévalence, les sources et les facteurs de risques de ces conflits ainsi que l'impact qu'ils ont sur les patients, leurs familles ainsi que les soignants. Nous présenterons également des pistes de solution afin d'assurer que les soins aux enfants soient prodigués en favorisant un climat de concertation. Enfin, nous discuterons de l'application du droit québécois relativement aux conflits concernant les soins critiques et les soins de fin de vie.

Prévalence, sources et facteurs de risques

La plupart des études portant sur les conflits proviennent du milieu adulte, particulièrement des unités de soins intensifs. L'étude d'Azoulay et coll. a été menée dans 323 unités de soins intensifs pour adultes, dans 24 pays différents. Les résultats, tirés de 7 498 questionnaires recueillis auprès des soignants, démontrent que 72 % d'entre eux rapportent au moins un conflit dans la semaine précédant l'étude. Parmi ces conflits, 84 % sont intra-équipe et 26 % opposent l'équipe soignante et la famille d'un patient. Les sources de conflits les plus fréquentes sont les décisions concernant le niveau de soins et la fin de vie ainsi que la mauvaise communication entre l'équipe et la famille. En ce qui a particulièrement trait à la question de la fin de vie, les répondants rapportent que le manque de soutien psychologique (47 %), une démarche décisionnelle sous-optimale (42 %), un contrôle des symptômes sous-optimal (37 %), le non-respect des préférences familiales (33 %), la futilité des traitements (30 %), le non-respect des préférences du patient (28 %), le trop grand retard dans les décisions de limitation ou d'arrêt de traitement (25 %) et la trop grande précocité dans les décisions de limitation ou d'arrêt de traitement (5 %) sont les principales sources de conflits évoquées.

Dans le milieu pédiatrique, la plupart des études portant sur les conflits ont aussi été effectuées dans les unités de soins intensifs. Studdert et coll. ont publié une étude prospective basée sur une série d'entrevues auprès de soignants. L'étude concernait 110 patients ayant eu un séjour prolongé (plus de 8 jours) aux soins intensifs pédiatriques. Les soignants interrogés ont rapporté un conflit dans 46 % de ces cas. Un conflit opposant l'équipe et la famille avait eu lieu dans 60 % des cas tandis qu'on retrouvait respectivement un conflit intra-équipe et intra-famille dans 38 % et 2 % des cas. Les sources de conflits relevées par les soignants concernaient le manque de communication (48 %), le fait que les parents n'étaient pas disponibles pour prendre les décisions (39 %) et les désaccords face au plan de traitement (39 %).

L'étude de Garros et coll., basée sur les réponses d'intensivistes pédiatriques au sujet de 99 patients, rapporte que dans 28 % des cas, il faut plus de deux rencontres formelles avec la famille pour arriver à un consensus famille-équipe. Verhagen et coll. ont, pour leur part, revu de façon rétrospective les dossiers de 359 patients décédés dans des unités de soins intensifs néonatals et ont questionné les néonatologistes concernés. Ils divisent les facteurs de risque de conflits entre l'équipe soignante et la famille en quatre catégories :

- Les facteurs liés aux parents, qui comprennent en premier lieu des convictions religieuses très fortes (63 %), des différences culturelles (23 %), le niveau d'éducation (18 %), de faibles habilités de communication (9 %), une barrière de la langue (4 %), des expériences médicales passées négatives (4 %) et des conflits entres les parents (3 %) ;
- Les facteurs relatifs au patient, tels qu'un diagnostic ou un pronostic incertain (15 %) et l'absence de signes physiques de la maladie (9 %) ;
- Les facteurs liés à l'équipe soignante, qui comprennent une mauvaise communication avec les parents (35 %), des conflits intra-équipe (20 %), une prise de décision trop rapide pour les parents (5 %), la non-continuité des soins et, notamment,

la succession de plusieurs médecins différents (5 %), le peu de respect pour l'opinion des parents (3 %) et les convictions religieuses des soignants (3 %);

- La durée du séjour aux soins intensifs (4 %).

Archambault et coll., dans une étude effectuée en milieu pédiatrique tertiaire (plus précisément au CHU Sainte-Justine), ont rapporté que 72 % des soignants interrogés ont perçu des conflits lors des discussions et des décisions concernant la fin de vie de patients. Dans 32 % des cas, ces désaccords ont opposé l'équipe soignante et la famille. La très grande majorité des soignants (75 %) s'est dite insuffisamment ou aucunement préparée à faire face à ces conflits. Cinquante-cinq pour cent des répondants jugeaient que cette problématique constituait un défi éthique des plus importants à relever dans notre institution.

Impact

Ces types de conflits ont un impact majeur sur tous les acteurs engagés dans l'administration des soins, à commencer par le patient qui, lors d'un conflit équipe-parent, peut ne pas bénéficier de la meilleure qualité de soins ou peut recevoir des soins inappropriés. De plus, ses préférences et ses valeurs peuvent ne pas être respectées. Si les membres de la famille (et plus précisément les parents) se sentent insatisfaits, ils peuvent quant à eux développer des sentiments de méfiance, d'anxiété et même de détresse. Il devient alors difficile d'offrir des soins centrés sur la famille. Le personnel soignant peut se sentir incompris et très souvent frustré de ne pas pouvoir prodiguer des soins qu'il juge appropriés, sans compter les tensions vécues au chevet des patients gravement malades. Tout cela contribue aux situations d'épuisement professionnel. Plus encore, les conflits peuvent mener à des séjours prolongés, générer des coûts importants, nécessiter l'utilisation de ressources supplémentaires et parfois, culminer en procédures légales.

Aspects religieux

Comme nous l'avons mentionné précédemment, les croyances religieuses constituent un facteur de risque important de conflits, notamment lors d'une décision de limitation ou d'arrêt de traitement. Plusieurs articles et études ont été publiés concernant les aspects religieux dans les conflits entre l'équipe soignante et la famille. Bien que la question religieuse dépasse largement ce qui peut être évoqué ici, l'important est de comprendre chaque famille ainsi que les croyances religieuses qui guident les décisions qu'elle peut prendre. Une communication respectueuse est primordiale et l'objectif des traitements doit toujours viser le meilleur intérêt de l'enfant. L'aide d'un conseiller en soins spirituels ou d'un membre de la communauté religieuse peut parfois aider énormément à maintenir cette communication et à résoudre les conflits. Dans leur article concernant les conflits opposant les convictions religieuses et le jugement clinique, Brett et coll. résument les justifications religieuses souvent invoquées par les familles pour prolonger des traitements jugés futiles par les médecins :

- L'espoir d'un miracle ;
- Le refus d'arrêter de croire en leur Dieu ;
- La conviction que chaque moment de la vie est un cadeau de Dieu et qu'il faut la préserver à tout prix ;
- La croyance que la souffrance a une valeur rédemptrice.

Les auteurs proposent que les cliniciens discutent d'interprétations religieuses alternatives, avec l'aide de conseillers en soins spirituels ou de membres du clergé, afin d'obtenir un consensus avec la famille.

Westra et coll., pour leur part, démontrent l'importance de comprendre certaines valeurs et principes religieux lorsque les médecins discutent de décisions de limitation ou d'arrêt de traitement. Cet article explique que l'approche habituellement basée sur les quatre grands principes éthiques de Beauchamp et Childress (respect de l'autonomie, non-malfaisance, bienfaisance et justice) n'est pas nécessairement appropriée pour toutes les cultures. Par exemple, pour certains parents musulmans, la religion empêche de consentir à un arrêt de traitement. Les éthiques religieuse et non religieuse sont ici en conflit : dans l'éthique non religieuse, le principe de non-malfaisance peut être utilisé pour arrêter ou limiter des traitements jugés futiles ou nuisibles au patient alors que dans l'éthique religieuse islamique, la non malfaisance empêche toute action qui pourrait menacer la vie. De plus, dans l'éthique non religieuse, le principe de respect de l'autonomie vient appuyer l'idée du consentement éclairé, alors que dans l'éthique religieuse islamique, ce principe met plutôt l'accent sur le respect du patient. Cela montre à quel point il est important de connaître les bases de la religion de la famille que l'on rencontre et de savoir communiquer adéquatement afin de ne pas provoquer de conflits à propos de principes qui, souvent, ne peuvent pas être contournés. Proposer de nouvelles approches, adopter un langage différent (parler de l'évolution « naturelle » de la maladie plutôt que « donner la chance de mourir ») ou laisser les parents garder espoir dans le Dieu auquel ils croient peut permettre un consensus éventuel.

Solutions

Les solutions le plus souvent évoquées pour résoudre ou éviter les conflits sont :

- Reconnaître les situations à risque ;
- Améliorer la communication ;
- Identifier un médecin pour agir en tant qu'interlocuteur principal ;
- Prendre le temps nécessaire pour discuter ou augmenter la fréquence des rencontres ;
- Encourager les parents à consulter un conseiller en soins spirituels ou un intervenant social ;
- Proposer d'instaurer un traitement plus agressif pour quelques jours, suivi d'une réévaluation ;
- Planifier une réunion multidisciplinaire avec les parents ;
- Proposer l'aide d'un expert extérieur (obtenir une deuxième opinion) ;
- Demander l'avis du comité d'éthique ;
- Demander une consultation en soins palliatifs ;
- Envisager un changement de milieu, si possible ;
- Porter le problème devant les tribunaux... s'il n'existe aucune autre solution.

Un des facteurs de risque de conflit les plus importants est la mauvaise communication entre l'équipe soignante et la famille du patient. Les études démontrent que plus la communication avec celle-ci est faite de façon précoce et régulière, moins le risque de conflit est grand. De plus, la façon de communiquer avec les parents est très importante: l'information, donnée en temps opportun, doit être exacte, complète et claire. Elle doit comprendre les enjeux, les risques et le pronostic. Il faut éviter le jargon médical.

Favoriser les rencontres avec un médecin principal est très bénéfique. L'équipe doit également s'informer des craintes de la famille, des émotions ressenties ainsi que de la compréhension des informations reçues. Dans ce contexte, elle doit également accepter les réactions de la famille et tenir compte de ses observations ainsi que de sa culture, ses croyances et ses valeurs. Il est essentiel de faire appel à un interprète indépendant si la langue constitue un obstacle à la compréhension.

La décision concernant un arrêt ou une limitation de traitement est souvent partagée entre l'équipe soignante et la famille. Mais la notion de partage ne signifie pas non plus que la décision est toujours effectuée de façon égalitaire, avec 50 % attribuée à l'équipe soignante et 50 % à la famille. Au contraire, comme Heyland et coll. l'ont rapporté dans leur étude portant sur les soins intensifs pour adultes, la place que veut prendre un parent dans les décisions médicales est très variable. Alors que 15 % des personnes souhaitent que le médecin décide seul, 24 % d'entre elles veulent que le médecin décide après avoir considéré leur opinion, 39 % exigent une décision partagée et 22 % veulent décider eux-mêmes après avoir obtenu les informations du médecin. Seulement 1 % des parents souhaitent prendre seuls des décisions. Ainsi, il est bon, au cours des discussions, de savoir quelle place les parents veulent prendre dans la prise des décisions à venir. Certains souhaitent parfois beaucoup d'autonomie alors que d'autres préfèrent laisser la décision à l'équipe soignante. Dans leur étude comparant l'engagement des parents dans les décisions de soins concernant leur enfant aux soins intensifs, Carnevale et coll. rapportent qu'en France, ce sont majoritairement les médecins qui sont les décideurs principaux (76 %), tandis qu'au Québec, cela est beaucoup plus variable: dans la moitié des cas, les parents sont les décideurs principaux, dans 30 % des cas, il s'agit plutôt du médecin et dans 20 % des cas, les décisions sont partagées. Gillam et coll. recommandent que la nature et l'étendue de l'implication parentale dans les décisions de soins critiques et de fin de vie soient négociées dans chaque cas. Cependant, il est toujours primordial que l'équipe soignante arrive d'abord à un consensus concernant le plan de soins pour le patient afin d'aider les parents à prendre des décisions difficiles. Il faut donc éviter les messages différents et les conduites divergentes de la part des intervenants. De plus, il faut être patient, car ces décisions nécessitent parfois beaucoup de réflexion et un certain cheminement. L'écoute qu'on porte à la famille, à son questionnement, à ses craintes et à sa peine est très importante. Lorsque les discussions entre l'équipe soignante et la famille deviennent conflictuelles, il ne faut pas hésiter, comme nous l'avons précédemment mentionné, à faire intervenir une personne extérieure, par exemple un intervenant en soins spirituels ou le comité d'éthique de l'établissement de santé concerné, demander l'opinion d'un second expert ou encore une consultation en soins palliatifs. Le recours aux tribunaux n'est jamais privilégié et est utilisé en dernier lieu. Il en sera également question plus loin dans ce chapitre. L'étude d'Azoulay et coll. portant sur des patients adultes mentionne que 40 % des conflits se sont résolus en une semaine, principalement grâce à l'intensification de la communication (84 %), le *debriefing* en présence des deux parties (76 %), l'intervention d'un autre consultant (43 %), le transfert dans une autre unité (13 %), la limitation des visites pour la famille (39 %) et l'action judiciaire (16 %). L'étude de Verhagen et coll. portant sur des patients néonataux rapporte quant à elle que tous les conflits ont été résolus en moins de 14 jours. Dans sept cas, il y a eu des rencontres additionnelles et l'obtention d'une deuxième opinion ; dans cinq cas, le consensus a consisté en une limitation de traitement au lieu d'un arrêt de traitement à cause des croyances religieuses de la famille ; dans deux cas, le conflit s'est résolu après une investigation additionnelle et dans les deux cas restants, la condition des patients s'est détériorée, ce qui a mis fin au conflit.

La résolution des conflits : aspects légaux

Comme nous l'avons vu, l'écoute attentive, le maintien de la communication en tout temps, l'intervention d'autres intervenants médicaux, sociaux ou religieux, les réévaluations et, parfois, le bénéfice du temps et du recul, permettent la résolution de la plupart des situations conflictuelles. Toutefois, il arrive que des conflits irréconciliables persistent malgré la bonne volonté et les efforts de tous.

Au Québec, en cas de mésentente sur les soins à prodiguer à l'enfant, c'est le recours aux tribunaux qui est prévu par le droit civil. Cette voie nous semble néanmoins mal adaptée aux situations de conflits en matière de soins, et particulièrement à ceux qui sont administrés en fin de vie.

Les conflits amenés devant les tribunaux concernent le plus souvent le refus des soins de la part des parents. Ces derniers ont une très grande latitude quant aux décisions qu'ils prennent à l'égard de leur enfant, qu'il s'agisse d'éducation, de discipline, de mode de vie ou de soins médicaux. Toutefois, ce pouvoir décisionnel des parents n'est pas absolu. Ils doivent respecter les droits fondamentaux des enfants et agir dans le meilleur intérêt de ceux-ci. L'article 16 du *Code civil du Québec* prévoit qu'on peut faire appel aux tribunaux lorsque le refus des soins de la part des parents est injustifié. Il existe cependant peu de cas où les médecins ont fait appel aux tribunaux afin d'obtenir une ordonnance de traitement à l'encontre du refus des parents. La plupart du temps, il s'agissait de situations ou l'absence de soins mettait la vie de l'enfant en danger. Les tribunaux sont intervenus et ont ordonné des soins, à l'encontre du refus parental, lorsque les traitements étaient clairement bénéfiques. Toutefois, dans certaines situations difficiles ou les bénéfices des traitements étaient incertains, ils ont respecté les refus des parents, et ce, même si le décès allait probablement s'ensuivre. De même, les tribunaux ont respecté le souhait des parents de ne pas entreprendre ou de cesser des traitements lorsque les risques ou les effets secondaires étaient trop importants. Le critère du meilleur intérêt de l'enfant comporte une grande part de subjectivité et, en l'absence de décision déraisonnable de la part des parents, les tribunaux hésiteront à ordonner des soins que les parents refusent.

Le recours aux tribunaux est explicitement prévu par le *Code civil du Québec* en cas de refus des soins. Par contre, le Code est silencieux concernant les cas où les traitements sont demandés par les parents, mais jugés injustifiés ou néfastes par le médecin. Ce dernier peut-il, unilatéralement, aller à l'encontre du souhait des parents et décider de limiter des soins qu'il considère futiles ou inappropriés ? Doit-il, dans une telle situation, faire trancher cette question par une Cour ?

Plusieurs associations professionnelles canadiennes se sont prononcées en faveur de l'autonomie du jugement professionnel du médecin dans une telle situation, jugeant qu'il ne pouvait être forcé à administrer des soins inappropriés. Toutefois, le médecin qui fait face à une famille qui demande que soient entrepris ou poursuivi des soins jugés inappropriés se retrouve dans une situation excessivement délicate. En effet, en prenant la décision unilatérale de ne pas administrer ou de limiter les soins, il s'expose à une éventuelle poursuite en justice de la part de la famille. D'un autre côté, en prodiguant des soins qu'il juge inappropriés, il voit sa liberté professionnelle limitée et pourrait également contrevenir au *Code de déontologie des médecins*. En l'occurrence, le médecin pourrait théoriquement faire face à des mesures disciplinaires. Selon le Collège des médecins du Québec, le professionnel qui fait face à une telle situation devrait se retirer. Toutefois, on conviendra qu'un retrait n'est pas toujours possible en pratique. De même, la question demeure entière si les autres professionnels partagent le même point de vue.

La question de savoir si les médecins possèdent la liberté professionnelle de prendre des décisions de soins unilatéralement pour des patients en fin de vie fait l'objet d'une vive controverse en ce moment.

Quelques cours canadiennes se sont penchées sur cette question. Dans *Child and Family services of Central Manitoba* v. *Lavallee*, la Cour du Manitoba a décidé que les médecins pouvaient inscrire au dossier d'un jeune enfant atteint d'une encéphalopathie sévère une ordonnance de non-réanimation, et ce, malgré l'objection des parents.

Dans *Children's Aid Society of Ottawa-Carleton* v. *C. (M.)*, un juge ontarien a déclaré que la décision de ne pas offrir des traitements jugés inappropriés était une décision médicale relevant du jugement du médecin et qu'en ce sens, aucun consentement n'était requis. Dans cette cause, il s'agissait d'un nouveau-né atteint de plusieurs affections graves et dont le pronostic était réservé. Il était sous la tutelle des Services d'aide à l'enfance (l'équivalent de la DPJ au Québec). Mentionnons toutefois que personne ne contestait la position médicale.

Une décision récente de la Cour d'appel de l'Ontario, rendue en mai 2011, *Rassouli* v. *Sunnybrook Health Sciences Centre*, vient contredire ces deux derniers jugements. Dans cette affaire, l'épouse d'un patient dans un état neurovégétatif et dépendant du ventilateur était en désaccord avec les médecins qui voulaient cesser les traitements, jugés selon eux non bénéfiques et inappropriés. La Cour d'appel a jugé que la cessation des traitements actifs nécessitait le consentement de l'épouse du patient. La Cour a émis l'opinion que la cessation des soins actifs en faveur des soins palliatifs exclusifs constituait un « plan de traitement » donc un « traitement » au sens de la loi ontarienne sur le consentement. Cette décision fait présentement l'objet d'un appel devant la Cour suprême du Canada.

Dans un autre litige en Ontario, *In the matter of JM*, les parents d'un jeune enfant atteint d'une maladie dégénérative demandaient que soit pratiquée une trachéostomie palliative. Les médecins ont refusé, jugeant la procédure à l'encontre de l'intérêt de l'enfant. Ceux-ci ont eu gain de cause devant les tribunaux ontariens. L'enfant a été transféré par la suite dans un hôpital américain où la trachéostomie a été pratiquée. Il est retourné à la maison où il est décédé quelques semaines plus tard.

Les tribunaux ne sont sans doute pas le meilleur lieu pour résoudre les conflits en matière de soins, en particulier pour les soins critiques ou en fin de vie. Le recours judiciaire est, par sa nature même, un processus adverse qui peut nuire à la relation thérapeutique. Il est souvent long et peut devenir illusoire dans les situations de soins intensifs ou critiques. De plus, il s'agit d'un processus extrêmement coûteux qui peut être médiatisé et constituer une source de stress additionnelle pour la famille et toute l'équipe médicale. Dans un rapport publié en 2011 sur la prise de décisions en fin de vie, un groupe d'experts de la Société royale du Canada émettait l'opinion que l'intervention des tribunaux dans de telles situations ne servait personne. Ce groupe recommande que les politiques et les lois soient clarifiées dans les provinces canadiennes.

Il fut une époque où le médecin était le seul juge du bien-être du patient et décidait des soins à administrer ou non. Les règles du consentement aux soins ont mis fin à des décennies de paternalisme médical et ont donné prépondérance à l'autonomie de la personne. Il n'est évidemment pas question de retour en arrière, et la participation des patients ou de leurs représentants aux décisions de soins devra toujours être encouragée et renforcée. Toutefois, il serait simpliste et illusoire de penser que les décisions de soins reviennent au patient seul et que le rôle du médecin est délégué à celui d'exécutant. La réalité clinique fait en sorte que ces décisions sont le plus souvent le fruit d'un partage, tel que discuté plus tôt. Malheureusement, cette réalité clinique ne trouve pas écho dans notre droit. Ainsi, les principes du consentement éclairé et du respect de l'autonomie du patient ne suffisent pas à résoudre les très difficiles conflits en matière de soins, en particulier lorsqu'ils concernent le patient qui ne peut participer à la discussion, ce qui est le cas de bien des patients pédiatriques et aussi de nombreux adultes en fin de vie.

Vu la complexité, l'adversité et les coûts liés à un recours aux tribunaux, il est tout à fait possible que les professionnels de la santé, consciemment ou non, prennent des décisions de soins qui visent à éviter les conflits ou confronter la famille plutôt que veiller à administrer les soins les plus appropriés. Dans d'autres cas, il est également possible que des médecins prennent, de bonne foi, des décisions unilatérales, considérant qu'il est de leur devoir professionnel d'agir en fonction du meilleur intérêt de leur patient tel qu'ils le perçoivent.

Plusieurs établissements de santé québécois ont formé des comités d'éthique cliniques qui peuvent avoir pour mandat d'aider à la résolution des conflits. Ces comités n'ont pas d'existence légale et ne doivent pas être confondus avec les comités d'éthique à la recherche. Mentionnons qu'au Québec, les comités d'éthique émettent des opinions et des recommandations, mais qu'ils ne peuvent trancher. Aussi, leur composition est très variable. Il ne fait aucun doute qu'ils peuvent contribuer à rapprocher les parties et à régler le conflit. Toutefois, la pleine mesure de l'impact du recours à un comité d'éthique en situation de conflit reste encore à évaluer.

L'Université de Toronto prévoit la médiation, la conciliation et le recours à un comité d'éthique en cas de conflit à propos des soins en fin de vie. Si le conflit persiste, les médecins peuvent ultimement donner avis qu'ils cesseront d'administrer les traitements. Le Collège des médecins et chirurgiens du Manitoba propose une approche semblable. Ces politiques permettent au médecin de trancher en cas de conflit, mais laissent l'occasion à la famille de contester ultimement la décision devant une cour de justice. Ces organisations soulignent l'importance de garder ouverte la communication entre les parties et de toujours tenter d'en assurer le maintien. Choong et coll. proposent un processus en plusieurs étapes privilégiant la communication et la négociation.

Des chercheurs américains ont fait une revue de la littérature concernant les politiques hospitalières ayant trait aux soins en fin de vie aux États-Unis. Ils ont constaté que les politiques mises en place concernent le plus souvent les ordonnances de non-réanimation. Elles portent, la plupart du temps, sur des aspects procéduraux et techniques de décisions de soins et impliquent souvent l'intervention d'un comité d'éthique dont le rôle peut varier grandement d'un État à l'autre. Les auteurs émettent l'opinion que de telles politiques ne sont pas toujours centrées sur les besoins des patients et des familles. Selon eux, elles devraient faire plus de place à la réflexion éthique. Les politiques hospitalières concernant les soins appropriés en fin de vie sont nombreuses dans ce pays. Leur impact réel sur la qualité des soins devrait être étudié. Il reste beaucoup à faire…

En conclusion

Les discussions ouvertes, honnêtes et empathiques sont essentielles pour toute décision en matière de soins. Elles sont l'essence même du lien thérapeutique. Elles permettent, dans la très grande majorité des cas, une résolution consensuelle des conflits concernant les soins prodigués en fin de vie.

Il demeure parfois des situations difficiles pour lesquelles les positions sont irréconciliables. En cas de conflit persistant dans l'administration des soins, il nous semble opportun de réfléchir à des modes de résolution plus adaptés au milieu médical. La judiciarisation des conflits est complexe, coûteuse et parfois même illusoire. La résolution des conflits nécessite la mise en place de processus qui permettent la participation de chacun pour en arriver à une décision consensuelle effectuée dans le meilleur intérêt du patient. Il serait souhaitable qu'un tel processus soit uniformément adopté et appliqué au Québec.

Bibliographie

Articles de revues

ABBOTT, K.H., J.G. SAGO, C.M. BREEN, A.P. ABERNETHY et J.A. TULSKY. « Families looking back : one year after discussion of withdrawal or withholding of life-sustaining support ». *Crit Care Med* 2001 Jan ; 29(1) :197-201.

AMERICAN COLLEGE OF CHEST PHYSICIANS/ SOCIETY OF CRITICAL CARE MEDICINE CONSENSUS PANEL. « Ethical and moral guidelines for the initiation, continuation, and withdrawal of intensive care ». *Chest* 1990 Apr ; 97(4) :949-58.

American Thoracic Society. « Withholding and withdrawing life-sustaining therapy ». *Am Rev Respir Dis* 1991 Sep ; 144(3 Pt 1):726-31.

Archambault, M.A., M. Duval, F. Gauvin, H. Doucet, N. Humbert, S. Stojanovic et coll. « Conflicts at the End of Life ». *J Palliative Care* 2010 26 :245.

Association canadienne des soins de santé, Association médicale canadienne, Association des infirmières et infirmiers du Canada, Association catholique canadienne des soins de santé. « Déclaration conjointe sur la prévention et le règlement de conflits éthiques entre les prestateurs de soins de santé et les personnes recevant les soins ». *Canadian Medical Association Journal* 1999 281 (10) : 1761-1764.

Azoulay, E., J.F. Timsit, C.L. Sprung, M. Soares, K. Rusinova, A. Lafabrie et coll. « Prevalence and factors of intensive care unit conflicts : the conflicus study ». *Am J Respir Crit Care Med* 2009 Nov 1 ; 180(9) :853-60.

Breen, C.M., A.P. Abernethy, K.H. Abbott et J.A. Tulsky. « Conflict associated with decisions to limit life-sustaining treatment in intensive care units ». *J Gen Intern Med* 2001 May ; 16(5) :283-9.

Brett, A.S. et P. Jersild. « "Inappropriate" treatment near the end of life : conflict between religious convictions and clinical judgment ». *Arch Intern Med* 2003 Jul 28 ; 163(14) :1645-9.

Burns, J.P., M.M. Mello, D.M. Studdert, A.L. Puopolo, R.D. Truog et T.A. Brennan. « Results of a clinical trial on care improvement for the critically ill ». *Crit Care Med* 2003 Aug ; 31(8) :2107-17.

Carnevale, F.A., P. Canoui, R. Cremer, C. Farrell, A. Doussau, M.J. Seguin et coll. « Parental involvement in treatment decisions regarding their critically ill child : a comparative study of France and Quebec ». *Pediatr Crit Care Med* 2007 Jul ; 8(4) :337-42.

Choong, K., C. Cupido, E. Nelson, D.M. Arnold, K. Burns, D. Cook et coll. « A framework for resolving disagreement during end of life care in the critical care unit ». *Clin Invest Med* 33(4) : E240-53.

Collège des médecins du Québec, *Guide de pratique en soins de longue durée*, mai 2007. Disponible sur www.cmq.org

College of Physicians and Surgeons of Manitoba. « Politique numéro 1602 : Withholding and withdrawing life-sustaining treatment ». 2008. Disponible sur www.cpsm.bm.ca

COUNCIL ON ETHICAL AND JUDICIAL AFFAIRS. « Medical futility in end-of-life care : report of the Council on Ethical and Judicial Affairs ». *JAMA* 1999 Mar 10 ; 281(10) :937-41.

DANJOUX, Meth N., B. LAWLESS et L. HAWRYLUCK. « Conflicts in the ICU : perspectives of administrators and clinicians ». *Intensive Care Med* 2009 Dec ; 35(12) :2068-77.

GARROS, D., R.J. ROSYCHUK et P.N. COX. « Circumstances surrounding end of life in a pediatric intensive care unit ». *Pediatrics* 2003 Nov ; 112(5) :e371.

GILLAM, L. et J. SULLIVAN. « Ethics at the end of life : who should make decisions about treatment limitation for young children with life-threatening or life-limiting conditions ? » *J Paediatr Child Health* 2011 Sep ; 47(9) :594-8.

GROUPE D'EXPERTS DE LA SOCIÉTÉ ROYALE DU CANADA, « Rapport : Prise de décisions en fin de vie ». Novembre 2011. Disponible sur www.rsc.ca

HALEVY, A. et B.A. BRODY. « A multi-institution collaborative policy on medical futility ». *JAMA* 1996 Aug 21 ; 276(7) :571-4.

HEYLAND, D.K., D.J. COOK, G.M. ROCKER, P.M. DODEK, D.J. KUTSOGIANNIS, S. PETERS et coll. « Decision-making in the ICU : perspectives of the substitute decision-maker ». *Intensive Care Med* 2003 Jan ; 29(1) :75-82.

LEMIENGRE, J., B.D. DE CASTERLE, K. VAN CRAEN, P. SCHOTSMANS et C. GASTMANS. « Institutional ethics policies on medical end-of-life decisions : a literature review ». *Health Policy* 2007 Oct ; 83(2-3) :131-43.

LUCE, J.M. « A history of resolving conflicts over end-of-life care in intensive care units in the United States ». *Crit Care Med* 2010 Aug ; 38(8) :1623-9.

MOSENTHAL, A.C., P.A. MURPHY, L.K. BARKER, R. LAVERY, A. RETANO, et D.H. LIVINGSTON. « Changing the culture around end-of-life care in the trauma intensive care unit ». *J Trauma* 2008 Jun ; 64(6) :1587-93.

RAVITSKY, V. « A Jewish perspective on the refusal of life-sustaining therapies : culture as shaping bioethical discourse ». *Am J Bioeth* 2009 Apr ; 9(4) :60-2.

SINGER, P.A., G. BARKER, K.W. BOWMAN, C. HARRISON, P. KERNERMAN, J. KOPELOW et coll. « Hospital policy on appropriate use of life-sustaining treatment. University of Toronto Joint Centre for Bioethics/Critical Care Medicine Program Task Force». *Crit Care Med* 2001 Jan; 29(1):187-91.

SINGER, Peter et al. « Hospital Policy on Appropriate Use of Life Sustaining Treatment» *Critical Care Medicine* 2001 29: 1:187.

SMITH, A.K., R.L. SUDORE et E.J. PEREZ-STABLE. « Palliative care for Latino patients and their families: whenever we prayed, she wept». *JAMA* 2009 Mar 11; 301(10):1047-57, E1.

SOCIETY OF CRITICAL CARE MEDICINE'S ETHICS COMMITTEE. « Consensus statement of the Society of Critical Care Medicine's Ethics Committee regarding futile and other possibly inadvisable treatments». *Crit Care Med* 1997 May; 25(5):887-91.

STUDDERT, D.M., M.M. MELLO, J.P. BURNS, A.L. PUOPOLO, B.Z. GALPER R.D. TRUOG et coll. « Conflict in the care of patients with prolonged stay in the ICU: types, sources, and predictors». *Intensive Care Med* 2003 Sep; 29(9):1489-97.

TASK FORCE ON ETHICS OF THE SOCIETY OF CRITICAL CARE MEDICINE. « Consensus report on the ethics of foregoing life-sustaining treatments in the critically ill». *Crit Care Med* 1990 Dec; 18(12):1435-9.

VERHAGEN, A.A., M. DE VOS, J.H. DORSCHEIDT, B. ENGELS, J.H. HUBBEN et P.J. SAUER. « Conflicts about end-of-life decisions in NICUs in the Netherlands». *Pediatrics* 2009 Jul; 124(1):e112-9.

WESTRA, A.E., D.L. WILLEMS et B.J. SMIT. « Communicating with Muslim parents: "the four principles" are not as culturally neutral as suggested». *Eur J Pediatr* 2009 Nov; 168(11):1383-7.

Législation

Code civil du Québec, L.Q. 1991, c. 64.

Code de déontologie des médecins, L.R.Q. c. M-9, r.4.1.

Jurisprudence

Centre hospitalier Sainte-Marie c. *Fournier,* [1996] R.J.Q. 2325 (.C.S.) (trisomie 21, atrésie duodénale).

Centre hospitalier universitaire de Québec c. *A et B*, 2007 QCCS 2419 (témoins de Jéhovah, transfusion sanguine).

Children's Aid Society of Ottawa-Carleton v. C. (M.), 2008 D.L.R. (4th) 409.

Child and Family Services of Central Manitoba v.*Lavallee,* (1997), 154 D.L.R. (4th) 409 (Man., CA).

Couture-Jacquet c. *The Montreal Children's Hospital,* [1986] R.J.Q. 1221 (C.A.) (tératome, chimiothérapie).

Hôpital St-François d'Assise c. *Lacasse,* [1993] R.D.F. 348 (C.S.) (témoins de Jéhovah, transfusion sanguine).

In re Enfant Cr (R.T), (1990) 05-001507-902 (nouveau-né, spina-bifida, hydrocéphalie).

In re Maude Goyette, [1983] C.S. 429 (trisomie21, malformation cardiaque).

In the matter of JM, 2011 CanLII 7955 (ON, CCB) (trachéostomie). Décision maintenue par la Cour supérieure de l'Ontario le 17 février 2011.

Protection de la jeunesse-332, [1988] R.J.Q. 1666 (C.S.) (trisomie 21, malformation cardiaque).

Protection de la jeunesse 1110, [2000] R.J.Q. 579 (C.Q., Chambre de la jeunesse) (VIH).

Rassouli v. *Sunnybrook Health Sciences Centre, 2011 ONCA 482.* En appel devant la Cour suprême du Canada.

Articles de journaux

Ha, Tu Thanh. « Ontario's'Baby Joseph dies at home after sparking fierce end-of life ethical debate ». www.theglobeandmail. [Consulté le 28 septembre 2011).

Solomon, S. « End-of-life war outlives Golubchuk : at stake is MD's right to decide withdrawal of care ». *National Review of Medicine* 2008 5 (7). Disponible sur www.nationalreviewofmedicine.com

Chapitre 14

La fratrie en contexte de soins palliatifs pédiatriques : conséquences, besoins et pistes d'intervention

Marianne Olivier-d'Avignon

Section 1 : connaître la réalité des fratries en contexte de soins palliatifs pédiatriques

Les frères et sœurs d'enfants atteints de maladie potentiellement fatale : une vulnérabilité reconnue

Les maladies ou conditions à issue potentiellement fatale (MIPF) peuvent prendre différents visages. Un tel diagnostic peut être établi à la fois chez un enfant qui était en santé jusqu'au jour où la maladie frappe, ou encore lors de la grossesse ou de la naissance, venant ainsi compromettre l'avenir d'un bébé que l'on espérait en santé. Dans ces deux situations, l'ensemble des membres de la famille subit les contrecoups de ce bouleversement. À partir de ce jour, enfant malade, parents, frères et sœurs vivent au quotidien une situation difficile où la mort devient une possibilité. De plus, l'instauration du virage ambulatoire, qui vise à réduire le temps d'hospitalisation et à privilégier le soutien à domicile, fait en sorte que la prise en charge des enfants atteints de maladies graves repose de plus en plus sur les familles[1]. Cette prise en charge, jumelée au désordre émotif qu'entraîne cette situation, expose les parents à davantage de fatigue, de problèmes de santé, d'isolement et d'insécurité financière[2]. Dans ce contexte, il peut devenir difficile pour eux d'accompagner leurs enfants en santé tout au long de la maladie.

Toutefois, le bien-être de la fratrie est une préoccupation importante pour les parents. Après tout, ils éprouvent le même sentiment d'amour inconditionnel et de protection à l'égard de tous leurs enfants. Dans le contexte particulier de la maladie grave et des soins palliatifs pédiatriques, certains parents constatent des changements inquiétants chez leurs enfants en santé. Malheureusement, en raison des demandes exigeantes auxquelles ils font face, ces parents peuvent se sentir à bout de souffle. Il est donc possible que sans soutien suffisant, les parents de ces enfants gravement malades relèguent à plus tard leur disponibilité physique et émotive pour l'enfant en santé, une fois le tourbillon de la maladie terminé.

Dans le domaine des soins palliatifs pédiatriques, la fratrie de l'enfant malade est reconnue comme vulnérable[3]. Cette vulnérabilité résulte d'un amalgame de plusieurs facteurs, dont le premier est directement associé au fait d'être le témoin impuissant d'une maladie qui menace la vie et engendre des souffrances chez l'enfant malade. Deuxièmement, les demandes liées à la maladie ont nécessairement un impact négatif sur les frères et sœurs en créant une désorganisation au sein du quotidien et en monopolisant l'attention et la disponibilité des parents. Finalement, la vulnérabilité des frères et sœurs trouve aussi sa source dans le bris de la communication entre les membres de la famille qui, afin de se protéger, évitent certains sujets ou choisissent de ne pas partager de l'information, laissant alors place à la solitude, l'ignorance et le développement de fausses croyances. L'ensemble de ces facteurs entraîne des émotions pour la fratrie et par conséquent, des besoins spécifiques. Les intervenants psychosociaux et médicaux qui accompagnent la famille sont sensibles à la vulnérabilité de la fratrie et à l'importance d'intervenir, mais semblent limités à la fois par le temps et par un manque d'outils disponibles pour accompagner la fratrie. En 2006, le ministère de la Santé et des Services sociaux du Québec, dans la publication des *Normes en matière de soins palliatifs pédiatriques*, a proposé une définition des soins palliatifs pédiatriques. Dans cette définition, l'importance du soutien aux familles, y compris, ici, fratrie et parents, est clairement reconnue :

> « Les soins palliatifs pédiatriques sont compris comme étant une approche de soins active et complète, englobant les dimensions physique, psychologique, sociale et spirituelle.

> Le but de ces soins est d'aider à maintenir la meilleure qualité de vie possible à l'enfant dont la vie est menacée par une maladie grave et d'offrir du soutien à sa famille. [...] Cette approche est flexible et centrée sur l'enfant et sa famille. [...] Finalement, le rôle et les besoins de chaque membre de la famille, incluant la fratrie, doivent être pris en considération par l'équipe soignante. »

Les études scientifiques s'étant intéressées à l'expérience des frères et sœurs d'enfants atteints de MIPF enrichissent la connaissance que nous avons de cette population. Les constats générés par la recherche permettent de guider les pratiques cliniques afin que les professionnels de la santé soient les plus pertinents possible dans leurs interventions auprès de ces frères et sœurs.

« Papa, maman ! Je suis là, moi aussi ! »

Dans la littérature scientifique liée à ce domaine de recherche, il n'y a pas consensus sur le fait que les enfants et les adolescents qui comptent un frère ou une sœur malade sont davantage à risque de souffrir d'anxiété ou de dépression que les frères et sœurs issues de familles dont les enfants sont en santé. Toutefois, sans faire basculer l'enfant ou l'adolescent dans un trouble psychiatrique clairement identifié, le fait de vivre aux côtés d'un membre de sa famille atteint d'une maladie grave et dont la vie est menacée serait déclencheur d'une variété d'émotions intenses et bouleversantes, dont les conséquences peuvent être majeures. D'abord, une proportion importante de ces frères et sœurs vivra de la colère, des frustrations et des émotions négatives envers l'enfant ou l'adolescent malade, en raison des différents changements imposés par la maladie dans leur quotidien[4]. En effet, il est bien difficile pour la fratrie d'accepter de subir des changements liés à leurs habitudes alimentaires, aux contacts avec leurs amis, aux habitudes familiales et aux loisirs, lorsqu'eux-mêmes ne sont pas malades. Certaines fratries pourront alors adopter des comportements agressifs, de l'opposition ou de l'irritabilité[5]. Une fratrie peut également ressentir de la honte et de l'inconfort lors des sorties publiques de la famille en raison des changements dans l'apparence physique de l'enfant malade[6]. Principalement pendant la période de l'adolescence, l'image corporelle, l'opinion des autres ainsi que le sentiment de normalité sont des dimensions importantes. Il peut alors être difficile pour la fratrie d'accepter que sa famille soit différente. Les frères et sœurs peuvent alors passer davantage de temps à l'extérieur de la famille, chez leurs amis, auprès desquels ils recherchent des *périodes de normalité* où la maladie et ses conséquences sont oubliées pendant quelques heures.

À la colère ou à la honte ressentie par les frères et sœurs s'ajoute fréquemment la culpabilité d'entretenir de tels sentiments relativement à l'enfant malade ou à la situation. Cette ambivalence est difficilement tolérable et nourrirait de la détresse chez cette population[7]. Vivre quotidiennement auprès d'un enfant en soins palliatifs, c'est aussi devoir affronter la mort qui viendra dans un avenir plus ou moins rapproché. Avant même que le décès ne survienne, les enfants et les adolescents vivent, selon leur âge et à leur propre rythme, un *prédeuil* durant lequel ils se préparent déjà à un détachement. Cette période est difficile, et certaines personnes vivent de l'incertitude et ressentent de l'anxiété quant à leur propre avenir et celui de la famille[8]. Une inquiétude importante relative à leur santé et au risque de tomber malade est aussi fréquente durant cette période[9]. Il est alors possible d'observer chez ces enfants et adolescents un isolement, des manifestations de tristesse, des troubles de sommeil et un comportement agité reflétant leur bouleversement émotif.

Bouleversements au sein de l'organisation quotidienne et des rôles familiaux

Lorsqu'une MIPF est diagnostiquée chez un enfant, l'organisation et les rôles dans la famille sont perturbés. Afin de chercher à s'adapter aux multiples exigences liées à la maladie grave, certaines familles sollicitent davantage l'aide et la participation des fratries[10]. Les attentes parentales peuvent désormais dépasser le degré de maturité et d'autonomie des frères et sœurs en santé. Aussi, il est difficile pour la famille aux prises avec cette situation de maintenir une routine, car des changements à l'horaire peuvent être nécessaires afin de s'adapter à l'état de santé ou aux traitements du jeune malade. Tous ces changements représentent des facteurs pouvant fragiliser la fratrie en créant une perte de stabilité et une diminution du sentiment de sécurité. Afin de répondre aux attentes parentales et de combler certains besoins, il arrive que des sœurs, souvent aînées de famille, assument des rôles d'importance et démontrent un haut niveau d'autonomie, notamment en se voyant confier la responsabilité des enfants plus jeunes. La prudence est de mise par rapport à ces comportements, car les compétences que ces enfants développent peuvent être trop lourdes pour eux et les priver à la fois de saines relations fraternelles et de la protection parentale[12].

Pour un parent, avoir un enfant qui reçoit des soins palliatifs représente une double préoccupation, c'est-à-dire devoir prendre en charge l'aspect technique et organisationnel de certains soins et, parallèlement à cela, être bouleversé par le décès inéluctable de l'enfant et anticiper les événements. Dans ce contexte difficile, le parent cherche à profiter de la présence de l'enfant dans le moment présent sans lui transmettre la peur et le chagrin, des émotions qui sont pourtant inhérentes à cette expérience. Ces préoccupations empêchent la disponibilité physique et affective de plusieurs parents pour la fratrie[13]. Cette diminution de la présence et de l'attention parentale peut engendrer du rejet, de l'incompréhension et de l'ennui à la fratrie[14]. Les frères et sœurs peuvent sentir qu'ils dérangent et percevoir un déséquilibre injuste entre le niveau d'attention et de présence dont bénéficie l'enfant malade, comparativement à ce qu'ils reçoivent. Cela peut même susciter, chez certaines fratries, l'envie de la maladie. Il ne s'agit pas de la maladie en tant que telle, mais des avantages qu'elle offre à leurs yeux, principalement en ce qui a trait à la présence et à l'attention parentale dont la fratrie peut se sentir privée. Frères et sœurs peuvent alors se plaindre de douleurs physiques pouvant être similaires ou différentes de celles exprimées par l'enfant malade. Ces plaintes peuvent refléter un réel malaise pour la fratrie ou avoir pour objectif l'obtention de l'attention parentale[15]. Par ailleurs, l'estime personnelle de ces enfants peut aussi être affectée lorsqu'ils constatent l'absence de leurs parents à un événement important à leurs yeux, tel qu'un spectacle donné à l'école. Ces frères et sœurs peuvent en conclure qu'ils sont peu ou pas importants aux yeux de leurs parents. Cela est particulièrement vrai lorsque l'information au sujet de la maladie ne leur est pas transmise.

Des barrières à la communication

La communication au sein de la famille est un élément qui subit d'importantes modifications à la suite d'un diagnostic d'une MIPF chez un enfant. Afin de maintenir l'équilibre familial, les parents, la fratrie et l'enfant malade peuvent faire le choix tacite de ne pas parler de la maladie entre eux, créant ainsi une barrière à la communication[16]. Bien que cette rupture de communication soit un réflexe de protection, elle entraîne des conséquences malsaines. Elle perturberait notamment le fonctionnement et l'harmonie familiale en divisant la famille et limiterait l'accès à l'information pour les frères et les sœurs en santé. Le choix des parents de ne pas transmettre d'information peut s'expliquer par différentes raisons, entre autres, la protection de la fratrie, jugée trop jeune pour être exposée à la gravité de la maladie et à la probabilité de la mort. Les frères et sœurs, en retour, pourraient ne pas se sentir à l'aise d'aborder la question de la maladie ou de la mort avec leurs parents, car une fermeture ou un tabou en lien avec ces sujets pourrait être perçu[18]. De plus, certaines fratries évitent ces sujets de discussion afin de protéger leurs parents, qu'ils perçoivent comme vulnérables[19]. Enfin, d'autres fratries cherchent à éviter d'aborder la question, afin de limiter les discordes et les tensions familiales[20]. Malgré ce désir mutuel de protection, le manque d'information transmise à la fratrie peut contribuer au développement de fausses croyances et accentuer la peur, la tristesse et la culpabilité ressenties lorsque les frères et sœurs se sentent responsables de la maladie. Lorsqu'un enfant s'interroge sur la sévérité de la maladie d'un membre de sa famille et qu'il ne sent pas d'ouverture de la part de ses parents ou d'un autre adulte, ses questions demeurent sans réponse. Ce faisant, il est fort probable que cet enfant puise dans son imaginaire et dans sa propre compréhension des événements pour trouver les réponses à ses questionnements. Bien souvent, ces réponses s'avèrent pires que la réalité et augmentent la détresse ressentie[21].

Lorsqu'il y a rupture de la communication au sein d'une famille qui compte un enfant en situation palliative, il est légitime de s'assurer de la disponibilité d'autres adultes à qui la fratrie peut se confier et recevoir des réponses à ses demandes d'information. Une intéressante étude a été réalisée en 1997, par Stallard et ses collaborateurs afin de connaître vers qui les frères et sœurs d'enfants atteints de MIPF se confiaient au sujet de la maladie[22]. Dans cette étude, 38 % des frères et sœurs interrogés se disaient capables de parler de la maladie avec leurs parents, comparativement à 14 % pour qui ce sujet ne pouvait être abordé qu'avec leurs grands-parents. Toutefois, 48 % de l'échantillon de cette étude affirmaient se sentir incapables d'aborder le sujet de la maladie avec quiconque. C'est donc près d'une fratrie sur deux qui demeurait seule dans cette épreuve.

Parent protecteur ou parent protégé ?

De façon générale, les parents feront figure de piliers auprès de leurs enfants et adolescents et les rassureront. Toutefois, si les membres de la fratrie constatent et ressentent la fragilité et le désespoir chez leurs parents, ils peuvent choisir de ne pas ajouter à cette peine et ils se taisent. Cherchant ainsi à cacher leurs émotions, ils prétextent même que tout va bien. Woodgate appelle ce phénomène la *tristesse cachée des fratries*. Ces enfants cherchent ainsi à protéger leurs parents. Spécifions que dans l'expérience que sont la MIPF et les soins palliatifs, il est souhaitable et important que les parents expriment leur peine et leurs inquiétudes, mais en portant une grande attention au choix de leurs confidents. Il est possible que le fait d'exposer sa peine à ses autres enfants puisse entraîner, chez un parent, un risque de devenir un *parent protégé* par ces derniers. Il est plus souhaitable que la fratrie sache que le parent ressent de la peine, mais qu'il a accès à des ressources pour l'aider. Ainsi, le parent demeure, pour les frères et sœurs du jeune malade, un *parent protecteur*, un adulte qui démontre une solidité. Ils se sentiront en mesure de se confier à lui et de recevoir du soutien de sa part, en toute cohérence avec leur rôle d'enfant.

L'école : un milieu de vie pour les frères et sœurs

Au cours de l'évolution de la maladie, les frères et sœurs doivent continuer à aller à l'école, à être présents en classe et à étudier pour réussir leurs examens. Il est toutefois bien difficile pour eux de se concentrer et d'apprendre dans un pareil contexte. L'ensemble des émotions que vivent les frères et sœurs d'enfants atteints de MIPF viendrait perturber leur fonctionnement académique en diminuant leur capacité à mémoriser, à se concentrer et à apprendre[23]. Afin de préserver l'intimité familiale, certains parents peuvent décider de ne pas informer l'enseignante ou le personnel de l'école de la précarité de l'état de santé de l'enfant gravement malade. Dans ces conditions, il devient ardu pour les enseignants d'accompagner les frères et sœurs dans leur apprentissage, tout en tenant compte de la réalité bouleversante qu'ils vivent à la maison. La sphère scolaire est un milieu de vie important pour ces derniers. Il semble nécessaire que les enseignants deviennent des partenaires dans le soutien offert à la fratrie[24]. De plus, ces personnes sont souvent témoins de nouveaux comportements chez les frères et sœurs, comme l'agressivité ou l'isolement. En étant informés de la situation, ils peuvent démontrer de la sensibilité, répondre à certains de leurs besoins et leur offrir du soutien.

Les besoins des frères et sœurs d'enfants atteints de MIPF

En sachant que la MIPF d'un enfant bouleverse la vie familiale et le quotidien de ses frères et sœurs, et que la fratrie vit des émotions intenses qui s'expriment par différents comportements, il est normal de se demander si des besoins spécifiques à la fratrie peuvent être liés à cette expérience. L'ensemble de la littérature portant sur ce sujet de recherche reflète que la présence d'un enfant gravement malade dans la famille peut effectivement entraîner, chez la fratrie, des besoins importants[25]. Ceux-ci doivent être évalués de façon personnalisée, car de grandes différences existent, notamment à cause de l'âge des enfants, de la trajectoire de la maladie et des contraintes liées à celle-ci, des réseaux de soutien disponibles puis, finalement, des ressources personnelles et des traits de caractère individuels. Le tableau 1 présente deux grandes catégories de besoins qui pourraient être ressentis chez la fratrie dans un contexte de soins palliatifs pédiatriques. Notons que ces besoins ne sont pas hiérarchiques ni exhaustifs[26].

Tableau 1

Besoins

Besoins directement liés à l'expérience de la MIPF	Besoins réguliers, mais intensifiés par le contexte de la MIPF
Besoin d'être rassuré sur l'état de santé de l'enfant malade	Besoin de sécurité
Besoin d'être rassuré sur le soulagement de la douleur de l'enfant malade	Besoin de stabilité
Besoin d'information sur la maladie et les procédures médicales	Besoin d'attention
Besoin d'être rassuré quant à sa propre santé	Besoin de présence parentale
Besoin d'être rassuré sur sa non-responsabilité dans la maladie	Besoin de socialiser avec des pairs
Besoin de soutien social (voir encadré plus bas)	Besoin de participer à des activités sociales ou sportives
Besoin de vivre des moments de plaisir en famille	
Besoin de maintenir ses contacts avec l'enfant malade	Besoins de vivre de nouvelles expériences
Besoin d'obtenir les mêmes droits et privilèges que l'enfant malade	

Besoin de maintenir une communication ouverte dans la famille	
Besoin d'encadrement scolaire	
Besoin de sentir que son individualité est reconnue et appréciée dans la famille	
Besoin de participer aux soins de l'enfant malade	
Besoin de se sentir inclus dans cette épreuve, au même titre que chacun des autres membres de la famille	
Besoin de se sentir préparé face à la mort et avoir la possibilité d'en parler et de recevoir de l'information à ce sujet	
Besoin de protéger les parents	
Besoin de côtoyer des jeunes qui vivent la même chose qu'eux	

L'importance du soutien social

Les frères et sœurs recevant davantage de soutien social semblent mieux s'adapter à la situation des soins palliatifs pédiatriques, car les conséquences associées à cet événement stressant sont prises en compte et amoindries[27]. Cela permet de croire que les fratries satisfaites du soutien social reçu démontreraient un niveau de besoins plus faible. Le soutien social de type émotionnel est celui qui permettrait de répondre à un nombre important de besoins chez cette population. Il est suivi des soutiens de type informationnel et instrumental. Voici des exemples de ces différents types de soutien social:

- Soutien social de type émotionnel: manifestations d'amour, d'empathie, de bienveillance et de confiance.
- Soutien social de type informationnel: le fait de fournir de l'information et de répondre aux questions.
- Soutien social de type instrumental: assistance de biens, de services concrets. Cela favorise une vie normale.

Être parent d'un enfant qui reçoit des soins palliatifs pédiatriques est terriblement difficile, à la fois pour le cœur, le corps et l'esprit. C'est une expérience qui demande beaucoup de temps et qui consomme de l'énergie, tant physique que mentale. À cette douloureuse épreuve s'ajoutent les préoccupations liées à la fratrie. Dans une étude réalisée en 2003 par Rocha-Garcia et coll., des parents d'enfants atteints de cancer reconnaissaient avoir une grande difficulté à répondre aux besoins de la fratrie en même temps qu'à ceux de l'enfant malade. Un parent interrogé sur trois affirmait négliger ses enfants en bonne santé, même s'il ressentait de la culpabilité et de l'inquiétude face aux conséquences possibles de cette négligence. C'est ainsi que les besoins de la fratrie demeureraient sans réponse, parce qu'ils sont ignorés ou non reconnus par les parents et les professionnels de la santé, ou parce que les parents n'auraient plus le temps, l'énergie, l'argent ou les ressources pour y répondre[28].

Cette réponse aux besoins de la fratrie en contexte de soins palliatifs est pourtant fondamentale, puisque nous savons aujourd'hui que lorsqu'ils ne sont pas satisfaits, il est possible que des conséquences sérieuses à court, moyen et long terme puissent affecter ces jeunes sur les plans émotionnel et comportemental[29]. De plus, le deuil que les frères et sœurs auront à vivre lors du décès de l'enfant malade pourrait être vécu plus difficilement si certains de leurs besoins n'ont pas été comblés durant l'évolution de la maladie. Pour ces raisons, il est primordial que la réponse aux besoins des fratries d'enfants recevant des soins palliatifs pédiatriques devienne une responsabilité collective, c'est-à-dire qu'elle inclut non seulement les parents, mais aussi les membres de l'équipe de soins, le réseau de soutien naturel et communautaire ainsi que les enseignants des établissements scolaires fréquentés par la fratrie bref, toute personne pouvant faire une différence, afin que les frères et sœurs vivent cette expérience non pas seuls, mais accompagnés.

De plus, afin d'éviter que de telles conséquences ne surviennent, il serait important d'accompagner et de soutenir la fratrie dès le diagnostic d'une MIPF. Cela permettrait de favoriser une adaptation optimale des frères et sœurs à la situation, et ce, dès le début de la maladie. La nature et les objectifs de cet accompagnement devraient être réévalués périodiquement pour tenir compte des changements engendrés par l'évolution de la maladie, de même que par la progression de l'enfant dans ses stades de développement, deux éléments qui ont une influence sur la nature des besoins.

SECTION 2 : L'INTERVENTION PSYCHOSOCIALE AUPRÈS DE LA FRATRIE EN CONTEXTE DE SOINS PALLIATIFS PÉDIATRIQUES : UN ACCOMPAGNEMENT NÉCESSAIRE

Il existe plusieurs pistes d'intervention psychosociale utiles et pertinentes à employer auprès des frères et sœurs d'un enfant en situation palliative. Le choix de l'intervention appropriée se fera selon l'objectif à atteindre. L'intervention du clinicien sera un élément qui aidera à répondre à un besoin de la fratrie. Afin d'identifier ces besoins, l'intervenant doit procéder à une évaluation complète de la situation. Dans un premier temps, une rencontre conjointe parents et fratrie a lieu, puis une autre avec la fratrie seule, ce qui permet aux frères et sœurs de s'exprimer librement. L'intervenant peut alors recueillir l'information concernant le quotidien, les difficultés vécues individuellement par les enfants ou les adolescents, leurs déceptions, leurs frustrations et les stratégies mises en place jusqu'à présent. Dans le contexte particulier qui concerne les frères et sœurs d'enfants recevant des soins palliatifs, il est tout aussi important d'évaluer la compréhension de la fratrie quant à la gravité de la maladie, ses causes, son pronostic, les traitements et leurs possibles effets secondaires. Cette évaluation a pour but de savoir si un enfant se sent responsable par rapport à la maladie, de déterminer la quantité et le type d'information transmise à la fratrie par ses parents et de vérifier la présence d'un possible besoin d'information.

Ces premières rencontres sont d'une grande importance, car elles représentent une prise de contact entre la fratrie et l'intervenant. En adoptant une attitude accueillante et ouverte, ce dernier démontre à la fratrie qu'il accorde de l'importance à son vécu et à ses difficultés, et qu'il se rend disponible à l'aider et à l'accompagner. Par un accueil empreint de douceur et d'humour, il pourra se développer une relation de confiance nécessaire à l'ouverture de la fratrie sur sa propre souffrance, puis permettra un réel changement.

Lors de ces rencontres d'évaluation, l'intervenant peut identifier certains besoins non comblés chez les enfants et les adolescents, puis proposer des activités afin d'y répondre. Le tableau 2 présente certaines pistes d'intervention, selon des objectifs précis.

Tableau 2
Pistes d'intervention

Activités	**Mandala** La fratrie est invitée à dessiner un énorme cercle sur une feuille. L'intervenant définit une thématique particulière, par exemple : « Comment je me suis senti lorsque j'ai appris le diagnostic de cancer de mon frère », ou encore, « Comment je me sens dans ma classe ». À l'aide de cartons identifiant huit émotions ou sentiments au maximum, la fratrie choisit des émotions qualifiant son état et attribue une couleur spécifique par émotion. La proportion de chaque émotion est reflétée par la superficie qu'elle occupe dans le dessin (par exemple, beaucoup de jaune pour la tristesse, un peu de bleu pour la colère, etc.) Les cartons d'émotions peuvent être élaborés en compagnie de l'enfant, en portant une attention particulière sur le choix d'un vocabulaire adapté à son niveau de développement. En général, les enfants apprécient cette activité qu'ils trouvent agréable et non menaçante. L'analyse de l'intervenant doit porter sur le choix des émotions, des couleurs, de l'ordre dans lequel elles sont choisies et des proportions. L'interprétation faite par l'enfant de chacun de ces éléments doit être le point de départ de l'analyse de l'intervenant[1]. **Journal intime** On encourage l'adolescent à mettre par écrit la situation problématique découlant de la maladie et l'interprétation qu'il en fait (ses pensées, ses émotions, ses frustrations, etc.). Lors de la rencontre, l'intervenant relit ces passages avec les membres de la fratrie en cherchant à clarifier et à identifier les émotions, puis à en faciliter l'expression. **Jeu de rôle** Les enfants ou les adolescents de la fratrie peuvent jouer « à faire semblant » lorsqu'ils expriment leurs émotions qui ont été préalablement clarifiées et identifiées. L'intervenant (ou encore un objet) peut jouer le rôle de la maladie de l'enfant (malade) ou encore du parent. Dans un climat d'acceptation et de sécurité, la fratrie, accompagnée par l'intervenant, exprime ses émotions. À la suite de cette activité, il est important de prévoir du temps pour discuter, car selon l'intensité de la participation, certaines fratries peuvent se sentir bouleversées.
Objectifs spécifiques d'intervention	• Faciliter l'expression des émotions ; • Clarifier et identifier les émotions ; • Accueillir et normaliser les émotions.
	Docteur, j'ai besoin de savoir Quel que soit leur âge, les membres de la fratrie ont un grand besoin d'information à propos de la maladie. Il a été démontré qu'ils sont reconnaissants de recevoir de l'information directement de l'infirmière ou du médecin qui soigne l'enfant malade, et apprécient que ces renseignements soient adaptés à leur niveau de développement. Lorsqu'il s'agit d'une équipe interdisciplinaire, il peut être profitable que l'intervenant psychosocial aide la fratrie à identifier des questions qui provoquent de l'anxiété ou de l'insécurité face à la maladie. Ensuite, l'intervenant accompagne la fratrie à une rencontre avec le pédiatre de l'équipe (ou un autre médecin traitant l'enfant malade), afin qu'elle puisse poser ses questions. En plus de répondre à un besoin d'information, cette activité procure un sentiment d'importance et de valorisation pour la fratrie.

1. SOURKES, B. « Truth to Life : Art therapy with Pediatric Oncology Patients and their Siblings ». *Journal of Psychosocial Oncology* 1991 9(2), 81-96.

	Moi aussi, je suis là pour toi Il est possible que la fratrie se sente négligée dans sa participation au bien-être de l'enfant malade. Lors des hospitalisations, elle voit ses parents s'absenter de la maison pour se rendre au chevet de l'enfant malade, ou encore passer du temps auprès de lui pour soulager ses souffrances en lui prodiguant différents soins. La fratrie peut en venir à croire qu'elle est la seule à ne rien faire pour lui. Cela peut entraîner un sentiment de dévalorisation, de l'inquiétude au sujet de l'enfant malade, ainsi que de l'ennui. Il sera alors pertinent pour les parents de favoriser l'implication des frères et sœurs dans les soins et le bien-être de l'enfant malade en les invitant à faire des gestes adaptés à leur âge respectif. La réévaluation de ce désir devra être fréquente afin que cette implication soit souhaitée et non contraignante. Le maintien de la relation fraternelle est important : encourager et faciliter les visites et les appels téléphoniques lors des hospitalisations, décorer la chambre de l'enfant malade avec les dessins de la fratrie ou un collage de photos sont des moyens d'y parvenir. Ces moyens concrets peuvent contribuer à la diminution de l'ennui et apaiser le sentiment d'impuissance vécu par la fratrie.
Objectifs spécifiques d'intervention	• Fournir de l'information ; • Favoriser l'implication dans l'expérience de la maladie grave ; • Maintenir la relation fraternelle.
	Participation à des groupes d'entraide Réunir des enfants et des adolescents qui partagent leur quotidien avec un frère ou une sœur gravement malade dans un groupe d'entraide est un moyen efficace et approprié d'aider la fratrie à s'adapter à cette épreuve[2]. Au Québec, certaines initiatives en ce sens ont vu le jour. Ces groupes ont d'abord été mis sur pied pour la fratrie en contexte d'oncologie pédiatrique, puis d'autres groupes se sont formés pour les frères et sœurs d'enfants souffrant d'autres types de maladies graves. Malheureusement, ces initiatives sont encore trop rares et leur mise sur pied devrait être encouragée, non seulement dans les grands centres urbains, mais aussi en région, afin d'aider le plus grand nombre possible de frères et sœurs.
Objectifs spécifiques d'intervention	• Briser l'isolement ; • Favoriser le soutien social entre pairs ; • Augmenter la confiance en soi ; • Favoriser l'expression des émotions ; • Explorer de nouvelles stratégies de résolution de problème ; • Fournir de l'information.
	Maman, pour notre rendez-vous cette semaine, j'aimerais… Cette activité peut être judicieuse si des problèmes surviennent dans la relation entre la mère ou le père et la fratrie. Il peut s'agir d'un sentiment d'ennui ou de manque face au parent, d'une impression d'être mis de côté, ignoré ou d'être moins important que l'enfant malade. Il peut également s'agir d'un problème dans la communication parent-enfant. Cette activité propose d'encourager la fratrie à exprimer à son parent (la mère, le père ou les deux) ses émotions et son désir de rapprochement. Une activité exclusive par semaine entre la fratrie et le parent est une occasion de se retrouver, avec plaisir. De plus, cette activité rehausse la fierté de la fratrie quant à son importance aux yeux de son parent. Le partage de moments de complicité permettra d'ouvrir un espace de communication où la fratrie, si elle en ressent le besoin, pourra s'ouvrir à son parent et partager ses émotions par rapport à la maladie et à ses conséquences.

2. HOUTZAGER, B.A., M.A. GROOTENHUIS, H.N. Caron et B.F. LAST. « Quality of life and psychological adaptation in siblings of paediatric cancer patients, 2 years after diagnosis ». *Psycho-Oncology* 2004 13, 499-511.

Objectifs spécifiques d'intervention	• Favoriser le maintien d'une vie normale; • Contribuer au maintien de la relation parent-enfant; • Créer un espace de communication; • Rétablir le sentiment d'importance, d'unicité et de protection face à son parent.
	Je me prépare à te dire au revoir Parmi les objectifs de l'intervention auprès des fratries en contexte de soins palliatifs pédiatriques figure celui d'accompagner ces enfants et ces adolescents face au décès à venir. Dans ce cas particulier, il est important que l'intervenant établisse la nature des thématiques à explorer, en fonction des éléments de compétence et de vulnérabilité de l'enfant ou de l'adolescent. Ces éléments reposent sur l'âge, la maturité cognitive et émotionnelle, le fonctionnement et la structure de la famille, la culture et les croyances, ainsi que sur les expériences de pertes passées. Offrir un espace pour aborder le décès à venir est précieux pour ces jeunes, car face à la fin de vie, ils vont souvent choisir d'éviter d'en parler avec leurs parents, afin de les protéger. Permettre aux membres de la fratrie de parler de la mort possible de l'enfant malade et exprimer leurs peurs ou leurs espoirs les aide à prendre conscience des éléments importants pour eux. L'intervenant peut, par la suite, inviter la fratrie à dire des choses ou à faire des gestes importants avant que le décès ne survienne. Cette intervention est une occasion de travailler avec la fratrie la notion d'héritage. Elle est alors accompagnée dans la reconnaissance des éléments positifs qui se sont développés en elle, grâce au contact avec l'enfant malade. Ce sont des cadeaux de l'enfant malade qui resteront à jamais dans le cœur et dans la personnalité de la fratrie.
Objectifs spécifiques d'intervention	• Préparer la fratrie quant au deuil à venir; • Permettre l'expression de ses désirs et de ses souhaits; • Permettre de prévenir les regrets ou les non-dits post-décès; • Créer un espace pour parler de la mort; • Permet de reconnaître l'héritage que laisse l'enfant malade à la fratrie.
	Rôle d'agent de liaison et de coordination L'objectif de ce rôle est de favoriser la participation des différents acteurs évoluant autour de la fratrie, afin de répondre à certains besoins spécifiques. La liaison avec les enseignants et l'environnement scolaire est particulièrement importante, car l'école est un milieu de vie de premier ordre. Certains parents pourraient apprécier qu'une collaboration s'établisse entre l'intervenant qui accompagne la fratrie et l'enseignant, afin de répondre aux besoins spécifiques de celle-ci dans la sphère scolaire. Cette liaison peut aussi permettre d'assurer un soutien à l'enseignant qui peut se sentir démuni face à un élève souffrant d'une maladie grave et lors des soins palliatifs d'un frère ou d'une sœur[3].
Objectifs spécifiques d'intervention	• Assurer une liaison avec des acteurs dont la collaboration permettrait un mieux-être pour la fratrie: . Équipe soignante; . Membres de la famille; . Communauté; . Enseignants et milieu scolaire; . Associations d'aide aux familles touchées par la maladie, etc.

3. KNAPP, C.A. et N. CONTRO. « Family support services in pediatric palliative care ». *American Journal of Hospice and Palliative Medicine* 2009 26, 476-482.

L'engagement des parents et la notion de confidentialité

Dans le processus d'intervention auprès des fratries, l'engagement des parents doit être favorisé et encouragé, car il permet un véritable changement dans le quotidien de ces enfants et de ces adolescents. Le partage d'information sur le cheminement de la fratrie permet aux parents de mieux comprendre les réactions et les comportements de leurs enfants en santé, de cerner leurs besoins et de s'outiller afin de les aider. De plus, pour l'intervenant, partager de l'information générale sur les réactions communes des fratries, sur les comportements à adopter en tant que parent et sur l'importance d'être présent auprès des enfants en santé, maintenant et non seulement après le décès, sont autant d'éléments qui permettent un changement positif pour les frères et sœurs de la famille.

Soulignons toutefois qu'en raison d'un besoin de protection très fort souvent ressenti par les fratries face à leurs parents, l'intervenant doit aborder avec précaution les notions de confidentialité. En intervention, la relation de confiance entretenue avec la fratrie est importante, mais fragile. Rassurer la fratrie sur la nature confidentielle des rencontres lui permet de faire de cet espace un lieu privilégié où elle peut s'exprimer librement, sans avoir peur de blesser ses parents. De plus, par souci de transparence, l'intervenant souhaitera obtenir l'accord de la fratrie avant d'inviter le ou les parents à se joindre à la rencontre, et lui expliquera les raisons de cette démarche. Finalement, ce n'est pas l'ensemble des éléments partagés par la fratrie qui doit être communiqué aux parents. L'intervenant doit faire preuve de discernement afin de respecter son engagement auprès de la fratrie, en sélectionnant seulement l'information qui est pertinente et importante, ce qui permettra aux parents de soutenir la fratrie dans cette expérience et de combler certains de ses besoins.

En conclusion

La réponse aux besoins des frères et sœurs d'enfants recevant des soins palliatifs est un enjeu préoccupant qui demande une prise de position et un engagement de la part des gestionnaires de services de santé, responsables des soins auprès de ces familles, afin qu'une véritable approche centrée sur la famille puisse être appliquée. Il est donc nécessaire qu'au sein des équipes de soins, la responsabilité du soutien à cette clientèle soit assumée par un professionnel et que des services spécifiques soient développés et offerts. Toutefois, dans l'attente de programmes structurés, des initiatives cliniques et parentales sont réalisées, de façon marginale, chaque jour.

L'importance accordée à ce chapitre témoigne de la sensibilité du lecteur à la fratrie et à ses besoins. Cette sensibilité est l'ingrédient principal d'un soutien dont le lecteur peut devenir le pivot, en tant que parent ou clinicien. Il suffit de commencer par créer un espace de dialogue dans lequel la fratrie est véritablement écoutée et se sent à l'aise d'exprimer ses besoins, ses peines, ses peurs et ses espoirs. Ce chapitre avait comme objectif de partager des connaissances et de fournir des outils afin d'intervenir en ce sens. La volonté d'agir et la sensibilité, jumelées à ces nouvelles composantes, représentent un solide point de départ pour venir en aide à cette fratrie qui, trop souvent, se tait afin de ne pas déranger.

Notes

1. MONGEAU, S., M.-C. LAURENDEAU et P. CARIGNAN. « Le répit pour les familles ayant un enfant atteint d'une maladie à issue fatale ». *Nouvelles Pratiques Sociales* 2002 15 (2), 169-185.
2. NUUTILA, L. et S. SALANTERÄ. « Children with a long-term illness : Parents' experience of care ». *Journal of Paediatric Nursing* 2006 21 (2), 153-159 ; STEELE, R. et B. DAVIES. « Impact on parents when a child has a progressive, life-threatening illness ». *International Journal of Palliative Nursing* 2006 12(11), 526-535.
3. INSTITUTE OF MEDICINE [IOM]. *When Children Die ; Improving Palliative and End-of-Life Care for Children and Families.* Editors : Fields, M.J. et Behrman, R.E. The National Academies Press. Washington, D.C., 2003 ; MINISTÈRE DE LA SANTÉ ET DES SERVICES SOCIAUX DU QUÉBEC [MSSS]. *Normes en matière de soins palliatifs pédiatriques.* Publications du gouvernement du Québec. Québec, 2006.
4. DUHAMEL, F. *La santé et la famille : Une approche systémique en soins infirmiers.* Montréal, Gaétan Morin, 2e edition, 2007 ; NOLBRIS, M., K. ENSKÄR et A.-L. HELLSTRÖM. « Experience of siblings of children treated for cancer ». *European Journal of Oncology Nursing* 2006 11, 106-112 ; WOODGATE, R. L. « Siblings' experiences with childhood cancer ». *Cancer Nursing* 2006 29 (5), 406-414.
5. PEARCE, F. « Prioritising needs in the context of chronic illness ». *Australian & New Zealand Journal of Family Therapy* 2008 29 (4), 224-225.
6. ORLOFF, S.F., K. QUANCE, S. PERSZYK, W.J. FLOWERS et E. VEALE. « Psychosocial and spiritual needs of the child and family ». p. 141-217. Dans CARTER, B., S. et LEVETOWN, M. *Palliative Care for Infants, Children and Adolescents. A practical handbook.* John Hopkins University Press, 2004.

7. Burton, M. « Supporting adolescents who have a sibling with a life-threatening illness ». An exploratory study. *Counselling and Psychotherapy Research* 2010 10 (4), 316-321 ; Sourkes, B. « Psychological impact of life-limiting conditions on the child ». Dans Goldman, A., S. Liben et R. Hain. *Oxford Textbook of Palliative Care for Children.* Oxford University Press, 2006.

8. Freeman, K., C. O'Dell et C. Meola. « Childhood brain tumors : Children's and siblings' concerns regarding the diagnosis and phase of illness ». *Journal of Pediatric Oncology Nursing* 2003 20 (3), 133-140 ; Steele, R. « Trajectory of certain death at an unknown time : Children with neurodegenerative life-threatening illnesses ». *Canadian Journal of Nursing Research* 2000 32 (3), 49-67.

9. Alderfer, M.A., K.A. Long, A. Lown, A.L. Marsland, N.L. Ostrowski, J.M. Hock et L. Ewing. « Psychosocial adjustment of siblings of children with cancer : a systematic review ». *Psycho-Oncology* 2009 19, 789-805 ; Woodgate, R.L. « Siblings' experiences with childhood cancer ». *Cancer Nursing* 2006 29 (5), 406-414.

10. Bendor, S.J. « Anxiety and isolation in siblings of paediatric cancer patients : The need for prevention ». *Social Work in Health Care* 1990 14 (3), 17-35 ; Nolbris, M., K. Enskär et A.-L. Hellström. « Experience of siblings of children treated for cancer ». *European Journal of Oncology Nursing* 2006 11, 106-112.

11. Alderfer, M.A., K.A. Long, A. Lown, A.L. Marsland, N.L. Ostrowski, J.M. Hock et L. Ewing. « Psychosocial adjustment of siblings of children with cancer : a systematic review ». *Psycho-Oncology* 2009 19, 789-805 ; Bluebond-Langner, M. « Worlds of dying children and their well sibling », *Death Studies* 1989 13, 1-16 ; Dick, H.M., D.P. Royem, P.R. Buschman, A.H. Kutscher, B. Rubinstein et F.K. Forstenzer. *Dying and Disabled Children ; dealing with loss and grief.* The Haworth Press, London, 1988.

12. Meynckens-Fourez, M. « La fratrie, le point de vue éco-systémique ». Dans Tilmans-Ostyn, E. et M. Meynckens-Fourez. *Les ressources de la fratrie.* Paris, Éditions Érès, Collection Relations, 1999.

13. Wilkins, K.L. et R.L. Woodgate. « A review of qualitative research on the childhood cancer experience from the perspective of siblings : A need to give them a voice ». *Journal of Pediatric Oncology Nursing* 2005 22 (6), 305-319.

14. Wood, I. School. Dans Goldman, A., S. Liben et R. Hain. *Oxford Textbook of Palliative Care for Children.* Oxford University Press, 2006.

15. Wilkins, K.L. et R.L. Woodgate. « A review of qualitative research on the childhood cancer experience from the perspective of siblings : A need to give them a voice ». *Journal of Pediatric Oncology Nursing* 2005 22 (6), 305-319.

16. Burton, M. « Supporting adolescents who have a sibling with a life-threatening illness ». An exploratory study. *Counselling and Psychotherapy Research* 2010 10 (4), 316-321.

17. Lewis, M. et H. Prescott. « Impact of life-limiting illness on the family ». Dans Goldman, A., S. Liben et R. Hain. *Oxford Textbook of Palliative Care for Children.* Oxford University Press, 2006.

18. WHITTAM, E. « Terminal care of the dying child; psychosocial implications of care ». *Cancer Supplement* 1993 71 (10), 3450-3462.

19. O.-d'AVIGNON, M. *Identification des besoins de la fratrie d'enfants en fin de vie.* Mémoire de Maîtrise. Université Laval, 2006.

20. LIBEN, S. et A. GOLDMAN. « Home care for children with life-threatening illness ». *Journal of Palliative Care* 1998 14 (3), 33-38; M. O.-d'AVIGNON. *Identification des besoins de la fratrie d'enfants en fin de vie.* Mémoire de Maîtrise. Université Laval, 2006.

21. LEWIS, M. et H. PRESCOTT. « Impact of life-limiting illness on the family ». Dans GOLDMAN, A., S. LIBEN et R. HAIN. *Oxford Textbook of Palliative Care for Children.* Oxford University Press, 2006; ORLOFF, S.F., K. QUANCE, S. PERSZYK, W.J. FLOWERS et E. VEALE. « Psychosocial and spiritual needs of the child and family ». p. 141-217. Dans CARTER, B.S. et M. LEVETOWN. *Palliative Care for Infants, Children and Adolescents. A practical handbook.* The John Hopkins University press, 2004; STEVENS, M. M. « Palliative care for children dying of cancer: Psychosocial issues ». Dans ADAMS, D.W. et E.J. DEVEAU. *Beyond the Innocence of Childhood,* New York, Baywood Publishing company, vol. 2, 1995.

22. STALLARD, P., MASTROYANNOPOULOU, K., LEWIS, M. et LENTON, S. « The siblings of children with life-threatening conditions ». *Child Psychology and Psychiatry Review* 1997 2 (1), 26-33.

23. ALDERFER, M.A., LONG, K.A., A. LOWN, A.L. MARSLAND, N.L. OSTROWSKI, J.M. HOCK et L. EWING. « Psychosocial adjustment of siblings of children with cancer: a systematic review ». *Psycho-Oncology* 2009 19, 789-805.

24. O.-d'AVIGNON, M. *Identification des besoins de la fratrie d'enfants en fin de vie.* Mémoire de Maîtrise. Université Laval, 2006; O.-d'AVIGNON, M. (à paraître). *Élaboration et validation d'un outil de mesure des besoins de la fratrie en contexte de soins palliatifs pédiatriques.* Thèse de doctorat inédite, Université Laval. Québec, Canada; WOOD, I. « School ». Dans GOLDMAN, A., S. LIBEN et R. HAIN. *Oxford Textbook of Palliative Care for Children.* Oxford University Press, 2006.

25. CONTRO, N. et S. SCOFIELD. « The power of their voices: Child and family assessment in pediatric palliative care ». Dans GOLDMAN, A., S. LIBEN et R. HAIN. *Oxford Textbook of Palliative Care for Children.* Oxford University Press, 2006; FREEMAN, K., C. O'DELL et C. MEOLA. « Issues in families of children with brain tumors ». *Oncology Nursing Forum* 2000 27(5), 843-848; FREEMAN, K., C. O'DELL et C. MEOLA. « Childhood brain tumors: Children's and siblings' concerns regarding the diagnosis and phase of illness ». *Journal of Pediatric Oncology Nursing* 2003 20 (3), 133-140; GIOVANOLA, J. « Sibling involvement at the End-of-life ». *Journal of Pediatric Oncology Nursing* 2005 22 (4), 222-226; JONES, B.L. « Companionship, Control and Compassion: A social work perspective on the needs of children with cancer and their families at the End-of-Life ». *Journal of Palliative Medicine* 2006 9 (3), 774-788; LÄHTEENMÄKI, P.M., J. SJÖBLOM, T. KORHONEN, et T.T. SALMI. « The siblings of childhood cancer patients need early support: a follow up study over the first year ». *Archives of Disease in Childhood* 2004 89, 1008-1013; NOLBRIS, M. et HELLSTRÖM, A.-L. « Siblings' needs and issues when a brother or sister dies of cancer ». *Journal of Pediatric Oncology Nursing* 2005 22 (4),

227-233 ; M. Nolbris, K. Enskär et A.-L. Hellström. « Experience of siblings of children treated for cancer ». *European Journal of Oncology Nursing* 2006 11, 106-112 ; O.-d'Avignon, M. (à paraître). *Élaboration et validation d'un outil de mesure des besoins de la fratrie en contexte de soins palliatifs pédiatriques*. Thèse de doctorat inédite, Université Laval. Québec, Canada ; Sidhu, R., A. Passmore et D. Baker. « An investigation into parent perceptions of the needs of siblings of children with cancer ». *Journal of Pediatric Oncology Nursing* 2005 22, 276-287 ; Sloper, P. « Experiences and support needs of siblings of children with cancer ». *Health and Social Care in the Community* 2000 8 (5), 298-306 ; Stallard, P., K. Mastroyannopoulou,, M. Lewis et S. Lenton. « The siblings of children with life-threatening conditions ». *Child Psychology and Psychiatry Review* 1997 2 (1), 26-33 ; Stillion, J.M. et D. Papadatou. « Suffer the children : An examination of psychosocial issues in children and adolescents with terminal illness ». *The American Behavioral Scientist* 2002 14 (2), 299-315 ; Wilkins, K.L. et R.L. Woodgate. « A review of qualitative research on the childhood cancer experience from the perspective of siblings : A need to give them a voice ». *Journal of Pediatric Oncology Nursing* 2005 22 (6), 305-319 ; Williams, P.D. « Siblings and paediatric chronic illness : A review of the literature ». *International Journal of Nursing Studies* 1997 34 (4), 312-323 ; Woodgate, R.L. « Siblings' experiences with childhood cancer ». *Cancer Nursing* 2006 29 (5), 406-414 ; Wray, J. et L. Maynard, L. « The needs of families of children with heart disease ». *Journal of Developmental and Behavioral pediatrics* 2006 27 (1), 11-18.

26. O.-d'Avignon, M. (à paraître). *Élaboration et validation d'un outil de mesure des besoins de la fratrie en contexte de soins palliatifs pédiatriques*. Thèse de doctorat inédite, Université Laval. Québec, Canada.

27. Nolbris, M. et A.-L. Hellström. « Siblings' needs and issues when a brother or sister dies of cancer ». *Journal of Pediatric Oncology Nursing* 2005 22 (4), 227-233 ; O.-d'Avignon, M. *Identification des besoins de la fratrie d'enfants en fin de vie*. Mémoire de Maîtrise. Université Laval, 2006 ; Sloper, P. « Experiences and support needs of siblings of children with cancer ». *Health and Social Care in the Community* 2000 8 (5), 298-306 ; Woodgate, R. « Social support in children with cancer : A review of the literature ». *Journal of Pediatric Oncology Nursing* 1999 16, 210-213.

28. O.-d'Avignon, M. *Identification des besoins de la fratrie d'enfants en fin de vie*. Mémoire de Maîtrise. Université Laval, 2006 ; O.-d'Avignon, M. « La fratrie d'enfants atteints d'une maladie à issue fatale : Recension d'écrits ». *Les Cahiers de Soins Palliatifs* 2007 7 (2), 43-63 ; O.-d'Avignon, M. (à paraître). *Élaboration et validation d'un outil de mesure des besoins de la fratrie en contexte de soins palliatifs pédiatriques*. Thèse de doctorat inédite, Université Laval. Québec, Canada ; Rocha-Garcia, A., A. Alvarez Del Rio, P. Hernandez-pena, et coll. « The emotional response of families to children with leukemia at the lower socio-economic level in central Mexico ». *Psycho-Oncology* 2003 12, 78-90 ; Von Essen, L. et K.G.L. Enskar. « Important aspects of care and assistance for siblings of children treated for cancer : A parent and nurse perspective ». *Cancer Nursing* 2004 26 (3), 203-210.

29. Woodgate, R. L. « Siblings' experiences with childhood cancer ». *Cancer Nursing* 2006 29 (5), 406-414.

Chapitre 15

Les grands-parents, des aidants oubliés ?

Catherine le Grand-Sébille et Nathalie Morin

Par leur fonction, les grands-parents peuvent réaliser l'équilibre entre l'investissement de soi sur soi et l'investissement de soi dans les autres. L'affection qu'ils donnent et qu'ils reçoivent constitue une trame essentielle de la vie familiale et est fondatrice du lien à travers les générations.

Marie-Thérèse Casman, 2010[1]

Alors que tous les travaux en sciences sociales attestent que les grands-parents contribuent à générer l'histoire d'une famille et à permettre à l'enfant d'y trouver sa place, une enquête française nationale[2] rendue publique en 2004 révélait que sur les 170 services hospitaliers pédiatriques répondants, 75 % admettent comme visiteurs les grands-parents auprès de l'enfant malade, alors que 23 % ne le permettent qu'exceptionnellement ou pas du tout. Devant ce constat, il nous a semblé indispensable d'entreprendre une recherche afin de mieux connaître et d'approfondir l'expérience, le rôle et les attentes de ces proches souvent très actifs et parfois privés de relations avec leurs petits-enfants hospitalisés en service de soins lourds (soins intensifs, néonatologie, etc.). Qu'en est-il ? Qu'est-ce qui échappe à la vue du milieu hospitalier, et plus particulièrement des soignants ? Quelles sont les formes de soutien déployées par les grands-parents ? Et enfin, pourquoi est-ce important de révéler ces faits, de les mettre en lumière ?

Pour répondre à ces questions, nous avons mené une recherche qualitative qui explore le rôle des grands-parents ayant un petit-enfant gravement malade ou en fin de vie. Cette recherche englobe plusieurs sites urbains et ruraux de trois pays, soit la France, la Suisse romande et le Québec[3]. L'ensemble des trois volets a été coordonné par Catherine le Grand-Sébille, chercheure principale de l'étude.

Nous traiterons dans ce chapitre de chacun des volets de cette étude qui propose des pistes de réflexion autant pour les familles que pour les soignants, l'objectif étant d'encourager l'amélioration des pratiques relationnelles et les modalités d'un accueil de qualité en milieu hospitalier à l'égard de la famille, à la fois proche et élargie.

Un sujet peu étudié

Les travaux de recherche traitant du rôle et du soutien des grands-parents sur le plan intergénérationnel dans un contexte de maladie grave ou de fin de vie de l'enfant sont quasi inexistants au Québec, tout comme en France, jusqu'au début des années 2000. Toutefois, des travaux psychanalytiques ou sociologiques sur la grand-parentalité ont été menés auparavant par Claudine Attias-Donfut et Martine Segalen, tout particulièrement, mais aussi Collard[4], Muxel[5] et Pitrou[6], sans que leurs enquêtes portent précisément sur l'engagement de cette génération auprès de l'enfant malade.

Grands-parents et petits-enfants handicapés

Par contre, depuis 2003, le thème des grands-parents face au handicap d'un petit-enfant est régulièrement traité dans des revues spécialisées en France. Les interactions et transmissions sont ainsi analysées sous l'angle de la souffrance et des perturbations relationnelles, mais aussi dans la perspective des « remarquables capacités de créativité dans le tissage des liens familiaux[7] ». Mitchell, dans sa revue de littérature britannique et nord-américaine, fait le même constat au sujet du rôle des grands-parents auprès d'enfants handicapés : « *There is a growing literature on the role of grandparents in their children's families, the support they provide and their own needs and attitudes to grand-parenting. However, there is limited research about the support grandparents provide to families with disabled children*[8]. » Malgré le peu de recherches et les échantillons souvent restreints et difficilement comparables sur le plan méthodologique, Mitchell estime que les grands-parents sont une source importante de soutien (soin de répit, aide domestique, conseils, écoute attentive) pour les parents dont les enfants sont lourdement handicapés. Des auteurs comme Findler[9], Green[10], Katz et Kessel[11], Trute[12], Prudhoe et Peters[13], Rempusheski[14], Schilmoeller et Baranowski[15], Vadasy et coll.[16] ainsi que Mirfin-Veith et coll.[17] font sensiblement les mêmes remarques et répètent que bien que les études soient peu nombreuses, il semble que ce soient les grands-parents qui offrent le plus d'aide et de soutien aux parents sur une base hebdomadaire[18], par rapport aux autres membres de la parenté ou aux amis. Le soutien affectif des grands-parents permettrait une plus grande adaptation psychologique des parents et réduirait leur stress.

Grands-parents et petits-enfants atteints d'un cancer

Dans le domaine de l'oncologie, trois études (Charlebois[19], Faulkner Peace et O 'Keeffe[20], Martinson[21]) abordent l'expérience des grands-parents dont un petit-enfant est atteint de cancer. Faulkner Peace et O 'Keeffe[22] indiquent avoir rencontré 15 grands-parents britanniques et estiment que, pour eux, voir leur petit-enfant et leurs enfants souffrir ainsi engendre une douleur très importante. Les grands-parents seraient, encore une fois, une source significative de soutien pratique et affectif pour les membres de la famille. De son côté, Martinson[23] a interrogé 19 grands-parents taïwanais dans le but d'explorer leur compréhension du cancer de leur petit-enfant et le type de soutien qu'ils pouvaient apporter à la famille. Cette étude descriptive démontre que la plupart des grands-parents affirment avoir soutenu les leurs en prenant soin des membres de la fratrie, de l'enfant malade ou en fournissant un soutien financier. Plus récemment, Charlebois[24], par le biais de son mémoire de maîtrise déposé à la Faculté des sciences infirmières de l'Université de Montréal, explore l'expérience de huit grands-parents auprès d'un petit-enfant atteint de cancer et conclut :

> « Avoir un petit-enfant atteint de cancer signifie, pour tous les grands-parents de l'étude : 1. la pire des expériences qu'ils puissent vivre, 2. un devoir vital de soutenir les membres de la famille, 3. que ce devoir est intimement lié à la perception de leur rôle comme grands-parents et 4. un besoin de se sentir soutenus en déployant plusieurs stratégies pour mieux tenir le coup. »

On voit donc poindre des points récurrents dans cette littérature, soit la très grande souffrance des grands-parents et le soutien indéfectible que ces derniers procurent.

Méthodologie

L'étude a été conduite en collaboration avec les milieux hospitaliers pédiatriques de chaque pays. Pour le Québec et la Suisse, le recrutement des grands-parents[25] s'est fait dans l'hôpital où sont (ou ont été) rattachés les enfants, contrairement à la France, où le recrutement s'est effectué autant par le biais des milieux hospitaliers pédiatriques que par celui des associations de parents. Celui des soignants s'est fait sur les lieux de travail, tout comme leurs entretiens[26]. Il est à noter que certains propos, particulièrement de la part des grands-pères, n'ont pas été enregistrés. Ces derniers ont souvent préféré parler une fois le magnétophone éteint ou en nous reconduisant.

Tableau I

Nombre d'entretiens

Sites	Entrevues grands-parents	Entrevues soignants	Petits-enfants (avant leur décès)
France	35	18	5
Québec	24	6	6
Suisse	21	5	2
Total	80	29	13

La présente recherche, qui répond à des critères qualitatifs et non quantitatifs, ne prétend ni à l'exhaustivité des situations et des profils présentés ni à la représentativité statistique de ses résultats. Son intérêt est de mieux connaître de « l'intérieur » ce que vivent les grands-parents et les soignants quand ils se rencontrent à l'hôpital autour de l'enfant gravement malade. C'est, en somme, un travail minutieux d'écoute, de description et d'interprétation qui porte une attention clinique aux actions et aux relations. Nous avons donc mis de côté tout ce qui aurait pu catégoriser ces hommes et ces femmes en bons ou mauvais grands-parents. Et nous sommes parties à leur découverte...

Les grands-parents d'enfants hospitalisés mal connus et peu reconnus

Il apparaît globalement que les différences dans l'accueil et la reconnaissance des grands-parents sont parfois plus marquées entre les services hospitaliers au sein du même établissement qu'entre les pays.

Cependant, quelques grandes tendances sociologiques se dessinent pour les trois pays concernés:

- En France, les grands-parents sont proches des deux générations plus jeunes.
- En Suisse, les liens sont plus distendus entre petits-enfants et grands-parents. On remarque un souci d'indépendance des enfants plus marqué qu'en France.
- Au Québec, on perçoit des «figures» puissantes de grands-mères, historiquement constituées comme telles, devant les absences prolongées des hommes.

La situation juridique des grands-parents

Dans le système juridique suisse, les relations entre enfants et grands-parents sont traitées sous la rubrique «Tiers», notamment dans les articles 273 et 274 CCS. Les grands-parents n'ont pas de droit de visite spécifique, contrairement à la France, par exemple. En cas de conflit, les grands-parents peuvent s'adresser à l'autorité tutélaire. Le juge peut leur accorder le droit exceptionnel d'entretenir des relations personnelles avec leur petit-fils ou leur petite-fille pour autant que l'intérêt de l'enfant soit préservé. Les systèmes juridiques français et québécois sont quant à eux plutôt favorables aux grands-parents. Ceux du Québec comme ceux de la France bénéficient non seulement d'un droit de visite et d'hébergement de leurs petits-enfants, mais aussi d'un droit de correspondance avec eux. Ils peuvent participer à leur éducation pour autant qu'ils ne remplacent pas les parents. Ces droits demeurent même en cas de divorce. La loi prévoit spécifiquement que les parents ne peuvent, sans motif grave, faire obstacle aux relations personnelles des enfants avec leurs grands-parents. À défaut d'accord entre les parties, les modalités de ces relations sont réglées par le tribunal. Les grands-parents ont une obligation morale et non légale de contribuer au bien-être matériel de leurs petits-enfants.

Ces contextes juridiques interfèrent peu, dans les trois pays, avec les autorisations ou les incitations de visites des grands-parents du petit-enfant hospitalisé. Les conditions de visite des grands-parents à l'hôpital semblent davantage liées à la relation perçue par les soignants avec l'enfant et le petit-enfant. Est-ce bien le rôle des professionnels de la santé d'évaluer cette relation ? Est-ce bien le rôle des équipes soignantes de « psychologiser » les relations familiales ? Cet exercice fait souvent des relations grands-parents/enfant malade ou de la présence de ceux-ci à l'hôpital une question d'affinité élective et visible, mettant de côté la dimension non choisie de la filiation, qui renvoie à la succession des générations. Le terme de « filiation » définit un lien entre deux sujets, lien de parenté et lien de sens, et se situe dans un rapport temporel et dans un ordre de succession. Les affects sont d'un autre registre, et ils sont très présents dans l'intensité de la souffrance que les grands-mères et les grands-pères ont exprimée au cours des entrevues.

Dévoiler l'invisibilité des grands-parents

Partout, il semble que les grands-parents soient souvent invisibles à l'hôpital et qu'ils déploient davantage leur aide et leur soutien au domicile des parents, entre le domicile et l'hôpital ou encore dans la sphère familiale élargie. Les visites rendues à l'enfant ne sont qu'une toute petite partie de ce qu'ils font pour lui, pour ses parents et sa fratrie. Nous avons constaté que les professionnels interrogent peu l'enfant ou ses parents à propos des grands-parents, ou qu'ils s'en soucient peu quand ils les croisent : « Quand le médecin ouvre la porte de la chambre, il dit "Ah ! Ce n'est pas vous que je voulais voir, ce sont les parents." C'est vraiment maladroit, ça fait de la peine. » G-M (F)[27]. De plus, ils leur donnent peu d'information : « Et les grands-parents, eux, essaient de suivre, un peu comme ils peuvent, avec l'information qu'ils ont, qui est tronquée. » G-P (F)

Dans les trois pays, les professionnels pensent surtout aux grands-parents quand le décès de l'enfant est imminent. De fait, ce sont les équipes de soins palliatifs pédiatriques qui « incluent » le plus les grands-parents dans la relation, l'information et le contact direct avec l'enfant.

Certains soignants québécois, devançant leurs collègues franco-européens, ont, depuis quelques années, alerté les professionnels de la santé de l'intensité du vécu grand-parental devant la maladie grave du petit-enfant, notamment quand celle-ci provoque un décès[28]. À l'échelle historique de la création de la pédiatrie, cette prise de conscience peut légitimement paraître tardive. Ce retard fait en sorte qu'on peut parler d'une « invisibilité » des grands-parents pour les soignants hospitaliers qui les connaissent mal et qui ne savent ni ce qu'ils vivent, ni ce qu'ils éprouvent, ni ce qu'est leur rôle. Ils sont mal connus, certes, mais quand on se soucie de les écouter, les grands-parents ont beaucoup à dire.

Ce que disent tous les grands-parents :

- Ils sont très reconnaissants de l'immense travail accompli par les soignants qui prennent en charge leur petit-fils ou leur petite-fille.
- Ils sont impressionnés par le courage de leur fils, fille, belle-fille ou beau-fils dans cette épreuve.
- Ils indiquent tous, hommes et femmes, l'injustice de voir la maladie grave frapper les plus jeunes, et se révoltent devant cette inversion de la logique générationnelle.
- Ils disent combien leur statut dans la famille les amène à souffrir « deux fois », pour l'enfant et le petit-enfant.
- Certains évoquent la difficulté de trouver leur juste place en s'engageant sans s'imposer, mais en étant présents quand il le faut.

Quelle aide les grands-parents apportent-ils ?

Le soutien psychologique et moral du petit-enfant et de son parent

Avec tact et délicatesse, et autant qu'ils le peuvent, les grands-parents réconfortent, consolent, bercent et stimulent. Nous avons fait le constat que les nouvelles techniques de communication leur permettent de poursuivre leur soutien psychologique à distance de manière efficace. Le téléphone, Internet et les visioconférences sont souvent quotidiennement utilisés par des grands-parents éloignés qui ne maîtrisaient pas toujours ces moyens d'échanger et qui s'étonnaient d'avoir appris aussi vite dès l'annonce de la gravité de la maladie de leur petit-fils ou petite-fille.

En plus de l'aspect psychologique, leur soutien peut aussi être de nature spirituelle :

> « Quand elle a eu la greffe, toute la journée, je priais pour… que les médecins fassent bien leur travail. J'ai téléphoné à ma sœur pour qu'ils fassent des prières à la mosquée, qu'ils donnent l'aumône aussi. » G-M (S)

De multiples soutiens pratiques

Les témoignages dévoilent les aides concrètes, les soutiens de tous genres et l'étendue de la disponibilité (peu visible à l'hôpital) que les grands-parents peuvent déployer, assurant ainsi un réel « prendre soin » (*care*)[29]. La disponibilité matérielle, physique et temporelle des grands-parents nous a paru remarquable. Nous avons constaté leur polyvalence, leur souci d'être là, si possible, à tous les moments où enfants et petits-enfants ont besoin d'eux. Ils disent se mettre à leur disposition et être prêts à assurer de multiples tâches selon les besoins ou les attentes de leurs enfants. Souvent, ils entretiennent l'impression de ne pas en avoir fait assez : « Nous habitions Berlin à l'époque et nous avons reçu un appel de notre fille à 2 heures du matin. Je n'oublierai jamais sa détresse au bout du fil. Nous lui avons dit que je rentrais sur le premier vol le même jour, soit le 3 juin. » G-M (Q)

Une présence à l'hôpital et au domicile

La contribution des grands-parents peut se faire de plusieurs façons.

À l'hôpital

- Dispenser les soins à l'enfant malade. Chaque fois qu'il leur est permis de s'occuper de l'enfant (dont ils pouvaient avoir la garde régulière avant la maladie), les grands-parents apprécient ces contacts privilégiés et disent être attentifs à bien faire ;
- Visiter l'enfant malade ;
- Accompagner les parents à l'hôpital lors des examens médicaux, des gestes douloureux ;
- Prendre le relais des parents (veilles de jour et de nuit).

À la maison

- Accompagner parents et petits-enfants en voiture. Innombrables, les voyages en voiture ont de multiples objectifs : aller voir l'enfant malade pour éventuellement prendre le relais auprès de lui, emmener ou reconduire le parent accompagnant, assurer le transport des autres enfants (école, activités, etc.), accompagner la fratrie à l'hôpital, rendre visite au frère ou à la sœur malade, etc. ;
- S'installer chez les parents. Nous avons rencontré des grands-parents qui « déménagent » pour se rapprocher du petit-enfant ou pour s'installer chez les parents lors des hospitalisations afin de s'occuper des autres enfants, par exemple. Cela entraîne parfois la séparation du couple de grands-parents pendant plusieurs semaines lorsque la grand-mère est la seule à habiter temporairement chez les parents ;
- Garder la fratrie. La prise en charge des autres enfants comprend souvent le suivi scolaire, l'aide aux devoirs de même que le maintien des activités sportives et ludiques ;
- Préparer les repas pour les parents de l'enfant et ses frères et sœurs ;
- Effectuer les tâches ménagères et les rénovations. Lessive, entretien de la maison des parents de l'enfant malade, du jardin, de l'intendance… les tâches peuvent être multiples. En zone rurale, plusieurs grands-parents ont même tenu l'exploitation de leur fils/fille/belle-fille pendant la maladie de l'enfant ;
- Soutenir financièrement. Nous avons listé nombre d'aides financières et matérielles, même chez des grands-parents vivant une situation économique précaire ;
- Être présents auprès de la famille élargie :
  - Mobiliser des membres de la famille. Les quatre grands-parents de l'enfant sont ceux qui connaissent l'ensemble de la constellation familiale dans ses deux branches, maternelle et paternelle. Ils peuvent rassembler et mettre au courant ce vaste réseau de relations.
  - Maintenir les fêtes familiales. Les grands-parents assurent et confortent les liens dans la famille : ascendants, frères et sœurs (les leurs, ceux de leurs enfants) et amis. Ce sont souvent eux qui maintiennent les traditions et rites

familiaux, notamment en ce qui concerne les anniversaires et les célébrations de Noël.

- Faire circuler l'information. Dans la majorité des cas, un premier geste invisible aux soignants enclenche toute une série d'actions : le parent téléphone à ses propres parents pour annoncer le diagnostic, trouver du réconfort, se confier et demander de l'aide, directement ou indirectement. Cet appel décisif provoque la réorganisation familiale. C'est le moment où la grand-mère (plus souvent au Québec) ou le grand-père dit : « J'arrive ! » et mobilise le reste de la famille pour soutenir les parents. La diffusion de l'information est aussi très importante et fort appréciée entre les quatre grands-parents, mais aussi avec d'autres grands-parents d'enfants malades : « Parler à l'hôpital avec d'autres grands-parents, ça m'a beaucoup aidé. » G-P (S)

La « découverte » des grands-pères

Cette recherche nous a également permis de mieux percevoir ce qu'est le soin grand-parental au masculin. Nous savions que depuis une quinzaine d'années, le conjoint d'une personne malade adulte était amené à effectuer des gestes dépassant les soins de base relevant de l'hygiène et de l'alimentation. Il s'agissait là d'une mutation profonde pour ce qui concerne la place des hommes. Dans l'article intitulé « Vers une anthropologie des soins ? », Francine Saillant et Éric Gagnon[30] rappellent à juste titre que les soins soulèvent la question des genres, « du partage entre les domaines masculin et féminin, partage central dans la formation et le fondement de l'ordre symbolique dans toutes les sociétés humaines ». Sans magnifier la réalité, nous pouvons affirmer que les grands-pères sont des accompagnants attentifs et efficaces[31]. À travers les entretiens, on retrouve des hommes qui soutiennent leur petit-enfant, leur fils ou leur fille de manière tout aussi importante que le fait leur conjointe. Certains d'entre eux possèdent un réel savoir qui n'est pas souvent exprimé face aux soignants. Mais c'est surtout l'intensité de leur souffrance qui nous a frappées. Alors qu'ils sont habituellement peu loquaces, ils ont su et pu dire, dans le cadre d'entretiens approfondis, l'épreuve existentielle que représente pour eux la maladie grave qui menace la vie de leur petit-enfant. Ils indiquent tout autant que les femmes l'injustice de voir la maladie frapper les plus jeunes, quand la logique générationnelle voudrait qu'ils soient les victimes : « Pour nous, ça a été Loto-Québec [loterie nationale] à l'envers... » G-P (Q)

Grâce à cette étude sur la place des grands-parents auprès de l'enfant gravement malade, nous sommes témoins de ces fonctions et missions qui se redéploient ou s'initient dans la proximité et la solidarité. Un grand-père parle du dernier moment de vie de sa petite-fille née prématurément : « [...] je l'avais, je la berçais. Je parlais avec elle, je parlais avec elle. Je savais qu'elle s'en allait, là [qu'elle mourrait]. Je sentais, ça baissait à toutes les fois. Comment ça se fait que tu le sens ? Ben, je ne le sais pas. J'ai l'instinct. Elle était sur mon gilet. Je le sentais. Ça baissait encore... » G-P (Q)

En conclusion

À l'issue de cette recherche et des résultats qu'elle sous-tend, rappelons les fonctions symboliques des grands-parents : leur capacité d'être des tisseurs de liens, des « transmetteurs », d'assurer la continuité familiale, l'inscription temporelle, de véhiculer les valeurs familiales, d'offrir la garantie de l'existence de l'histoire et le témoignage de la mort des générations plus âgées et d'assurer la légitimation du parent auquel l'aïeul a passé le relais pour devenir parent à son tour[32]..., autant de qualités qui se retrouvent dans les témoignages que nous avons colligés. L'histoire familiale et les liens entre les générations sont parfois interrompus ou se trouvent retardés avec l'hospitalisation de l'enfant. Nous faisons aussi le constat que les personnes plus âgées (grands-parents et arrière-grands-parents) connaissent la valeur précieuse des rites et savent l'importance de socialiser la mort du petit-enfant, si celle-ci advient. Les soignants pourraient se tourner davantage vers eux pour aider les jeunes parents accablés par le chagrin à organiser les obsèques et à permettre que se déploient ainsi des solidarités collectives fort utiles dans la traversée du deuil[33].

Cette étude vient contredire les discours convenus et fréquents sur la « fin » des solidarités familiales, discours que le monde hospitalier véhicule comme d'autres milieux institutionnels tels que le monde scolaire. Les grands-parents contribuent à la stabilité intergénérationnelle, malgré l'existence de tensions au sein des familles. L'établissement de santé ne devrait pas entériner ou répéter les conflits intrafamiliaux, mais privilégier l'accueil de la constellation familiale : « Je pense que même si les parents et les grands-parents ne s'entendent pas, il faut qu'il y ait une place pour eux auprès de l'enfant à l'hôpital. » G-M (S)

À l'hôpital, la primauté de l'affectif sur la filiation, mais aussi l'imposition de règles d'hygiène peuvent contribuer à filtrer les visites et les liens entre les générations sans que les soignants en soient toujours conscients. Il faudrait aussi penser à ceux qui habitent loin du petit-enfant et qui vivent souvent cette situation avec une intense douleur. Certains soignants et travailleurs sociaux ont facilité la venue et le séjour au Québec et en Suisse de grands-parents vivant à l'étranger et, pour certains, sans ressource et sans autorisation d'entrer sur le territoire. Ces professionnels voient l'importance de favoriser ces rencontres, malgré la lourdeur des démarches administratives.

Les soignants nous ont dit que grâce à cette enquête, et avant même d'en connaître les résultats, ils ont été plus attentifs aux grands-parents et à leur situation. Sans doute seront-ils dorénavant sensibles aux besoins de ceux-ci, que nous résumerons ainsi :

Les besoins des grands-parents

- Faire partie intégrante de la famille et avoir accès à leur petit-enfant ;
- Sentir qu'ils ne dérangent pas ;
- Pouvoir poser des questions sans être toujours renvoyés à une autorité parentale qu'ils n'exercent pas et qu'ils ne cherchent pas à s'octroyer ;
- Pouvoir exprimer leurs inquiétudes et leur peine ;
- Bénéficier d'un accueil chaleureux dans les moments difficiles ;
- Se savoir reconnus comme ressources disponibles dans les liens multiples qui constituent une famille.

Notes

1. Casman, M.-T. « Des liens avec des fils d'argent. L'importance des relations avec les grands-parents », *Penser les vieillesses*, coord. par Carbonnelle S., Seli Arslan, 2010, 217-234.
2. Sparadrap, *Parents d'enfants hospitalisés : visiteurs ou partenaires*, dans www.sparadrap.org (Actes disponibles sur Internet) octobre 2004.
3. Tout d'abord menée en France de 2006 à 2008 en collaboration avec différents centres hospitaliers et organismes, elle s'est étendue au Québec pendant la même période, puis en Suisse romande en 2007 et 2008. Les entretiens qui ont eu lieu en France se sont tenus dans la région d'Angers, en Bretagne, dans la région parisienne et le Nord-Pas de Calais ; au Québec, les villes ciblées ont été Montréal et Sherbrooke alors qu'en Suisse, les entretiens se sont déroulés dans les cantons de Vaud et de Fribourg. Du côté français, la recherche a été financée par l'Association Soleil-AFELT et menée avec Dominique Cartron-Launay, sa présidente. Pour la Suisse, c'est le Fonds des soins palliatifs pédiatriques – Service de la Santé Publique, CHUV Lausanne qui a soutenu le projet, et l'enquête a été faite avec Patricia Fahrni-Nater, infirmière responsable de l'équipe de soins palliatifs pédiatriques du canton de Vaud (ch). Quant au Québec, c'est le Centre d'excellence en oncologie pédiatrique et suivi à long terme des patients atteints de maladies graves du CHU Sainte-Justine – Gouverneurs de l'espoir qui s'est impliqué financièrement. Nathalie Morin qui coordonné le volet québécois.
4. Collard, C. *Une famille, un village, une nation. La parenté dans Charlevoix, 1900-1960*, Les Montréal, Boréal, 1999.
5. Muxel, A. *Individu et mémoire familiale*, Paris, Nathan, coll. « Essais et recherches », 1996.
6. Pitrou, A. « À l'ombre des grands-parents. Finie la famille ? Traditions et nouveaux rôles », *Autrement*, n° 3 ; 104-122.
7. De Barbot, F. « Éditorial, Frères, sœurs et grands-parents », *Contraste Enfance et Handicap*, 2003, 18 ; 5-8.
8. Mitchell, W. « Research review : the role of grandparents in intergenerationnel support for families with disabled children : a review of the literature » *Child and Family Social Work*, 2007 ;12 ; 94-101.Traduction de l'auteure : « Il existe une littérature de plus en plus abondante qui traite du rôle des grands-parents à l'intérieur de la sphère familiale de leurs enfants, du soutien qu'ils apportent à ces derniers, de leur perception de la grand-parentalité ainsi que de leurs propres besoins. Toutefois, les recherches demeurent limitées quant au soutien des grands-parents au sein des familles aux prises avec un enfant handicapé. »
9. Findler, L.S. « The role of grandparents in the social support system of mothers of children with a physical disability », *Families in Society*, 2000 ; 81 ; 370-381.
10. Green, S.E. « Grandma's hands : Parental perceptions of the importance of grandparents as secondary caregivers in families with children with disabilities », *International Journal of Aging and Human Development*, 2001 ; 53 ; 11-33.

11. KATZ, S. et L. KESSEL. « Grandparents of children with developmental disabilities perceptions, beliefs, and involvement in their care ». *Issues in Comprehensive Pediatric Nursing,* 2002 ; 25 ; 113-128.

12. TRUTE B. « Grandparents of children with developmental disabilities : Intergenerational Support and Family Well-Being », *Families in Society*; Jan-Mar 2003 ; 84, (1) ;119.

13. PRUDHOE, C.M. et D.L. PETERS. « Social support of parents and grandparents in the neonatal intensive care unit ». *Pediatric Nursing,* 1995 ; 21(2), 140-146.

14. REMPUSHESKI, V.F. « Role of the extended family in parenting : a focus on grandparents of preterm infants », *Journal of Perinatal and Neonatal Nursing,* 1990 ; 4(2) ; 43-55.

15. SCHILMOELLER, G. et M. BARANOWSKI. « Intergenerational support in families with disabilities : grandparents' perspectives ». *Families, Society,* 1998 ; 79 ; 465-476.

16. VADASY P., FEWELL, R. et MEYER, D. « Grandparents of children with special needs : insights into their experiences and concerns ». *Journal of the Division of Early Childhood,* 1996 ; 10 ; 36-44.

17. MIRFIN-VEITCH B., BRAY A. et WATSON M. « "We're Just That Sort of Family" Intergenerational Relationships in Families including Children with Disabilities », *Family Relations,* 1997 ; 46 (3) ; 305-31.

18. En Nouvelle-Zélande, les auteurs identifient deux types de soutiens : (Traduction de l'auteure) soutien pratique (gardiennage, tâches ménagères, soins de répit, soutien financier) et soutien émotif (écoute active, conseil avisé sans porter de jugement, acceptation du handicap de l'enfant, aide à l'affirmation de la capacité d'adaptation des parents)

19. CHARLEBOIS, S., *L'expérience des grands-parents d'avoir un petit-enfant atteint de cancer,* Mémoire de maîtrise, Université de Montréal, Faculté des sciences infirmières, août 2004.

20. FAULKNER, A., PEACE, G. et O'KEEFFE, C. *When a Child has Cancer.* London, Chapman & Hall, 1995.

21. MARTINSON, I.M., « Impact of childhood cancer on chinese grandparents », *The Hong Kong Nursing Journal,* 1998 ; 34(3) ; 37-40.

22. FAULKNER, A., PEACE, G. et O'KEEFFE, C. *When a Child has Cancer.* London, Chapman & Hall, 1995.

23. MARTINSON, I.M., « Impact of childhood cancer on chinese grandparents », *The Hong Kong Nursing Journal,* 1998 ; 34(3) ; 37-40.

24. CHARLEBOIS, S. *L'expérience des grands-parents d'avoir un petit-enfant atteint de cancer,* Mémoire de maîtrise, Université de Montréal, Faculté des sciences infirmières, août 2004.

25. Grands-parents : Les critères d'inclusion pour la sélection des participant(e)s étaient : 1) Participer sur une base volontaire et consentie ; 2) Pouvoir comprendre et s'exprimer facilement en français ou faire appel à un interprète ; 3) Être grand-parent d'un petit-enfant âgé de 1 jour à 17 ans ; 4) Être grand-parent d'un petit-enfant atteint ou ayant été atteint d'une maladie grave (phase

curative et/ou palliative ou décédé de la maladie) ; 5) Être grand-parent d'un petit-enfant hospitalisé ou ayant été hospitalisé de quelques heures avant le décès à plusieurs années.

26. Soignant(e)s : Les critères d'inclusion pour la sélection des participant(e)s étaient : 1) Participer sur une base volontaire et consentie ; 2) Pouvoir comprendre et s'exprimer facilement en français ou faire appel à un interprète ; 3) Être soignant(e) dans un milieu hospitalier pédiatrique ou adulte avec une unité pédiatrique ; 4) Être soignant(e) en contact avec les unités hospitalières qui accueillent les enfants ou les adolescents gravement malades (phase curative et/ou palliative ou décédés de la maladie) ; 5) Avoir une expérience de travail de plusieurs années dans le milieu en question.

27. Les commentaires extraits de la recherche sont suivis des initiales G-M pour grand-mère, G-P pour grand-père, F pour France, Q pour Québec et S pour Suisse.

28. « Nous croyons qu'il ne faut pas sous-estimer le rôle et la douleur vécus par les grands-parents des familles endeuillées. D'ailleurs, les expériences les plus appréciées par les grands-parents au moment du décès étaient leur inclusion dans les derniers moments où ils eurent la chance de prendre leur petit-enfant dans leurs bras avant de le quitter, où ils étaient présents pendant les discussions avec les médecins et infirmières ». Lessard, S., S. Balkou, C. Cyr, « Le décès d'un petit enfant : l'impact social et l'expérience vécue des grands-parents », *Médecine palliative*, février 2007 ; Vol. 6 (1) ; 76.

29. Paperman, P. et S. Laugier, S. *Le souci des autres. Éthique et politique du Care*, sous la dir de P. Paperman et S. Laugier, Paris, EHESS, 2005.

30. Saillant, F. et E. Gagnon, « Soins, corps, altérité », *Anthropologie et Sociétés*, 1999 ; 23 (2).

31. Proximologie.com, *La Lettre de la Proximologie*, nov 2002 ; 7 ; 3.

32. Fuchs, M.F. « La fonction grand-parentale : du symbole à l'exercice pratique », *Archives de pédiatrie*, 2005 ; vol. 12 ; n° 6 ; 892-893.

33. Le Grand-Sébille, C. « Familles tolérées, familles accueillies. Réflexions anthropologiques sur la reconnaissance de la constellation familiale en néonatalogie », *Soins palliatifs chez le nouveau-né*, (sous la dir. de P. Bétrémieux), ed. Springer, 2010, 275-286.

NB. Nous recommandons la lecture de cet ouvrage généraliste sur la grand-parentalité aujourd'hui : Attias-Donfut, C. et M. Segalen. *Grands-parents : la famille à travers les générations*. Paris, Odile Jacob, réédité en 2007.

CHAPITRE 16

Le suivi de deuil[1]

Marie-Pierre Côté

La science ne cesse de faire des progrès. Il est maintenant possible de sauver des gens qui, il y a à peine quelques décennies, seraient assurément décédés des suites de leur maladie. Aujourd'hui, même si le cancer fait encore très peur, il ne condamne pas forcément la personne touchée à une mort certaine et précipitée, mais reste tout de même une menace à la vie de ceux qui reçoivent un tel diagnostic. Cette pathologie, qui affecte surtout les adultes, se retrouve malheureusement aussi chez les plus jeunes d'entre nous. Malgré les hauts taux de guérison maintenant atteints en pédiatrie, certains jeunes auront moins de chance que les autres et perdront la bataille contre cet adversaire tenace malgré le long et difficile combat qu'ils auront mené avec courage.

Problématique

Chaque année, ce sont un peu plus de 700 enfants qui perdent la vie sur le territoire québécois, et de ce nombre, environ 50 sont emportés par un cancer[2]. En tant que soignants, nous nous devons d'accompagner ces patients et leur famille dans ce moment crucial de leur vie.

En effet, les familles quittent bien souvent l'hôpital rapidement après le décès de l'enfant et ne bénéficient que de peu, voire d'aucun suivi pour les aider à cheminer à travers leur processus de deuil. Elles doivent donc malencontreusement affronter seules la dure réalité qu'est la perte d'un enfant. Elles n'ont souvent pas de guide, pas de personne-ressource à contacter, et surtout, elles manquent trop souvent de soutien de la part de leur entourage. La mort d'un enfant étant encore un sujet tabou et méconnu, l'entourage des familles ne sait malheureusement pas trop comment aider ces dernières. Cet entourage ne sait pas quoi dire, quoi faire et ne comprend pas bien ce qu'elles ont vécu durant les longs mois de traitements précédant le décès[3]. Les familles sont donc isolées dans un moment de leur vie où elles auraient, plus que jamais, besoin d'être accompagnées. En tant que professionnels de la santé, il devrait donc être de notre devoir de leur proposer un accompagnement de deuil[4]. Il semble également essentiel que les équipes interdisciplinaires entament une réflexion sur la façon de mieux accompagner toutes ces familles endeuillées, et ce, afin de favoriser le mieux-être de tous. Pour ce faire, il est capital d'étudier plus en profondeur les données probantes existantes.

Recension des écrits

Situation actuelle

Selon la grande majorité des auteurs qui abordent le sujet des familles endeuillées, la mort d'un enfant est associée au deuil le plus long, le plus souffrant et le plus difficile à surmonter pour un parent[5]. Afin d'offrir un suivi approprié aux familles touchées, il est primordial que les soignants aient un minimum de connaissances sur les soins palliatifs pédiatriques et le deuil, mais aussi sur les besoins familiaux spécifiques pendant la phase de deuil. Il est important de noter qu'il serait avantageux pour les familles que le suivi débute avant le décès[6]. De nombreux parents affirment, effectivement, que leurs sentiments par rapport au deuil ont commencé à se manifester au cours de la phase terminale de leur enfant, alors que les infirmières étaient très engagées auprès d'eux[7]. Au sein de l'équipe interdisciplinaire, l'infirmière serait d'ailleurs, selon plusieurs auteurs, l'une des intervenantes les mieux placées pour offrir un suivi de deuil aux familles, et ce, en regard de sa formation, de son approche, ainsi que de la place qu'elle occupe auprès de ces dernières[8]. En réalité, les infirmières affirment souvent manquer de ressources et d'outils pour accompagner ces familles endeuillées[9]. Elles ont besoin de plus de formation à propos des soins palliatifs pédiatriques ainsi que des besoins complexes et particuliers à prodiguer à cette clientèle, afin de se sentir en confiance et d'offrir aux familles un soutien approprié dans cette pénible épreuve qu'est le décès d'un enfant[10].

Selon plusieurs auteurs, ainsi que certaines instances gouvernementales, il est également essentiel que le suivi offert aux familles se poursuive au-delà du décès de l'enfant, soit pendant la période de deuil[11]. Malgré ces recommandations, le suivi de deuil n'est pas une pratique très répandue dans les centres pédiatriques. Très peu de ces milieux ont un programme de suivi de deuil complet et rigoureusement appliqué permettant aux équipes soignantes d'accompagner toutes les familles désirant recevoir ce type d'aide. Malgré ce constat, cela ne signifie pas que rien n'est fait en ce sens.

En effet, certaines familles reçoivent des cartes de condoléances du personnel, sont contactées par téléphone ou même rencontrées à l'hôpital par un membre de l'équipe interdisciplinaire. Toutefois, il arrive encore que d'autres familles ne bénéficient pas de suivi, et ce, pour diverses raisons organisationnelles. Aussi, pour les familles qui ont la chance d'y avoir accès, l'aide offerte n'est pas uniforme ni nécessairement basée sur des données probantes. Il reste donc du chemin à parcourir pour en arriver à offrir un suivi uniforme et adapté aux besoins spécifiques des familles endeuillées. Cependant, il est important de mentionner que chaque famille est unique[12], ce qui signifie que même si le type de suivi offert se doit d'être similaire, cette dernière doit décider de ce qui lui convient ou non, car elle reste la mieux placée pour en juger. En tant que soignants, nous devons respecter les décisions de chacune des familles et adapter notre approche en conséquence.

Besoins des familles en deuil

Les parents dont un des enfants est décédé ou est sur le point de décéder semblent incontestablement avoir certains besoins en commun. Les plus fréquemment mentionnés[13] sont : être assurés que tout a été fait pour sauver leur enfant ; recevoir de l'information écrite sur l'approche de la mort, le décès et tout ce qui s'ensuit ; rencontrer des familles qui ont vécu la même expérience ; bénéficier d'un suivi de deuil fait par un membre de l'équipe traitante qui est connu de la famille[14].

De plus, les parents expriment souvent le souhait d'obtenir du soutien pour toute la famille durant la période de deuil. Assurément, à la suite du décès d'un de leurs enfants, il peut arriver qu'ils se sentent submergés et qu'ils éprouvent de la difficulté à gérer les réactions des autres enfants. Ils ont donc besoin que l'équipe de soins leur offre un suivi de deuil qui leur soit adapté, mais qui intègre aussi la fratrie, qui a souvent été négligée depuis le début de la maladie[15].

Enfin, les parents aimeraient avoir l'occasion de faire un retour sur l'historique de la maladie de leur enfant avec un membre de l'équipe soignante[16]. Pour eux, revoir des membres de cette équipe est souvent un geste de haute importance qui leur permet de clore la relation qu'ils ont eue avec les soignants[17].

Deux chercheuses, DeJong-Berg et Kane, ont analysé la satisfaction des familles endeuillées par rapport au suivi de deuil offert dans leur centre[18]. Le programme, offert à toutes les familles ayant fréquenté ce centre pendant la première année suivant le décès de l'enfant, leur permet de:

- Créer des *objets-souvenirs*;
- Participer à un service commémoratif;
- Recevoir des appels d'un membre de l'équipe de suivi de deuil en plus d'une série de courriels d'information;
- Participer à des rencontres individuelles ou de groupe.

Les résultats des deux chercheuses illustrent que la majorité des parents ont lu les lettres et l'information écrite, et les ont appréciées (79,3 %), de même que les appels téléphoniques de la part d'un membre de leur équipe (75,9 %).

Suivi de deuil

Pour plusieurs chercheurs, il est essentiel d'offrir un suivi aux familles endeuillées[19]. Ils sont nombreux à soutenir que celui-ci doit d'abord être dispensé par des membres de l'équipe traitante du centre où l'enfant a reçu ses traitements[20]. Ces auteurs avancent que les familles se sentent isolées et abandonnées lorsqu'aucun suivi n'est proposé par l'équipe soignante. Selon eux, cela équivaut à un deuxième deuil, et peut même provoquer de l'anxiété de séparation au sein de certaines familles. Ils soutiennent aussi que le suivi effectué par l'équipe de soins aurait une incidence positive sur la façon dont les familles vivent leur deuil.

Plus encore, certains auteurs proposent différents canevas de suivi de deuil familial. En se basant sur le modèle théorique de Miles, qui a trait au processus de deuil parental, Ruden suggère de prendre contact avec les familles à différents moments :

- Six à huit semaines après le décès de l'enfant ;
- À Noël ;
- À la date de naissance de l'enfant ;
- À la date du décès de ce dernier.

Elle propose aussi l'ajout optionnel de la fête des Pères et de la fête des Mères. À chacune de ces dates, les contacts se font par téléphone ou par le biais d'une carte ou d'une lettre personnalisée.

Ganières et Fahrni-Nater, quant à elles, conseillent de faire deux rencontres familiales au cours de la première année. La première se fait trois mois après le décès et la seconde, un an après le décès. Les familles sont contactées par téléphone environ six semaines avant chaque rencontre, afin de l'organiser selon les désirs des parents.

Interventions proposées

On retrouve plusieurs types d'interventions pour soutenir les familles endeuillées, interventions qu'il serait bon de varier au sein d'un même programme. Les plus communes sont les suivantes : des suivis téléphoniques, des rencontres individuelles ou familiales, des rencontres de groupe avec d'autres parents endeuillés, des pochettes d'information sur le deuil, une liste des organismes communautaires pertinents, des lettres personnalisées et des cartes de condoléances signées par le personnel soignant, ainsi que la création de souvenirs tels que des photos, une empreinte de pied ou une mèche de cheveux, pour ne nommer que ceux-là[21].

Les auteurs qui se sont attardés aux programmes comportant uniquement des suivis téléphoniques soulignent que ceux-ci limitent trop souvent l'intervention à un seul membre de la famille[22]. Pour pallier ce problème, il est possible d'offrir des rencontres qui permettent aux différents membres de la famille de mieux comprendre ce que chacun vit de manière personnelle[23]. Toutefois, les centres qui proposent des rencontres familiales n'en offrent qu'une, ce qui semble insuffisant. Cette rencontre a généralement lieu entre la deuxième et la huitième semaine suivant le décès[24]. Or, à la fin d'une première rencontre, il pourrait être intéressant de discuter avec les familles de la possibilité de se réunir à nouveau, aux moments qui leur conviennent le mieux.

Afin de guider chaque intervention (téléphonique, familiale ou en groupe), certains auteurs proposent quelques sujets à explorer. Ils suggèrent, entre autres, d'écouter le vécu des parents et de la fratrie, de discuter des comportements de la fratrie et du soutien au sein du couple, d'évaluer les sentiments éprouvés par les différents membres de la famille, d'évoquer le soutien provenant de l'entourage, de répondre aux questions des parents et des autres enfants, d'investiguer leur processus de deuil et de les orienter vers des ressources spécifiques et spécialisées, si nécessaire[25].

Tel que nous l'avons mentionné précédemment, le suivi de deuil aurait plusieurs effets positifs sur les familles. Il faciliterait, notamment, le processus de deuil de ses membres, tout en agissant véritablement sur la qualité de vie de ces derniers[26]. Les familles se disent généralement plus sereines après les appels d'un membre de l'équipe soignante[27]. De plus, le fait de participer aux rencontres de groupe leur permettrait de se créer un réseau de soutien composé de gens qui ont vécu une expérience semblable à la leur[28]. Elles se sentiraient ainsi plus comprises et mieux accompagnées. Cela les aiderait également à briser l'isolement et à diminuer le sentiment de culpabilité que plusieurs d'entre elles peuvent ressentir[29].

Durée du suivi

Pendant la première année suivant le décès de leur enfant, parents et fratrie devraient donc pouvoir bénéficier d'un suivi de deuil coordonné par un membre connu de l'équipe interdisciplinaire du centre où leur enfant a été traité[30]. Toutefois, la responsabilité de ce suivi ne doit pas revenir seulement aux centres hospitaliers[31], qui ne peuvent techniquement pas demeurer investis auprès de toutes les familles endeuillées. Les équipes de soins de ces centres doivent plutôt servir de pont vers les milieux communautaires. Il est donc essentiel qu'ils collaborent étroitement avec les CSSS et les autres établissements et organismes communautaires, afin que chaque famille y soit redirigée après la première année de suivi, ou plus tôt si le besoin s'en fait sentir.

Cela permettra d'assurer une meilleure continuité des soins, donc d'optimiser la qualité du suivi.

Premier contact

Comme nous l'avons mentionné précédemment, le suivi de deuil devrait commencer avant le décès de l'enfant[32]. Les opinions de la population scientifique sont variées quant au moment propice pour relancer les familles après un tel événement. En effet, certains le font aussi tôt que deux jours après le décès alors que d'autres suggèrent d'attendre jusqu'à six semaines[33]. Un délai de deux semaines semble toutefois être la norme[34]. En règle générale, après ce laps de temps, les funérailles sont terminées et l'entourage des familles a repris ses activités quotidiennes. La famille endeuillée se retrouve donc souvent seule pour la toute première fois depuis son départ de l'hôpital. Ce moment semble donc tout indiqué pour relancer les familles et leur offrir de l'aide sous forme de suivi de deuil.

Pratique infirmière et familles en deuil

Pendant de longs mois, les infirmières accompagnent les parents et la fratrie dans les hauts et les bas de la maladie de l'enfant. Elles demeurent auprès de la famille jusqu'au décès de ce dernier. Vu leur présence quotidienne au chevet du malade et leur quasi-omniprésence pendant la phase terminale, elles sont bien placées pour comprendre le vécu des membres de la famille[35]. Par cette proximité dans les moments hautement émouvants, les infirmières acquièrent une grande expérience qui devrait être mise à profit dans le soutien offert aux familles pendant la période de deuil. Inversement, l'expérience acquise auprès des familles dans la phase *post mortem* aura aussi une influence positive sur la façon dont les infirmières accompagneront d'autres familles et d'autres enfants en situation palliative.

Dans un autre ordre d'idée, les infirmières se sentent souvent impuissantes et insatisfaites face à la fin précipitée de leur relation privilégiée avec les familles après le décès d'un enfant[36]. Elles ont besoin de clore la relation qui a existé entre eux[37]. Cela s'applique très certainement aux autres membres de l'équipe interdisciplinaire qui ont aussi suivi les familles étroitement. La mise en place d'un programme de suivi de deuil, plus structuré, offrirait donc l'occasion à ces soignants de bien terminer la relation qu'ils ont entretenue avec une famille, tout en ayant une répercussion positive sur le processus de deuil de cette dernière[38]. Aussi, le fait de terminer ces relations particulières de façon plus positive pourrait aider les infirmières à surmonter les sentiments de perte qu'elles vivent à la suite du décès d'un patient[39]. Comme il est récurrent pour une infirmière en oncologie d'avoir à accompagner des parents, des frères et des sœurs dans la mort d'un enfant, le fait de mettre à sa disposition un tel programme aura, certes, des incidences positives pour elle aussi.

En conclusion

À la lumière de ces informations, il semble essentiel que les équipes de soins offrent un suivi aux familles pendant la première année qui suit le décès d'un enfant. Un tel suivi aura à la fois des effets favorables sur les familles et les soignants, notamment en leur permettant de clore la relation qu'ils ont développée tout au long des traitements du jeune malade.

Afin d'optimiser le mieux-être de ces familles, il serait important de travailler à la mise en place d'un programme de suivi de deuil structuré, en se basant sur les données probantes existantes. Il serait aussi pertinent, voire nécessaire, d'offrir une formation supplémentaire sur les soins palliatifs pédiatriques, le deuil des familles et le suivi de deuil aux différents professionnels de la santé qui sont appelés à vivre ce genre de situation et qui désirent offrir ce type de suivi. Ces formations faciliteraient grandement leur tâche.

Notons, en terminant, que la mise en place d'un tel programme ne serait pas uniquement avantageuse et profitable à la clientèle d'oncologie, qui a été donnée à titre d'exemple dans ce chapitre, mais bien à toutes les familles dont un enfant décède, et ce, peu importe la maladie ou la cause du décès. Il apparaît cependant évident que les besoins d'une famille dont l'enfant décède après de longs mois de traitements peuvent légèrement différer de ceux d'une famille dont l'enfant décède subitement dans un accident de la route. Le suivi offert devrait donc pouvoir s'adapter aux particularités des différentes clientèles visées.

Notes

1. Merci beaucoup à Mme France Dupuis, inf., Ph.D, pour son aide inestimable, ses précieux conseils et sa grande patience.

2. INSTITUT DE LA STATISTIQUE DU QUÉBEC. *Naissances, décès et mariages, par mois et par trimestre, Québec, 2001-2010*, 2011. Récupéré de http://www.stat.gouv.qc.ca/donstat/societe/demographie/struc_poplt/i210.htm

3. DEJONG-BERG, M.A. ET L. KANE. « Bereavement care for families part 2 : Evaluation of a paediatric follow-up programme ». *International Journal of Palliative Nursing* 2006 12(10), 484-494 ; RUDEN, B.M. « Bereavement Follow-up : An Opportunity to Extend Care ». *Journal of Pediatric Oncology Nursing* 1996 13(4), 219-225.

4. CARTER, B. S. ET M. LEVETOWN. *Palliative Care for Infants, Children, and Adolescents.* Baltimore : The Johns Hopkins University Press, 2004 ; DECINQUE, N., et coll. « Bereavement Support for Families Following the Death of a Child from Cancer ». *Journal of Psychosocial Oncology* 2006 24(2), 65-83. DEJONG-BERG, M.A. et D. DEVLAMING. « Bereavement care for families part 1 : a review of a paediatric follow-up programme ». *International Journal of Palliative Nursing* 2005 11(10), 533-539 ; DEJONG-BERG, M.A. et L. KANE. « Bereavement care for families part 2 : Evaluation of a paediatric follow-up programme ». *International Journal of Palliative Nursing* 2006 12(10), 484-494 ; GOUVERNEMENT DU QUÉBEC. *Normes en matière de soins palliatifs pédiatriques.* Québec, 2006 ; JAMES, L. et B. JOHNSON. « The Needs of Parents of Pediatric Oncology Patients During the Palliative Care Phase ». *Journal of Pediatric Oncology Nursing* 1997 14(2), 83-95 ; JOHNSON, L.C., B. RINCON, C. GOBER et D. REXIN. « The Development of a Comprehensive Bereavement Program to Assist Families Experiencing Pediatric Loss ». *Journal of Pediatric Nursing* 1993 8(3), 142-146 ; RUDEN, B.M. « Bereavement Follow-up : An Opportunity to Extend Care ». *Journal of Pediatric Oncology Nursing* 1996 13(4), 219-225.

5. CARTER, B.S. et M. LEVETOWN. *Palliative Care for Infants, Children, and Adolescents.* Baltimore : The Johns Hopkins University Press, 2004 ; DEJONG-BERG, M.A. et D. DEVLAMING. « Bereavement care for families part 1 : a review of a paediatric follow-up programme ». *International Journal of Palliative Nursing* 2005 11(10), 533-539 ; GANIÈRE, J. et P. FAHRNI-NATER. « De l'enquête au soutien des parents endeuillés ». *INFOKara* 2009 24(2), 55-60 ; JACQUES, J. « La mort d'un enfant et le deuil parental ». *Psychologie Québec,* novembre 2002, 16-18. Récupéré de http://www.ordrepsy.qc.ca/pdf/ArtDossier_Mort_Nov02.pdf ; JOHNSON, L.C., B. RINCON, C. GOBER et D. REXIN. « The Development of a Comprehensive Bereavement Program to Assist Families Experiencing Pediatric Loss ». *Journal of Pediatric Nursing* 1993 8(3), 142-146 ; KREICBERGS, U.C., P. LANNEN, E. ONELOV et WOLFE, J. « Parental Grief After Losing a Child to Cancer : Impact of Professional and Social Support on Long-Term Outcomes ». *Journal of Clinical Oncology* 2007 25(22), 3307-3312 ; NESBIT, M.J., M. HILL et N. PETERSON. « A Comprehensive Pediatric Bereavement Program : The Patterns of Your Life ». *Critical Care Nursing Quarterly* 1997 20(2), 48-62 ; RUDEN, B.M. « Bereavement Follow-up : An Opportunity to Extend Care ». *Journal of Pediatric Oncology Nursing* 1996 13(4), 219-225.

6. D'AGOSTINO, N.M., D. BERLIN-ROMALIS, V. JOVCEVSKA et BARRERA, M. « Bereaved parents' perspective on their needs ». *Palliative and Supportive Care* 2007 6, 33-41 ; DECINQUE, N. et coll. « Bereavement Support for Families Following the Death of a Child from Cancer ». *Journal of Psychosocial Oncology* 2006 24(2), 65-83 ; GANIÈRE, J. et P. FAHRNI-NATER. « De l'enquête au soutien des parents endeuillés ». *INFOKara* 2009 24(2), 55-60.

7. D'AGOSTINO, N.M., D. BERLIN-ROMALIS, V. JOVCEVSKA et M. BARRERA. « Bereaved parents' perspective on their needs ». *Palliative and Supportive Care* 2007 6, 33-41 ; DEJONG-BERG, M.A. ET L. KANE. « Bereavement care for families part 2 : Evaluation of a paediatric follow-up programme ». *International Journal of Palliative Nursing* 2006 12(10), 484-494.

8. DEJONG-BERG, M.A. et D. DEVLAMING. « Bereavement care for families part 1 : a review of a paediatric follow-up programme ». *International Journal of Palliative Nursing* 2005 11(10), 533-539 ; GANIÈRE, J. et P. FAHRNI-NATER. « De l'enquête au soutien des parents endeuillés ». *INFOKara* 2009 24(2), 55-60 ; JOHNSON, L.C., B. RINCON, C. GOBER et D. REXIN. « The Development of a Comprehensive Bereavement Program to Assist Families Experiencing Pediatric Loss ». *Journal of Pediatric Nursing* 1993 8(3), 142-146 ; NESBIT, M.J., M. HILL et N. PETERSON . « A Comprehensive Pediatric Bereavement Program : The Patterns of Your Life ». *Critical Care Nursing Quarterly* 1997 20(2), 48-62 ; RUDEN, B.M. « Bereavement Follow-up : An Opportunity to Extend Care ». *Journal of Pediatric Oncology Nursing* 1996 13(4), 219-225.

9. BOWDEN, V.R. « End-of-Life Care : A Priority Issue for Pediatric Nurses ». *Journal of Pediatric Nursing* 2002 17(6), 456-459.

10. PAPADATOU, D., T. BELLALI, I. PAPAZOGLOU et D. PETRAKI. « Greek Nurse and Physician Grief as a Result of Carring for Children Dying of Cancer ». *Pediatric Nursing* 2002 28(4), 345-352.

11. BASS, H.-P. « Les soins palliatifs pédiatriques et l'environnement familial ». *Soins. Pédiatrie, puériculture* 2002 206, 24-26 ; ERNOULT, A. « L'enfant en fin de vie, que vivent ses parents, comment les aider ? » *Soins. Pédiatrie, puériculture* 2002 206, 27-31 ; GOUVERNEMENT DU QUÉBEC. *Normes en matière de soins palliatifs pédiatriques.* Québec, 2006 ; HUMBERT, N. « La spécificité des soins palliatifs en pédiatrie : du curatif au palliatif ». Dans Hôpital Sainte-Justine (Eds.), *Les soins palliatifs pédiatriques,* 17-38. Montréal, Québec : Éditions de l'Hôpital Sainte-Justine, 2004.

12. WRIGHT, M.L. et M. LEAHEY. *Nurses and Families : A Guide to Family Assessment and Intervention* (5th ed.). Philadelphia : F.A. Davis Company, 2009.

13. CLERICI, C.A. et coll. « Assistance to Parents Who Have Lost Their Child With Cancer ». *Tumori* 2006 92, 306-310 ; D'AGOSTINO, N.M., D. BERLIN-ROMALIS, V. JOVCEVSKA et M. BARRERA. « Bereaved parents' perspective on their needs ». *Palliative and Supportive Care* 2007 6, 33-41 ; JANKOVIC, M. et coll. « Meeting with Parents After the Death of Their Child from Leukemia ». *Pediatric Hematology and Oncology* 1989 6(2), 155-159 ; DECINQUE, N. et coll. « Bereavement Support for Families Following the Death of a Child from Cancer ». *Journal of Psychosocial Oncology* 2006 24(2), 65-83.

14. Plusieurs auteurs rapportent effectivement que dans des moments de crise, les familles préfèrent recevoir du soutien des soignants connus, avec qui

une relation de confiance est déjà établie. Voir Coursault, M.-J. et S. Nomdedeu. « La prise en charge de l'enfant en soins palliatifs ». *Soins. Pédiatrie, puériculture* 2002 206, 20-23 et Heller, K.S. et M.Z. Solomon. « Continuity of Care and Caring : What Matters to Parents of Children with Life-Threatening Conditions ». *Journal of Pediatric Nursing* 2005 20(5), 335-346.

15. Decinque, N. et coll. « Bereavement Support for Families Following the Death of a Child from Cancer ». *Journal of Psychosocial Oncology* 2006 24(2), 65-83 ; DeJong-Berg, M.A. et D. DeVlaming. « Bereavement care for families part 1 : a review of a paediatric follow-up programme ». *International Journal of Palliative Nursing* 2005 11(10), 533-539 ;

16. Clerici, C.A. et coll. « Assistance to Parents Who Have Lost Their Child With Cancer ». *Tumori* 2006 92, 306-310 ; D'Agostino, N. M., Berlin-Romalis, D., V. Jovcevska et M. Barrera. « Bereaved parents' perspective on their needs ». *Palliative and Supportive Care* 2007 6, 33-41 ; Decinque, N. et coll. « Bereavement Support for Families Following the Death of a Child from Cancer ». *Journal of Psychosocial Oncology* 2006 24(2), 65-83 ; Jankovic, M. et coll. « Meeting with Parents After the Death of Their Child from Leukemia ». *Pediatric Hematology and Oncology* 1989 6(2), 155-159.

17. Ganière, J. et P. Fahrni-Nater. « De l'enquête au soutien des parents endeuillés ». *INFOKara* 2009 24(2), 55-60.

18. DeJong-Berg, M.A. et L. Kane. « Bereavement care for families part 2 : Evaluation of a paediatric follow-up programme ». *International Journal of Palliative Nursing* 2006 12(10), 484-494.

19. D'Agostino, N.M., D. Berlin-Romalis, V. Jovcevska et M. Barrera. « Bereaved parents' perspective on their needs ». *Palliative and Supportive Care* 2007 6, 33-41 ; Decinque, N., et coll. « Bereavement Support for Families Following the Death of a Child from Cancer ». *Journal of Psychosocial Oncology* 2006 24(2), 65-83.

20. Carter, B.S. et M. Levetown. *Palliative Care for Infants, Children, and Adolescents.* Baltimore : The Johns Hopkins University Press, 2004 ; Decinque, N. et coll. « Bereavement Support for Families Following the Death of a Child from Cancer ». *Journal of Psychosocial Oncology* 2006 24(2), 65-83 ; DeJong-Berg, M.A. et D. DeVlaming. « Bereavement care for families part 1 : a review of a paediatric follow-up programme ». *International Journal of Palliative Nursing* 2005 11(10), 533-539. DeJong-Berg, M.A. et L. Kane. « Bereavement care for families part 2 : Evaluation of a paediatric follow-up programme ». *International Journal of Palliative Nursing* 2006 12(10), 484-494 ; Gouvernement du Québec. *Normes en matière de soins palliatifs pédiatriques.* Québec, 2006 ; James, L., et B. Johnson. « The Needs of Parents of Pediatric Oncology Patients During the Palliative Care Phase ». *Journal of Pediatric Oncology Nursing* 1997 14(2), 83-95 ; Johnson, L.C., B. Rincon, C. Gober et D. Rexin. « The Development of a Comprehensive Bereavement Program to Assist Families Experiencing Pediatric Loss ». *Journal of Pediatric Nursing* 1993 8(3), 142-146 ; Ruden, B.M. « Bereavement Follow-up : An Opportunity to Extend Care ». *Journal of Pediatric Oncology Nursing* 1996 13(4), 219-225.

21. CLERICI, C.A. et coll. « Assistance to Parents Who Have Lost Their Child With Cancer ». *Tumori* 2006 92, 306-310 ; D'AGOSTINO, N.M., D. BERLIN-ROMALIS, V. JOVCEVSKA et M. BARRERA. « Bereaved parents' perspective on their needs ». *Palliative and Supportive Care* 2007 6, 33-41 ; DECINQUE, N. et coll. « Bereavement Support for Families Following the Death of a Child from Cancer ». *Journal of Psychosocial Oncology* 2006 24(2), 65-83 ; DEJONG-BERG, M.A. et L. KANE. « Bereavement care for families part 2 : Evaluation of a paediatric follow-up programme ». *International Journal of Palliative Nursing* 2006 12(10), 484-494 ; JOHNSON, L.C., B. RINCON, C. GOBER et D. REXIN. « The Development of a Comprehensive Bereavement Program to Assist Families Experiencing Pediatric Loss ». *Journal of Pediatric Nursing* 1993 8(3), 142-146.

22. DEJONG-BERG, M.A. et D. DEVLAMING. « Bereavement care for families part 1 : a review of a paediatric follow-up programme ». *International Journal of Palliative Nursing* 2005 11(10), 533-539.

23. GANIÈRE, J. et P. FAHRNI-NATER. « De l'enquête au soutien des parents endeuillés ». *INFOKara* 2009 24(2), 55-60.

24. GANIÈRE, J. ET P. FAHRNI-NATER. « De l'enquête au soutien des parents endeuillés ». *INFOKara* 2009 24(2), 55-60 ; JANKOVIC, M. et coll. « Meeting with Parents After the Death of Their Child from Leukemia ». *Pediatric Hematology and Oncology* 1989 6(2), 155-159.

25. CLERICI, C.A. et coll. « Assistance to Parents Who Have Lost Their Child With Cancer ». *Tumori* 2006 92, 306-310 ; GANIÈRE, J., & FAHRNI-NATER, P. « De l'enquête au soutien des parents endeuillés ». *INFOKara* 2009 24(2), 55-60 ; RUDEN, B.M. « Bereavement Follow-up : An Opportunity to Extend Care ». *Journal of Pediatric Oncology Nursing* 1996 13(4), 219-225.

26. D'AGOSTINO, N.M., D. BERLIN-ROMALIS, V. JOVCEVSKA et M. BARRERA. « Bereaved parents' perspective on their needs ». *Palliative and Supportive Care* 2007 6, 33-41 ; GANIÈRE, J. et P. FAHRNI-NATER, P. « De l'enquête au soutien des parents endeuillés ». *INFOKara* 2009 24(2), 55-60.

27. CLERICI, C.A. et coll. « Assistance to Parents Who Have Lost Their Child With Cancer ». *Tumori* 2006 92, 306-310.

28. D'AGOSTINO, N.M., D. BERLIN-ROMALIS, V. JOVCEVSKA et M. BARRERA. « Bereaved parents' perspective on their needs ». *Palliative and Supportive Care* 2007 6, 33-41.

29. BASS, H.-P. « Les soins palliatifs pédiatriques et l'environnement familial ». *Soins. Pédiatrie, puériculture* 2002 206, 24-26.

30. D'AGOSTINO, N.M., D. BERLIN-ROMALIS, V. JOVCEVSKA et M. BARRERA. « Bereaved parents' perspective on their needs ». *Palliative and Supportive Care* 2007 6, 33-41 ; DEJONG-BERG, M.A. et D. DEVLAMING. « Bereavement care for families part 1 : a review of a paediatric follow-up programme ». *International Journal of Palliative Nursing* 2005 11(10), 533-539 ; DEJONG-BERG, M.A. et L. KANE. « Bereavement care for families part 2 : Evaluation of a paediatric follow-up programme ». *International Journal of Palliative Nursing* 2006 12(10), 484-494 ; GANIÈRE, J. et P. FAHRNI-NATER. « De l'enquête au soutien des parents endeuillés ». *INFOKara* 2009 24(2), 55-60 ; NESBIT, M.J., M. HILL, et N.

Peterson. « A Comprehensive Pediatric Bereavement Program : The Patterns of Your Life ». *Critical Care Nursing Quarterly* 1997 20(2), 48-62.

31. Decinque, N. et coll. « Bereavement Support for Families Following the Death of a Child from Cancer ». *Journal of Psychosocial Oncology* 2006 24(2), 65-83.

32. D'Agostino, N.M., D. Berlin-Romalis, V. Jovcevska et M. Barrera. « Bereaved parents' perspective on their needs ». *Palliative and Supportive Care* 2007 6, 33-41.

33. Clerici, C.A. et coll. « Assistance to Parents Who Have Lost Their Child With Cancer ». *Tumori* 2006 92, 306-310 ; Ganière, J. et P. Fahrni-Nater. « De l'enquête au soutien des parents endeuillés ». *INFOKara* 2009 24(2), 55-60 ; Jankovic, M. et coll. « Meeting with Parents After the Death of Their Child from Leukemia ». *Pediatric Hematology and Oncology* 1989 6(2), 155-159.

34. DeJong-Berg, M.A. et D. DeVlaming. « Bereavement care for families part 1 : a review of a paediatric follow-up programme ». *International Journal of Palliative Nursing* 2005 11(10), 533-539 ; Ruden, B.M. « Bereavement Follow-up : An Opportunity to Extend Care ». *Journal of Pediatric Oncology Nursing* 1996 13(4), 219-225.

35. Ruden, B.M. « Bereavement Follow-up : An Opportunity to Extend Care ». *Journal of Pediatric Oncology Nursing* 1996 13(4), 219-225.

36. Clerici, C.A. et coll. « Assistance to Parents Who Have Lost Their Child With Cancer ». *Tumori* 2006 92, 306-310.

37. Ganière, J. et P. Fahrni-Nater. « De l'enquête au soutien des parents endeuillés ». *INFOKara* 2009 24(2), 55-60 ; Jankovic, M. et coll. « Meeting with Parents After the Death of Their Child from Leukemia ». *Pediatric Hematology and Oncology* 1989 6(2), 155-159 ; Nesbit, M.J., M. Hill et N. Peterson. « A Comprehensive Pediatric Bereavement Program : The Patterns of Your Life ». *Critical Care Nursing Quarterly* 1997 20(2), 48-62.

38. Clerici, C.A. et coll. « Assistance to Parents Who Have Lost Their Child With Cancer ». *Tumori* 2006 92, 306-310 ; Ganière, J. et P. Fahrni-Nater. « De l'enquête au soutien des parents endeuillés ». *INFOKara* 2009 24(2), 55-60 ; Nesbit, M.J., Hill, M. et N. Peterson. « A Comprehensive Pediatric Bereavement Program : The Patterns of Your Life ». *Critical Care Nursing Quarterly* 1997 20(2), 48-62.

39. Davis, B. et coll. « Caring for Dying Children : Nurses' Experiences ». *Pediatric Nursing* 1996 22(6), 500-506.

CHAPITRE 17

De la souffrance des soignants et médecins, en soins palliatifs

Patrice Guex

Les équipes de soins, spécialement de soins palliatifs, rencontrent quotidiennement des patients en crise, gravement atteints dans leur corps par des maladies au pronostic sombre. Ce contact permanent avec des gens qui souffrent met à l'épreuve chaque soignant au plus profond de son être.

Trop souvent niée au nom de l'idéal du soin ou considérée comme une marque de faiblesse, cette souffrance soignante doit être abordée avec eux, car de leur positionnement face à elle résultera leur capacité d'écoute de celle des patients, confrontés à la finitude et à la mort[1].

Les soins palliatifs se déploient en prolongement d'une médecine très technique, spécialisée et fragmentée, et d'une organisation sociosanitaire qui attendent d'eux l'inévitable « approche globale ». En plus des plaintes et des besoins de soins très corporels des patients, ils doivent régler les nombreuses questions existentielles, jusque-là ni abordées ni évidemment résolues, qui les accompagnent. Cela laisse les professionnels trop souvent démunis.

Cet idéal des soins palliatifs et les attentes des institutions de soins partenaires sont un défi permanent pour les équipes, qui devraient toujours « faire mieux » et, si possible, dépasser les limites habituelles de la biomédecine. C'est le risque d'exposition à un sentiment d'impuissance chronique, celui de ne jamais vraiment réussir à soulager dans toutes ses modalités la détresse de ceux qui leur sont confiés.

Cela peut à l'inverse les encourager parfois à sublimer leur créativité, jusqu'à l'épuisement, pour rendre exceptionnelles des situations particulièrement accablantes, avec la culpabilité de ne pouvoir garantir la même chose à tout patient et famille qui le souhaiteraient[2].

Nous avons trouvé exemplaire à cet égard, lors du congrès 2009 de Soins palliatifs pédiatriques à Montréal, la plénière consacrée au visionnement, en présence de ses proches et face à un auditoire à la respiration suspendue, d'un film consacré à l'histoire d'un jeune homme, accompagné par une équipe tout au long des derniers mois de sa maladie. Au-delà de l'aspect bouleversant et palpitant de cette « passion » apparaissait la mobilisation « hors normes » de tous les professionnels, aux côtés de la famille, pour maintenir intact, comme tout garçon de son âge, le potentiel de vie et d'action d'un adolescent gravement atteint dans sa santé. La dernière image le montrait, très fragile, en train de surfer sur les vagues de la mer, en dernier défi à la mort.

Une expérience similaire en Europe montrait une équipe qui avait filmé la visite d'une jument blanche au chevet de sa jeune cavalière, pour un dernier adieu.

On retrouve au Maghreb, dans un autre contexte, cette thématique du rêve, d'un espace magique à préserver ou du paradis à anticiper – en fait un déni d'impuissance – où une jeune oncopédiatre s'interrogeait sur l'impossibilité qu'avait une patiente de 15 ans, qui l'attendait bien vivante tous les jours derrière la porte de son bureau, de se laisser convaincre de la fatalité des progrès de sa maladie et de la chance qu'elle avait de se retrouver bientôt auprès de son Dieu.

Cette collègue se rassurait en affirmant que finalement tout s'était bien passé, mais elle évoquait encore avec émotion cette expérience douloureuse, plusieurs mois plus tard, lors d'une formation.

Normalement, le principe de la décision partagée guide les choix en pratique médicale. Les médecins et les équipes expliquent habituellement aux patients ce qu'ils considèrent comme des options médicales raisonnables, dans lesquelles ils prennent en compte les valeurs personnelles et les préférences de ces derniers, pour arriver à la décision qui aura le plus de sens à la fois en termes médicaux et de perspectives personnelles.

Cette approche engageant le patient a la réputation d'accroître son sentiment de maîtrise, de capacitation (*empowerment*) et sa meilleure adhésion aux dispositions prises.

Dans la réalité, si l'on parle toujours des progrès des droits du patient qui l'autorisent à refuser des soins non désirés, l'incertitude est plus grande quant aux droits du patient et de sa famille à réclamer des soins ou des traitements que le médecin et son équipe trouvent superflus ou même inappropriés, voire nuisibles. Comment déterminer, en effet, le seuil de ce que l'on accepte du patient ? Comment délimiter un projet raisonnable avec des familles qui demandent un traitement sans chance de succès ou qui maintiendra une vie de si peu de qualité que l'on peut raisonnablement dire qu'il n'y aura aucun bénéfice pour le patient ? Enfin, peut-on mettre toutes les forces d'un service pour le rêve et la minimisation de la souffrance d'une seule famille ?

La situation est parfois si tendue que certains États américains se sont même mis à légiférer pour autoriser le médecin à refuser de s'engager dans de tels soins. Ce sont évidemment des lois qui se préoccupent des implications économiques des traitements inappropriés, mais qui ont aussi pour souci de prévenir la souffrance morale et l'épuisement des équipes associées à l'administration de soins éthiquement discutables[3].

Cet idéal du bon soin est le plus souvent soutenu par l'attitude de l'équipe soignante, qui constitue en l'état un groupe social organisé, porteur d'un projet commun, permettant à chaque professionnel de se retrouver dans un sentiment d'appartenance. Ce groupe a ses rites, guides de bonne pratique, langage et culture partagés (le chef charismatique, les pionniers, les nouveaux arrivés, les plus techniques ou les plus relationnels) ; la distribution du rôle de chacun est assez claire, y compris celui de bouc émissaire ou de dysfonctionnel du service. Cette organisation délimite un espace protecteur extérieur envers les patients, les familles et les autres institutions soignantes, et un espace intérieur, lieu de réflexion contenant, ouvert aux vécus et aux expériences des intervenants avec leurs malades ; là sont abordés difficultés, affects, fantasmes, défenses, peur de la souffrance, proximité de la douleur et de la mort, sentiment d'impuissance ou identification envahissante. C'est ici que peut se penser la question de la juste distance avec le malade, sa famille, mais aussi avec le corps malade, dégradé, qui renvoie toujours chacun à la représentation de son propre destin[4].

Une sorte de point d'équilibre doit être trouvé ainsi entre, d'une part, l'appui sur le groupe – le *team* – sécurisant et valorisant collectivement, au prix d'une certaine perte d'autonomie individuelle, et d'autre part les fluctuations et nombreuses mobilisations ou bouleversements personnels survenant dans le rapport au patient.

Ainsi, un soignant bien intégré dans une équipe doit renoncer à ce qu'il aurait désiré faire ou saurait faire ; il reçoit en retour protection et étayage de la part du groupe, qui l'aidera à épargner ses forces face à la souffrance.

Au quotidien, ce n'est pas toujours aussi simple. Une veilleuse, seule un soir et spécialement émue d'une situation, acceptera peut-être qu'une famille entière s'installe pour la nuit au chevet d'un patient ; le lendemain l'équipe, s'appuyant sur des règles établies ou une attitude définie lors d'un colloque de transmission tenu durant la journée, reprochera à la collègue de s'être laissée manipuler ou d'avoir pris des initiatives inappropriées, ne mesurant pas les nuisances créées pour les autres pensionnaires et les collègues. À terme, peut-être submergée par ses affects, ou insuffisamment encadrée, cette professionnelle peut devenir aisément le bouc émissaire utilisé par le groupe pour pérenniser son propre fonctionnement.

Le problème est que suivant les périodes et les difficultés vécues (histoire ou cas spécialement dramatique, grave conflit, décision difficile), chaque groupe a un degré plus ou moins flexible et différencié d'adaptation et d'élaboration.

Sa dynamique oscille ainsi entre des moments régressifs très rigides où l'idéal solidaire de « l'équipe qui gagne » est maintenu à tout prix, aplatissant douloureusement les individualités des soignants pour faire front commun face à « l'ennemi extérieur », et d'autres moments plus souples, où les richesses et la créativité individuelles peuvent être reconnues et modulées avec celles du groupe.

Dans la régression rigide, aucune position critique individuelle n'est tolérée. Ce peut être l'objet de grandes frustrations, car les dimensions relationnelles, conflictuelles, émotionnelles et le travail d'élaboration symbolique ou de représentation, qui permettent de donner du sens à ce qui se passe avec le patient et de survivre psychiquement, seront clivés. C'est à l'origine de nombreuses crises et conflits au sein des équipes.

Ce phénomène peut être renforcé lorsque l'administration hospitalière, ou les autres services cliniques référant, ne semblent pas mesurer la lourdeur des prises en charge palliatives, ou transfèrent trop tard, trop mal des situations pas du tout clarifiées.

Un patient arrive pour un contrôle de sa douleur, par exemple; on espère des résultats rapides et il s'avère qu'elle est en fait la partie la plus visible d'une souffrance morale intense ou d'un vaste problème médico-social.

Cela peut avoir un impact à l'intérieur même des équipes palliatives, car bon nombre des soignants, formés autant à l'objectivation et à la maîtrise du somatique que sensibles au vécu du malade et à ses désirs, souffriront de ne pouvoir mettre conjointement en pratique ce qu'ils ont appris, tellement conditionnés qu'ils seront par un système de plus en plus orienté sur la science et l'efficience.

Par obéissance ou minimalisme, ou clivage classique médecins/soignants, certains voudront se limiter à l'acte demandé, contrôler uniquement la douleur ou le symptôme, d'autres, conscients que ce n'est qu'une porte d'entrée, souhaiteront aborder le patient dans sa détresse globale en allant « au-delà » de la simple rencontre. Ils prennent bien sûr le risque d'ouvrir un processus beaucoup plus long et semé d'embûches, menaçant à son tour d'épuiser les ressources soignantes disponibles.

Or, c'est bien cet « au-delà » qu'il s'agit de pouvoir percevoir et comprendre, vivre dans sa juste mesure, avec souvent cette impossibilité d'avoir la maîtrise des enjeux qui vont devoir susciter telle ou telle décision particulière.

Ce sont toutes ces situations où le soignant, faute de moyens, d'espace de parole ou de cadre ne parvient pas à expliciter tout ce qu'il aimerait faire, avec le sentiment d'être pris entre l'idéal du soin du groupe et l'investissement que nécessite la personne.

Durant une session de supervision, la situation d'un patient de 44 ans atteint d'un mélanome métastatique est présentée. Ce Monsieur M. d'origine européenne vient régulièrement d'Afrique pour ses traitements, se montre très conflictuel et exigeant, reproche à chacun son incompétence et revendique de multiples interventions supplémentaires dans d'autres services. Il organise même parfois lui-même des visites auprès de spécialistes à l'insu de son équipe d'accueil. Après quelques jours, lorsque ses douleurs, symptômes digestifs ou épanchements sont contrôlés, il annonce son départ.

Tout cela se joue en présence, dans sa chambre, de sa jeune épouse africaine, qui reste silencieuse. Elle est vécue comme hypercontrôlante.

Le patient revient régulièrement, toujours un peu aggravé, mais le même scénario se reproduit, suscitant une tension extrême au sein de l'équipe, ambivalente sur l'attitude à adopter, oscillant entre le rejet déclaré (il faudrait le référer ailleurs…), le conflit en escalade symétrique avec lui (il faudrait enfin que vous compreniez…) ou une soumission masochiste à tous ses désirs, dans l'espoir d'arriver un jour à aborder la question qui hante tout le monde : comment parler sans brutalité de soins terminaux ou d'une fin prochaine ?

Cela angoisse et épuise l'équipe qui a l'impression de mal travailler, ne réussissant pas à anticiper l'issue pour éviter qu'elle soit trop dramatique, avec quelqu'un d'encore jeune dont ils ne connaissent pas bien la situation personnelle.

Comme souvent, cette histoire se présente essentiellement comme un récit médical, témoignant surtout de choix techniques, renforcés certainement par l'aggravation rapide et angoissante de la situation clinique. On peut bien sûr imaginer les différentes étapes, les incertitudes, les angoisses, les moments difficiles qu'ont dû partager le patient, son épouse et les équipes médicales successives, mais rien n'évoque le « flux narratif », en particulier le récit de vie de M. M., qui permettrait de saisir, au-delà des faits objectifs, les aspects plus personnels, émotionnels et relationnels qui pèseraient dans les décisions prises pour satisfaire ses véritables attentes. Tout semble en effet s'être réduit à une fuite en avant des uns et des autres, sans réussir à accéder à une dimension plus existentielle[5].

Lorsqu'on doit accorder une attention particulière à la structure narrative et réflexive d'un projet de soins, il s'agit de voir comment la maladie s'inscrit dans l'histoire du malade et dans son contexte. Ici, l'âge, le partage entre deux continents, le caractère conflictuel, les angoisses non dites suscitent certainement en miroir des attitudes très contradictoires dans les soins[6].

Plutôt qu'une lutte au coup par coup pour échapper à une réalité insupportable, il s'agit d'observer comment, à partir de l'interaction soignant-soigné, un projet de soins de confort plus équilibré pourrait être élaboré, porteur de sens pour les deux parties, adapté à la maladie et à la situation du patient avec des objectifs inscrits dans une perspective plus claire.

En réalité, cette personne, petit entrepreneur en difficultés financières, est seul soutien d'une nombreuse famille recomposée et ne peut compter que sur ses propres forces pour maintenir sa situation. Pris dans une impasse existentielle et un conflit personnel, il le déplace sur les équipes chaque fois qu'elles tentent de le dissuader de considérer les soins palliatifs uniquement comme un service d'entretien destiné à le faire tenir le plus longtemps possible. Toute la question est de savoir comment dégager un projet qui s'appliquerait à la situation clinique réelle.

Ce cas illustre particulièrement bien à quel point certains mécanismes de défense des patients, comme ici l'identification projective décrite par Morasz et bien connue en psychiatrie de liaison, ont un impact direct sur le fonctionnement des équipes et ont raison de leur endurance. Dans certaines situations, pour prévenir un effondrement psychique, le patient n'arrivant plus à contenir son angoisse projette ses tensions internes sur ses interlocuteurs avec des contenus très archaïques faits de rage, de désespoir, de crainte de l'effondrement et de la néantisation. Les soignants vont se trouver infiltrés par ce vécu et vivre un malaise intense. Malgré eux, ils éprouveront le même débordement psychique que le malade. Cela les poussera à agir pour rompre l'effet de cette angoisse envahissante dont ils ne peuvent élaborer la cause. Dans ce genre de situation, l'introduction d'un tiers contenant (psychiatre ou psychologue) devrait s'adresser autant à la personne du malade qu'à l'équipe. Il faut en effet aider cette dernière à élaborer, à mettre en mots ce qui l'envahit, à lui donner du sens afin de favoriser une prise de distance. À défaut, cela peut occasionner des contre-attitudes massives, une hostilité, du rejet, mais aussi parfois, à l'inverse, une suridentification ou des mouvements fusionnels envers le malade.

Dans une autre situation apparemment plus simple, un soignant exaspéré par une patiente dit qu'il doit se contenir pour ne pas « l'étrangler » d'irritation face à ses propos répétitifs. En même temps, il se sent très coupable, car il sait bien sûr que sa contre-attitude n'est pas appropriée face à cette dame très invalidée qui répète chaque jour sa fatigue de vivre, son questionnement sur Dieu qui devrait venir la chercher. En alternance, elle exprime ses craintes par un : « Vous allez me tuer n'est-ce pas ? ».

Comme Holmes[7] le rappelle : « N'avons-nous pas tous été une fois perturbés ou irrités par des patients, et pressés que la consultation en finisse ? N'avons-nous jamais désiré au fond de nous-mêmes la mort de certains patients et le soulagement que cela pourrait apporter non à eux, mais à nous, soignants devenus impuissants ? »

Dans l'équipe interpellée au premier degré et envahie de ce fantasme de meurtre, personne ne sait répondre à cette dame : « Je vois que la mort vous préoccupe ! Voulez-vous nous en dire plus ? »

Cette méta-communication aurait eu pour effet immédiat de la faire parler de sa crainte de mourir, de son incompréhension de la situation réelle dans laquelle elle se trouve. Partant de ses émotions, un certain nombre de clarifications auraient eu pour effet de l'apaiser et de redonner une position distancée aux intervenants.

La rencontre patient-soignant suscite régulièrement des mouvements émotionnels. Parfois, ces émotions sont agréables, car elles collent à l'image du « sauveur » potentiel dans le combat contre la maladie, surtout lorsqu'elle est de bon pronostic. Les émotions dites « négatives », par contre, suscitent de l'angoisse et sont réprimées, souvent en raison de l'évitement du conflit, fréquent dans les soins. Néanmoins, elles existent et minent les interactions, surtout si elles sont déniées ou transformées en honte ou culpabilité.

C'est bien illustré par les médecins qui rassurent immédiatement sur leur guérison possible les patients qui les interpellent sur leur chance de survie, tant ils se sentent coupables et prennent sur eux chaque échec thérapeutique.

Les émotions ne devraient pas être perçues comme de simples « artéfacts » du travail clinique quotidien, mais devraient être analysées comme des indicateurs essentiels de la relation médecin-malade ou soignant-soigné.

L'expérience montre qu'en tant que professionnel, il faut être attentif à son propre vécu émotionnel. Cela permet de dégager la relation de toute emprise et, ensuite, des erreurs d'appréciation.

Être conscient des limites du pouvoir soignant et de nos propres forces est un autre élément propre à réduire le stress. Les soignants sont en effet souvent trop exigeants à l'égard d'eux-mêmes et ont de la peine à reconnaître leurs limites.

Winnicott avait introduit le concept de « mère suffisamment bonne – *good enough mother* » ; personne ne nous demande en effet de jouer les bonnes mères réparatrices. Il faut être « suffisamment bon » et prodiguer des soins adéquats en étant sensible aux besoins de l'autre[8].

Comme quiconque, les professionnels de la santé ont non seulement un « Moi », qui les aide en tant que personne à réagir dans la réalité, mais ont aussi une forme de « super Moi », l'Idéal du Moi, qui héberge les représentations des valeurs les meilleures, les plus investies, incarnant par exemple une médecine trompe-la-mort qui aurait solution à toute souffrance.

Cet Idéal est une importante source de motivation, mais aussi de tension et d'épuisement s'il dépasse les forces de la personne au quotidien. Pour certains collègues, l'Idéal du Moi comporte des éléments archaïques du Moi idéal de la petite enfance où le sujet se voyait accomplir maintes merveilles. Il en reste quelque chose chez les oncologues dans leur guerre contre le cancer.

Des affects très forts peuvent en effet circuler dans la relation médecin-malade, soignant-soigné. Certains sont en lien avec une réponse empathique, qui peut être définie comme « comprendre, être attentif, sensible aux émotions et aux pensées d'un autre » et de le signifier. L'empathie implique non seulement que l'on se sente proche du patient, mais que l'on soit ensuite à même de retourner à ses repères personnels pour adopter une attitude lucide et raisonnable de professionnel.

Avec le patient venu d'Afrique, il s'agirait de formuler que « l'on comprend d'autant mieux son conflit avec nous, qui n'arrivons pas à l'améliorer radicalement, qu'on le voit pris entre un désir de bien se soigner en France, tout en étant pressé de rentrer chez lui pour reprendre ses affaires et garantir la sécurité de sa famille ». Cela aurait pour effet de désamorcer la crise en donnant un sens au conflit et en le plaçant où il se trouve réellement.

Plutôt que d'envahir la relation et susciter le rejet, le conflit devient alors instrument de travail pour fixer des objectifs. Est-il possible, en effet, de trouver une aide financière pour les séjours en France, est-il possible de trouver un répondant médical en Afrique durant les périodes intermédiaires ? Peut-on maintenir un contact téléphonique pour le rassurer ? Peut-on l'aider à parler avec ses proches et faire avec eux l'état de sa situation réelle ? Peut-on compter sur leurs ressources inexplorées pour apaiser les craintes du patient de les abandonner ? Tout cela énuméré très sommairement.

Des sentiments analogues peuvent également intervenir dans des moments d'identification massifs, on l'a vu plus haut, qui se définissent comme une perte de différenciation entre soi et l'autre, conduisant à l'expérience « d'être l'autre ». L'identification survient lorsque certaines caractéristiques du patient font écho avec celles du médecin (âge, figures amoureuses, images parentales intériorisées, etc.). L'identification est douloureuse pour le soignant et oblitère ses capacités professionnelles.

Lors d'un jeu de rôle mettant en scène la rencontre avec un adolescent en maladie terminale, il paraissait évident qu'un jeune médecin-assistant (interne, résident), qui racontait très subtilement l'expérience vécue par son malade, montrait en cours de séance des signes de perte de repères. Fortement identifié, il devenait « agonique » avec le jeune homme plutôt que de décrire les affects du patient qu'il ressentait en lui. Cela l'empêchait d'avoir les idées claires sur les soins qu'il y avait lieu d'entreprendre.

C'est ainsi que les émotions fortes suscitées par le contre-transfert, négatif ou positif, peuvent influencer le jugement du médecin et l'empêcher de réagir de manière adéquate

Pour bien faire la part des choses entre soi et l'autre et pouvoir utiliser profitablement les informations sur l'état émotionnel des patients qu'apportent l'empathie, l'identification, tout mécanisme de défense, le contre-transfert ou même un climat conflictuel, il est absolument nécessaire de se faire superviser ou de présenter « ses cas » dans des groupes Balint ou groupes de paroles.

Les « *communication skills training* », avec jeux de rôles et patients simulés, proposés en Suisse pour tout clinicien travaillant en cancérologie constituent, selon notre expérience, d'excellents moyens de formation.

Le paradoxe de la position du médecin ou du soignant est de devoir s'appuyer sur un savoir médical rigoureux pour évaluer la situation clinique et définir la meilleure approche pour maîtriser la maladie ou contrôler les symptômes. Dans le même temps, le soignant adopte une attitude empathique envers le patient – et c'est là le paradoxe – qui implique espace ouvert et abandon de maîtrise pour percevoir son vécu et ses émotions. Cela permet d'accéder aux non-dits, au sens de ce qui n'est pas formulé ouvertement.

C'est la compréhension de ce sens, de ce récit, qui permet finalement de décider dans un processus de « décision partagée » que ce que l'on est en train de faire est bien un projet compatible avec l'histoire « unique » de la personne du malade. Ce paradoxe, cette tension entre un savoir fondé sur la preuve (qu'est-ce qui se passe ?) et un projet particulier (qui est cette personne ?) est un espace éthique en soi[9].

En termes de communication, ce paradoxe ne peut être levé durant les consultations qu'en veillant d'une part à diriger l'entretien grâce à des questions fermées qui hiérarchisent les aspects médicaux, nécessaires à l'orientation du traitement, et d'autre part des questions ouvertes indispensables pour développer la relation intersubjective grâce à l'espace et la parole laissés au patient.

La confiance, en médecine, s'établit sur cette double articulation entre compétence et relation ; elle permet de créer une communauté de significations entre patient et médecin (ou famille et équipe) sur tous les aspects essentiels que l'on négociera pour prendre de bonnes décisions.

Notes

1. Jaquemin, D., *Éthique des soins palliatifs*. Paris : Dunod, Collection Action sociale, 2006, 168 p.

2. Guex, P. et E. Bonneterre. « Problématique du choix et "toxicité" ou effets collatéraux des traitements oncologiques du point de vue psychologique et éthique. Éthique des traitements critiques en oncologie ». *Oncologie* 2006 8 : 1-4. Stiefel, F. *Soins Palliatifs : une pratique aux confins de la médecine*. Paris : L'Harmattan, 2007.

3. Truog, R.D. « Patients and doctors evolution of a relationship ». *N Engl J Med* 2012 366 : 7 : 581-5.

4. Morasz, L. *Le soignant face à la souffrance.* Paris : Dunod, 1999. Kaës, R. *L'Institution et les Institutions.* Paris : Dunod, 1993.

5. GUEX, P. et F. STIEFE. « De la souffrance du patient à celle des équipes ». *Médecine palliative* 2010 9 : 32-35.

6. BENAROYO, L. *Éthique et responsabilité en médecine*. Genève : Médecine et Hygiène, 2006.

7. HOLMES, J. « Good doctor, bad doctor ». *BMJ* 2002 325 : 722-723.

8. WINNICOTT, D.W. *Transitional Objects and Transitional Phenomen*. London : Tavistock, 1951.

9. LEVINAS, E. « La souffrance inutile ». In : *Entre-nous*. Grasset : Paris, 1991. RICOEUR, P. *Soi-même comme un autre*. Paris : Seuil, 1990.

ÉPILOGUE

Le chien qui pleure

Trois minutes avant que Christopher ne rende son dernier souffle, son chien Gysmo est venu se blottir sur son ventre et des larmes auraient coulé de ses yeux. C'est comme ça que le curé du village m'a raconté la mort de Christopher.

Dans le grenier de ma mémoire, il y a des images, des mots et des gestes que je crois enfouis dans une malle fermée à double tour. Mais parfois, ils en jaillissent pour descendre occuper l'étage de l'émotion. Comment les envoyer dans la cave de l'inconscient pour ne pas qu'ils submergent mon existence intime et professionnelle ?

Comment continuer de vivre avec les yeux de Dorothée qui me supplient de rester en vie parce que, me dit-elle : « On ne meurt pas à 14 ans » ? Avec les paroles de Marianne qui me déclare qu'elle veut aller mourir à la maison avant Noël et qui, voyant une larme perler au coin de mon œil, me dit : « Et je t'interdis de pleurer. » ? Et moi de lui répondre, presque violemment : « Tu n'as pas le droit de m'interdire d'être triste ».

Comment effacer cette image de ce grand-père venu d'Albanie qui, devant le corps sans vie de son petit-fils, les yeux pleins d'eau, me dit que c'est la plus grande douleur de son existence ? Du père de Christopher, au physique de bûcheron, prostré devant le lit de son fils et qui me répète comme un mantra : « J'ai peur Nago, j'ai peur… » ? De Christina, cette adolescente qui, me prenant la main, me demande comment on fait pour mourir, car elle n'y arrive pas ?

Comment survivre à cet événement, entre Jérusalem et Bethlehem, lorsqu'un soldat me refusa le passage alors que sur le siège arrière de ma voiture, marquée du logo onusien, un bébé était en train de mourir dans les bras de sa mère ?

Comment oublier le cri de la maman de Béatrice lorsque celle-ci s'endormit pour l'éternité ? Le cri de la mère qui vient de perdre son enfant représente pour moi la douleur universelle et me transperce le cœur chaque fois qu'il retentit, me confrontant physiquement à l'injustice humaine en soulignant mon impuissance.

Et que répondre à Nicolas qui sait qu'il arrive au bout du chemin de sa courte existence et qui me dit : « C'est vraiment pas drôle le travail que tu fais, tu ne guéris personne. Je ne sais pas comment tu fais pour continuer » ? Je lui ai répondu spontanément que c'est parce que j'avais la chance de rencontrer des personnes aussi exceptionnelles que lui.

Mais aujourd'hui, sa question me taraude presque quotidiennement et, alors que j'ai compris que je ne refermerai jamais tout à fait la malle à émotions, ma seule interrogation est : Quand devrais-je arrêter avant de me perdre moi-même dans toutes ces histoires de souffrances, de douleurs et de mort ; avant de devenir toxique pour les patients que je suis censé soigner et pour mon entourage que je suis censé aimer ?

Primum non nocere.

Nago Humbert

Les auteurs

Antoine Bioy
Docteur en psychologie
Responsable scientifique de l'Institut Français d'Hypnose
Enseignant chercheur et directeur de recherche
Laboratoire de psychopathologie et de psychologie médicale
Université de Bourgogne
Dijon

Maïté Castaing
Cadre de santé
Équipe de Soins de support et de soins Palliatifs Pédiatriques, de Ressource et d'Accompagnement (ESPPéRA)
Institut d'hématologie et d'oncologie pédiatrique
Lyon

Andréanne Côté
Médecin
Services de soins palliatifs
Centre hospitalier de l'Université de Montréal
Montréal

Marie-Pierre Côté
Infirmière clinicienne
Clinique externe d'oncologie et de soins palliatifs
CHU Sainte-Justine
Montréal

Claude Cyr
Pédiatre et professeur titulaire
Faculté de médecine et des sciences de la santé
Université de Sherbrooke
Sherbrooke

Michelle Dallaire
Médecin
Services de soins palliatifs
Centre hospitalier de l'Université de Montréal
Montréal

Lysanne Daoust
Infirmière clinicienne
Unité de consultation en soins palliatifs pédiatriques
CHU Sainte-Justine
Montréal

Geneviève Dequoy
Médecin
Services de soins palliatifs
Centre hospitalier de l'Université de Montréal
Montréal

Julie Dubé
Physiatre
Service de médecine physique et de réadaptation pédiatrique
CHU Sainte-Justine
Montréal

Louise Gagnon
Médecin
Services de soins palliatifs
Centre hospitalier de l'Université de Montréal
Montréal

Nathalie Gaucher
Pédiatre-urgentologue
CHU Sainte-Justine
Montréal

France Gauvin
Pédiatre
Unité de consultation en soins palliatifs pédiatriques
CHU Sainte-Justine
Professeur agrégé de clinique

Faculté de médecine
Université de Montréal
Montréal

Patrice Guex
Psychiatre
Professeur honoraire
Faculté de biologie et de médecine
Université de Lausanne
Lausanne

Catherine Hogue
Infirmière et chef d'unité de la salle d'urgence
CHU Sainte-Justine
Montréal

Nago Humbert
Directeur
Unité de consultation en soins palliatifs pédiatriques
CHU Sainte-Justine
Professeur adjoint de clinique
Faculté de médecine
Université de Montréal
Montréal

Guylaine Larose
Pédiatre-urgentologue
CHU Sainte-Justine
Montréal

Catherine le Grand-Sébille
Socio-anthropologue
MCF, Faculté de médecine Lille 2
Lille

Guy Letellier
Pédiatre et moniteur clinique en physiatrie
Centre de réadaptation Marie Enfant
CHU Sainte-Justine
Montréal

Arielle Levy
Pédiatre-urgentologue
CHU Sainte-Justine
Montréal

Nathalie Morin
Anthropologue
CHU Sainte-Justine et Université du Québec à Montréal
Montréal

Paul Morin
Travailleur social
CHU Sainte-Justine
Montréal

Marianne Olivier-d'Avignon
Travailleuse sociale
École de service social
Université Laval
Équipe de recherche en oncologie psychosociale et soins palliatifs
Maison Michel-Sarrasin
Québec et Sillery

Daniel Oppenheim
Psychiatre et psychanalyste
Paris

Antoine Payot
Néonatologiste
Unité de consultation en soins palliatifs pédiatriques
CHU Sainte-Justine
Montréal

Marthe Robitaille
Diététiste
Centre de cancérologie Charles-Bruneau
CHU Sainte-Justine
Montréal

Audrey Rollin
Équipe de Soins de support et de soins Palliatifs Pédiatriques, de Ressource et d'Accompagnement (ESPPéRA)
Institut d'hématologie et d'oncologie pédiatrique
Lyon

Danielle Rougier
Équipe de Soins de support et de soins Palliatifs Pédiatriques, de Ressource et d'Accompagnement (ESPPéRA)
Institut d'hématologie et d'oncologie pédiatrique
Lyon

Matthias Schell
Oncologue et pédiatre
Coordonnateur de l'Équipe de Soins de support et de soins Palliatifs Pédiatriques, de Ressource et d'Accompagnement (ESPPéRA)
Institut d'hématologie et d'oncologie pédiatrique
Lyon

Édith Villeneuve
Anesthésiologiste
Clinique de la douleur
CHU Sainte-Justine
Montréal

Patrick Vinay
Médecin
Services de soins palliatifs
Centre hospitalier de l'Université de Montréal
Montréal

Chantal Wood
Pédiatre
Chargée d'enseignement universitaire
Responsable du Centre d'étude et de traitement de la douleur et unité palliative
CHU Robert Debré
Paris

RECYCLÉ
Papier fait à partir
de matériaux recyclés
FSC® C103567
FSC
www.fsc.org

MARQUIS
Marquis imprimeur inc.

Québec, Canada
2012

Imprimé sur du papier Silva Enviro 100% postconsommation
traité sans chlore, accrédité ÉcoLogo et fait à partir de biogaz.

100%
PERMANENT
BIO GAZ
ÉNERGIE